Begleiten - Beraten - Beistehen.

Polizeiseelsorge in NRW

ISSN 1610-7500
ISBN 978-3-86676-760-7

Michael Arnemann, Dietrich Bredt-Dehnen,
Marcus Freitag & Werner Schiewek (Hrsg.)

Begleiten - Beraten - Beistehen.

Polizeiseelsorge in NRW

Schriftenreihe Polizei & Wissenschaft

ISSN 1610-7500
ISBN 978-3-86676-760-7

Verlag für Polizeiwissenschaft
Prof. Dr. Clemens Lorei

Bibliografische Information der Deutschen Nationalbibliothek
Die Deutsche Nationalbibliothek verzeichnet diese Publikation in der Deutschen Nationalbibliografie; detaillierte bibliografische Daten sind im Internet über http://dnb.d-nb.de abrufbar.

Verlag für Polizeiwissenschaft, Prof. Dr. Clemens Lorei
Eschersheimer Landstraße 508 • 60433 Frankfurt
Telefon/Telefax 0 69/51 37 54 • verlag@polizeiwissenschaft.de
www.polizeiwissenschaft.de

Printed in Germany

Grußwort von Herrn Minister Reul zum Sammelband anlässlich des 60. Jubiläums der Polizeiseelsorge in Nordrhein-Westfalen

Die Mitarbeiterinnen und Mitarbeiter der Polizei in Nordrhein-Westfalen brennen für Ihre gesellschaftlich wichtige Aufgabe und sorgen für Sicherheit in unserem Land. Und das mit Leib und Seele. Nur wenige würden dieser Aussage widersprechen. Was das aber konkret für die Menschen im Dienste unserer Polizei bedeutet, habe ich erst richtig verstanden, als ich Innenminister wurde und nachdem ich viele Gespräche geführt habe.
Viel der politischen und gesellschaftlichen Unterstützung ist den Angehörigen der Polizeifamilie nicht nur sprichwörtlich auf den Leib geschneidert: Ob die zahlreichen Verbesserungen der (Schutz-)Ausstattung oder die Weiterentwicklung von Einsatztrainings. Das ist unumstritten richtig, doch darüber darf nicht in Vergessenheit geraten, dass auch die Seele Hilfe braucht – ob nach besonders herausfordernden Einsätzen, Grenzerfahrungen oder einfach im anstrengenden Alltag der Polizeiarbeit.
Zusprechen, trösten, ermutigen, manchmal auch mahnen und sensibilisieren – das sind die Protektoren für die Seele. Ich bin froh, dass die Mitarbeiterinnen und Mitarbeiter der nordrhein-westfälischen Polizei für diesen elementaren Beistand schon seit sechzig Jahren auf die katholische und evangelische Polizeiseelsorge im Land vertrauen können. Ob am Einsatzort, auf der Wache oder durch die Einbringung in die Aus- und Fortbildung. Allen, die in der Seelsorge aktiv sind, möchte ich hierfür von Herzen danken.
Gratulieren möchte ich schließlich allen, die am Entstehen des vor Ihnen liegenden Bandes Anteil hatten und damit den Leserinnen und Lesern mit vielen Beiträgen Einblicke in ihre wertvolle Arbeit gewähren oder wichtige Aspekte der Seelsorge diskutieren. Man spürt mit jedem Wort: Auch diese Menschen machen ihre Arbeit mit *Leib und Seele*.

Herbert Reul
Minister des Innern des Landes Nordrhein-Westfalen
Düsseldorf, im Juli 2022

Inhaltsverzeichnis

Inhaltsverzeichnis

Jubiläum Polizeiseelsorge

60 Jahre: Unter Ehepartnern wird der 60. Hochzeitstag auch *Diamantene Hochzeit* genannt, da die Ehe nach 60 Jahren unglaublich wertvoll und robust ist. 60 Jahre sind eine lange Zeit – sub specie aeternitatis wiederum nur ein kurzer Augenblick. In unserer schnelllebigen Gesellschaft, in einer VUKA-Welt und wohl auch in der Politik sind 60 Jahre allerdings beinahe eine Ewigkeit.

60 Jahre: in jedem Fall ein Zeitraum, der es gerechtfertigt erscheinen lässt, auf eine besondere Partnerschaft zu blicken – eine Partnerschaft zum Wohl von Menschen, ausdrücklich nicht selbstverständlich, aber gewollt und verlässlich gestaltet.

Drei evangelische Landeskirchen, fünf katholische (Erz-)Bistümer und das Land Nordrhein-Westfalen, vertreten durch die Landesregierung, stehen nach wie vor zu ihren verbindlichen Vereinbarungen. Vereinbarungen über die Zusammenarbeit von Hoffnungs- und Ordnungshütern, 25 haupt- und vielen nebenamtlichen Polizeiseelsorger:innen, rund 50.000 Polizeibeamt:innen, tariflich Beschäftigten und deren jeweiligen Familien.

Für sie bieten wir „innerbetriebliche" Seelsorge: verlässlich, der Verschwiegenheit verpflichtet, am Menschen orientiert. *Mit ihnen* liegt uns die Sorge am und um den Menschen am Herzen: Unser gemeinsames Tun ist seit 60 Jahren Fürsorge für jeden Menschen in diesem Land – egal ob arm oder reich, schlau oder nicht, rot, grün, gelb, schwarz oder bunt. Nächstenliebe – Kern unseres „Runderlasses" und oberste „Dienstanweisung" unseres „obersten Dienstherrn" – macht keine Unterschiede und vor niemandem halt.

Auf der Basis der Verträge vom Juli 1962[1] tun sie dies mit dreierlei Schwerpunkten:

Sie lehren im *(berufs-)ethischen Unterricht* in der Aus- und Fortbildung der Polizei an den Studienorten der Hochschule für Polizei und öffentliche Verwaltung, an den Standorten des Landesamtes für Ausbildung, Fortbildung und Personalangelegenheiten der Polizei in Selm, Brühl, Münster und Stukenbrock, in den regionalen Fortbildungsstellen und, als Besonderheit in NRW, auch an der Deutschen Hochschule der Polizei (DHPol) in Münster-Hiltrup.

Die ethische Reflexion beruflichen Handelns führt konsequent in den zweiten Aufgabenbereich: die partnerschaftliche Mitarbeit im Rahmen von Psychosozialer Unterstützung (PSU), konkrete *Seelsorge* für die Polizeibeamten nach belastenden Einsätzen, nach Schusswaffengebrauch, Gewalterfahrung, eigener Verletzung oder der Begegnung mit Sterben und Tod.

[1] Siehe unten Kapitel 28.

Weniger spektakulär, aber wesentlich und partnerschaftsfördernd ist die *kontinuierliche und verlässliche Begleitung* für Polizeibeamt:innen jenseits der großen Krisen und der Grenzerfahrungen. Partnerschaft will gelebt und gepflegt sein; und so verbringen Polizei und Polizeiseelsorge viel Zeit gemeinsam im Einsatz, bei gottesdienstlichen und anderen Feiern, bei allen möglichen alltäglichen Sorgen und Glücksmomenten.

Wir, die ökumenische Konferenz der Polizeiseelsorger:innen in NRW, haben dieses Jubiläum zum Anlass genommen, in diesem Band unsere Erfahrungen, unsere Arbeit, unsere Begegnungen mit Menschen in unterschiedlichsten Kontexten zusammenzustellen.
Herausgekommen ist ein buntes Buch: wissenschaftliche Erörterungen, Standortbestimmungen, Erfahrungsberichte, Essays, ethische Reflexionen und und und.
Wichtig ist uns aber, den ökumenischen Grundgedanken zu betonen, die verlässliche und vertrauensvolle ökumenische Zusammenarbeit – oder doch vielleicht besser: ein gefühlvolles Miteinander.
In Teil I geht es um Grundsätzliches, um historische Entwicklungen und rechtliche Rahmenbestimmungen der Polizeiseelsorge, um ihr und unser eigenes Selbstverständnis. Hier gilt unser besonderer Dank dem Kollegen Markus Schulten, Professor für Öffentliches Recht an der Hochschule des Bundes für öffentliche Verwaltung in Brühl, für seine juristische Expertise.
Teil II stellt Arbeitsbereiche der Polizeiseelsorge aus unterschiedlichen Blickwinkeln vor. Hier finden sich fünf Abschnitte mit je eigener Schwerpunktsetzung: *Seelsorge*, *Spiritualität*, *Begleitung*, *Berufsethik* und *Beratung*.
Seelsorge. Mal stärker grundsätzlich, mal eher augenzwinkernd – und auch mit spezifischem Blick auf die Herausforderungen der Online-Beratung und der Seelsorge in der Ausbildung.
Spiritualität. Gottesdienstliche (Segens-)Feiern in der Polizei, spirituelle Auszeiten, Gedenken und Gedenkorte – und Wallfahrten: Manchmal muss man mal raus.
Begleitung. Polizeiseelsorge an der Seite von Einsatzkräften bei Großschadenslagen, Suizidfällen, tödlichem Schusswaffengebrauch, bei der Ermittlungsarbeit im Bereich der Kinderpornografie. Es sind Beispiele für die außergewöhnlichen und die Seele bis an ihre Grenzen fordernden Einsatzbereiche der Polizei und der Polizeiseelsorge.
Berufsethik. Hier findet sich einleitend eine Besonderheit, da unser lieber Kollege Tobias Trappe, nach eigenem Bekunden und unserer gleichlautenden Auffassung ein waschechter Polizeiphilosoph, uns einen Blick von außen in Kenntnis des Blickes im Inneren gewährt. Hier finden sich aber auch ethische Reflexionen von Szenarien mit sofortigem polizeilichen

Interventionserfordernis und Einblicke in Orte der ethischen Bildung in NRW.
Beratung. Spezifisch für die Polizeiseelsorge in NRW mag in den letzten Jahren eine Entwicklung hin zu einer weiteren (möglichen) Aufgabe der Polizeiseelsorge sein: Supervision und beruflicher Reflexion. Hier geben wir ein paar Einblicke in einen (vielleicht noch) unüblichen Bereich polizeiseelsorglichen Handelns.

Vielfalt und Buntheit bergen manchmal die Gefahr der Uneinheitlichkeit. Wir haben es bewusst unterlassen, die Beiträge zu vereinheitlichen – weder hinsichtlich des Aufbaus noch der wissenschaftlichen Bearbeitung. Wir haben weder einheitlich gegendert (wiewohl uns alle dieses Thema erkennbar beschäftigt) noch zitiert. Uns als Herausgebern waren die Vielfalt und die persönliche Erkennbarkeit der Verfasser:innen wichtiger – und wir bedanken uns in aller Form für die wunderbaren Beiträge.

Marcus Freitag (für die Herausgeber)

I. Grundlagen der Polizeiseelsorge

1 Wozu Polizeiseelsorge? Grundsätzliche Überlegungen zum Engagement der Kirchen in der Polizei

Werner Schiewek

1.1 Seelsorge in der Polizei

Seelsorge ist weder ein geschützter Begriff noch ein per se religiöser. Er beschreibt vielmehr eine „Jedermannsfähigkeit" und ein „Jedermanns-Handeln". Insofern erleben viele Menschen Seelsorge, entweder indem sie anderen auf diese Weise zur Verfügung stehen oder diese selbst in Anspruch nehmen. In diesem allgemeinen Verständnis lässt sich Seelsorge als eine Form *seelischen Beistands* verstehen, den Menschen sich *gegenseitig* gewähren. Es gibt in diversen Disziplinen eine große und unabgeschlossene Diskussion darüber, was unter *Seele* genau zu verstehen ist und wie ein darauf bezogenes Handeln konkret auszusehen habe. Dieses Problem wird häufig dadurch gelöst, den Begriff zu vermeiden und durch andere, vermeintlich besser definierte, zu ersetzen: Unterstützung, Stärkung, Hilfe, Beratung oder therapeutische Intervention. Doch trotz aller bestehenden Unklarheiten, was „Seele" genau meint, und trotz aller Alternativangebote, ihn zu ersetzen, scheint sein Gebrauch nicht ab-, sondern vielmehr zuzunehmen. Warum?

In der Verwendung des Begriffs „Seele" drückt sich ein Jedermannswissen bzw. eine Jedermannshoffnung aus, die einen Raum für die existenzielle Dimension des eigenen Lebens beschreibt, ohne diesen konkret beschreiben zu können. Dieser existenzielle Raum ist der Raum, in dem wir Fragen stellen über unsere Identität, wie wir leben und wozu wie leben, auf was wir hoffen und was wir fürchten, über unsere Erfolge und über unser Versagen oder Scheitern. Es geht um das „Gesamtensemble" dessen, was für ein Mensch wir sind, was für ein Mensch wir sein wollen und vielleicht auch sein sollten. Nicht zuletzt enthält der Begriff „Seele" intuitiv einen Hinweis auf unsere ganz persönliche Individualität, auf unsere Einzigartigkeit und Unersetzbarkeit. Er weist damit auf den „unendlichen Wert" eines jeden Menschen hin. Immanuel Kant hat ihn aus philosophischer Sicht als unsere „Würde" bezeichnet, die es zu achten und zu schützen gelte. Wir sind stets mehr als das, was wir durch unser Können und Tun in der Welt darstellen (können). Aus einer theologischen Sicht könnte der gleiche Zusammenhang unter Rekurs auf den Gedanken der „Gottesebenbildlichkeit des Menschen" entfaltet werden (vgl. Buch Genesis 1,27ff.). Die „Seele" scheint ein besonders guter Begriff zu sein, auf diese existenzielle Seite unseres Lebens hinzuweisen. Insofern kommt es gar nicht darauf an, genau zu beschreiben,

was die Seele ist, sondern es geht vor allem darum, dass sie diesen Bereich unseres Lebens bezeichnet, um den wir alle wissen und der für uns von höchster Relevanz ist.
Immer dort und immer dann, wo und wenn dieser höchstpersönliche Bereich zum ausgesprochenen oder unausgesprochenen Thema einer zwischenmenschlichen Begegnung wird, ist eine seelsorgliche Dimension eröffnet. Findet dieser Austausch unter einer diesem Thema entsprechenden gegenseitigen Akzeptanz und mit gegenseitigem Respekt statt, wird also seelischer Beistand geleistet, dann kann von Seelsorge in einem weiten Verständnis des Wortes gesprochen werden.
In dieser Form unterliegt Seelsorge so gut wie keinen Einschränkungen. Im Prinzip kann sie überall und jederzeit stattfinden: im privaten Bereich in der Familie, unter Freund:innen, im beruflichen Bereich oder natürlich auch mit professionellen Seelsorger:innen, die – wie bisher in der Polizeiseelsorge – aus dem kirchlichen Bereich stammen. Kurz gesagt: Seelsorge findet in der Polizei immer schon und immer wieder statt. Wozu braucht es dann noch eine besondere Polizeiseelsorge?

1.2 Die Polizeiseelsorge

Über die besonderen Herausforderungen und Belastungen des Polizeiberufs geben viele Artikel in dem vorliegenden Band Auskunft. Eine rein abstrakte Beschreibung der polizeilichen Aufgaben – „Gefahrenabwehr, Strafverfolgung und Prävention“ oder die Verwaltung und gegebenenfalls auch gewaltsame Durchsetzung des staatlichen Monopols – lässt diese Gefährdungen ebenfalls nur als *abstrakte Berufsrisiken* in den Blick treten. Zu *konkreten* Gefährdungen und Belastungen werden sie dort, wo diese Aufgaben durch entsprechend qualifizierte und beauftragte Menschen vor Ort durchgesetzt werden. Hier geht es um „professionelle Rechtsdurchsetzung“. Dabei umfasst das „professionell“ neben technisch-instrumentellen Fähigkeiten auch mentale Kompetenzen wie Rollenklarheit, Rechtssicherheit und Bürger:innenorientierung. Konkret vor Ort ist die/der Polizist:in aber nicht nur in ihrer bzw. seiner professionellen Berufsrolle tätig, sondern zugleich als Person, Bürger:in, Mensch. Sie bzw. er trägt nicht nur eine unmittelbare *persönliche Verantwortung* für das eigene berufliche Tun (insbesondere im Hinblick auf deren Rechtmäßigkeit), sondern *identifiziert* sich in der Regel auch *persönlich* mit dem gewählten Beruf. Natürlich dient die Ausübung des Polizeiberufs auch der Sicherung des Lebensunterhaltes. Aber als einziges Motiv wäre es unzureichend und würde der Bedeutung und der Verantwortung dieses Berufes nicht gerecht. Es bedarf darüber hinaus einer *innerlichen* Identifikation mit ihm, seiner Funktion und seinem Sinn, um den selbst gesetzten professionellen Anforderungen und den in ihn gesetzten gesellschaftlichen Erwartungen gerecht zu werden. So erwarten wir z. B. auch von Ärzt:innen und Lehrer:innen, dass sie ihren Beruf eben nicht nur wegen der Verdienstmöglichkeiten ausüben, sondern sich auch mit „Herz und Seele" der jeweiligen beruflichen Aufgabe verschreiben. Nichts anderes erwarten wir von denjenigen, die sich für den Polizeiberuf entschieden haben. Und das ist gut so! Denn diese geforderte Identifikation mit dem Beruf ist eine wichtige Qualitätssicherungsmaßnahme im Bereich der polizeilichen Arbeit. Wo so viel Macht ausgeübt werden darf/muss, ist eine Rückbindung an die individuelle Überzeugung und an die individuelle Verantwortung von *grundlegender* Bedeutung. Denn das berufliche polizeiliche Handeln beruht auf *freier* Einsicht und *freier* Überzeugung. Man muss dem, was man an dieser Stelle beruflich tut, auch als Person, Bürger:in und Mensch zustimmen und es vertreten können. Gerade die freie Zustimmung ist ein wichtiger Faktor für die *Legitimität* dieser beruflichen Aufgabe und für die geforderte persönliche Verantwortung im Rahmen ihrer Ausübung. Seinen Ausdruck findet dieser Zusammenhang im Eid, der von den Polizist:innen geleistet wird.

Damit ist gleichzeitig die Arena des Gewissenskonfliktes eröffnet. So belastend dieser im konkreten Fall von den Betroffenen auch erlebt wird, so wichtig ist er gleichzeitig für die Sicherung der Integrität polizeilichen Handelns. Gewissenskonflikte zählen zu den vielen Belastungen des Polizeiberufs.[1] Für sie gilt im besonderen Maße, dass sie ihren Ausgangspunkt zwar im Beruf haben, ihre Auswirkungen aber weit über den Beruf hinaus in den persönlich-privaten Bereich hineinreichen. Belastungen ergreifen in der Regel den *ganzen Menschen*, sie haben Auswirkungen auf seine dienstlichen Bezüge, aber auch auf den persönlichen Bereich. Beeinträchtigen oder beschädigen sie darüber hinaus das eigene Selbstverständnis, das eigene Menschen- und Weltbild, dann haben sie das Potenzial, unser Innerstes zu treffen und damit existenziell zu gefährden.

Das Wissen um diese Verletzlichkeit (Vulnerabilität) der in der Polizei arbeitenden Menschen, war und ist immer ein Bestandteil der impliziten oder expliziten Polizeikultur gewesen. Gerade in den letzten Jahren haben sich die Aufmerksamkeit und das Verständnis der Polizei für diese Dimension der polizeilichen Arbeit gerade in Nordrhein-Westfalen eindrucksvoll entwickelt. Man traut sich nicht nur, diese Belastungen explizit zum Thema zu machen und über sie auch in dienstlichen Zusammenhängen zu sprechen,[2] sondern hat gerade in den letzten zehn Jahren ein umfangreiches Portfolio von Unterstützungsangeboten in der Polizei entwickelt und aufgebaut

---

[1] Vgl. dazu umfassend Freitag & Giersch 2015 sowie Schiewek 2007, S. 72-80.

[2] Diese Haltung spiegelt sich in der folgenden Aussage eines Polizisten wider: „Die Kollegen regen sich immer darüber auf, dass sie keine Hilfe bekommen, aber sie tun alles, um keine Schwächen zu zeigen." Schweer & Strasser 2008, S. 32.

(Stichworte „Helfernetzwerk“, vgl. Kap. 2, und „Zentrum für ethische Bildung und Seelsorge in der Polizei NRW“, vgl. Kap. 23 und 24). Diese Angebote geben der dienstlichen *Fürsorgepflicht* ihren praktischen Ausdruck.

Aus dieser *Fürsorgepflicht* lässt sich jedoch keine unmittelbare Verpflichtung des Dienstherrn ableiten, auch *seelsorglich* für die Kolleg:innen tätig zu werden. Zwar findet Seelsorge in dem im ersten Punkt formulierten Sinne auch in der Polizei statt, dann aber eher zufällig, unorganisiert, ohne einen dienstlichen offiziellen Auftrag oder eine wie auch immer geartete Kontrolle. Sie ist im Wesentlichen ein meist zufälliges wie freiwilliges *zwischenmenschliches Geschehen.* Der Staat wiederum verfügt über keine spezifische Expertise auf dem Gebiet existenzieller Fragen. Über sie kann nur jeder Mensch selbst urteilen und es ist ihm aufgegeben, alle Entscheidungen in diesem persönlichen Bereich selbst zu treffen und zu verantworten. Insofern korrespondiert mit unserem *Selbstbestimmungsrecht* an dieser Stelle ein besonderes *Enthaltungsgebot* des Staates, sich auf dem Gebiet unserer persönlichen Lebensfragen und Lebensgestaltung weder inhaltlich zu positionieren noch sich dementsprechend zu engagieren. Hier ist die weltanschauliche Neutralität des Staates angesprochen, die jedoch die grundsätzliche Bedeutung dieser existenziellen Dimension gerade nicht in Abrede stellt, sondern seine Bedeutung gerade durch das Enthaltungsgebot hervorhebt und schützt. Da aber die polizeiliche Arbeit häufig Auswirkungen auf diese Bereiche der persönlichen Lebensfragen und Lebensgestaltung hat, stellt sich die Frage, wo diese Dimension der polizeilichen Arbeit in der Polizei ihren Ort haben könnte.

Natürlich haben die Betroffenen gerade in diesem Bereich jegliches Recht, die für sie hilfreichsten und sinnvollsten Konstellationen aufzusuchen und zu nutzen. Hier lässt sich nichts vorschreiben oder anordnen. Hilfreich sind *Angebote*, die für diese existenzielle Dimension offen sind. Gleichwohl müssen sie die besondere Wechselwirkung mit der eigenen Berufsausübung, den damit verbundenen Herausforderungen und Belastungen und nicht zuletzt die polizeiliche Organisationslogik in ihren Zusammenhängen verstehen und nachvollziehen können. Diese der beruflichen Lebenswelt Polizei „entgegenkommende“ Kombination verschiedener Kompetenzen kann Zugangsschwellen senken und Verstehenswahrscheinlichkeiten erhöhen, um auch existenziellen Fragen und Nöten im Zusammenhang mit dem Polizeiberuf einen entsprechenden Raum zu eröffnen. Zumindest die entsprechenden Möglichkeiten und „Gelegenheitsstrukturen“ für solche Räume auch *innerhalb* der Polizei zu fördern, lässt sich als ein Teil der Fürsorgepflicht des Dienstherrn verstehen. Sie bestünde nicht darin, Seelsorge selbst anzubieten und zu verantworten, sondern darin, erreichbare und verlässliche Zugänge zu ihr innerhalb der Polizei zu ermöglichen.

Damit ist die Frage des „Wo" im engeren Sinn angesprochen: Durch die nunmehr 60 Jahre währende Kooperation zwischen den Kirchen und der Polizei NRW wurden zuständige und verantwortliche Personen für die Seelsorge in der Polizei, mögliche Zeiten und Orte ihrer Tätigkeit sowie weitere Bedingungen ihrer Arbeit in der nordrhein-westfälischen Polizei organisatorisch verankert. Die Polizeiseelsorge hat ihren Ort somit *in* der Polizei gefunden, sie ist aber *kein Teil* von ihr und versteht sich auch nicht als solcher. Sie ist nicht in die polizeiliche Hierarchie eingebunden und arbeitet organisatorisch zwar in enger Abstimmung, inhaltlich aber völlig unabhängig in der Polizei. Diese eigentümliche Verschränkung von Nähe (*in* der Polizei) und Distanz (*kein* Teil der Polizei) birgt für die beteiligten Seiten viele Herausforderungen und sorgt mitunter für gegenseitige Irritationen, manchmal auch für Spannungen. Doch genau dieses ebenso spannende wie spannungsreiche Setting eröffnet Räume für Seelsorge. In einer Organisation, deren Mitglieder beruflich bedingten Belastungen mit großen existenziellen Auswirkungen ausgesetzt sind, ist gerade ein solches *polizeiseelsorgliches Angebot* eine weitere Unterstützungsmöglichkeit. Es bietet für diejenigen, die es in Anspruch nehmen, einen hilfreichen Zugang gerade auch für die existenziellen Dimensionen ihrer Fragen, Probleme und Belastungen. Die Beiträge im vorliegenden Buch geben darüber einen Überblick.[3]

1.3 Die Polizeiseelsorge als kirchliche Aufgabe

1.3.1 Polizeiseelsorge als Seelsorge im engeren Sinn

Die Kirchen verstehen Seelsorge als eine ihrer Kernaufgaben. Wurde oben gesagt, dass Seelsorge kein per se religiöser Begriff sei, so wird er im kirchlichen Kontext jedoch zu einer Aufgabe, deren Begründung, Motivation und Sinn sich einer genuin christlichen Sicht auf die Welt und den Menschen verdankt. Gerade diese christliche Sicht hat in beiden Kirchen nicht zu einer „religiösen Einengung" der Seelsorge geführt, dass Seelsorge etwa allein als gegenseitiger Dienst von Christen für Christen im Bereich von Glaubensfragen zu verstehen wäre. Demgegenüber vertreten die beiden christlichen Kirchen ein weites Verständnis ihrer Seelsorge, das auch Lebensfragen des einzelnen Menschen völlig „unabhängig von dessen

[3] Weitere Darstellungen zur Polizeiseelsorge bieten aus evangelischer Sicht Grützner et al. 2012 und aus katholischer Perspektive das Themenheft „Polizeiseelsorge" in der Reihe „Unsere Seelsorge" – Das Themenheft der Hauptabteilung Seelsorge im Bischöflichen Generalvikariat Münster, Juni 2012, das zum 50-jährigen Jubiläum der Polizeiseelsorge in NRW erschienen ist.

Religions- bzw. Konfessionszugehörigkeit“ mit umfasst.[4] So *können* religiöse Fragen in der Seelsorge ihren Ort haben, müssen es aber nicht – und tun es im polizeiseelsorglichen Alltag auch eher selten. Im Mittelpunkt einer kirchlich verantworteten Seelsorge stehen allein die Fragen, Anliegen und Probleme der- bzw. desjenigen, der oder die Seelsorge in Anspruch nimmt. In ihrem seelsorglichen Handeln *dezentrieren* sich die Kirchen. Es geht ihnen genau an dieser Stelle nicht um eigene religiöse Absichten, Ziele oder erhoffte Wirkungen (z. B. missionarische), sondern darum, für Menschen gerade auch in den Nöten und Leiden *ihres* Lebens da zu sein. Wo immer eigene kirchliche Interessen spür- oder sichtbar werden, wird das Anliegen von kirchlicher Seelsorge in ihr Gegenteil verkehrt. Seelsorge hat, was mögliche kirchliche, religiöse oder sogar persönliche „Interessen“ angeht, grundsätzlich *selbstlos* zu sein. Aber genau diese geforderte „Selbstlosigkeit“ der kirchlichen Seelsorge ist wiederum aufseiten der im kirchlichen Auftrag Seelsorgenden doch religiös verankert und begründet. Das heißt, diese Selbstzurücknahme ist für sie nicht eine gesprächstechnische Klugheitsregel, sondern eine Konsequenz ihrer eigenen christlichen Überzeugung. Insofern ist das Spezifikum einer kirchlich verantworteten Seelsorge darin zu sehen, dass es sich aufseiten der beauftragten Seelsorger:innen um eine „aus dem christlichen Glauben motivierte und im Bewusstsein der Gegenwart Gottes vollzogene Zuwendung“ handelt.[5] Wollte man das mit dieser religiösen Begründung Gemeinte konkreter ausbuchstabieren, dann wären folgende Charakteristika einer kirchlich verantworteten Seelsorge in der Polizei zu nennen:

- Die *Selbstzurücknahme* aller kirchlichen Interessen und Absichten in der Seelsorge.
- Die *Anerkennung* der Abgründe und Abgründigkeiten im menschlichen Leben.
- Das *Gespür* für die Verletzlichkeit und Zerbrechlichkeit des Lebens in seelischer, körperlicher oder sozialer Hinsicht.
- Die *Einsicht*, dass wir unser Leben nicht uns selbst verdanken und unser Können und Vermögen immer wieder an Grenzen stößt.
- Das *Wissen* darum, schuldig werden zu können.
- Die *Ahnung* bzw. das *Vertrauen* darauf, dass es trotz aller Widrigkeiten unseres Lebens immer wieder eine Hoffnung für uns und in unserem Leben gibt.

---

[4] So die entsprechende Formulierung in § 2 Abs. 1 Satz 2 im SeelGG (Kirchengesetz zum Schutz des Seelsorgegeheimnisses – Seelsorgegeheimnisgesetz der EKD vom 28. Oktober 2009). Vgl. in diesem Sinne auch Sekretariat der Deutschen Bischofskonferenz 2022, S. 26f.

[5] So die entsprechende Formulierung in § 2 Abs. 1 Satz 1 im SeelGG EKD.

Die genannten Punkte weisen selbst auf eine existenzielle Grundhaltung der Seelsorgenden hin. Sie besteht gerade aufgrund der zuvor genannten Punkte in einer unbedingten Akzeptanz der Seelsorgesuchenden und ihrer Anliegen. Allein sie ermöglicht diejenige Offenheit und Freiheit, die die Voraussetzung und Basis jeder echten Seelsorgebeziehung bilden. Kirchlich verantwortete Seelsorge ruht also auf einem religiösen Fundament, richtet sich aber an religiöse *und* nicht religiöse Menschen. Sie enthält sich jeglicher missionarischer Absichten, ist aber selbstverständlich offen und sensibel für religiöse Fragen und Probleme. So kann sie religiöse Deutungen und Rituale nutzen, wo sie von den Beteiligten gewollt und als hilfreich empfunden werden. Was sie im Kern ausmacht, ist das Angebot einer vorbehaltlosen temporären Weggenossenschaft in den Fragen, Problemen und Brüchen derjenigen, die Seelsorge suchen. Formal sind diese besonderen „Schutzräume für Schutzleute“, die der Seelsorge zur Verfügung stehen, durch seelsorgliche Verschwiegenheitspflichten im kirchlichen und staatlichen Recht geschützt.
Diese Grundlagen charakterisieren die Seelsorge im engeren Sinn, die die Polizeiseelsorge verantwortet und die im vorliegenden Band in den einzelnen Beiträgen zum Arbeitsbereich „Seelsorge“ (vgl. unter II.1) detaillierter vorgestellt wird.

1.3.2 Polizeiseelsorge und ihre spezifisch religiösen Angebote

Auch in ihrer seelsorglichen Arbeit haben die Kirchen in den letzten Jahrzehnten einen Professionalisierungsprozess durchlaufen, der bis in die Gegenwart anhält. Ein Ausweis dafür sind die immer ausgefeilteren Ausbildungsstandards in diesem Bereich und die Ausdifferenzierung spezialisierter Seelsorgebereiche (dafür stehen im kirchlichen Bereich Begriffe wie z. B. „kategoriale Seelsorge“, „Spezialseelsorge“, „Seelsorge in Funktionsbereichen“), um den besonderen Herausforderungen, aber auch den differenzierten Ansprüchen und Standards unterschiedlicher gesellschaftlicher Institutionen und Organisationen gerecht zu werden. In all diesen Zusammenhängen geht es darum, nicht nur die eigene „religiöse Sprache“ zu sprechen, sondern auch die Binnensprache der Organisation, in der Seelsorgende tätig sind. Doch damit nicht genug. Erforderlich ist nicht nur diese „institutionelle Mehrsprachigkeit“, sondern auch die anspruchsvolle Fähigkeit zur „Übersetzung“ unterschiedlicher beruflicher Handlungslogiken, Mentalitäten, Relevanzen und Organisationskulturen, um der Seelsorge „in der Fremde“ die für ihre Arbeit nötige Relevanz und Akzeptanz zu verschaffen.
Das gilt nicht zuletzt auch für die hoheitlichen Bereiche staatlichen Handelns (Militär, Justizvollzug, Polizei und Zoll). Hier stand lange Zeit die sogenannte „Anstaltsseelsorge“ im Mittelpunkt des kirchlichen Interesses, also die Gewährleistung der positiven Religionsfreiheit in staatlichen

Bereichen, die aufgrund ihrer Organisation den „normalen Zugang“ zur Ausübung der eigenen Religionsfreiheit erheblich erschweren oder gar unmöglich machen (besonders im Justizvollzug oder beim Militär). Dieser Grund ist im Bereich der Polizei in den letzten Jahrzehnten immer weiter in den Hintergrund getreten, da z. B. eine kasernierte Ausbildung der Polizei in NRW nicht mehr existiert und die Ausübung der persönlichen Religionsfreiheit keinen unzumutbaren Beschränkungen mehr unterliegt. Dennoch ist auch dieser klassische Bereich kirchlichen Handelns (z. B. Polizeigottesdienste, Andachten, Trauerfeiern, Segensfeiern) weiterhin eine wichtige Aufgabe der Polizeiseelsorge.[6] Sie ergibt sich *nicht* daraus, dass etwa keine kirchlichen Angebote außerhalb der Polizei zur Verfügung stünden. Vielmehr ist es ein kirchliches Anliegen, ihren Mitgliedern – darüber hinaus allen Interessierten – eine geistlich-rituelle Begleitung anzubieten, die eine besondere Passung für besondere Zielgruppen in ihren unterschiedlichen Lebenswelten aufweist: z. B. Krankenhäuser, Ausbildungseinrichtungen, viele weitere berufsgruppen- oder lebenslagenspezifische Orte und Anlässe. In dieser Perspektive hat die Polizeiseelsorge die Aufgabe, auch ihre explizit religiösen Angebote an den Fragen, Problemen und Anlässen, die die „Lebenswelt Polizei“ in sich birgt, auszurichten und entsprechende Formen und Formate zu entwickeln. Man könnte hier allgemein von „Zielgruppenorientierung“ sprechen. In polizeiseelsorglicher Perspektive geht es bei dieser „Zielgruppenorientierung“ darum, explizit religiös markierte Räume und Zeiten zu gestalten, die als Resonanzraum für die inneren Befindlichkeiten von Polizist:innen fungieren können. Solche Räume bieten die Chance, verborgene innere Befindlichkeiten auszudrücken. Befindlichkeiten wie Erfolge und Niederlagen, Verstehen und Zweifel, Stärke und Schwäche, Scheitern und Schuld, Hilflosigkeit und Klage, Ärger und Wut, Trauer und Trost, Freude und Dankbarkeit, Stolz und Neid, Verletzungen, Kränkungen und Scham, Zuversicht und Hoffnung. Im Unterschied zur Arbeit der Polizeiseelsorge im vertraulichen Seelsorgegespräch zu zweit werden hier existenzielle und religiöse Themen in und für einen größeren Kreis sprachfähig und sichtbar. Sie haben ihren Anhalt zwar im individuellen Erleben einzelner Polizist:innen, hier aber werden sie als *gemeinsamer* Erfahrungsraum thematisch.

Diesem Zusammenhang sind viele Formate und Arbeitsformen der Polizeiseelsorge zuzuordnen, die besondere Frei- und Schutzräume für Polizist:innen gestalten und die im vorliegenden Band in den Arbeitsbereichen „Spiritualität“ (vgl. unter II.2) und „Begleitung“ (vgl. unter II.3) näher beschrieben werden.

---

[6] Einen Überblick mit vielen Beispielen auch aus NRW bietet Schneider et al. 2020.

1.3.3 Polizeiseelsorge als Ressource normativer Orientierung und individueller Beratung

Zum Polizeiberuf gehört es, Normen durchzusetzen und selbst von Normen durchsetzt zu sein. Insofern gehört neben der existenziellen Seite der polizeilichen Arbeit, die auch religiöse Anteile umfassen kann, ganz zentral auch eine normative Seite. Sie wird zunächst durch das Recht repräsentiert. Doch die „Bereitschaft, sich für die Rechtsordnung einzusetzen, bedarf eines Aktes der Zustimmung und ständigen Vergewisserung. Die Befolgung der Rechtsordnung ergibt sich nicht aus der Rechtsordnung von selbst.“[7] Vor dem Hintergrund dieser Einsicht, aber auch im Hinblick auf die grundlegende Bedeutung einer rechtsstaatlichen Polizei, die in unserem Auftrag und in unserem Namen Gewalt über uns ausüben darf, haben sich die Kirchen auch im Bereich der polizeilichen Berufsethik engagiert. In Nordrhein-Westfalen wurden die rechtlichen Grundlagen dieses Engagements durch den Runderlass „Berufsethischer Unterricht in der Polizei“ (vom 18.7.1962), das heißt vor 60 Jahre, geregelt. Er bildet bis heute die Grundlage für das Engagement der Kirchen in Fragen der polizeilichen Berufsethik in der polizeilichen Aus- und Fortbildung in Nordrhein-Westfalen. Die Verantwortung der berufsethischen Qualifizierung liegt allein beim Staat. Dass der Staat an dieser Stelle dennoch mit den Kirchen kooperiert, geschieht aus seiner freien Entscheidung. Dass die Kirchen zu den klassischen gesellschaftlichen „Moralagenturen“ gehören, war bisher unstrittig, wird jedoch zunehmend infrage gestellt. Auch darf nicht verschwiegen werden, dass die moralische Integrität der Kirche durch eigenes Verschulden massiv beschädigt ist („Missbrauch in der Kirche“). Dennoch wird den Kirchen konstatiert, Anwälte einer anspruchsvollen menschenfreundlichen Ethik zu sein oder zumindest sein zu sollen. Ihre Ausrichtung auf dezidiert friedensethische, gerechtigkeits- und würdeorientierte Maßstäbe menschlichen Handelns bis hin zur Nächsten- und Feindesliebe erscheinen vielen zwar nicht als ungebrochen in der Realität umsetzbar, aber als wünschenswert bzw. als hilfreicher normativer Kompass. Dieser zeigt an, worauf es im Letzten ankäme und woran sich ein moralisch gutes Handeln zu orientieren hätte. Damit treffen sie immer noch auf Zustimmung und können als ein moralisch-ethischer Benchmark fungieren.

Darüber hinaus gilt auch für die Kirchen, dass von ihnen nicht nur diese normative Orientierungsleistung erwartet wird, sondern auch deren praktische Umsetzung. Diese Umsetzungserwartung besteht nicht nur völlig zu Recht, sondern wird auch von den Kirchen als an sie selbst gerichtete Forderung erhoben. Die daraus resultierenden Erfahrungen des eigenen Scheiterns an diesen Ansprüchen sind bitter und für „hochmoralische

[7] Möllers 1984, S. 80.

Organisationen“[8] wie die Kirchen oder auch die Polizei gefährlich, weil sie deren moralische Integrität nachhaltig beschädigen. Dennoch ist es genau dieser Umstand, der wiederum das Bewusstsein dafür wachhält, dass moralische Ansprüche ohne die Aspekte des An-ihnen-Scheiterns, des Moralversagens und der damit zusammenhängenden Aspekte von Schuld, Reue und Vergebung nur unzureichend im Blick wären. Das ist natürlich kein alleiniges Wissen der Kirchen,[9] aber als praktische Erfahrung in der Realität einer „hochmoralischen Organisation“ und der in ihnen tätigen und mit ihnen verbundenen Menschen bilden die Kirchen weiterhin eine wertvolle Ressource für den Umgang mit und das Leiden an dieser Problemkonstellation. Wer aus beruflichen Gründen mit Moral nicht nur theoretisch, sondern auch praktisch zu tun bekommt, bedarf immer wieder des Trostes und der Stärkung, der Orientierung und der Vergewisserung. Nicht zuletzt an dieser Stelle scheint eine existenzielle Dimension der Moral bzw. Ethik auf, die zu individuellen Fragen und Problemstellungen führen kann, die für eine seelsorgliche Begleitung nicht nur offen sind, sondern ihrer geradezu bedürfen.

Einen Einblick auf weitere mit diesem Arbeitsbereich der Polizeiseelsorge zusammenhänge Fragen, Problemstellungen, Arbeitsweisen und Angebote bieten die unter der Überschrift „Berufsethik“ versammelten Beiträge (siehe unter II.4).

Die Professionalisierung der Seelsorge hat dazu geführt, dass viele Polizeiseelsorgenden über weitere spezielle Zusatzqualifikationen im psychologischen, psychotherapeutischen, gruppendynamischen, beraterischen oder supervisorischen Bereich verfügen. Diese fachlichen und methodischen Kompetenzen können, wo sinnvoll und hilfreich, im Kontext seelsorglichen Handelns zum Zuge kommen und damit seelsorglichen Anliegen dienen. In diesem Sinne dienen sie der Seelsorge und ordnen sich deren Selbstverständnis und Logik unter (siehe oben).

Von ihrem Ansatz und Selbstverständnis her wollen und können sie keine Seelsorge sein. Bei ihnen geht es nicht um einen „selbstlosen“ Dienst am oder für den Menschen, wie er oben beschrieben wurde, sondern um eine qualitativ möglichst hochwertige *Dienstleistung* zwischen professionell ausgebildeten Anbietern auf der einen und nachfragenden Klienten auf der anderen Seite. In der Regel geht es darum, sich der eigenen Einschränkungen und Potenziale bewusst zu werden, um Wege zu finden, die eigenen

[8] Zu dieser sehr treffenden Charakterisierung von Rafael Behr vgl. Behr 2021, S. 341f.

[9] Ein dementsprechendes Votum eines Philosophen: Wer „sich philosophisch auf den Gedanken der Pflicht, des Sollens, der Befolgung richtiger Regeln konzentriert, das Phänomen der Schuld aber und ihrer Bearbeitung, z. B. in der Weise der Verzeihung, einfach umgeht, der wird den inneren Sinn des Moralischen überhaupt nicht passend erfassen können.“ Kodalle 2004.

Handlungsmöglichkeiten angesichts konkreter innerer und äußerer Umstände zu erweitern. Sie sollen dabei helfen, eigene Belastungen zu verringern oder angestrebte Ziele besser zu erreichen. Dabei helfen die verstehende und erklärende Analyse komplexer Probleme, das Sortieren und Priorisieren eigener und fremder Interessen sowie die Konzeption möglichst effektiver Handlungsstrategien. Dies geschieht in unterschiedlichen Settings, die auf unterschiedliche Weise die Ressourcen des bzw. der Beratenden und der beteiligten Person möglichst gut ausschöpfen, um konkrete Probleme zu lösen und/oder bestehende Verhältnisse zu verbessern. Die Möglichkeiten, die diese Kompetenzen bieten, und die Ergebnisse, die durch ihre qualifizierte Anwendung in der Polizei erreicht werden können, sind ebenso hilfreich wie eindrucksvoll. Dass sie eine immer größere Akzeptanz und Verbreitung gerade in der nordrhein-westfälischen Polizei finden, ist begrüßenswert. Dass Seelsorgende ihre dementsprechenden Kompetenzen der Polizei zur Verfügung stellen, ist nicht substitutiv, sondern komplementär zu ihrem Seelsorgeauftrag zu verstehen. In beiden Fällen geht es um Unterstützung der Polizistinnen und Polizisten bei der Bewältigung ihres polizeilichen Auftrages und der daraus resultierenden beruflichen Belastungen, aber auf unterschiedliche Weise. Beide Zugehensweisen haben ihre je eigene Berechtigung, ihre je eigenen Stärken und Schwächen, ihre je eigenen Möglichkeiten und Schwierigkeiten. Auch hier dürfte gelten, was sich in Beratungssettings immer wieder als hilfreich bewährt hat: Es ist ein Gebot der Klugheit, die Zahl der zur Verfügung stehenden Optionen zu erhöhen und nicht zu verringern. Insofern ist es kein Wunder, dass diese Formate und entsprechenden Kompetenzen auch in der kirchlichen Arbeit in den Kirchen selbst genutzt und geschätzt werden. Und auch dort ersetzen sie nicht deren „Seelsorge in den eigenen Reihen", sondern ergänzen sie.

Weitergehende Überlegungen und Berichte aus der praktischen Arbeit in diesem Arbeitsbereich der Polizeiseelsorge finden sich unter Überschrift „Beratung" im letzten Teil des vorliegenden Bandes (vgl. unter II.5).

1.4 Die Zukunft der Polizeiseelsorge

Die Polizeiseelsorge kann auf eine längere Geschichte zurückblicken. Aktuell auf sechzig (so die entsprechenden Vereinbarungen in NRW) bzw. auf hundert Jahre (im Hinblick auf die ersten praktischen Aktivitäten in diesem Bereich). Doch was eine Vergangenheit hatte, muss nicht unbedingt eine Zukunft haben. Die Kirchen befinden sich seit mehreren Jahrzehnten in einem Prozess des Kleinerwerdens. Gehörten 1962 noch über 94 % der Bevölkerung einer der beiden großen Kirchen an, so sank 2021 dieser Anteil erstmals unter die 50%-Schwelle. Gleichzeitig wird das Feld religiöser Bindungen vielfältiger. So sind in Baden-Württemberg die ersten Polizeirabbiner tätig geworden. Über die Möglichkeiten von muslimischer

Seelsorge auch in der Polizei wird nachgedacht. Darüber hinaus ist der Bevölkerungsanteil nicht explizit religionsgebundener Menschen mittlerweile auf über 40 % gestiegen. Was bedeutet diese Entwicklung für die Polizeiseelsorge?
Was deren *strukturelle* Rahmenbedingungen angeht, so ist mit knapper werdenden personellen und finanziellen Ressourcen aufseiten der Kirchen zu rechnen. Dennoch ist das Bemühen aller (Erz-)Bistümer und Landeskirchen in Nordrhein-Westfalen deutlich, als wichtigen Teil ihrer gesellschaftlichen Verantwortung die Polizeiseelsorge auch in Zukunft im Rahmen ihrer Möglichkeiten zu unterstützen. Dies ist für die Polizeiseelsorge weiterhin von großer Bedeutung, da für dieses Arbeitsfeld die Option einer „Deprofessionalisierung" (z. B. durch die Einbindung speziell qualifizierter „Laien" wie in der Telefon-, Notfall- oder Krankenhausseelsorge) nicht zuträglich wäre. Wie andere Seelsorgebereiche im hoheitlichen Bereich findet hier Seelsorge in einer Form statt, die man als „Seelsorge von Profis für Profis" bezeichnen könnte. Ob es kirchlicherseits eine Öffnung für weitere Professionen in kirchlich hauptamtlicher Funktion in diesem Bereich geben könnte, ist Thema aktueller Diskussionen.
Was die inhaltlichen Fragen der Arbeit der Polizeiseelsorge angeht, so spüren wir in der Polizeiseelsorge über die letzten Jahrzehnte eine durchgehend hohe, ja sogar weiter ansteigende Akzeptanz unserer Arbeit. Das hat einerseits mit der Niedrigschwelligkeit der Angebote der Polizeiseelsorge zu tun, andererseits mit der ihr zugeschriebenen und auch in ihrer konkreten Arbeit erlebten Kompetenz. Durch sie fühlen sich viele Polizeibeamtinnen und Polizeibeamte in ihren Anliegen und Nöten durch den spezifisch „polizeiseelsorglichen Blick" adäquat wahrgenommen und mit ihren Fragen und Zweifeln ernst genommen. Darin spiegelt sich auch die Entwicklung wider, dass sich die Erwartungs- und Anspruchsniveaus sowohl im privaten, aber besonders auch im beruflichen Leben kontinuierlich erhöhen. Der daraus resultierende Druck wird für viele zu einer immer größeren Belastung. (Frei-)Räume, in denen diese Zusammenhänge einmal zur Sprache kommen können oder, noch wichtiger, in denen eine zunächst vorhandene Sprachlosigkeit in diesem persönlichen Bereich grundsätzlich verstanden und akzeptiert wird, werden deswegen von vielen als besonders hilfreich empfunden. Das ist auch auf die vielfach angesprochene „existenzielle" Dimension, die viele polizeiliche Probleme auszeichnet, zu beziehen. Durch den Rückgang explizit religiöser Bindungen stehen die für solche Probleme möglicherweise genutzten religiösen Ausdrucksmöglichkeiten kaum mehr zur Verfügung. Eine sich daraus ergebende Konsequenz heißt: Die Probleme sind zwar noch da, aber sie sind teilweise schwerer „zu fassen", weil keine Sprache mehr zur Verfügung steht, die der besonderen Qualität dieser Probleme gerecht würde. Bevor man gerade diese entscheidende Dimension aber zu verlieren droht, spricht man

erst gar nicht darüber, was meistens das Problem weiter vergrößert. Dieser Sprachverlust gerade im Bereich unserer existenziellen Fragen ist für viele ein Problem. Es gehört zur Kernaufgabe polizeiseelsorglicher Arbeit, gemeinsam mit denen, die sie nutzen, hier individuelle Ausdrucksformen zu finden, die auch dieser Dimension gerecht werden. Die Bedeutung dieser Aufgabe war zuvor schon hoch, sie wird aber weiter an Bedeutung gewinnen.

Grundsätzlich ist davon auszugehen, dass kirchliche Kernangebote in genuin kirchlichen Kontexten (wie Gottesdienste, Kasualien, Seelsorge in Gemeinden) weiterhin ihre Bedeutung behalten, aber von immer weniger Menschen genutzt werden. Menschen verlassen immer weniger ihre persönliche Lebenswelt, sei es die private oder die berufliche, um die Lebenswelt „Kirche“ aufzusuchen. Wo „Kirche“ allerdings ihre eigene Lebenswelt verlässt, sich aufmacht und andere Lebenswelten aufsucht, stößt das, was sie dort macht und anbietet, durchaus auf Interesse. Kirchliche Seelsorgekompetenz wird besonders dort in Anspruch genommen, wo die Probleme konkret entstehen. Steht Seelsorge in diesem Sinn „vor Ort“ zur Verfügung, dann gibt es nicht nur kurze Wege, schnelle Reaktionszeiten, bekannte und dadurch einschätzbare Personen. Es gibt darüber hinaus auch ein spezifisches Kontextwissen über mögliche Problemkonstellationen, Kenntnisse über vorhandene Kommunikationsbedarfe und Kommunikationswege, Kenntnisse über weitere Ressourcen „vor Ort“ und nicht zuletzt eine „vor Ort“ entwickelte individuelle Verstehens- und Sprachkompetenz. Vielleicht liegt das Bewährungsfeld kirchlicher Seelsorgekompetenz gerade „in der Fremde“, das heißt dort, wo das Leben und Leiden der Menschen, sprich ihr Alltag, stattfindet. Und eigentlich ist das ja auch der Platz, der der Kirche zugedacht ist: an der Seite der Menschen.

Die Zukunft der Polizeiseelsorge wird auch durch ihre „Netzwerkfähigkeit“ bestimmt werden. Dies bezieht sich auf ihre innerorganisatorische Einbettung und Verknüpfung innerhalb der Polizei, vor allem mit den vorhandenen polizeilichen Hilfe- und Unterstützungssystemen und den Netzwerken, die sich in der Berufsethik engagieren. Darüber hinaus ist aber auch an die innerkirchliche Verknüpfung mit den weiteren kirchlichen Seelsorgebereichen zu denken, die wiederum als „Lern- und Lehrnetzwerke“ für den Bereich der kirchlichen Seelsorgepraxis, Seelsorgeausbildung und ihrer Qualitätssicherung fungieren. Schließlich wird es in der Polizeiseelsorge zukünftig um eine bessere ökumenische Vernetzung gehen. Trotz der angezeigten und auch geübten ökumenischen Praxis prägen bis heute Parallelstrukturen dieses Arbeitsfeld. Am deutlichsten wird dies in NRW durch den Versuch, auf der Ebene der Polizeibehörden sowohl einen katholischen als auch einen evangelischen Polizeiseelsorgenden zur

Verfügung zu stellen.[10] In der praktischen Arbeit der Polizeiseelsorge spielen konfessionelle Unterschiede kaum eine Rolle (eigentlich nur noch dort, wo kirchliche Amtshandlungen im engeren Sinn nachgefragt werden). Vielleicht lässt es sich so auf den Punkt bringen: Im Bereich der Polizeiseelsorge tritt die konkrete Konfession hinter die erwartete bzw. erhoffte polizeiseelsorgliche Kompetenz zurück. Damit wird nicht die kirchliche Bindung der Seelsorgenden überhaupt infrage gestellt, sie wird im Gegenteil sogar erwartet und vorausgesetzt. Infrage gestellt wird jedoch, dass konfessionelle Unterschiede einen Unterschied für die Aufgabe und die Arbeitsweisen der Polizeiseelsorge ausmachen bzw. ausmachen sollten. Diese Erwartung ist nicht nur berechtigt, sie gehört seit vielen Jahren auch zum Selbstverständnis der Polizeiseelsorge in Nordrhein-Westfalen. Aber auch hier werden in Zukunft bestehende konfessionelle Parallelstrukturen einem komplementären Ansatz weichen müssen. Nur so können die entsprechenden Ressourcen in einem Maß gebündelt und kirchlicherseits zur Verfügung gestellt werden, die die kirchliche Polizeiseelsorge auch in Zukunft „verlässlich und erreichbar“[11] in NRW aufstellt. Insofern wird die Zukunft der Polizeiseelsorge in NRW eine ökumenische sein – nicht nur weil das viele von ihr erwarten oder sogar erhoffen, sondern vor allem deswegen, damit sie das, was sie tut und wofür sie da ist, auch in Zukunft weiterhin so gut wie möglich tun kann.

1.5 Resümee

Die Kooperation zwischen dem Land NRW und den (Erz-)Bistümern sowie den Landeskirchen im Bereich der Polizeiseelsorge hat sich aus guten Gründen über die letzten sechs Jahrzehnte bewährt. Vor allem die Entwicklungen der Polizeiseelsorge während der letzten zehn Jahre in NRW werden durch die Beiträge dieses Bandes dokumentiert. Auch in ihnen werden Gründe formuliert, die eine Antwort auf die Frage „Wozu Polizeiseelsorge?“ geben sollen. Zusammen mit den im vorliegenden Beitrag formulierten spricht viel dafür, nicht beim nunmehr Erreichten stehen zu bleiben, sondern diesen gemeinsamen Weg fortzusetzen.

---

[10] Auch die Vereinbarung von 1962 gibt es in einer katholischen und in einer evangelischen Variante. Es bleibt die Hoffnung, dass eine ins Auge gefasste Aktualisierung dieser Vereinbarung möglicherweise eine gemeinsame sein könnte (wie z. B. die ab dem 1. Januar 2017 geltende Vereinbarung zwischen den Kirchen und dem Land Baden-Württemberg, die die vorige vom 11. Juni 2002 abgelöst hat).

[11] So der „sprechende Titel“ von Roser et al. 2017.

1.6 Literatur

Behr, Rafael (2021): „Dem Guten verpflichtet, vom Bösen bedroht“ – Was man erkennt, wenn Polizist*innen von ihren Werten sprechen. Eine explorative Skizze aus der verstehenden Polizeiforschung; in: Ruch, Andreas & Singelnstein, Tobias (Hrsg.): Auf neuen Wegen – Kriminologie, Kriminalpolitik und Polizeiwissenschaft aus interdisziplinärer Perspektive (FS für Thomas Feltes zum 70. Geburtstag). Berlin: Duncker & Humblot, S. 333-343.

Freitag, Marcus & Giersch, Christoph (Hg.) (2015): Das Gewissen – moralischer Kompass mit unbedingtem Verbindlichkeitsanspruch?. Eine interdisziplinäre Annäherung. Frankfurt: Verlag für Polizeiwissenschaft.

Jähnichen, Traugott & Karle, Isolde (2020): Ethik für die Seelsorge – Seelsorge für die Ethik. Überlegungen zur Verhältnisbestimmung von theologischer Ethik und Poimenik. In: ZEE 64/4, S. 277-288.

Kodalle, Klaus-Michael (2004): Vergeben und Verzeihen – Über die Bedeutung dieser Kategorien für das politische Ethos. Manuskript SWR 2 – Aula, Sendung Ostersonntag, 11. April 2004, 8.30 Uhr, Redaktion Ralf Caspary.

Möllers, Hermann (1984): Erfahrungen und offene Fragen zum berufsethischen Unterricht im Fachbereich Polizei der Fachhochschule für öffentliche Verwaltung Nordrhein-Westfalen. In: Richthofen, Dieprand von (Hg.): Berufsethos für Beamte Tagung vom 20.06. bis 22.06.1983 in der Fortbildungsakademie des Innenministers des Landes Nordrhein-Westfalen in Attendorn (Schriftenreihe der FHSöV NW 1/84). Gelsenkirchen: Eigenverlag, S. 79-85.

Roser, Traugott; Rüter, Friederike; Stache, Michael & Wemhöner, Helga (Hg.) (2017): Verlässlich und erreichbar. Seelsorgepraxis in der Evangelischen Kirche von Westfalen. Bielefeld: Luther-Verlag.

Schiewek, Werner (2007): „Und bist Du nicht willig, so brauch ich Gewalt!“. Berufsethische Anmerkungen zur Diskussion der „Rettungsfolter“ in Deutschland. In: Meireis, Torsten (Hg.): Lebendige Ethik – Beiträge aus dem Institut für Ethik und angrenzende Sozialwissenschaften. Hans-Richard Reuter zum 60. Geburtstag. Münster, Hamburg, Berlin, Wien, London, Zürich: Lit-Verlag, S. 63-80.

Schneider, Hanns-Heinrich; van der Heyden, Bianca; Werth, Folkhard & Winkler, Pia (Hg.) (2020): Liturgisches Handeln im öffentlichen Raum. Eine Handreichung für Mitarbeitende in der Polizeiseelsorge (Schriften der Konferenz Evangelischer Polizeipfarrerinnen und Polizeipfarrer [KEPP]; Bd. 1). Norderstedt: Books on Demand.

Schweer, Thomas & Strasser, Hermann (2008): Einblick: Cop Culture und Polizeikultur. In: Schweer, Thomas; Strasser, Hermann & Zdun, Steffen (Hg.): „Das da draußen ist ein Zoo, und wir sind die Dompteure“ – Polizisten im Konflikt mit ethnischen Minderheiten und sozialen Randgruppen. Wiesbaden: VS Verl. für Sozialwissenschaften, S. 11-38.

Sekretariat der Deutschen Bischofskonferenz (2022): In der Seelsorge schlägt das Herz der Kirche. Wort der deutschen Bischöfe zur Seelsorge (Die deutschen Bischöfe; 110). Bonn: Eigendruck.

2 „Aus der Nische mitten ins Herz“ Zum Selbstverständnis der Polizeiseelsorge im Kontext der Organisation Polizei NRW

Dietrich Bredt-Dehnen

2.1 Einleitung

> *„In der Kriminalitätsbekämpfung sind wir Profis, aber im Umgang mit unserem seelischen Innenleben, mit den Belastungen und Zumutungen brauchen wir die Polizeiseelsorge. Dass wir auch unsere Seele schützen müssen – diesen Lernprozess hat die Polizeiseelsorge in der Polizei nachhaltig angestoßen. Denn hinter allem, was Polizei tut, stehen Menschen.“*[1] *(Ingo Wünsch, Direktor Landeskriminalamt NRW, Düsseldorf 2021)*

Als im Jahr 1962 die *Vereinbarung über die Wahrnehmung der Polizeiseelsorge im Lande Nordrhein-Westfalen*[2] zwischen der Landesregierung und den evangelischen Kirchen respektive katholischen (Erz-)Bistümern in NRW geschlossen wurde, war der Auftrag der Polizeiseelsorge schnell beschrieben:

Das Land Nordrhein-Westfalen gewährleistet den Landeskirchen auch weiterhin die Ausübung ihrer Seelsorge bei der Polizei. Die Polizeiseelsorge dient als Teil der kirchlichen Arbeit allen evangelischen bzw. katholischen Polizeivollzugsbeamten. Aufgabe der Polizeiseelsorger ist die Verkündigung und Lehre des Wortes Gottes, die Verwaltung der Sakramente und die seelsorgliche Betreuung der Polizeivollzugsbeamten. Der Polizeiseelsorge wird zugestanden 14-täglich bzw. monatlich eine Stunde lang mit Polizisten „religiöse Lebensfragen“ zu erörtern.

Das Land bot so den christlichen Kirchen innerhalb der Polizei eine Nische zur Wahrnehmung ihrer seelsorglichen Arbeit an ihren Mitgliedern an und gewährleistete vor allem den kasernierten und konfessionell gebundenen Polizisten ihr Grundrecht auf freie Religionsausübung.

Ein originärer Bezug zur polizeilichen Arbeit oder eine Zusammenarbeit mit polizeilichen Organisationseinheiten war nicht im Blick und wurde nicht thematisiert.

---

1 https://youtu.be/y7AJaexzB6s (Abruf 16.5.2022).

2 https://recht.nrw.de/lmi/owa/br_bes_text?anw_nr=1&gld_nr=2&ugl_nr=203014&bes_id=196&val=196&ver=7&sg=&aufgehoben=N&menu=1 (Abruf 16.5.2022).

60 Jahre später, im Januar 2022, nennt der Innenminister des Landes NRW, Herbert Reul, bei einem Grußwort vor der Landessynode der Evangelischen Kirche im Rheinland die Seelsorge für Polizistinnen und Polizisten „essenziell“.[3] Sein Staatssekretär Jürgen Mathies, vormals Polizeipräsident in Köln, sagt es so: „Polizeiseelsorge ist eine außerordentliche, wertvolle, wesentliche und wichtige Stütze für die Polizistinnen und Polizisten, die ihre Aufgaben wahrnehmen.“[4]
Die Wahrnehmung und Verortung von Polizeiseelsorge durch die politisch Verantwortlichen als wesentliche Unterstützung polizeilicher Arbeit ist sowohl Ergebnis einer seit vielen Jahren (schon vor 2010) sich verstetigenden Professionalisierung polizeiseelsorglichen Handelns als auch Ausdruck einer sich stark verändernden „Polizeikultur“. Polizeiführung reagiert auf die gestiegene Sensibilität für die Notwendigkeit „seelischer Eigensicherung“ und damit auch auf eine wachsende Bedeutung von vermeintlich „weichen Themen“ wie psychischen Belastungen und traumatischen Erfahrungen im Polizeidienst.
Waren noch vor gut 12 Jahren Aspekte der „psychosozialen Unterstützung“ (PSU) ein Nischenthema für wenige interessierte Polizeibeamt:innen, ist die strategische Berücksichtigung sog. „weicher“ Themen inzwischen in der Mitte der Polizei angekommen. Diese Entwicklung lässt sich ablesen anhand der konzeptionellen und organisatorischen Einbindung von Polizeiseelsorge in polizeiliche Arbeit als auch an der signifikanten personellen Verstärkung dieser Arbeitsbereiche mit eigenen polizeilichen Kräften. Diese komplexe Entwicklung soll hier beispielhaft mit ihren positiven und kritischen Seiten beleuchtet werden.

2.2 *Die Loveparade in Duisburg 2010 als „changing point“*

Bei der Arbeit am Tatort auf dem Loveparade-Areal war der Beamte den Tränen nahe und dachte dabei: „Was ist los mit dir? Du bist doch sonst nicht so ein Weichei.“[5]
Von über 4000 eingesetzten Polizist:innen werden fast 500 (meist auf den Hundertschaften) direkt im Anschluss oder einige Tage nach der Katastrophe von Polizeiseelsorger:innen und anderen psychosozialen Fachkräften betreut. Der Bedarf an professioneller Begleitung nach einer solchen traumatischen Erfahrung ist offensichtlich.
„[Innenminister] Jäger glaubt, dass noch mehr der eingesetzten 4100 Polizisten Hilfe von Seelsorgern benötigen. ‚Ich kann mir vorstellen, dass

---

[3] https://www.youtube.com/watch?v=noTJFxKTHpg (Abruf 16.5.2022).
[4] https://youtu.be/y7AJaexzB6s (Abruf 16.5.2022).
[5] https://www.rundschau-online.de/loveparade-katastrophe-500-polizisten-wurden-betreut-11562086?cb=1647268935251& (Abruf 16.5.2022).

viele sich auch jetzt noch nicht darüber im Klaren sind, dass sie Hilfe benötigen', sagte der Innenminister weiter und appellierte an die Betroffenen die Hilfsangebote anzunehmen. ,Viele Polizeibeamte wurden zum Teil erheblich traumatisiert. Sie sind an die Grenzen ihrer Belastbarkeit gegangen', sagte Jäger."[6]
Im Nachgang zeigt sich in der Aufarbeitung der Ereignisse, dass die vorfindlichen Betreuungsstrukturen sowohl innerhalb einer BAO[7] als auch in der AAO[8] längst nicht ausreichen, um auf eine solche Lage angemessen reagieren zu können. Es wird eine Landesarbeitsgruppe (LAG) eingesetzt, die den Landesteil D der PDV 100[9] „psychosoziale Unterstützung in der Polizei NRW" komplett neu überarbeitet. Zum ersten Mal werden zwei Vertreter der Polizeiseelsorge beratend in die LAG berufen. Noch zaghaft, aber immerhin auch zum ersten Mal wird die Polizeiseelsorge in einem Dokument der Polizeilichen Dienstvorschrift ausdrücklich aufgeführt. Dies geschieht im Kontext der Arbeit des „PSU-Teams" der Polizei NRW (Gründung 1994[10]), das als Kriseninterventionsteam bis dahin innerhalb der Polizei nur marginal wahrgenommen wurde.

2.3 Die Zusammenarbeit mit dem Kriseninterventionsteam der Polizei (PSU-Team[11])

Als besonders belastende Einsatzanlässe für das PSU-Team werden formuliert:

- Schusswaffengebrauch gegen/durch Polizeivollzugsbeamte
- potenzielle oder reale Todesbedrohung
- Suizide von Polizeiangehörigen
- Gewalt gegen Polizeibedienstete mit Schwerverletzten oder Toten
- Einsätze mit einer Vielzahl von Toten und Schwerverletzten
- das Erleben von Sterben

6 https://www.rundschau-online.de/loveparade-katastrophe-500-polizisten-wurden-betreut-11562086?cb=1647268935251&

7 https://www.bbk.bund.de/SharedDocs/Glossareintraege/DE/B/BAO.html (Abruf 16.5.2022).

8 https://www.bbk.bund.de/DE/Infothek/Glossar/_functions/glossar.html;jsessionid=9F5CD7944E845B7C138A926E4083EDBF.live341?cms_lv2=19788&cms_lv3=59294 (Abruf 16.5.2022).

9 https://recht.nrw.de/lmi/owa/br_bes_text?anw_nr=1&gld_nr=2&ugl_nr=2054&bes_id=29228&val=29228&ver=7&sg=&aufgehoben=N&menu=1) (Abruf 16.5.2022).

10 https://www.polizeigeschichte-infopool.de/chronik-polizeigeschichte-nrw/90er-jahre/ (Abruf 16.5.2022).

11 Vgl. https://recht.nrw.de/lmi/owa/br_bes_text?anw_nr=1&gld_nr=2&ugl_nr=2054&bes_id=29228&val=29228&ver=7&sg=&aufgehoben=N&menu=1

- sowie Verkehrsunfälle mit Toten oder mit Schwerverletzten.

In den folgenden Jahren entwickelt sich nach anfänglicher Distanziertheit eine wachsende Vertrautheit zwischen den Mitgliedern des PSU-Teams – Polizeibeamt:innen des höheren Dienstes und Polizeiärzt:innen – und der Polizeiseelsorge. Oftmals werden Einsätze gemeinsam gefahren oder/und die weitere Betreuung in die Hände der Polizeiseelsorge gelegt.
Regelmäßige gemeinsame Fortbildungen (seit 2015) vertiefen das gegenseitige Verständnis.

2.4 Temporäre Einbindung in polizeiliche Hierarchie (BAO-Lagen)

Die Zusammenarbeit wird besonders mit Blick auf große Lagen präzisiert. Aufgrund der Auswertung einer gemeinsamen Fortbildung/Übung wird festgelegt, dass innerhalb einer BAO im Einsatzabschnitt Betreuung (EA) Unterabschnitt „PSU" die Polizeiseelsorge unter Leitung eines/einer Polizeiführer:in in die Betreuung von belasteten Polizeibeamt:innen eingebunden wird. Die Alarmierungswege werden definiert.[12]
Dies markiert auch für die Polizeiseelsorge einen Wendepunkt. Denn hier wird erstmalig für den Fall einer großen Schadenslage die Autonomie der polizeiseelsorglichen Arbeit zugunsten einer gemeinsamen professionellen Betreuung aufgegeben. Die Eingliederung von Polizeiseelsorger:innen in die polizeiliche BAO-Struktur bedeutet temporär (!) die freiwillige Einbindung in die polizeiliche Hierarchie. Dies ist nur vertretbar, da gleichzeitig andere Polizeiseelsorger:innen z. B auf Behördenebene weiter unabhängig agieren können. Dass eine dauerhafte Einbindung in polizeiliche Strukturen neben sehr positiven Aspekten auch Probleme generieren kann, wird am Beispiel der Zusammenarbeit zwischen Polizeiseelsorge und Polizei im Zentrum für ethische Bildung und Seelsorge (ZeBuS) deutlich.[13]

[12] Internes Papier: VS NFD.

[13] Das Zentrum für ethische Bildung und Seelsorge in der Polizei NRW (ZeBuS) ist ein Kooperationsprojekt von Staat und Kirche. Das Hauptaufgabenfeld des ZeBuS ist die Entwicklung und Bereitstellung von Unterstützungsangeboten für alle in der polizeilichen Bildung eingesetzten Lehrenden zur Vermittlung ethischer Bildungsinhalte und auch für alle Polizeiseelsorgerinnen und Polizeiseelsorger zur Professionalisierung der seelsorgerischen Begleitung von Polizeibediensteten.
(https://lafp.polizei.nrw/en/node/4171). Vgl. Kap. 23 und 24.

2.5 Flutkatastrophe 2021 – Betreuungsstrukturen halten nicht stand

Die Flutkatastrophe an der Ahr im Juli 2021[14] erweist sich als ein erneuter „changing point". Wie immer sind es vor allem die Katastrophen, die erbarmungslos die organisatorischen Schwächen einer Einsatzlage im Bereich PSU aufzeigen. Die unerwartet heftige dislozierte Schadenslage mit vielen Schadensorten und einer unübersehbar großen Anzahl an Geschädigten und Betroffenen auch unter den eingesetzten Polizeibeamt:innen überfordert die professionellen Betreuungsstrukturen auch in der Polizei.
Es zeigt sich aber ebenso, dass genügend Potenzial vorhanden ist, um im Sinne einer positiven Fehlerkultur die bisherigen PSU-Strukturen neu aufzustellen. Die vertraute Zusammenarbeit zwischen PSU-Team und Polizeiseelsorge ermöglicht eine kurzfristige Abstimmung mittels einer Videokonferenz. Da es während der Flutkatastrophe keine landesweite polizeiliche Führung dieser Lage durch eine große BAO gibt, sondern unterschiedliche Polizeipräsidien und Kreispolizeibehörden in eigener Verantwortung agierten, werden anfangs in eigener Verantwortung über die virtuellen Kanäle Informationen zentral zusammengeführt und Betreuungsbedarfe erhoben.
Der sich in Überarbeitung befindliche Landesteil D der PDV 100 wird aufgrund der Erfahrungen aus der Flutkatastrophe noch einmal verändert. Dies geschieht auf dem Hintergrund der strukturellen Weiterentwicklung der allgemeinen PSU-Strukturen in der Polizei NRW.

2.6 Ausbau der PSU-Strukturen

Als Polizeiseelsorge setzen wir uns seit vielen Jahren dafür ein, dass die psychosoziale Betreuung von Polizeibeschäftigten nicht als „nice to have", sondern als unabdingbarer Bestandteil polizeilichen Handelns verstanden wird.
Nicht nur die großen Schadenslagen haben hier ein Umdenken der politischen und polizeilichen Führung ermöglicht, sondern auch die deutlicher artikulierte und wahrnehmbare alltägliche Belastung, denen viele Polizeibeschäftigte ausgesetzt sind. Der Umgang mit Tod und Gewalt, mit den Abgründen der Gesellschaft betrifft viele Beamt:innen im Streifendienst und in den K-Wachen, genauso wie in den Fachkommissariaten. Ermittlungen und Auswertungen im Bereich der Bekämpfung von sexualisierter Gewalt gegen Kinder (sog. „Kinderpornografie") haben ungeahnte Ausmaße angenommen und bedeuten für die dort arbeitenden

[14] Vgl. Kap. 19.

Beamt:innen und zunehmend auch Regierungsbeschäftigte eine riesige Herausforderung.[15]
In einer internen Erhebung des Innenministeriums wurde bei einer Abfrage 2021 in allen 50 Polizeibehörden des Landes NRW ein Supervisionsbedarf für mindestens 6500 Polizeibeschäftigte in besonders belastenden Arbeitsfeldern festgestellt.
Die seit vielen Jahren ansteigenden psychischen Belastungen unbearbeitet zu lassen, wäre fahrlässig und würde der Fürsorgepflicht des Arbeitgebers zuwiderlaufen. Die Zahl der psychischen Erkrankungen und die daraus resultierenden Fehltage stiegen bundesweit seit 2010 um 56 Prozent. Der Fehlzeiten-Report 2021 des Wissenschaftlichen Instituts der AOK (WIdO) ermittelte, dass psychische Erkrankungen bei den AOK-versicherten Beschäftigten 2020 mit 12 Prozent aller Krankheitsfälle die zweithäufigste Krankmeldungsursache waren. Psychische Erkrankungen bringen zudem häufig lange Ausfallzeiten mit sich. Im Schnitt dauerten sie 30,3 Tage – das ist mehr als doppelt so lang wie die durchschnittliche Zahl der Krankheitstage bei anderen Erkrankungen, die bei 13,8 Tagen liegt.[16]

2.7 Erweiterung des Behördlichen Gesundheitsmanagements (BGMPol)

Folgerichtig wird 2020 bei der Neukonzeption des Behördlichen Gesundheitsmanagements Polizei (BGMPol NRW) neben dem Arbeits- und Gesundheitsschutz, dem Behördlichen Eingliederungsmanagement und der Behördlichen Gesundheitsförderung als vierte Säule die Psychosoziale Unterstützung eingefügt.[17] In dem koordinierenden BGM-Gremium, das in jeder Behörde eingerichtet werden muss, sollen auch erstmalig Vertreter:innen der Polizeiseelsorge beteiligt werden.[18]
In den vergangenen Jahren wurde noch vereinzelt von Polizeibehörden Sonderurlaub für Seminarangebote der Polizeiseelsorge („Auszeit im Kloster“) mit der Begründung abgelehnt, die Teilnahme an solchen Seminaren sei Privatsache, für die psychische Entlastung sei die private Freizeit da. Nun wird im BGMPol als „Maßnahmen, welche die persönlichen, sozialen und organisationellen Ressourcen für die psychische

---

[15] Vgl. Kap. 16.

[16] https://www.aok.de/fk/betriebliche-gesundheit/psychische-gesundheit/psychische-belastung-am-arbeitsplatz/ (Abruf 16.5.2022).

[17] Landesarbeitsgruppe BGMPol NRW 2020, Herausgeber: Ministerium des Innern des Landes Nordrhein-Westfalen, Veröffentlicht am 2. September 2020, S. 16.

[18] Ebd., S. 17.

Gesundheit stärken", ausdrücklich auch der „... Zugang zu Beratungsangeboten im Helfernetzwerk der Polizei NRW (... Polizeiseelsorge u. a.)" genannt.[19]

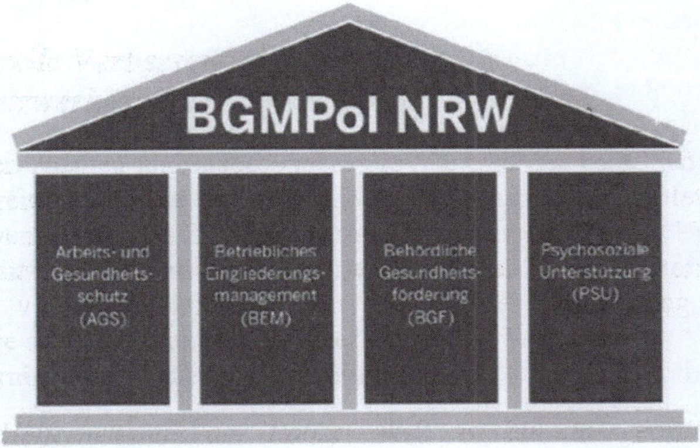

Abbildung 1: Säulenmodell BGMPol NRW

2.8 *Koordination durch die „Zentralstelle Psychosoziale Unterstützung" (ZPSU)*

Die aus dem „Sozialwissenschaftlichen Dienst" (SwD) hervorgegangene Dienststelle ZPSU gehört zu einer der drei Landesoberbehörden der Polizei NRW, dem „Landesamt für Ausbildung, Fortbildung und Personalangelegenheiten" (LAFP). „Die Zentralstelle Psychosoziale Unterstützung (ZPSU) nimmt übergeordnete Aufgaben zur Vernetzung, Weiterentwicklung und Qualitätssicherung der Psychosozialen Unterstützung (PSU) in der Polizei NRW wahr und bietet allen Beschäftigten der Polizei NRW psychologische Beratung zu Themen, Fragestellungen oder Problemen im Kontext ihrer dienstlichen Tätigkeit an."[20]
Waren die Kontakte zwischen dem SwD und der Polizeiseelsorge in den letzten Jahren schon intensiviert worden (z. B. durch die Zusammenarbeit im Bereich Supervision für KiPo-Beschäftigte), so hat sich die gemeinsame Arbeit strukturell und in der konkreten Zusammenarbeit noch einmal

19 Ebd., S. 36.
20 https://lafp.polizei.nrw/en/node/4171.

verbessert. Die neue Dienststelle ZPSU wird im Laufe der Jahre 2021/2022 personell deutlich aufgestockt, um die vielfältigen Aufgaben im Bereich PSU wahrnehmen zu können. Inzwischen arbeiten dort zehn klinische Psychologinnen, teils auch approbierte Psychotherapeutinnen.

2.9 Stabsstelle „Rechtsextremismus" im Innenministerium

Neben der Supervision für Beschäftigte im Bereich KiPo wird auch das „Pilotprojekt Alltagsreflektion"[21], entstanden aus den Handlungsempfehlungen der Stabsstelle Rechtsextremismus im Innenministerium, gemeinsam behandelt. Während die ZPSU mehr mit den weiterführenden konzeptionellen Überlegungen beschäftigt ist, übernehmen Polizeiseelsorger:innen in mehr als 14 Polizeibehörden die Pilotphase des Projekts.[22]

Die Stabsstelle „Rechtsextremistische Tendenzen in der Polizei NRW" wird am 15.10.2020 von Minister Reul im Innenministerium eingerichtet. Aufgeschreckt durch rechtsextremistische Chats von Polizeibeamt:innen[23] wurde „ein Handlungskonzept zur Früherkennung, Entgegnung und Vorbeugung rechtsextremistischer Tendenzen in der Polizei NRW verfasst. Unter anderem auf Basis einer breiten Beteiligung in- und externer Expertinnen und Experten sowie von über 450 Polizistinnen und Polizisten wurden 18 Empfehlungen in den Handlungsfeldern ‚Auswahlverfahren und Ausbildung', ‚Fortbildung und berufsbegleitende Maßnahmen' sowie ‚Personal, Organisation und Führung' erarbeitet. In ihrer Gesamtheit stellen die Empfehlungen ein ganzheitliches Handlungskonzept dar, dem folgende Leitgedanken zugrunde liegen: Werte vermitteln und demokratische Resilienz stärken, Wissen erweitern und Praxis verändern, Führung stärken und Risikofaktoren erkennen, Organisation entwickeln und Professionalität fördern."[24]

2.10 Suizidprävention

Auch im Bereich „Suizidprävention" entwickelt sich eine enge Zusammenarbeit. Aufgrund immer neuer Suizide unter Polizeibeamt:innen

---

21 https://www.im.nrw/system/files/media/document/file/berichtstrechtsband1.pdf (Abruf 16.5.2022).

22 Vgl. Kap. 25.

23 https://www1.wdr.de/nachrichten/landespolitik/polizei-rechtsextremismus-102.html (Abruf 16.5.2022).

24 https://www.im.nrw/stabsstelle-rechtsextremistische-tendenzen-der-polizei-nrw-stellt-abschlussbericht-im-landtag-vor (Abruf 16.5.2022).

in NRW[25] wird im Dezember 2019 im Rahmen des Helfernetzwerkes NRW eine gemeinsame Handlungsempfehlung für Führungskräfte entwickelt, die als Erlass des IM (411-59.04.02) allen Behörden zur Verfügung gestellt wird. Parallel vertreten seit 2020 Mitarbeiter:innen der ZPSU und der Polizeiseelsorge die Polizei NRW in der Bund-Länder-Arbeitsgruppe „Suizidprävention", die eine ausführliche Konzeption mit Handlungsempfehlungen für alle Länderpolizeien erstellt.

2.11 Strukturelle Verbesserung: Gründung des Helfernetzwerkes in der Polizei NRW

Die Vielfalt der Themen und insbesondere die Vielzahl der verschiedenen Akteure im Bereich PSU in der Polizei NRW verstärken im Laufe der letzten Jahre die Notwendigkeit, die Zusammenarbeit der unterschiedlichen Player besser zu koordinieren. So entsteht nach einem Erlass des Innenministeriums (411-59.04.02 v. 16.12.2016) im Jahr 2017 unter Beteiligung der Polizeiseelsorge das „Helfernetzwerk in der Polizei NRW".
Die ZPSU übernimmt auch hier die Koordination.

> *„Das Helfernetzwerk der Polizei NRW ist ein übergeordnetes Gremium, in dem sich Vertreterinnen und Vertreter verschiedener Beratungssysteme mit dem IM NRW zu Erkenntnissen und Erfahrungen im Bereich der psychosozialen Unterstützung austauschen. Übergeordnete Ziele sind die Vernetzung der Helfersysteme, die Identifikation von Versorgungslücken und die Weiterentwicklung des polizeiinternen Beratungs- und Unterstützungsangebotes. Die frühzeitige Inanspruchnahme von Hilfe und Unterstützung ist ausdrücklich erwünscht und Bestandteil eines modernen, professionellen Umgangs mit berufsbedingten Belastungen."*[26]

Das Selbstverständnis des Helfernetzwerkes wird intern[27] wie folgt beschrieben:

> *Das Helfernetzwerk Polizei NRW verfolgt folgende übergeordnete Ziele:*
>
> - *Prävention psychischer Beanspruchung durch den Polizeidienst*
> - *Stärkung der Resilienz der Beschäftigten*

[25] Vgl. Kap. 18.

[26] https://polizei.nrw/medien/streife-12020, S. 19 (Abruf 16.5.2022)

[27] https://intrapol.polizei.nrw.de/Seiten/Helfer-Netzwerk.aspx

- *Sensibilisierung aller Beschäftigten und Förderung eines positiven, professionellen Umgangs mit psychosozialen Themen*

Zur Erreichung dieser Ziele setzt das Helfernetzwerk Polizei NRW folgende Schwerpunkte:

- *Kennenlernen und Austausch: Die in den verschiedenen Helfersystemen Tätigen stehen in Kontakt und tauschen sich untereinander aus. Verschiedene Formate und Plattformen zum gemeinsamen Austausch sind erstellt.*
- *Information und Überblick: Die Beratungs- und Leistungsangebote der Helfersysteme sind bekannt und werden zur Verfügung gestellt. Die Suche nach passgenauen Hilfsangeboten wird unterstützt.*
- *Optimierung der Beratungsangebote: Das Zusammenspiel der Helfersysteme untereinander ist verbessert. Hürden für die Inanspruchnahme von Hilfsangeboten sind identifiziert und werden kontinuierlich bearbeitet.*
- *Identifikation von Versorgungslücken: Erkenntnisse sind an das Ministerium des Innern NRW gesteuert. Vorschläge für ergänzende Formate sind erarbeitet.*
- *Wissensmanagement: Erkenntnisse und Erfahrungen aus den Helfersystemen sind gebündelt. Die Steuerung von Informationen über wissenschaftliche Erkenntnisse, aktuelle Tagungen etc. erfolgt systematisch.*

Die Zusammenführung der wichtigsten Akteure im Bereich PSU in der Polizei NRW wird von allen Teilnehmenden als sehr sinnvoll und hilfreich wahrgenommen. So wird aus diesem Kreis heraus eine Handlungsempfehlung für Führungskräfte nach einem Suizid in den eigenen Reihen entwickelt und per Erlass durch das Innenministerium an alle Behörden gesteuert.[28] Ebenfalls wird der verbesserte Zugang von Polizeibeamt:innen zu Psychotherapieangeboten angestoßen und in die Umsetzung gebracht.

[28] Vgl. Kap. 17 sowie unter https://intrapol.polizei.nrw.de/ZentraleAufgabenpersopersonal_a_zDocuments/Sozialwissenschaftlicher_Dienst/Empfehlungen%20f%C3%BCr% .

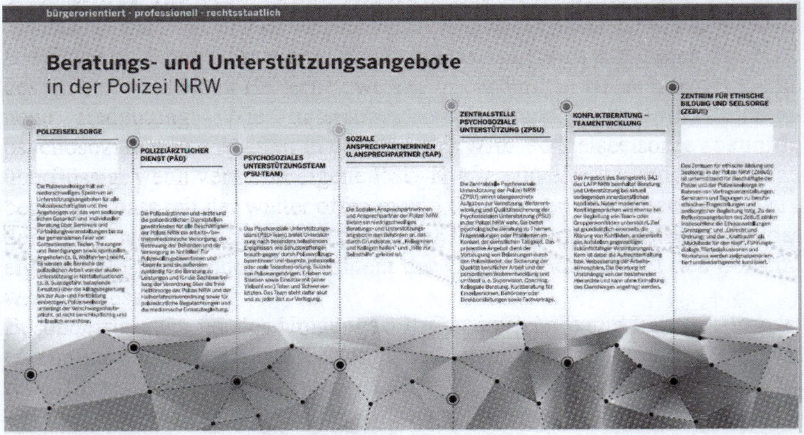

(Plakat Helfernetzwerk, LAFP NRW)

2.12 Politische Einbindung – Kontakt zum Innenministerium

War die Zusammenarbeit mit dem NRW-Innenministerium in früheren Jahren freundlich distanziert und reduzierte sich meist auf offizielle Anlässe, z. B. Vereidigungsfeiern der jungen Kommissaranwärter:innen oder jährliche Gespräche mit Vertreter:innen der Landeskirchen und Bistümer, ändert sich auch die politische Wahrnehmung der Polizeiseelsorge mit der Katastrophe bei der Loveparade in Duisburg 2010. Gleichzeitig setzt in der Polizeiseelsorge ein deutlicher Professionalisierungsschub ein. Zertifizierte Qualifikationen z. B. in Akutintervention (SbE oder CISM-Standard[29]), Supervision, Coaching oder andere Beratungsausbildungen (Traumafachberater:in) werden erworben und in der polizeiseelsorglichen Arbeit als notwendig erkannt. „Profis beraten Profis" heißt die Devise. Dies wird zunehmend als Angebot vor Ort wahrgenommen und genutzt, aber auch parteipolitisch unabhängig im Innenministerium wertgeschätzt. Dabei spielen politisch brisante Themen und Einsatzlagen eine besondere Bedeutung. Exemplarisch wird dies deutlich an den drei großen Verfahren im Bereich der sog. „Kinderpornografie"[30]: Lügde (2019), Bergisch-Gladbach (BAO Berg 2019), Münster (EK Rose 2020), für den Komplex „Rechtsradikale Chats in der Polizei" (2020) und für die Flutkatastrophe Ahr (2021). Aber auch überregional wahrgenommene Trauerfeiern für im Dienst

29 https://de.wikipedia.org/wiki/Stressbearbeitung_nach_belastenden_Ereignissen

30 Vgl. Kap. 15.

getötete oder verstorbene Polizeibeamte sind hier bedeutsam.[31] In allen Fällen ist Polizeiseelsorge von Beginn an in die psychosoziale und seelsorgliche Begleitung eingebunden.
Mehrfach betont der Innenminister, wie wichtig für die Polizei die Arbeit der Polizeiseelsorger:innen sei.[32] Entscheidend sind persönliche Begegnungen vor Ort mit den politisch Verantwortlichen. Sie nehmen auf diese Weise direkt wahr, wie Polizeiseelsorge arbeitet und welche Bedeutung die polizeiseelsorgliche Begleitung für die betroffenen Polizeibeamt:innen hat. Dies führt zu einer großen Unterstützung der Arbeit der Polizeiseelsorge durch die politische und polizeiliche Führung mit Auswirkungen auch auf die kirchlichen Anstellungsträger. Die in Zeiten kirchlicher Sparmaßnahmen nicht selbstverständliche Finanzierung von Polizeiseelsorgestellen in den Kirchen wird mit Blick auf die politische Wertschätzung zumindest positiver beurteilt. Der Präses der Evangelischen Kirche im Rheinland, Thorsten Latzel, hebt nach einem Besuch im Landeskriminalamt NRW hervor: „Der Einsatz der Polizeiseelsorge ist ein starkes und wichtiges Zeichen".[33]
Das Innenministerium und die dort verortete polizeiliche Führung haben erkannt, wie wichtig die psychosoziale Unterstützung der Polizist:innen ist. Dies ist auch ein Erfolg der polizeiseelsorglichen Arbeit. Da die personellen Ressourcen der Polizeiseelsorge deutlich begrenzt sind, können die Aufgaben in diesem Bereich nur mit zusätzlichem Personal wahrgenommen werden. Daher beabsichtigt das Land NRW eine erhebliche Aufstockung der PSU mit qualifiziertem Personal in den Bereichen Alltagsreflexion, Führung, regionale psychosoziale Unterstützung.

2.13 Gefahr der politischen Vereinnahmung

Allerdings darf die Gefahr der politischen Instrumentalisierung nicht unterschätzt werden. Vor allem vor Wahlen besteht die Gefahr, dass Polizeiseelsorge parteipolitisch vereinnahmt wird. Hier muss sich die Unabhängigkeit der Polizeiseelsorge bewähren, die außerhalb der polizeilichen Hierarchie und Weisungsbefugnis nur ihrem Auftrag und damit den Menschen in der Polizei verpflichtet ist.

---

[31] https://www.land.nrw/pressemitteilung/nordrhein-westfaelische-polizei-nimmt-abschied-von-getoetetem-sek-beamten).

[32] Grußwort Reul Landessynode der EKiR 17.1.2022 https://www.youtube.com/watch?v=noTJFxKTHpg (Abruf 16.5.2022).

[33] https://www2.ekir.de/aktuelles/FEEC6CE991D24B4691B7E97C7946AC05/praeses-einsatz-der-polizeiseelsorge-ist-ein-starkes-und-wichtiges-zeichen?ref=aHR0cHMlM0ElMkYlMkZ3d3cyLmVraXIuZGUlMkY= (Abruf 16.5.2022).

2.14 Mitten ins Herz: das Proprium der Polizeiseelsorge

Die Frage nach dem „Proprium“ der Polizeiseelsorge als ein Player innerhalb des größer werdenden Helfernetzwerkes in der Polizei NRW bekommt eine neue Bedeutung. Wie unterscheiden wir uns noch von anderen psychosozialen Fachkräften in der Polizei? Wird Polizeiseelsorge zukünftig überflüssig, wenn vermehrt eigene PSU-Kräfte eingestellt werden? Es ist zu begrüßen, dass mit der weiter offenen und drängenden Frage nach dem Kern der polizeiseelsorglichen Arbeit, nach der Identität von Polizeiseelsorge das eigene Selbstverständnis im Kontext der Organisation Polizei neu benannt werden muss.
Besonders bei Fragen des Umgangs mit Trauer, Schuld und Lebenskrisen ist erkennbar, dass Polizeiseelsorger:innen einen anderen, christlich reflektierten und seelsorglich erkennbaren Zugang zu diesen existenziellen Themen ermöglichen (vgl. die Beiträge unter II.1). Die zunehmende Dynamik im Bereich PSU erfordert aber vonseiten der Polizeiseelsorge hier eine deutliche Positionierung. Nicht um einen Alleinvertretungsanspruch zu postulieren, sondern um die besondere Bedeutung der polizeiseelsorglichen Arbeit in der Zusammenarbeit mit anderen Helfersystemen sichtbar werden zu lassen: für die Menschen in der Polizei.

3 Der Dienst am Recht – als Auftrag der Kirchen für die Menschen in der Polizei (Patoral-)Historische Aspekte zu sechzig Jahren Polizeiseelsorge (1962-2022)

Michael Arnemann

3.1 Mehr Zukunft wagen

Die Zukunft in den Blick nehmen – für die Bediensteten und mit ihnen in der Polizei mehr erreichen als es die bisherige Praxis ermöglichte – die Zeichen der Zeit erkennen und Neues gestalten: Das Jahr 1962 ist für die Kirchen in Deutschland mit ihrem damals gut vierzig Jahre jungen Arbeitsbereich Polizeiseelsorge mit wesentlichen Weichenstellungen verbunden. Erstmals führt ein jahrelanger Verständigungsprozess zu grundlegenden konzeptionellen Zielsetzungen und damit zur inhaltlichen Beschreibung und Regelung der Arbeitsfelder Seelsorge und Berufsethischer Unterricht in der Polizei Nordrhein-Westfalen.

> **Polizeiseelsorge** – RdErl. d. Innenministers v. 20.7.1962 - IV E1-4510 – Am 4. Juli 1962 ist die Vereinbarung des Landes Nordrhein-Westfalen mit den (Erz-) Diözesen Köln, Paderborn, Münster, Aachen und Essen über die Wahrnehmung der katholischen Polizeiseelsorge im Lande Nordrhein-Westfalen und am 19. Juli 1962 die Vereinbarung des Landes Nordrhein-Westfalen mit der Evangelischen Kirche im Rheinland, der Evangelischen Kirche von Westfalen und der Lippischen Landeskirchen über die Wahrnehmung der evangelischen Polizeiseelsorge im Lande Nordrhein-Westfalen in Kraft getreten. (…)
> **Berufsethischer Unterricht** in der Polizei – RdErl. d. Innenministers v. 18.7.1962 - IV E1-450 – Im Interesse einer einheitlichen Handhabung des berufsethischen Unterrichts in der Polizei wird folgendes bestimmt: 1. Ziel des berufsethischen Unterrichts ist es, den Polizeivollzugsbeamten zu einer Berufserfüllung zu verhelfen, die ihrem verantwortungsvollen Amt entspricht. Der berufsethische Unterricht soll durch die Schärfung des sittlichen Wertbewußtseins Einfluß auf die ethische Grundhaltung der Beamten nehmen und in ihnen den Willen

stärken, die für gut erkannten sittlichen Maßstäbe ihrem Handeln im Beruf und Privatleben zugrunde zu legen. (…)[1]

Neben den Erfahrungen aus dem Aufbau eines modernen Polizeiwesens in zwei Demokratien und einem Verbot der Kooperation von Staat und Kirche für die Polizei ab ca. 1937 bis 1945 werden ab den fünfziger Jahren weitere Aspekte aus den etwa zeitgleich geführten Verhandlungen um einen kirchlichen Dienst im Bundesgrenzschutz und in der Bundeswehr in die Überlegungen zur Regelung des kirchlichen Handelns in der Polizei einbezogen. Die Frage nach einer sinnvoll zu gestaltenden Zukunft ist zentral: Das allgemein akzeptierte kirchliche Handeln für das jeweilige konfessionelle Milieu soll erweitert werden um einen Dienst, der verbindlich für alle Mitarbeitenden zugänglich und hilfreich ist.

Wie also Menschen – u.a. auch mit Blick auf die Folgen eines umfassenden gesellschaftlichen (Werte-)Wandels – in ihrem beruflichen Umfeld begleiten? Was genau kann hier Aufgabe von Seelsorgenden sein?

3.2 Erreichtes tatkräftig weiterentwickeln – die Gunst der Stunde nutzen: Die vierziger und fünfziger Jahre

Die Vereinbarungen zwischen dem Land Nordrhein-Westfalen und den Kirchen zu Beginn des zweiten Nachkriegsjahrzehnts sind (somit) in einen größeren Zusammenhang zu stellen und nicht als Erstgründung der staatlich-kirchlichen Zusammenarbeit für Mitarbeitende in der Polizei zu begreifen. Bereits knappe zehn Jahre zuvor, 1953, erfolgte in diesem Bundesland die erste Vereinbarung zum kirchlichen Handeln in staatlicher Anstalt.[2] Sie weist zusammen mit Regelungen aus dem Jahr 1950 zurück auf eine zur Zeit der Weimarer Republik von unterschiedlichen Akteuren geförderten Polizeiseelsorge, zu deren weiteren Entwicklung im Jahr 1933 für Preußen und damit auch für die Provinzen Rheinland und Westfalen Rechtsabkommen geschlossen wurden.[3]

---

[1] Das Rechtsabkommen umfasst die jeweilige Vereinbarung mit der katholischen und evangelischen Kirche in NRW sowie die Erlasswerke zu Polizeiseelsorge und Berufsethischem Unterricht. Zur weiteren Einordnung der Texte siehe den Beitrag von Schulten, Marcus: Vertraglich besiegeltes Vertrauen – 60 Jahre Polizeiseelsorge in Nordrhein-Westfalen, in diesem Band, u.a. Anmerkung 47 (Nachweis der Texte).

[2] Vgl. Arnemann, Michael: Kirche und Polizei: Zwischen Gleichschaltung und Selbstbehauptung. Historische Grundlagen und aktuelle Perspektiven für kirchliches Handeln in staatlichen Institutionen, Münster 2005, 136f. und 145f.

[3] Ebd., 86ff.

Vor allem Zielsetzungen der alliierten Besatzungsadministration und erste Schritte zum Wiederaufbau der Polizeiseelsorge im neu gegründeten Bundesland Nordrhein-Westfalen bewirken eine zunehmende inhaltliche Auseinandersetzung mit gegebenen Konzeptionen und aktuellen Anforderungen. Die diesbezüglichen thematischen Veranstaltungen des zentralen Polizei-Instituts in Münster (Hiltrup) erreichen schließlich für entsprechende Vorhaben einen deutschlandweit möglichen Erfahrungsaustausch.

> Die polizeiliche Arbeit bedarf der Fundamentierung durch eine Berufsethik. Mehr als bisher muss der Persönlichkeitsgestaltung des einzelnen Polizeibeamten Raum gegeben werden. Wie die Erfahrungen in einzelnen Ländern gezeigt haben, in denen Fragen der letzten Verantwortlichkeit bereits Gegenstand der berufsethischen Unterweisung sind, entspricht dies dem Wunsche der Dienstvorgesetzten und der Beamtenschaft selbst. Gerade in der geistigen Situation unserer Zeit ist die berufsethische Erziehung zu einer dringenden Notwendigkeit geworden. Sie muss daher die Gesamtheit der Polizeibeamten erreichen. Indem man sie in Angriff nimmt, dient man am besten dem Polizeigedanken im Rechtsstaat.
>
> *Mitteilungsblatt Polizei-Institut Hiltrup 2/1950*[4]

Anders als in den zwanziger und dreißiger Jahren und damit in der Phase der Erstgründung der Polizeiseelsorge zur Zeit der Weimarer Republik befinden sich die Kirchen ab den fünfziger Jahren in einem gesellschaftlichen Umfeld, das sie wesentlich mit prägen können und in dem sie zugleich hohe Anerkennung genießen. Die Mitgliedszahlen repräsentieren eine Volkskirche, mit der ein wichtiger (u.a. auch für eine allgemeine moralische Bildung bedeutender) Status im Gemeinwesen verbunden ist und an die zugleich Erwartungen gestellt werden.[5] Seelsorge ist in dieser Zeit allgemein als ein Handeln zu begreifen, das eng mit kirchlichen Vollzügen in Verbindung steht – die Vereinbarungstexte lassen daher (weiterhin) eine starke Orientierung im Sinne des jeweiligen Milieus und konfessioneller Bindung erkennen. Ein Lehrauftrag zur Berufsethik, den vor allem kirchliche Kräfte wahrnehmen sollen, muss demgegenüber anderen Maßstäben folgen.

---

4 Bericht über die 1. Arbeitstagung für Berufsethik am 29. und 30. September 1950 in Hiltrup, in: Mitteilungsblatt Polizei-Institut Hiltrup 2/1950, 33–35, 34.

5 Zur kritischen Einschätzung der kirchlichen Situation und zum Aufkommen von Pluralität im Binnenraum der Kirchen mit ihrer Wirkung auf pastorale Konzeptionen siehe übersichtlich bei Zieberts, Hans-Georg: Religion, Christentum und Moderne. Veränderte Religionspräsenz als Herausforderung, Stuttgart et al. 1999, 30ff.

Was in diesem Kontext vorbereitet wird, erhält seine Rechtsform zu Beginn eines Jahrzehnts, das als Periode weitreichender gesellschaftlicher und kultureller Umbrüche erkannt und als „Sattelzeit" wichtiger Veränderungen beschrieben werden kann.[6] Umfassende Bildungsreformen in der jungen Republik, die sogenannte Studentenbewegung und größere Demonstrationslagen werden zu Begleitumständen für einen kirchlichen Dienst, der Menschen in ihrem beruflichen Umfeld als Christinnen und Christen erreichen will, zugleich zu Werteorientierung sowie zu ethischem Diskurs und damit zur Handlungssicherheit für Einsatzkräfte der Polizei in Zeiten weitreichender Neuorientierungen beitragen soll.[7] Für die Kirchen (weltweit) wird das zweite Vatikanische Konzil in derselben Dekade wichtige Impulse liefern, die sowohl das kirchliche Selbstverständnis (wesentlich der katholischen Kirche) als auch das Verhältnis zur modernen Gesellschaft und – wie es die kirchlichen Dokumente benennen – zu „allen Menschen guten Willens"[8] prägen.

3.3 Spezialisierte kirchliche Dienste: Die sechziger Jahre

Mit den Jahrzehnten von Wirtschaftswunder und Modernisierung zeigt sich schließlich eine umfassende Dienstleistungsorientierung im kirchlichen Handeln. Grundsätzlich können die Kirchen nicht nur auf eine Repräsentanz großer Bevölkerungsgruppen bauen, es steht ihnen auch ausreichend (pastorales) Personal zur Verfügung, das sowohl „in der Fläche" als auch in spezialisierten Diensten zum Einsatz kommt.[9] Die in der Praxis sich bewährende pastorale Konzeption für die Polizei arbeitet mit der Zielvorstellung, dass die Bediensteten eine kirchliche „Grundversorgung" mit ihrer Zugehörigkeit als Privatpersonen zu einer Wohnortpfarrei erhalten, und mit Seelsorgenden, die sich in gewisser Hinsicht auf die Berufs- und Organisationswelt der Polizei spezialisieren, über einen weiteren Vertreter ihrer Kirche bzw. über einen von staatlicher Weisung unabhängigen

6 Vgl. Gabriel, Karl: Christentum zwischen Tradition und Postmoderne, Freiburg 7/2000.

7 Zu den Herausforderungen gesellschaftlichen Wandels am Beispiel von Demonstrationslagen (für die Polizei) siehe z.B. bei Ruch, Dieter: Protest & Demokratie, in: Bundeszentrale für politische Bildung (Hrsg.): Protest. Deutschland 1949 – 2020, Bonn 2021, 20–43.

8 Dekret Apostolicam Actuositatem 14 – siehe: Rahner, Karl, Vorgrimler, Herbert: Kleines Konzilskompendium. Sämtliche Texte des Zweiten Vatikanums mit Einführungen und ausführlichem Sachregister, Freiburg 18/1985, 383–421, 405

9 Zur Vielfältigkeit und Verhältnis kirchlichen Handelns siehe Karrer, Leo: Sonderseelsorge, in: Baumgartner et al. (Hrsg.): Lexikon der Pastoral, Freiburg 2002, 1583f; Müller, Josef: Kategorialseelsorge, in: Lexikon für Theologie und Kirche, Freiburg 3/2009, 1324.

Ansprechpartner im beruflichen Umfeld verfügen, der zudem häufiger als Lehrender im Feld der Berufsethik tätig wird und sich damit besondere Qualifikationen erwirbt.[10]

> Der systematische Unterricht ist wegen der besonderen Bedeutung christlicher Grundsätze für eine verantwortungsbewußte Berufsauffassung vornehmlich von den Polizeiseelsorgern zu erteilen. Fragen, die das religiös-kirchliche Leben betreffen, sind nicht im berufsethischen Unterricht, sondern in der Polizeiseelsorge zu behandeln. Um eine möglichst enge Wechselbeziehung zwischen berufsethischem Unterricht und dem Polizeidienst herzustellen, soll den Polizeiseelsorgern möglichst häufig – mindestens einmal in einem jeden Vierteljahr – Gelegenheit gegeben werden, an Besprechungen über Ausbildungs- und Erziehungsfragen an den Landespolizeischulen und in der Bereitschaftspolizei teilzunehmen und sich zu den in ihr Aufgabengebiet fallenden Fragen zu äußern.
>
> *Runderlass Innenminister NRW 1962*[11]

Gemessen an den hiermit verbunden Anforderungen war ein solches Berufsbild des Polizeiseelsorgers bereits in den späten zwanziger Jahren grundsätzlich angelegt und korrespondierend mit den Zielen einer starken Laienbewegung unter den Polizeibediensteten gefördert worden.[12] Nunmehr können sich Professionalisierungen entwickeln, die sich über den Personalaufbau wie auch über die Einführung besonderer Funktionen dokumentieren: Der Polizeidekan sowie der Landespolizeidekan (katholische Kirche) und der / die (Leitende) Landespolizeipfarrer:in (evangelische Kirche) werden als Titel ab Ende der sechziger Jahre geführt.

---

10 Zum Kontext von Differenzierung und zur – für das Handlungsfeld der Polizeiseelsorge – bedeutsamen Entwicklung von Begriff und Praxis „subjektorientierter Seelsorge" siehe bei Knoblauch, Stefan: Praktische Theologie, Freiburg 1996, 161ff.

11 Berufsethischer Unterricht in der Polizei, RdErl. d. Innenministers v. 18.7.1962, Abschnitt 3.

12 Vgl. Arnemann, Michael: „Dafür werden wir sorgen"! – Von der Initiative Erich Klauseners für die Polizeiseelsorge zum Dienst der Kirchen in den Polizeien der Länder, in: Die Polizei. Fachzeitschrift für die öffentliche Sicherheit mit Beiträgen aus der Deutschen Hochschule der Polizei 3/2013, 85–91.

3.4 *Zwei Konfessionen – ein Dienst: Die siebziger und achtziger Jahre*

Bis in die siebziger Jahre bleibt die konfessionelle Bindung der Bediensteten in der Polizei mit ihrem prozentualen Anteil am Gesamt der Mitarbeitenden stark unterschiedlich gewichtet. In der katholischen Presse (Bistumszeitungen) werden wiederholt Anzeigen geschaltet, die junge Männer zur Bewerbung für den Polizeiberuf aufrufen, um einen „Ausgleich" bzw. eine Gleichverteilung im Hinblick auf die kirchliche Zugehörigkeit zu erreichen. Erst allmählich wird – wie es auch der allgemeinen kirchlichen Entwicklung dieser Jahrzehnte entspricht – der Gedanke der Ökumene in den Handlungsfeldern der Polizeiseelsorge umfassenden Einzug gehalten haben.

Den Anforderungen an eine moderne Organisation und den Zielsetzungen zum allgemeinen Einsatzgeschehen – die sich u.a. im neu eingeführten kooperativen Führungsstil für die Polizei Nordrhein-Westfalen spiegeln[13] – entspricht mehr und mehr eine pastorale Praxis, in der nicht erst danach gefragt wird, welche religiösen oder konfessionellen Bindungen und Haltungen der Einzelne mit sich bringt, bevor man Entscheidungen zu helfendem Handeln bzw. Begleitung trifft. So wie der Polizeidienst im modernen Verfassungs- bzw. Rechtsstaat auf alle Bürgerinnen und Bürger ausgerichtet ist bzw. mit seinen Leistungen diesen zur Verfügung steht, ist auch die Seelsorge in der Polizei ein Angebot an alle Kolleginnen und Kollegen. Das Selbstverständnis eines kirchlichen Dienstes verzichtet dabei auch zukünftig nicht auf ein Auskunft geben über und produktives Einbringen von spezifischen kirchlichen Grundlagen, Traditionen und Eigenheiten. Ebenso umfassen der Wunsch zur und die Aufgaben einer ökumenischen Zusammenarbeit nicht die sukzessive Auflösung kirchlicher Strukturen oder kirchlicher Organisationsformen.[14] Parallel zur gesellschaftlichen Entwicklung werden aber die „Unterschiede" verändert wahrgenommen und deren Bedeutung an neuen Maßstäben bemessen.

---

[13] U.a. zur (zeitgeschichtlichen) Einordnung der Einführung des Kooperativen Führungssystems siehe übersichtlich bei: Unkrig, Jörg Konrad: Vertrauenskultur – Führung mit Vertrauen – Vertrauen in Führung, in: Handbuch Polizeimanagement. Polizeipolitik – Polizeiwissenschaft – Polizeipraxis, Band 1, Wiesbaden 2017, 449–473, 452f.

[14] Auf der Ebene der Arbeitsorganisation unterhalten die evangelische und die katholische Polizeiseelsorge je eigene Konferenzen. Die seit geraumer Zeit bestehende, jährlich stattfindende Ökumenische Polizeiseelsorgekonferenz NRW (ergänzt um eine in kürzeren zeitlichen Abständen tagende Steuerungsgruppe) dient dem gemeinsamen Informationsaustausch und entsprechenden Vereinbarungen. Der Polizeiseelsorgekalender NRW stellt ein Gemeinschaftsprojekt ökumenischer Zusammenarbeit dar.

> Angesichts der Pluralität unterschiedlicher Lebensentwürfe, des gesellschaftlichen Wertewandels, des veränderten Norm- und Wertbewußtseins und der ständigen Belastung durch eigenverantwortliche Entscheidungen in Konfliktfällen benötigt der Polizeibeamte deutliche Wertmaßstäbe und eine gefestigte Werthaltung, um mit der erforderlichen Gewißheit entscheiden zu können. Die benötigte Entscheidungs- und Handlungssicherheit strebt die Polizeiseelsorge dadurch an, daß sie dem Polizeibeamten nicht nur ethische Kriterien und Grundsätze zu seiner Orientierungshilfe an die Hand gibt, sondern ihn auch pastoral begleitet.
>
> *Handreichung für den Dienst der Katholischen Polizeiseelsorger 1990*[15]

Soweit anhand von Berichten nachvollziehbar, zeigen sich die Schwerpunkte pastoraler Praxis in den Siebzigern und im folgenden Jahrzehnt mit der Bereitschaftspolizei und ihren Ausbildungsabteilungen (sowie mit weiteren Bildungseinrichtungen wie Hochschulen). Durch die Regelungen der Vereinbarung 1962 und die hier formulierte Bezugnahme der Arbeitsfelder Seelsorge und Berufsethischer Unterricht in der Person des Polizeiseelsorgenden abgesichert, sind es zunächst wesentlich kirchliche Lehrkräfte – ergänzt um polizeiliche Praktiker –, die den Bereich Berufsethik im Sinne eines systematischen Lehrfachs prägen. Dies wird nicht ohne Wirkung auch für die seelsorgliche Praxis geblieben sein: In den ersten Jahren ihrer beruflichen Laufbahn lernen die Auszubildenden „ihren" Polizeiseelsorgenden als Ausbilder:in bzw. Dozenten/in kennen. Im weiteren Verlauf ihrer beruflichen Tätigkeit als Beamtinnen und Beamte des Polizeivollzugsdienstes können sie auf diesen Seelsorgenden in privaten wie beruflichen Angelegenheiten zugreifen; ergänzt wird dieses Angebot durch weitere kirchliche Kräfte, die zumeist im Umfang eines Nebenamtes die Polizeiseelsorge vor Ort und damit in den Kreispolizeibehörden und Präsidien sowie – im Hinblick auf kirchliche Strukturen – in den Dekanaten und Kirchenkreisen repräsentieren.[16]

---

15 Handreichung für den Dienst der Katholischen Polizeiseelsorger, in: Vorstand der Bundesarbeitsgemeinschaft für katholische Polizeiseelsorge / Kirchliche Arbeit in der Polizei in den Ländern der Bundesrepublik Deutschland und Berlin (West) (Hrsg.): Grundlagen und Konzepte 4, Limburg 1990, 6 (2. Auflage 2003).

16 Zu Funktion und Tätigkeit dieser kirchlichen Kräfte sowie als ‚zeitgeschichtliche Notiz' lesenswert: Vogelpohl, Friedrich: Erfahrungen eines Polizeipfarrers im Nebenamt, in: Ausschuss für den Kirchlichen Dienst in der Polizei der Evangelischen Kirche von Westfalen (Hrsg.): Leitfaden für den Kirchlichen Dienst in der Polizei, Beckum 2/1996 (ohne fortlfd. Zählung Seitenzahlen: Kapitel 1.3 / 1–7).

Mitte der siebziger und im Übergang zu den achtziger Jahren lässt sich eine vermehrte Tätigkeit zu Rechtsabkommen und damit zum fortgesetzten Aufbau der Polizeiseelsorge in weiteren westlichen Bundesländern nachweisen. Bereits zehn Jahre zuvor waren mit der Einrichtung einer *Konferenz Kirchliche Arbeit in nichtmilitärischen Verbänden*, die später umbenannte *Konferenz evangelischer Polizeipfarrerinnen und -pfarrer*,[17] und zum Ende des dritten Nachkriegsjahrzehnts mit der Gründung der *Bundesarbeitsgemeinschaft katholische Polizeiseelsorge* Dachverbände entstanden, die Impulse für die Arbeit in den Ländern bieten. Personal aus Nordrhein-Westfalen wird über viele Jahre hinweg in der Leitung und diversen Gremien dieser Zusammenschlüsse tätig sein.

Neue Herausforderungen für den polizeilichen Dienst zeigen sich mit terroristischen Anschlägen, wiederholt mit Entführungen und Geiselnahmen sowie großen Demonstrationslagen. Fragen der Berufsethik werden z.B. im Zusammenhang mit den Eingriffsrechten der Polizei bis hin zu Ultima-Ratio-Szenarien und dem sogenannten „finalen Rettungsschuss" zu bedeutenden Thematiken. Weiterhin sind die Kirchen, die in ihren Arbeitsbereichen auch das Selbstverständnis von Moralagenturen ausbilden, wichtige Diskurspartner.[18] Dies gilt insbesondere für jenes Personal der Kirchen, das in der Praxis den Begriff der Seelsorge als kirchliches Handeln durch wichtige Erfahrungen aus beruflichen Kontexten und mit entsprechender Feldkompetenz bereichert bzw. prägt und damit zugleich für die kirchliche Gemeinschaft bedeutende Ressourcen für ihre zeitgemäße und Mitglieder-angemessene Entwicklung zur Verfügung stellt.

> In unserer Demokratie ist das Eingreifen der Polizei in die bürgerlichen Grundrechte detailliert geregelt und die Kontrolle dieser Grundrechtseingriffe mehrfach abgesichert. Das Engagement der Evangelischen Kirche in Deutschland in Form der Polizeiseelsorge ist nur in dieser demokratisch legitimierten und kontrollierten Polizei denkbar. Die Erinnerung daran, dass auch die Polizei in Deutschland von Diktaturen menschenverachtend missbraucht wurde, unterstreicht den Wert des heute Erreichten.

---

17 Vgl. Hammermeister-Kruse, Thomas et al.: Zur Geschichte der Polizeiseelsorge in Deutschland, in: 50 Jubiläum Polizeiseelsorge NRW – 90 Jahre Polizeiseelsorge Rheinland, Westfalen und Lippe, Volmarstein 2014, 9–11, 11.

18 Vgl. Schuster, Anton G.: Finaler Rettungsschuss, Interdisziplinäre Ethik – 14 (1996); zur Kritik eines Selbstverständnisses als Moralagentur siehe Joas, Hans: Kirche als Moralagentur?, München 2016, 59ff.

> Polizeiseelsorge will das Erreichte sichern und im Sinne der Humanisierung unserer Gesellschaft weiter entwickeln. Dabei hat sie den Menschen in der Polizeiuniform im Blick. Polizeibeamtinnen und Polizeibeamte sind ständig mit den Abgründen in unserer Gesellschaft konfrontiert und dadurch besonders an Leib und Seele belastet und gefährdet. Die Polizeiseelsorge stellt ein einzigartiges Angebot für die Bewältigung dieser Belastungen dar. Wir begleiten, entlasten, stützen, wertschätzen in kritischer Solidarität und vertrauensvoll die Arbeit von Polizisten.
>
> *Handbuch Polizeiseelsorge 2006*[19]

Mit dem am Gemeinwesen orientierten Engagement der Kirchen und in Verbindung mit verschiedenen Gruppen der Gesellschaft, die sowohl die Friedensbewegung als auch weitere in den siebziger Jahren aufkommende „neue soziale Bewegungen" umfassen, was sich nicht zuletzt an der Vielfalt der Mitwirkenden und Teilnehmenden auf Kirchen- und Katholikentagen zeigt, bestehen umfassende Informations- und Gesprächsplattformen. Die Beteiligung der Polizeiseelsorge an diesen Großveranstaltungen ermöglicht u.a. ein Auseinandersetzen mit dem und ein Arbeiten am Verständnis für das Handeln von Polizeikräften – mitunter auch bei jenen, die z.B. das Anwenden von Gewalt im staatlichen Auftrag grundsätzlich oder eher kritisch einordnen. Zugleich eröffnen sich Räume für Kontakte, die in einer sich immer weiter ausdifferenzierenden Gesellschaft neue bzw. veränderte Möglichkeiten zur Begegnung umfassen – bei Podien, Gottesdiensten und im spontanen Besuch von Ausstellungen und Ständen, die einen Einblick in die berufliche Wirklichkeit der Menschen in der Polizei bieten.

Auf ihrem Weg im Zeitalter der späten Postmoderne bleibt für die Kirchen die Frage bestehen, welchen Stellenwert sie ihrem Auftrag in der Polizei zumessen wollen. Die Dominanz kirchlicher Arbeit in den Pfarreien als wesentliche Struktur der Pastoral wird vermehrt angefragt. Spätestens ab Mitte der achtziger Jahre zeigt sich umso deutlicher, was sich in den letzten beiden Jahrzehnten vermehrt andeutete: Die Mitgliedszahlen gehen drastisch zurück. Die Bindung an eine Wohnortpfarrei nimmt ab. Braucht man dann noch – zumindest auf längere Sicht – eine Mitarbeit in staatlichen Anstalten? Sollen die Kirchen sich noch spezialisierte kirchliche Dienste leisten und zukunftssicher aufstellen, wenn immer weniger Bedienstete in der Polizei ihnen angehören?[20]

---

[19] Grützner, Kurt et al. (Hrsg.): Handbuch Polizeiseelsorge, Göttingen 2006, 11.

[20] Vgl. hierzu Kap. 4.3.1 (Beitrag Schulten).

3.5 *Zeitenwende (?): Die neunziger Jahre*

Mit der deutschen Wiedervereinigung entsteht die Frage nach einer fortgesetzten Zusammenarbeit von Staat und Kirche zunächst mit Blick auf die Bundeswehr und die Militärseelsorge.[21] Größere Bevölkerungsgruppen, die mit dem Beitritt der östlichen Bundesländer zur Bundesrepublik Deutschland die bisher zumindest noch überwiegende Zugehörigkeit der meisten Bürgerinnen und Bürger zu einer der „großen Kirchen" im Gesamt prozentual und damit die Zusammensetzung der Gesellschaft nachhaltig verändern, indem sie eine bedeutende Gruppe von „Religions- bzw. Konfessionslosen" darstellen, sind „plötzlich" eine relativ neue Realität. (Christlich-kirchlicher) Milieu-Bezug in der Seelsorge erhält damit einen neu einzuschätzenden, mitunter in staatlichen Anstalten immer stärker nachrangig zu betrachtenden Stellenwert. Erneut und spezifischer stellt sich die Frage, was ein kirchliches Handeln im staatlichen Umfeld ausmacht – und welchen Mehrwert es in staatlicher Organisation darstellen kann. Grundsätzlich ist daher auch zu klären, wer aus „Staat / Polizei und Kirche" diese Fragen erkennt, ihnen nachgeht bzw. an entsprechenden Antworten arbeiten will.

Kolleginnen und Kollegen aus den „neuen Ländern", die ihre berufliche Sozialisation in der Volkspolizei erhalten haben, werden nunmehr in den Polizeien der Partnerländer „im Westen" geschult und fortgebildet.[22] Auch Ausbildungskurse der Polizei Nordrhein-Westfalens sind ab den neunziger Jahren für Bewerber aus der ehemaligen DDR zugänglich. Ebenso leisten Führungskräfte aus Nordrhein-Westfalen und anderen Bundesländern der alten BRD ihren Dienst in neuen Funktionen in Berlin-Brandenburg, Mecklenburg-Vorpommern, Thüringen, Sachsen und Sachsen-Anhalt – und ergreifen wiederholt die Initiative, für ihre neuen Zuständigkeitsbereiche Polizeiseelsorge anzufordern bzw. aufzubauen.[23] Ihr Interesse ist häufig, neben einem Engagement für neue Diskurse zum Werteverständnis, vorhandene Helfersysteme für Einsatzkräfte weiter auszubauen, zu unterstützen oder aber um eine bisher für die Polizei in den östlichen Ländern nicht vorhandene Ressource zu ergänzen bzw. zu erweitern.

---

[21] Vgl. Arnemann (2005), 239ff.

[22] Vgl. Schulte, Wolfgang: Entwicklung der Polizeiorganisation in der Bundesrepublik Deutschland, in: Handbuch Polizeimanagement. Polizeipolitik – Polizeiwissenschaft – Polizeipraxis, Band 1, Wiesbaden 2017, 23–47, 42.

[23] Vgl. Heise, Susanne: Die Polizeiseelsorge Sachsen. Eine empirische Untersuchung zu Entwicklung, Herausforderungen, Grenzen und Möglichkeiten der Polizeiseelsorge im Freistaat Sachsen. (unveröff. Masterarbeit – Deutsche Hochschule der Polizei (DHPol), Münster 2019).

> Polizeiseelsorgerinnen und Polizeiseelsorger haben eine dienstliche Schweigepflicht entsprechend dem Beichtgeheimnis aufgrund kirchlichen Rechts und ein Zeugnisverweigerungsrecht auf der Basis des § 53 StPO.
> Die oft belastenden Erlebnisse von Polizeibeamten, beispielsweise bei der Überbringung von Todesnachrichten, Entführungen, Geiselnahmen, der Suche nach Gewaltopfern, bei Großeinsätzen und nach Verkehrsunfällen oder Körperverletzungen mit Todesfolge, machen eine umfassende Unterstützung nötig. Auch Opfer von Mobbing und interner oder externer Gewalt, sowie durch die Rahmenbedingungen des Polizeidienstes Belastete bedürfen der Begleitung.
> Für die Polizei stehen hierfür – neben den Mitgliedern des polizeipsychologischen Dienstes oder anderer polizeiinterner Beratungsstellen – Polizeiseelsorgerinnen und Polizeiseelsorger, manchmal auch ganze Kriseninterventionsteams bereit. Für die Betreuung von Opfern, Angehörigen, Ersthelfern und anderen Betroffenen gibt es Hilfe durch die Notfallseelsorge.
>
> *Wikipedia*[24]

Für den kirchlichen Dienst in der Polizei stellen sich vor dem Hintergrund der beschriebenen Entwicklungen auch grundlegend neue Anforderungen. Wie in anderen pastoralen Feldern gewinnt die seit den siebziger Jahren verstärkt aufkommende Erkenntnis an Bedeutung, dass eine zeitgemäße theologische Ausbildung der kirchlichen Kräfte insbesondere durch sozialwissenschaftliche, psychologische und therapeutische Kompetenzen zu ergänzen ist, um Menschen in einer Lebenswirklichkeit, die u.a. mit den Begriffen „Relativierung und Sinn-Suche“ beschrieben werden kann, zu begleiten.[25] Kennzeichen eines modernen Lebensstils in der letzten Dekade des 20. Jahrhunderts sind die zunehmende Anforderung an Mobilität und Flexibilität, das umfassende Aufkommen multimedialer und virtueller Wirklichkeiten, schließlich ein alle Lebensbereiche prägender Wertemix, der die Synthese von Gegensätzen umfasst, wie sie sich z.B. auch durch

24 Wikipedia: Stichwort Polizeiseelsorge (Zugriff am 4. Mai 2022).

25 Vgl. Bucher, Rainer: Pluralität als epochale Herausforderung, in: Handbuch Praktische Theologie. Grundlegungen, Freiburg 1999, 91–121, 94ff.

weitgehend unterschiedliche Herausforderungen und Werteorientierungen in Arbeits- und „privater“ Lebenswelt zeigen.[26]

Für die Begleitung insbesondere der jungen, im ersten Jahrzehnt des vereinten Deutschlands neu in die Polizeiorganisation aufgenommenen, Generation von Mitarbeitenden werden im Sinne veränderter Wertvorstellungen und nachlassender Prägungen durch traditionelle Sozialisationsinstanzen die Wirkungen der mit dem Ausdruck „Spaß- und Erlebnisgesellschaft“[27] (mit ihrer Überbetonung hedonistischer Grundhaltungen) beschriebenen Entwicklungen maßgebend. Sinnbildlich hierfür stehen u.a. die Veranstaltungen im Rahmen der „Loveparade“, die zunächst in Berlin, später in Nordrhein-Westfalen stattfinden. Zum Ende des nächsten Jahrzehnts verbindet sich mit der als Demonstration begründeten, vor allem als ausgelassene (Mega-)Party in der Öffentlichkeit wahrgenommenen Loveparade ein Schlagwort, das mit der „Katastrophe von Duisburg“ eine nachhaltige Bewusstseinsänderung im Hinblick auf die Betreuung und Begleitung von Einsatzkräften initiieren bzw. verstärken wird.

3.6 Die Frage nach dem „weiter so?“: Die Nullerjahre

Während des ersten Jahrzehnts des 21. Jahrhunderts wird für die Polizei Nordrhein-Westfalens die Umsetzung weiterer Reformvorhaben verwirklicht. Hierzu gehören u.a. die Abschaffung der Ausbildung zum mittleren Dienst und die Einführung der zweigeteilten Laufbahn. Für die Polizeiseelsorge in Nordrhein-Westfalen sind hiermit erhebliche Konsequenzen verbunden. Das zuvor beschriebene und zumindest gut vierzig Jahre wirksame Pastoralkonzept auf der Grundlage seelsorglicher Tätigkeit in Kombination mit berufsethischer Lehre in den Abteilungen der Bereitschaftspolizei und in den Polizeiausbildungsinstituten kann in der bisherigen Weise nicht mehr fortgesetzt werden: Der frühzeitige und damit bereits zu Beginn der Berufslaufbahn niederschwellig gegebene Kontakt zum Seelsorgenden wird zu einem „Auslaufmodell pastoraler Praxis“ bzw. nur für einen Teil der Berufsanfänger weiter ermöglicht werden.

Grund ist u.a. die nunmehr über das Studium an den Fachhochschulen zu leistende Qualifizierung für den Polizeiberuf. Zwar wird auch hier das Fach Berufsethik durch Polizeiseelsorgende unterrichtet und der Versuch zur

[26] Zur Bedeutung für eine veränderte bzw. zu verändernde kirchliche Praxis siehe z. B. Wittrahm, Andreas: Seelsorge, Pastoralpsychologie und Postmodernde. Eine pastoralpsychologische Grundlegung lebensfördernder Begegnungen angesichts radikaler postmoderner Pluralität, Stuttgart et al. 2001, 74ff.

[27] Vgl. Schulze, Gerhard: Die Erlebnis-Gesellschaft, Frankfurt a. M. 1992.

Standortseelsorge in Form von Hochschulseelsorge unternommen. Allerdings zeigt sich mit einem zunehmenden Bedarf an Lehrkräften für die Hochschulen die dringende Notwendigkeit, weiterem Personal den Zugang zur Lehrtätigkeit zu eröffnen – zurückgehende Personalressourcen in den (Erz-)Bistümern und Landeskirchen lassen an vielen Standorten nur noch eine vergleichsweise eingeschränkte Beteiligung der kirchlichen Kräfte an der berufsethischen Lehre zu. Die erstmalige Refinanzierung einer Stelle durch das Land (2005) für Polizeiseelsorgende, die an der Fachhochschule lehren, ist als entsprechendes Signal zu bewerten. Die Polizeiseelsorge steht jedenfalls mit dieser Entwicklung vor der Herausforderung, sich (zunehmend) in einem Netzwerk von Ethiklehrenden zu bewegen und zu bewähren.[28] Vergleichbare Anforderungen an einen Netzwerkaufbau stellen sich auch im Bereich von Beratung und Begleitung.

Das für Deutschland weitgehend neue Aufkommen von Amok-Taten an Schulen – im folgenden Jahrzehnt vermehrte Taten im Rahmen terroristischer Anschläge – und die hiermit verbundene veränderte Einsatzphilosophie in der Lagebewältigung lassen erneut die möglichen Belastungen im Polizeiberuf deutlich hervortreten. Die zugehörigen Thematiken dokumentieren sich u.a. im Aufbau des „Grenzgangs" beim Landesamt für Ausbildung, Fortbildung und Personalangelegenheiten.[29] Die ab 2005 (2007) tätigen Arbeitsgruppen widmen sich mit Unterstützung der Polizeiseelsorge ausführlich den Themenstellungen von Gewalt, Extremen, Tod und Sterben für eine berufsethische Ausstellung bzw. einen neuen und immer wieder zu aktualisierenden berufsethischen Lehr- und Lernort. Mit den Loveparade-Ereignissen des 24. Juli 2010 in Duisburg schließlich sind die Herausforderungen seelischer Gefährdung und die Anforderungen an entsprechende Eigensicherung in einer ganz anderen und bisher als weitgehend unspektakulär eingeschätzten Lage dramatisch gegeben:

> Was als fröhliche Party begann, wurde innerhalb von Minuten zu einem Albtraum. (…) Man bekommt ein Gefühl für das Erlebte, wenn man sich einen Moment vorzustellen versucht, welche Flut von Eindrücken die zum Teil noch sehr jungen Polizistinnen und Polizisten in diesem Einsatz erfahren und bewältigen mussten: Umringt von um Hilfe rufenden Menschen erlebten sie, wie eine enorme Anzahl von Teilnehmern, viele im gleichen Alter wie sie

[28] Weitere Betätigungsfelder für Polizeiseelsorgende an der Hochschule für Polizei und Verwaltung: HSPV NRW (der ehemaligen Fachhochschule für öffentliche Verwaltung: FHöV) sind Veranstaltungen zur Berufsrollenreflexion und zum Training sozialer Kompetenzen.

[29] Siehe hierzu Kap. 22.

> selbst, kollabierten und um ihr Leben kämpften. Unter dem Druck dieser extremen Situation mussten sie Entscheidungen treffen, die kein Mensch jemals treffen möchte: Wen kann ich aus der Masse herausziehen, und wen kann ich nicht retten? Dazwischen die unzähligen Hände, die sich ihnen entgegenstreckten und versuchten, sich an ihnen festzuhalten. Immer dabei die Angst, selbst zu stolpern und unter die Menschenmenge zu geraten. (…)
>
> Gleichzeitig wurden Polizistinnen und Polizisten von Umstehenden bereits als Verursacher des Unglücks beschuldigt. Eine Beamtin etwa war zutiefst erschüttert, dass sie als „Mörderin" beschimpft wurde, während sie einen Schwerverletzten reanimierte. Hoffentlich hat es ihr geholfen, zu erkennen, dass Menschen, die sich selbst eben noch in absoluter Lebensgefahr befunden haben, zu solchen Reaktionen neigen.
>
> *Bianca van der Heyden 2012*[30]

Im nachfolgenden Jahrzehnt wird die Ausrichtung der Polizeiseelsorge auf Beratung und Begleitung von Einsatzkräften weitere Impulse erhalten. Als beruflich notwendiger Standard kann für alle Seelsorgenden in der Polizei die Ausbildung im Rahmen von Critical Incident Stress Management angeboten bzw. sichergestellt werden.[31] Die Zusammenarbeit mit weiteren Fachdiensten eines Helfernetzwerkes lässt sich zudem dauerhaft fördern und in eine weitgehend gängige Praxis überführen, zu der u.a. die zentrale Alarmierung der polizeiseelsorglichen Kräfte wie auch die Verbesserung von Informationswegen gehören.[32] In neuen Organisationsmodellen der Polizeiseelsorge dokumentiert sich der Versuch, trotz veränderter bzw. langfristig eher rückläufiger Mittelzuweisungen und Bereitstellung notwendiger Personalressourcen durch die Kirchen professionelle pastorale

30 Van der Heyden, Bianca: Der schlimmste Tag. Polizeiseelsorge bei der Loveparade in Münster, in: Bischöfliches Generalvikariat Münster (Hrsg.), Unsere Seelsorge. Das Themenheft der Hauptabteilung Seelsorge, Münster 2012, 28–29, 28.

31 Zur Bedeutung gemeinsamer Grundlagen und Ziele nach CISM / SBE (Stressbearbeitung nach belastenden Ereignissen) der in bzw. nach Einsatzlagen (gemeinsam) Handelnden siehe (für die Arbeits- und Organisationswelt der Polizei) Ruland, Isabel: Von der Ilias nach Bad Aibling – oder: Warum ein Vorgesetzter etwas von Psychotraumatologie verstehen sollte, in: Handbuch Polizeimanagement. Polizeipolitik – Polizeiwissenschaft – Polizeipraxis, Band 1, Wiesbaden 2017, 535–572.

32 Siehe u.a.: Beratungs- und Unterstützungsangebote in der Polizei NRW. Bekanntmachung von Hilfsangeboten im Rahmen der Handlungsempfehlungen der Sonderinspektion Essen. Erlass IM NRW vom 24. Juni 2021 - 411-59.02.02.

Arbeit weiterhin leisten zu können. Dabei ist die regionale Schwerpunktbildung und Ausrichtung der Polizeiseelsorge innerhalb der jeweiligen Landeskirche und des jeweiligen (Erz-)Bistums eine entscheidende Größe: Die Suche nach einem neuen bzw. weiter zu entwickelnden Selbstverständnis bleibt zentrale Aufgabe von Reformbemühungen – Polizeiseelsorge in Nordrhein-Westfalen wird zukünftig weitgehend im Hauptamt geleistet.

3.7 *Zeit der Aufbrüche und Begrenzungen: Die 2010er Jahre*

Die staatlich-kirchliche Zusammenarbeit in Deutschland – europaweit ein besonderes Modell – hat in den fünfziger und sechziger Jahren viele Initiativen und zum Teil dauerhafte Kooperationen hervorgebracht. Entsprechend gab es ab den Nullerjahren Jubiläen und Feierlichkeiten im Rahmen von „fünfzig Jahre“ anzugehen. So auch in der Polizei Nordrhein-Westfalens. 2012 konnte mit landesweiten Aktivitäten: Konzerten, Symposien, Vorträgen, Sonderpublikationen, Gottesdiensten und vielem mehr an eine bewährte Partnerschaft erinnert werden. Zugleich stellte sich zumindest für einige der beteiligten Akteure die Frage des „Und jetzt – wie geht es weiter?“.

Die beschriebenen Veränderungen pastoraler Praxis, neue Herausforderungen für Kirche und Staat, aktuelle gesellschaftliche Wandlungsprozesse im Hinblick auf Werteverständnisse und Diskurse, schließlich die fortgesetzte Tätigkeit von Polizeiseelsorgenden in der Aus- und Fortbildung – mit den inzwischen zur Verfügung stehenden ersten Erkenntnissen zum neuen bzw. 2010 eröffneten Kooperationsprojekt „Grenzgang“ – haben die Verantwortlichen im Landesamt für Ausbildung, Fortbildung und Personalangelegenheiten zu einem bundesweit für die Polizei einzigartigen Schritt veranlasst. Ähnlich dem Modell des 2010 begründeten Zentrums für ethische Bildung in den Streitkräften, Hamburg, konnte 2014 unter Beteiligung der Kirchen die Eröffnung des Zentrums für ethische Bildung und Seelsorge der Polizei Nordrhein-Westfalen (ZeBuS) gefeiert werden:

> *Präambel*
>
> Im Juli des Jahres 1962 sind die Vereinbarungen des Landes Nordrhein-Westfalen mit der Evangelische Kirche im Rheinland, der evangelischen Kirche von Westfalen und der Lippischen Landeskirche (MBI.NW1962 S.1353.) einerseits und den (Erz-) Diözesen Köln, Paderborn, Münster, Aachen und Essen (MBI.NW1962 S. 1352) andererseits über die Wahrnehmung der

> Polizeiseelsorge im Lande Nordrhein-Westfalen geschlossen worden.
>
> Die Parteien geben ihrem Bestreben Ausdruck, diese bewährte und fruchtbare Kooperation in den Aufgabenfeldern der berufsethischen Bildung und der Seelsorge in der nordrhein-westfälischen Polizei weiterhin zu fördern durch die
>
> *Errichtung eines*
> *„Zentrums für ethische Bildung und Seelsorge in der Polizei NRW“.* (…)

Mit Gründung und Ausbau[33] der Einrichtung bzw. des Dezernats wird die berufsethische Lehre vor allem auch über die Ausbildungsbereiche hinaus nachhaltig gefördert. Seelsorge soll weiterhin als wichtige Form der Begleitung angeboten und als vertrauensvolles Kommunikationsgeschehen ermöglicht werden, das sich in kirchlich-spirituellen Bezügen ereignet, sehr wohl aber auch ohne diesen Kontext Bedeutung behält und damit auf eine pluraler aufgestellte Mitarbeitendenschaft in der Polizei ausgerichtet ist.[34]

Die erwähnten und angesichts ihres Ausmaßes als neu beschriebenen Einsatzlagen im Zusammenhang mit islamistisch motiviertem Terror und die damit einhergehenden besonderen Belastungen für Sicherheitskräfte als auch Entwicklungen innerhalb der Polizei, die zum Ende des Jahrzehnts als Extremismus beforscht werden, verweisen darauf, dass ganz allgemein Gesprächsbedarfe bestehen, die den Dienst einer von staatlicher Weisung unabhängigen, feldkompetenten und mit Zeugnisverweigerungsrecht ausgestatteten Polizeiseelsorge als wertvoll erscheinen lassen. Die hiermit vorhandenen Potenziale werden von den Verantwortlichen in Staat und Kirche auch weiterhin erkannt und der Dienst in seiner Bedeutung bestätigt.

---

33 Die Vereinbarung wird 2022 angepasst und die Zusammenarbeit erneut durch die Partner Staat / Kirche bestätigt. Siehe: Vereinbarung über den Aufbau und Unterhalt eines Zentrums für ethische Bildung und Seelsorge in der Polizei NRW (ZeBuS), Selm-Bork 26. November 2014, und Vereinbarung zur Weiterführung des Zentrums für ethische Bildung und Seelsorge in der Polizei NRW (ZeBuS), Düsseldorf 29. März 2022.

34 Zum Verständnis einer Interaktion von Seelsorge in und mit verschiedensten Kontexten sowie als Beitrag zum „Aufbau einer humanen Welt“ siehe Sekretariat der Deutschen Bischofskonferenz (Hrsg.): In der Seelsorge schlägt das Herz der Kirche. Wort der deutschen Bischöfe zur Seelsorge, Bonn 2022 (Die deutschen Bischöfe ; 110), 25ff. Zur Bedeutung dieser Form kirchlichen Handelns als „Partnerin im Hilfesystem“ siehe: Evangelische Kirche in Deutschland (EKD) (Hrsg.): Unerwartet heilsam – wie Seelsorge wirkt. Innovationskraft seelsorglicher Angebote. Eine Handreichung der Ständigen Konferenz für Seelsorge in der EKD, Hannover 2020, 22.

Zugleich erklären die Kirchenleitungen in diesem Jahrzehnt wiederholt, dass mit Blick auf ihre gesamtgesellschaftliche Lage die Förderung dieses Arbeitsbereiches hinsichtlich der vorhandenen Stellen und des eingesetzten Personals weitgehend auf den Erhalt des Status quo ausgerichtet sein wird: Eine „funktionale Beschränkung“, die in Zukunft noch nachdrücklicher die Frage in die zuvor beschriebene Gestaltung von Netzwerkarbeit einbringen wird, welche Ziele die pastorale Arbeit verfolgen soll bzw. was die Aufgabe der Polizeiseelsorge in Verbindung und Abgrenzung zu anderen Diensten und mit Blick auf ihren kirchlichen Auftrag sein kann. In diesem Sinne sind neue Perspektiven zu prüfen, die weitere Beauftragungen für die Polizeiseelsorge erkennen und zu gewinnen suchen. Der Aufbau des kirchlichen Dienstes in den Gründungsjahren zur Zeit der Weimarer Republik stand unmittelbar mit dem umfassenden Engagement der Mitarbeitenden in der Polizei in Verbindung. Heute, zeitgemäß gefördert, können entsprechende Potenziale zusammen mit dem Hauptamt zur Sicherung des staatlich-kirchlichen Engagements verantwortlich beitragen.[35]

3.8 Ausblick – wiederum mehr Zukunft wagen …

Die vorgestellten historischen Aspekte zu sechzig Jahren Polizeiseelsorge (ab 1962) in Nordrhein-Westfalen konnten wesentlich nur Schlaglichter auf Entwicklungen und Ereignisse werfen. Anders als für den Zeitraum bis ca. Mitte der siebziger Jahre standen umfassende Forschungs- und in diesem Rahmen mögliche Archivarbeiten (aktuell bzw. mit Aufruf zu diesem Buchprojekt) nicht zur Verfügung. Die ab den achtziger Jahren vermehrt erscheinenden Publikationen als Monografien und Aufsatzliteratur zeigen das Engagement für diesen Arbeitsbereich und den Bedarf an Reflexion des staatlich-kirchlichen Handelns. Vieles bleibt in diesem Sinne noch anzugehen und für weitere Forschungen aufzuschließen.

---

35 Demgemäße Vorhaben sind in den Polizeiseelsorge-Organisationen der (Erz-) Diözesen und Landeskirchen in der Bundesrepublik unterschiedlich weit vorangeschritten. Auch in Nordrhein-Westfalen lassen sich Unterschiede zwischen der evangelischen und katholischen Polizeiseelsorge in dieser Hinsicht erkennen und beschreiben. Zur möglichen Begründung siehe bei Arnemann, Michael: „Sind Sie in erster Linie katholisch oder deutsch?“ Kirche und Polizei im NS-Staat – zwischen Gleichschaltung und Selbstbehauptung, in: Schulte, Wolfgang (Hrsg.): Die Polizei im NS-Staat. Beiträge eines internationalen Symposions an der Deutschen Hochschule der Polizei in Münster. (Schriftenreihe der Deutschen Gesellschaft für Polizeigeschichte e.V., Bd. 7), Frankfurt 2009, 621–653, 652.

Der Rückblick lässt die Frage zu, ob Entwicklungen absehbar sind, die (wiederum) ein Mehr an Zukunft wagen ermöglichen? Zwei Überlegungen scheinen mir hierbei zentral:

Zum einen wird entscheidend sein, wie die Polizeiseelsorge die mehrfach erwähnten Ansprüche an eine Netzwerkarbeit (weiterhin) erfüllt und sich zugleich gegen mögliche Instrumentalisierungsversuche abgrenzt. Im längst vergangenen Traditionshorizont einer „Volkskirche mit entsprechenden Privilegien und Erwartungen“ entstanden und über einige Zeiträume als Alleinanbieter eines „christlichen Heilsverständnisses“ geltend, hat die kirchliche Arbeit in staatlicher Anstalt seit geraumer Zeit das Profil eines Dienstleisters entwickelt, wie es in ähnlicher Weise für weitere kirchliche Bereiche beschrieben werden kann.[36] Die Polizeiseelsorge wird dabei auf wichtige, vielleicht entscheidende Besonderheiten im Umfeld staatlicher Organisation bauen, die mit den Stichworten Unabhängigkeit / Feldkompetenz / Verschwiegenheit (Zeugnisverweigerungsrecht) verbunden sind. Welche Bedeutung die Kirchen diesem Einsatz zumessen, ob als „nice to have“ oder doch zielgerichtet als wesentlicher gesellschaftlicher Akteur für Menschen, die einen „systemrelevanten Dienst“ – als Dienst am Recht[37] – leisten, ist immer wieder neu zu klären und mit gesellschaftlichen Entwicklungen abzustimmen. Für Suchprozesse und Reformen ist kein Ende in Sicht.

Zum anderen bleibt (neu) zu fragen, was Seelsorge auch in einem kirchlich-spirituellen Sinn bzw. Kontext in moderner staatlicher Organisation „zu suchen hat“: Etwa das Einbringen von Themen, wie sie mit dem (auch theologisch bedeutsamen) Stichwort „Unverfügbarkeit“[38] verbunden sind – in einer nicht selten nach außen im Selbstbild von „jugendlich, körperlich-stark und durchsetzungsbereit“ wirkenden Organisation? Förderung von Gemeinschaft für die, die nach Glaubensüberzeugungen und Werthaltungen fragen – und diese im beruflichen Umfeld leben wollen? Einen Dialog mit allen Menschen guten Willens pflegen – insbesondere mit jenen, die (in Zukunft) die Mehrheit sogenannter „Konfessionsloser“ bilden, um den Zusammenhalt in Polizei und Gesellschaft zu fördern? …

36 Vgl. Großbölting, Thomas: Der verlorene Himmel. Glaube in Deutschland seit 1945, Göttingen 2013, 184ff.

37 Die Bedeutung, die einem „Dienst am Recht“ mit Blick auf die Kultur des Rechtsstaats als „Dienst an der Freiheit“ zukommt, betont Josef Ratzinger in seiner Predigt bei der Amtseinführung des Beauftragten der Deutschen Bischofskonferenz für die Polizeiseelsorge 1979. Siehe Arnemann (2005), 14.

38 Vgl. Rosa, Hartmut: Unverfügbarkeit, Salzburg/Wien 2021.

3.9 Literatur:

Arnemann, Michael: Kirche und Polizei: Zwischen Gleichschaltung und Selbstbehauptung. Historische Grundlagen und aktuelle Perspektiven für kirchliches Handeln in staatlichen Institutionen., Münster 2005.

Ders.: „Sind Sie in erster Linie katholisch oder deutsch?“ Kirche und Polizei im NS-Staat – zwischen Gleichschaltung und Selbstbehauptung., in: Schulte, Wolfgang (Hrsg.): Die Polizei im NS-Staat. Beiträge eines internationalen Symposions an der Deutschen Hochschule der Polizei in Münster. (Schriftenreihe der Deutschen Gesellschaft für Polizeigeschichte e.V., Bd. 7), Frankfurt 2009, 621–653.

Ders.: „Dafür werden wir sorgen“! – Von der Initiative Erich Klauseners für die Polizeiseelsorge zum Dienst der Kirchen in den Polizeien der Länder., in: Die Polizei. Fachzeitschrift für die öffentliche Sicherheit mit Beiträgen aus der Deutschen Hochschule der Polizei 3/2013, 85–91.

Ders.: Polizeiliches Handeln bedenken – als Grenzgang. Idee und Entwicklung neuer Modelle ethischer Bildung für die Polizei NRW Raum geben – ein Projekt in Kooperation mit der Polizeiseelsorge. (in diesem Band)

Bericht über die 1. Arbeitstagung für Berufsethik am 29. und 30. September 1950 in Hiltrup., in: Mitteilungsblatt Polizei-Institut Hiltrup 2/1950, 33–35.

Bucher, Rainer: Pluralität als epochale Herausforderung., in: Handbuch Praktische Theologie. Grundlegungen., Freiburg 1999, 91–121.

Evangelische Kirche in Deutschland (EKD) (Hrsg.): Unerwartet heilsam – wie Seelsorge wirkt. Innovationskraft seelsorglicher Angebote. Eine Handreichung der Ständigen Konferenz für Seelsorge in der EKD., Hannover 2020.

Gabriel, Karl: Christentum zwischen Tradition und Postmoderne., Freiburg 7/2000.

Großbölting, Thomas: Der verlorene Himmel. Glaube in Deutschland seit 1945., Göttingen 2013.

Grützner, Kurt et al. (Hrsg.): Handbuch Polizeiseelsorge., Göttingen 2006.

Hammermeister-Kruse, Thomas et al.: Zur Geschichte der Polizeiseelsorge in Deutschland., in: 50 Jubiläum Polizeiseelsorge NRW – 90 Jahre Polizeiseelsorge Rheinland, Westfalen und Lippe., Volmarstein 2014, 9 – 11.

Handreichung für den Dienst der Katholischen Polizeiseelsorger., in: Vorstand der Bundesarbeitsgemeinschaft für katholische Polizeiseelsorge / Kirchliche Arbeit in der Polizei in den Ländern der Bundesrepublik Deutschland und Berlin (West) (Hrsg.): Grundlagen und Konzepte 4., Limburg 1990 (2. Auflage 2003).

Heise, Susanne: Die Polizeiseelsorge Sachsen. Eine empirische Untersuchung zu Entwicklung, Herausforderungen, Grenzen und Möglichkeiten der Polizeiseelsorge im Freistaat Sachsen. (unveröff. Masterarbeit – Deutsche Hochschule der Polizei (DHPol), Münster 2019).

van der Heyden, Bianca: Der schlimmste Tag. Polizeiseelsorge bei der Loveparade in Münster., in: Bischöfliches Generalvikariat Münster (Hrsg.), Unsere Seelsorge. Das Themenheft der Hauptabteilung Seelsorge, Münster 2012, 28 – 29.

Joas, Hans: Kirche als Moralagentur?, München 2016.

Karrer, Leo: Sonderseelsorge., in: Baumgartner et al. (Hrsg.): Lexikon der Pastoral., Freiburg 2002, 1583f.

Knoblauch, Stefan: Praktische Theologie., Freiburg 1996.

Müller, Josef: Kategorialseelsorge., in: Lexikon für Theologie und Kirche., Freiburg 3/2009, 1324.

Rahner, Karl, Vorgrimler, Herbert: Kleines Konzilskompendium. Sämtliche Texte des Zweiten Vatikanums mit Einführungen und ausführlichem Sachregister., Freiburg 18/1985, 383 – 421.

RdErl. d. Innenministers v. 18.7.1962 -IV E1-450.

RdErl. d. Innenministers v. 20.7.1962 - IV E1-4510.

Rosa, Hartmut: Unverfügbarkeit., Salzburg/Wien 2021.

Ruch, Dieter: Protest & Demokratie., in: Bundeszentrale für politische Bildung (Hrsg.): Protest. Deutschland 1949 – 2020., Bonn 2021, 20–43.

Ruland, Isabel: Von der Ilias nach Bad Aibling – oder: Warum ein Vorgesetzter etwas von Psychotraumatologie verstehen sollte., in: Handbuch Polizeimanagement. Polizeipolitik – Polizeiwissenschaft – Polizeipraxis, Band 1, Wiesbaden 2017, 535–572.

Schulte, Wolfgang: Entwicklung der Polizeiorganisation in der Bundesrepublik Deutschland., in: Handbuch Polizeimanagement. Polizeipolitik – Polizeiwissenschaft – Polizeipraxis, Band 1, Wiesbaden 2017, 23–47.

Schulten, Marcus: Vertraglich besiegeltes Vertrauen – 60 Jahre Polizeiseelsorge in Nordrhein-Westfalen. (in diesem Band)

Schulze, Gerhard: Die Erlebnis-Gesellschaft., Frankfurt a. M. 1992.

Schuster, Anton G.: Finaler Rettungsschuss., Interdisziplinäre Ethik – 14 (1996).

Sekretariat der Deutschen Bischofskonferenz (Hrsg.): In der Seelsorge schlägt das Herz der Kirche. Wort der deutschen Bischöfe zur Seelsorge., Bonn 2022 (Die deutschen Bischöfe; 110).

Unkrig, Jörg Konrad: Vertrauenskultur – Führung mit Vertrauen – Vertrauen in Führung., in: Handbuch Polizeimanagement. Polizeipolitik –

Polizeiwissenschaft – Polizeipraxis, Band 1, Wiesbaden 2017, 449–473.

Vereinbarung über den Aufbau und Unterhalt eines Zentrums für ethische Bildung und Seelsorge in der Polizei NRW (ZeBuS)., Selm-Bork 26. November 2014.

Vereinbarung zur Weiterführung des Zentrums für ethische Bildung und Seelsorge in der Polizei NRW (ZeBuS)., Düsseldorf 29. März 2022.

Vogelpohl, Friedrich: Erfahrungen eines Polizeipfarrers im Nebenamt., in: Ausschuss für den Kirchlichen Dienst in der Polizei der Evangelischen Kirche von Westfalen (Hrsg.): Leitfaden für den Kirchlichen Dienst in der Polizei., Beckum 2/1996 (ohne fortlfd. Zählung Seitenzahlen: Kapitel 1.3 / 1–7).

Wikipedia: Stichwort Polizeiseelsorge (Zugriff am 4. Mai 2022).

Wittrahm, Andreas: Seelsorge, Pastoralpsychologie und Postmoderne. Eine pastoralpsychologische Grundlegung lebensfördernder Begegnungen angesichts radikaler postmoderner Pluralität, Stuttgart et al. 2001.

Zieberts, Hans-Georg: Religion, Christentum und Moderne. Veränderte Religionspräsenz als Herausforderung, Stuttgart et al. 1999.

4 Vertraglich besiegeltes Vertrauen – 60 Jahre Polizeiseelsorge in Nordrhein-Westfalen

Markus Schulten

4.1 Viele Jubiläen – (k)ein Grund zum Feiern?

100 Jahre Weimarer Reichsverfassung[1], 70 Jahre Grundgesetz[2], 30 Jahre deutsche Wiedervereinigung – der Verfassungsenthusiast kam in den letzten Jahren auf seine Kosten. Mit Blick auf das Verhältnis von Staat und Kirchen verbindet alle drei Wegmarken der deutschen Verfassungsgeschichte ein bemerkenswerter Umstand: die 1919 festgelegten Grundaussagen und Verhältnisbestimmungen zu deren Wirk- und Überschneidungsbereichen im religiös-weltanschaulichen Staat gelten bis zum heutigen Tage ungemindert fort. Das Grundgesetz hat die sog. Weimarer Kirchenartikel über seinen Art. 140 GG in das geltende deutsche Verfassungsrecht inkorporiert. Das BVerfG hat dabei recht früh verdeutlicht, dass es sich bei den Weimarer Bestimmungen nicht um Verfassungsrecht minderen Ranges, sondern um gleichwertiges und vollgültiges Verfassungsrecht handelt.[3] Dieser bereits 1949 als Kompromisslösung erkannte Weg hat sich im Wesentlichen über Jahrzehnte bewährt, sodass auch die nach Inkrafttreten des Einigungsvertrages eingesetzte gemeinsame Verfassungskommission von Bundestag und Bundesrat im Rahmen ihrer Beratungen zu einer möglichen neuen Verfassung für das wiedervereinigte Deutschland keinen Änderungsbedarf am (seinerzeit noch unproblematisch so bezeichneten) Staatskirchenrecht[4] gesehen hat.[5]

Ein nicht immer im öffentlichen Fokus stehender Teilbereich dieses religionsverfassungsrechtlichen Settings ist die in Art. 141 WRV geregelte Anstaltsseelsorge[6] und die daraus als gemeinsame Angelegenheit –

[1] Aus der Fülle von Würdigungen: Thomas Kleinlein / Christoph Ohler (Hrsg.), Weimar International. Kontext und Rezeption der Verfassung von 1919, Tübingen 2020.

[2] Lars Lüdicke (Hrsg.), Deutschland in bester Verfassung? 70 Jahre Grundgesetz, Berlin-Brandenburg 2020.

[3] Ständige Rechtsprechung: BVerfGE 19, 206 (219); BVerfGE 137, 273.

[4] Hans Michael Heinig / Christian Walter (Hrsg.), Staatskirchenrecht oder Religionsverfassungsrecht? Ein begriffspolitischer Grundsatzstreit, Tübingen 2007.

[5] BT-Drs. 12/6000, S. 107 (li. Spalte).

[6] Grundlegend: *Dietrich Pirson*, Die Seelsorge in staatlichen Einrichtungen als Gegenstand des Staatskirchenrechts, in: Heiner Marré / Johannes Stüting (Hrsg.), Seelsorge in staatlichen Einrichtungen. Essener Gespräche zum Thema Staat und Kirche, Band 23, Münster 1989, S. 4 ff.

zumindest partiell – abzuleitende Polizeiseelsorge. Auch dort stehen die Sektflaschen wahlweise kalt oder wurden bereits geöffnet. Der Freistaat Bayern beging – in vorpandemischen Zeiten – noch zu Beginn des Jahres 2020 das feierliche Jubiläum von 100 Jahren Polizeiseelsorge mit einem Polizeigottesdienst in der Bischofskirche St. Matthäus in München[7], Nordrhein-Westfalen würdigt in diesem Jahr das 60-jährige Bestehen der Vereinbarung über die Wahrnehmung der katholischen Polizeiseelsorge im Lande Nordrhein-Westfalen vom 4. Juli 1962 (im Folgenden: PolizeiseelsorgeV NRW).[8] Auch in anderen Bundesländern wird diese besondere „Kooperationsarena"[9] seit Jahrzehnten erfolgreich bespielt. Bundesweit leisten engagierte Polizeiseelsorgerinnen und -seelsorger einen wichtigen Beitrag in der Polizei und für die Polizei. Sie justieren einen ethischen Kompass und geben Unterstützung in Konfliktlagen.

Trotz allem täuscht diese gegenseitige Wertschätzung nicht darüber hinweg, dass die Polizeiseelsorge ein „bewährtes Arbeitsmodell im Umbruch"[10] ist: allgegenwärtige Umbrüche im kirchlichen Raum – begleitet auch von einem allgemeinen Rückgang an „Vertrauen" in die „Institution Kirche"[11] –, anhaltender Mitglieder- und Bedeutungsverlust, nachdrückliche Anfragen an kirchliche Personalressourcen sowie neue Herausforderungen durch den gesellschaftlichen Wandel in Polizei und Kirche führen zu grundsätzlichen Anfragen an überkommene Kooperationsstrukturen, vor deren Hintergrund der Jahrgangssekt für die anstehenden Feierlichkeiten vielleicht mit Bedacht genossen werden sollte.

---

7 https://www.stmi.bayern.de/med/pressemitteilungen/pressearchiv/2020/12b/index.php (letzter Aufruf: 19.4.2022).

8 Abgedruckt bei: Joseph Listl (Hrsg.), Die Konkordate und Kirchenverträge in der Bundesrepublik Deutschland, Band II, Berlin 1987, S. 252 ff.

9 Begriff nach Gunnar Folke Schuppert.

10 So der – allerdings als Frage ausformulierte – Arbeitstitel des Seminars „Ethik und Seelsorge in der Polizei – Bewährtes Arbeitsmodell im Umbruch?" am 11. November 2019 an der Deutschen Hochschule der Polizei in Hiltrup.

11 So ist nach einer jüngeren Umfrage des Meinungsforschungsinstituts Forsa zwischen dem 28.12.2021 und dem 2.1.2022 das Vertrauen der Deutschen in die katholische Kirche weiter gesunken auf nur noch 14 Prozent. Der Vertrauensindex bei den Evangelischen Kirchen liegt bei 36 %. Siehe dazu: https://www.katholisch.de/artikel/32778-institut-vertrauen-der-deutschen-zu-den-kirchen-ist-auf-tiefpunkt sowie https://www.presseportal.de/pm/72183/4808331 (letzter Zugriff: 19.2.2022). Der ehemalige Bundestagspräsident Norbert Lammert beobachtet die „erschreckende Erosion einer bedeutenden Institution, die sich selbst wichtiger nimmt als ihren Auftrag", zitiert nach https://www.katholisch.de/artikel/33227-lammert-institution-kirche-vielleicht-nicht-mehr-zu-helfen (letzter Zugriff: 19.4.2022).

4.2 Problemarrondierung

Polizeiseelsorge ist unmittelbarer Dienst am Menschen. Polizeibeamtinnen und Polizeibeamte sind – jenseits der potenten Organisationsstrukturen, die sie repräsentieren – auch Menschen, die im Dienst Erlebtes (Tod und Verlust, Gewalt, v.a. Missbrauchsfälle, mangelnde Wertschätzung des Dienstes u.v.m.) unterschiedlich gut oder professionell verarbeiten. Die Polizeiseelsorge unterstützt, berät und hat – dies ist in vielen Fällen oftmals schon ausreichend – zur rechten Zeit ein offenes Ohr.

Neben dieser menschlich-unterstützenden Komponente ist Polizeiseelsorge im Besonderen und die Anstaltsseelsorge im Allgemeinen in ihren zahlreichen Facetten aber auch ein spannungsvoller (verfassungs-) rechtlicher Kosmos, um den es lebhafte Diskussionen gibt. Auch die Militärseelsorgestrukturen sind jüngst wieder im Fokus der Öffentlichkeit.[12] Die dezidiert juristische Auseinandersetzung mit dem Komplex Polizeiseelsorge scheint indes durchaus ausbaufähig.[13] Dies erstaunt, lässt sich die thematische Breite der Rechtsfragen in den übrigen Feldern der besonderen Seelsorge doch durchaus auf die Polizeiseelsorge übertragen: dies betrifft die – v.a. im Bereich der Gefängnis- und nun auch der Militärseelsorge – hinzutretenden jüdischen und muslimischen Gemeinschaften als „neue" religiöse Akteure. Inwieweit ist eine jüdische oder muslimische Polizeiseelsorge möglich und ggf. auch geboten? Der steigende Anteil nicht christlicher Bürgerinnen und Bürger an der deutschen Bevölkerung bildet sich denklogisch auch in polizeilichen Strukturen ab.

---

12 *Thomas R. Elßner*, Militärseelsorge für Muslime in der Bundeswehr, CIBEDO-Beiträge 2018, S. 170 ff.; *Jörg Ennuschat*, Seelsorge in der Bundeswehr, in: Dietrich Pirson / Wolfgang Rüfner / Michael Germann / Stefan Muckel (Hrsg.), Handbuch des Staatskirchenrechts der Bundesrepublik Deutschland, 3. Aufl., Berlin 2020 (HdbStKirchR^3), § 54; *Hans Markus Heimann*, Zukunftsperspektiven der Militärseelsorge, in: ZevKR (64) 2019, S. 125 ff.

13 Siehe aber: *Markus Heintzen*, Polizeiseelsorge, in: HdbStKirchR^3, § 55 (mit weiteren Nachweisen); *Heribert Schwark*, Geschichte und Rechtsgrundlagen der Polizeiseelsorge in den Ländern der Bundesrepublik Deutschland und Berlin (West), Frankfurt a.M., Bern, New York 1986. Dezidiert zum Bereich der Seelsorge in Bundesgrenzschutz und Bundespolizei die lesenswerten Beiträge in: Helmut Blanke (u.a.) (Hrsg.), 50 Jahre Seelsorgevereinbarung in Bundesgrenzschutz und Bundespolizei. Religiöses Bekenntnis im neutralen Staat, Göttingen 2015. Höchstrichterliche Judikate zum Themenkomplex Polizeiseelsorge gibt es – soweit ersichtlich – nicht. Selbst im Rahmen wissenschaftlicher Fachtagungen zum Thema Anstaltsseelsorge (wie der unter Anm. 6 genannten) wird die Polizeiseelsorge nicht diskutiert. Allein an zwei Stellen des Tagungsbandes geht es kurz um die Abgrenzungsfragen „Berufsethischer Unterricht vs. Lebenskundlicher Unterricht" (ebd., S. 19, S. 157).

Wenn die rechtliche Zulässigkeit des sog. „Lebenskundlichen Unterrichts" bei der Bundeswehr zunehmend umstritten ist, kommt die Frage auf, was dies für den „Berufsethischen Unterricht" bei der Polizei bedeutet. Wenn im Kontext der derzeit allgegenwärtigen Diskussionen über Kopftücher, Burkas, Räume der Stille usw. die Grundsatzfrage nach der Zulässigkeit und dem Umfang religiöser Präsenz im hoheitlichen Bereich gestellt wird[14], bildet sich dies auch im Kontext der Seelsorge bei den Bundes- und den Landespolizeien ab, immerhin beherbergt der Staat hier in seinem Inneren eine sprachmächtige religiöse Präsenz.
Die Fülle der diskutablen Themen gebietet im Folgenden eine Schwerpunktsetzung und den „Mut zur Lücke".[15] Manches kann eingehender angesprochen werden, für anderes soll nur sensibilisiert werden.

4.3 Kirchliche und gesellschaftliche Veränderungen als Motoren einer Modifikation der Geschäftsgrundlage für die katholische Polizeiseelsorge?

Neben der dezidiert juristischen Befassung mit Fragen der Polizeiseelsorge, welche den derzeitigen Normenbestand würdigt, ist auch ein Blick auf das allgemeine kirchlich-religiöse und gesellschaftliche Setting geboten, aus dem sich gewisse Indikatoren einer Modifikation der Geschäftsgrundlage für die katholische Polizeiseelsorge in Deutschland ergeben.

---

14 Informativer Einstieg bei: Karlies Abmeier / Martin Borchard / Matthias Riemenschneider (Hrsg.), Religion im öffentlichen Raum, Paderborn 2013; s.a. *Burkhard Kämper*, Religiöse Präsenz an staatlichen Universitäten, in: Rüdiger Althaus / Judith Hahn / Matthias Pulte (Hrsg.), Im Dienste der Gerechtigkeit und Einheit. Festschrift für Heinrich J.F. Reinhardt zur Vollendung seines 75. Lebensjahres, Essen 2017, S. 283 ff.

15 Dies betrifft etwa eine Befassung mit der facettenreichen historischen Entwicklung der Polizeiseelsorge in der Weimarer und der bundesdeutschen Republik. Dazu jedoch umfassend und instruktiv: *Michael Arnemann*, Kirche und Polizei: Zwischen Gleichschaltung und Selbstbehauptung. Historische Grundlagen und aktuelle Perspektiven für kirchliches Handeln in staatlichen Institutionen, Münster, Hamburg, London 2005, S. 32 ff.; *Schwark*, Polizeiseelsorge (Anm. 13), S. 1-91; *Wolfgang Hinz*, Geschichtliche Entwicklung der Polizeiseelsorge, in Kurt Grützner / Wolfgang Gröger / Claudia Kiehn / Werner Schiewek (Hrsg.), Handbuch Polizeiseelsorge, 2. Aufl. Göttingen 2012, S. 50 ff.; zu besonderen (auch rechtsvergleichen) Impulsen aus dem Bereich der Seelsorge in der Bundespolizei: *Markus Heintzen*, Die Vereinbarungen über die Seelsorge in der Bundespolizei in staatsrechtlicher Perspektive, in: Blanke (u.a.) (Hrsg.), 50 Jahre Seelsorgevereinbarung (Anm. 13), S. 55 ff.

4.3.1 Die Erosion der christlichen Kirchen in Deutschland

Eine detaillierte Problembeschreibung und Ursachenforschung muss im Rahmen dieser Problemanzeige unterbleiben. Eine nüchterne Würdigung des Ist-Zustandes ergibt einen – aus kirchlicher Sicht auch nicht mehr schönzuredenden[16] – eindeutigen Befund. Die christlichen Kirchen befinden sich in einem wenngleich noch nicht finanziellen[17], so doch substanziellen Erosionsprozess. Insbesondere die Problemtrias[18] Priestermangel, Finanzprobleme und Gläubigenschwund führen zu neuen, insbesondere pastoralen, Herausforderungen, welche das kirchliche Leben in Deutschland nachdrücklich verändern werden.

Der Gläubigenschwund wirkt unaufhaltsam. Die katholischen Diözesen verfügen (Stand 2020) noch über knapp 22,2 Mio. Gläubige.[19] Gegenüber dem Stand von 2018 (ca. 23 Mio.[20]) sind das erneut ca. 800.000 Mitglieder weniger – in einem sehr überschaubaren Zeitraum. Der Befund auf evangelischer Seite liest sich kaum besser: 20,2 Mio. evangelische Gläubige

---

16 So äußerte sich der Vorsitzende der Deutschen Bischofskonferenz, der Limburger Diözesanbischof Dr. Georg Bätzing, Ende 2021 in einem Gespräch mit dem Magazin „Stern" zu den Kirchenaustrittszahlen eindeutig: „Die Zahlen sind überall alarmierend. Es ist eine Katastrophe.", zitiert nach: https://www.presseportal.de/pm/6329/5100241 (letzter Zugriff: 19.4.2022).

17 Siehe etwa „Faktenreport: Kirchen in Deutschland", Focus v. 22.12.2018, S. 27, der die Kirchensteuereinnahmen 2017 auf 6,42 Mrd. € für die Katholische Kirche sowie auf 5,67 Mrd. € für die Evangelischen Kirchen beziffert. Nachdem auf katholischer Seite für 2019 mit 6,76 Mrd. € ein neuer Höchstwert zu Buche stand, ist mit Beginn der weltweiten Corona-Pandemie ein Rückgang von 4,6 % zu verzeichnen, was zu aktuellen Gesamteinnahmen i.H.v. 6,45 Mrd. € führt (dazu: Sekretariat der Deutschen Bischofskonferenz [Hrsg.], Katholische Kirche in Deutschland. Zahlen und Fakten 2020/2021, Bonn 2021, S. 80 f.). Auf evangelischer Seite beläuft sich die Höhe der Kirchensteuereinnahmen im Jahre 2020 auf 5,6 Mrd. €, siehe: Evangelische Kirche in Deutschland (Hrsg.), Gezählt. Zahlen und Fakten zum kirchlichen Leben 2021, Hannover 2021, S. 36.

18 Begriff nach *Ansgar Hense*, Stabilität und Flexibilität – Strukturveränderungen in den Diözesen im Fokus des Kirchen- und Staatskirchenrechts, in: Burkhard Kämper / Hans-Werner Thönnes (Hrsg.), Kirche im Wandel – Rückbau, Umbau und Neubau kirchlicher Institutionen. Essener Gespräche zum Thema Staat und Kirche, Band 44, Münster 2010, S. 57 (129).

19 Sekretariat der Deutschen Bischofskonferenz (Hrsg.), Katholische Kirche in Deutschland. Zahlen und Fakten 2020/2021, Bonn 2021, S. 71.

20 Sekretariat der Deutschen Bischofskonferenz (Hrsg.), Katholische Kirche in Deutschland. Zahlen und Fakten 2018/19, Arbeitshilfen 306, Bonn 2019, S. 73.

zum Stichtag 31.12.2020[21] bedeuten wieder mit Blick zum Referenzwert von 2018 (21,1 Mio. [22]) ebenso einen Rückgang um knapp 900.000 Menschen. Nicht zuletzt durch die jüngsten Enthüllungen und Gutachten im Prozess der Aufarbeitung der kirchlichen Missbrauchsfälle zeichnet sich eine weitere Verstärkung des Trends ab, der vom Forschungszentrum Generationenverträge (FZG) der Albert-Ludwig-Universität Freiburg ermittelt wurde. Mit Blick sowohl auf evangelische Landeskirchen wie auch katholische Diözesen geht die Studie bis zum Jahr 2060 von einer Reduktion der Zahl der Kirchenmitglieder in Deutschland um 49 % im Vergleich zum heutigen Stand aus. Dieser Rückgang beruhe stärker auf dem aktiven Tauf-, Austritts- und Aufnahmeverhalten als auf demografischen Faktoren.[23] Gesprochen wird von einem „Massenexodus“[24], mitunter vom „Bankrott des Christentums“.[25] Der ehemalige Bundestagspräsident *Norbert Lammert* äußerte die Sorge, dass der Institution Kirche insgesamt vielleicht nicht mehr zu helfen sei.[26] Diese Entwicklungen haben bereits begonnen, das überkommene Bild von Kirche zu verändern:[27] kirchliche Gebäude und Einrichtungen werden umgenutzt[28] oder abgerissen; kirchliches Personal, insb. in der Verwaltung, wird abgebaut; Pfarreien werden auch deshalb fusioniert, weil eine flächendeckende pastorale Versorgung infolge des Priestermangels nicht mehr gewährleistet ist. Dies wird sich auch auf die

---

21 Evangelische Kirche in Deutschland (Hrsg.), Gezählt. Zahlen und Fakten zum kirchlichen Leben 2021, Hannover 2021, S. 4.

22 Kirchenamt der Evangelischen Kirche in Deutschland (Hrsg.), Gezählt 2019. Zahlen und Fakten zum kirchlichen Leben, Hannover 2019, S. 4.

23 Siehe die Zusammenfassung der Ergebnisse unter: https://www.dbk.de/fileadmin/redaktion/diverse_downloads/dossiers_2019/2019-05-02_Projektion-2060_EKD-VDD_FactSheets_final.pdf.pdf (letzter Zugriff: 19.4.2022), dort S. 8. Ebenso: Evangelische Kirche in Deutschland (Hrsg.), Kirche im Umbruch. Zwischen demografischem Wandel und nachlassender Kirchenverbundenheit, Hannover 2019.

24 *Stephen Bullivant*, Mass Exodus. Catholic Disaffiliation in Britain and America Since Vatican II, Oxford 2019.

25 *Rainer Hank*, Bankrott des Christentums, Frankfurter Allgemeine Sonntagszeitung v. 15.9.2019, S. 20.

26 Zitiert nach https://www.katholisch.de/artikel/33227-lammert-institution-kirche-vielleicht-nicht-mehr-zu-helfen (letzter Zugriff: 19.4.2022).

27 Der Essener „Ruhrbischof“ Dr. Franz-Josef Overbeck sieht die Kirche auf dem Weg von einer „Volkskirche zu einer Kirche im Volk mit volkskirchlichen Elementen“, zitiert nach https://www.bistum-essen.de/pressemenue/artikel/lebendige-kirche-bemisst-sich-nicht-an-zahlen (letzter Zugriff: 19.4.2022).

28 Dazu jüngst: Ansgar Hense / Markus Schulten (Hrsg.), Für immer geheiligt? Konversion kirchlicher Gebäude und Liegenschaften, Münster 2019.

personellen Ressourcen im Seelsorgebereich auswirken. Noch sind Priester und ausgebildete Laien in wohl ausreichender Zahl vorhanden. So sind aktuell 110 Frauen und Männer als katholische Polizeiseelsorgerinnen und -seelsorger in der Landes- und 10 Seelsorger in der Bundespolizei aktiv.[29] Deren Altersstruktur und die zunehmende Aufgabenfülle auch in anderen Bereichen werden mittel- bis langfristig konkrete Personalfragen aufwerfen. Dieses Personalproblem hat die katholische Polizeiseelsorge aber nicht exklusiv, auch im evangelischen Bereich bestehen Nachwuchssorgen. Die dargestellten Entwicklungen zusammengefasst, steht am Ende zumindest eine Anfrage dahingehend, ob „Kirche" die gemeinsame Angelegenheit „Polizeiseelsorge" weiterhin in dem – auch vom Staat gewünschten – Umfang wie bisher leisten kann.

4.3.2 Umbrüche in der Gesellschaft

Die religiöse Landschaft in der Bundesrepublik Deutschland ist gravierenden tektonischen Verschiebungen ausgesetzt. Dem stetigen Schwinden christlicher Präsenz steht das Phänomen einer farbenfrohen religiös-weltanschaulichen Pluralisierung gegenüber. Religion bzw. religiöse Sinnsuche als Phänomen sind *nicht* aus der Gesellschaft verschwunden, suchen sich zunehmend weniger institutionelle oder ritustechnisch vorgeschriebene Ausdrucksformen.[30]

Waren nach Ende des Zweiten Weltkriegs 95,8 % der Bevölkerung kirchlich-konfessionell gebunden[31], stellten die Christen Ende 2020 nur noch einen Anteil von knapp 54 % der Bevölkerung – und dies auch nur dann, wenn man Freikirchen und Orthodoxe hinzurechnet.[32] Im Verlaufe des Jahres 2022 wird bereits damit gerechnet, dass die evangelischen und die katholischen Christen weniger als 50 % der Bevölkerung in Deutschland stellen.[33]

Damit ist auch ein deutliches Absinken des religiösen Grundwasserpegels verbunden. Die Kenntnis über christliche Werte und Lehren nimmt gesamtgesellschaftlich betrachtet ab, ethisch-theologische Richtlinien werden als nicht mehr individuell verpflichtend oder prägend wahrgenommen, der sonntägliche Gottesdienstbesuch ist in manchen Gemeinden

---

[29] https://polizeiseelsorge.org/hp1/Startseite.htm (letzter Zugriff: 19.4.2022).

[30] Zur Sinnsuche auch in neureligiösen Formen etwa *Thomas Großbölting*, Der verlorene Himmel. Glaube in Deutschland seit 1945, Göttingen 2013, S. 191 ff.

[31] *Großbölting*, Der verlorene Himmel (Anm. 30), S. 27.

[32] Evangelische Kirche in Deutschland (Hrsg.), Gezählt. Zahlen und Fakten zum kirchlichen Leben 2021, Hannover 2021, S. 4.

[33] *Christoph Paul Hartmann*, Wie der Mitgliederschwund die Kirche verändert, https://www.katholisch.de/artikel/33160-wie-der-mitgliederschwund-die-kirche-veraendert (letzter Zugriff: 19.4.2022).

faktisch nicht mehr messbar. Der Glaube ist eine „Option“[34] geworden – die Konfessionslosigkeit kein gesellschaftlich rechtfertigungsbedürftiger Zustand mehr. Hinzu kommt ein signifikanter Anstieg von Angehörigen des Islam. Je nach Quelle werden Werte zwischen 5,3 und 5,6 Mio. Gläubigen angegeben.[35]

Diese Entwicklungen sind auch im Polizeikosmos längst angekommen – schließlich sind die Polizeibediensteten ein Abbild der Gesellschaft. Das stellt neue Anforderungen an die Arbeit der Polizeiseelsorge: Wie gelingt der fachliche, psychologisch-empathische Zugriff auf Atheisten, Agnostiker, Gleichgültige? Aus welchen ethischen, theologischen, philosophischen Leitlinien lassen sich Erklärungsmuster, Hintergrundannahmen und im Ergebnis auch tröstende Worte für im Dienst Erlebtes finden? Schließlich dürfte sich mancher Polizeibedienstete auch – das muss noch nicht einmal aus einer dezidiert anti-kirchlichen Grundhaltung erfolgen – die Frage stellen, was die Kirche überhaupt im geschützten Innenbereich des Staates zu suchen hat.

4.3.3 Das deutsche Religionsverfassungsrecht in Anfechtung – und Bewährung?[36]

Die hier nur skizzierten religionssoziologischen Entwicklungen sowie die vielfach beobachtete nachlassende öffentliche Wirkmächtigkeit kirchlichen Auftretens führen zunehmend zu einer kritischen Auseinandersetzung mit dem historisch überkommenen und das System von Staat und Kirche determinierenden Religionsverfassungsrecht.[37] (Vermeintliche) Privilegien werden unglaubwürdig, eigene Rechtspositionen (auch im europäischen Rechtsvergleich) erläuterungsbedürftig. Dies betrifft – aktuell mit einer sehr

---

34 *Hans Joas*, Glaube als Option – Zukunftsmöglichkeiten des Christentums, Freiburg i.Br. 2012.

35 https://www.tagesschau.de/inland/muslime-deutschland-studie-101.html (letzter Zugriff: 19.4.2022). Exakte Zahlen lassen sich nur schwer ermitteln, da den islamischen Gemeinschaften eine eindeutige religionsrechtliche Zuordnungsregelung fremd ist.

36 Siehe dazu: Burkhard Kämper / Hans Werner Thönnes (Hrsg.), Die Verfassungsordnung für Religion und Kirche in Anfechtung und Bewährung. Essener Gespräche zum Thema Staat und Kirche, Band 42, Münster 2008.

37 Grundlegend: *Peter Unruh*, Religionsverfassungsrecht, 4. Aufl., Baden-Baden 2019; *Stefan Muckel*, Das deutsche Staatskirchenrecht als Rahmen für den Auftrag der Kirchen im freiheitlichen Verfassungsstaat, in: Burkhard Kämper / Hans-Werner Thönnes (Hrsg.), Der kirchliche Auftrag zur Mitgestaltung unserer freiheitlichen Demokratie. Essener Gespräche zum Thema Staat und Kirche, Band 48, Münster 2015, S. 107 ff.; *Ansgar Hense*, § 120 Kirche und Staat in Deutschland, in: Stephan Haering / Wilhelm Rees / Heribert Schmitz (Hrsg.), Handbuch des katholischen Kirchenrechts, 3. Aufl. (HKKR³), Regensburg 2015, S. 1830 ff.

speziellen Note („#outinchurch“[38]) – nicht nur das kirchliche Arbeitsrecht seit den Entscheidungen des EuGH in den Rechtssachen „Chefarzt“[39] sowie „Egenberger“[40], sondern auch die Frage nach den überkommenen Strukturen der Kirchenfinanzierung in Deutschland.[41] Selbst innerkirchliche Kreise stoßen sich zunehmend am maßgeblichen Finanzierungsinstrument der Kirchensteuer.[42] Auch die Staatsleistungen i.S.d. Art. 140 GG i.V.m. Art. 138 Abs. 1 WRV könnten in dieser Legislaturperiode endgültig durch ein Ablösegesetz der Vergangenheit angehören.[43] Die Liste der streitigen Themen ließe sich fortsetzen, sodass nicht wenige Stimmen in Politik und Wissenschaft durchaus kritische Anfragen an das überkommene Religionsverfassungsrecht in seiner Gesamtheit stellen. Die

[38] https://outinchurch.de/ (letzter Zugriff: 19.4.2022).

[39] BVerfGE 137, 273; EuGH, Urt. v. 11.09.2018, Az. C-68/17, NJW 2018, 3086 ff.

[40] EuGH, Urt. 17.04.2018, Az. 414/16, NJW 2018, 1869 ff.; BAG NZA 2019, 455 ff. Aus der (mittlerweile nur noch schwer überschaubaren) Fülle von Publikationen siehe etwa: *Friedrich L. Cranshaw*, Strukturen kirchlichen Arbeitsrechts und das Unionsrecht, npoR 2018, S. 245 ff.; *Andreas Schneedorf*, Diskriminierungsschutz nach dem EuGH – Bröckelt das Fundament des kirchlichen Arbeitsrechts?, NJW 2019, S. 177 ff.; *Ansgar Hense*, Warum sich das kirchliche Arbeitsrecht ändern muss, HK 2019, S. 42 ff.; *Hermann Reichold / Peter Beer*, Eine „Abmahnung“ des EuGH mit Folgen, NZA 2019, S. 681 ff.

[41] Immer noch instruktiver Einstieg in die Problematik: *Josef Isensee*, Die Finanzquellen der Kirchen im deutschen Staatskirchenrecht. Rechtsgrundlagen und Legitimationsgedanken, in: Ansgar Hense (Hrsg.), Josef Isensee. Staat und Religion. Abhandlungen aus den Jahren 1974-2017, Bonn 2019, S. 571 ff. sowie Arnd Uhle (Hrsg.), Kirchenfinanzen in der Diskussion. Aktuelle Fragen der Kirchenfinanzierung und der kirchlichen Vermögensverwaltung, Berlin 2015.

[42] So etwa der Eichstätter Bischof Gregor Maria Hanke: „Über Zukunft der Kirchensteuer nachdenken“, KNA v. 19.1.2019; dazu: *Kilian Martin*, Eine Debatte zur rechten Zeit, Die Tagespost v. 24.1.2019, S. 8; seine Kritik erweiterte der Bischof auch auf die sog. Staatsleistungen: *Daniel Wirsching*, Eichstätter Bischof stellt Kirchensteuer infrage, Augsburger Allgemeine v. 29.3.2019, S. 1. Lesenswerter Reformimpuls bei *Stephan Haering*, Die kanonische Beitragspflicht der Gläubigen und die deutsche Kirchensteuer. Ein Vorschlag zur Weiterentwicklung von Recht und Praxis der Kirchensteuer in der katholischen Kirche, in: Josef Rist / Christof Breitsameter (Hrsg.), Kirche und Staat. Geschichte und Gegenwart eines spannungsreichen Verhältnisses, Münster 2015, S. 167 ff.

[43] Siehe: Koalitionsvertrag 2021–2025 zwischen der SPD, BÜNDNIS 90/DIE GRÜNEN und FDP, S. 111, online abrufbar unter https://www.spd.de/koalitionsvertrag2021/ (letzter Zugriff: 19.4.2022).

Polizeiseelsorgestrukturen sind bislang – soweit erkennbar – weitgehend[44] von diesen fundamentalkritischen Entwicklungen ausgenommen. Zurückhaltung ist allerdings angebracht, wenn man ausschließlich mit dem Alter und der Bewährungsdauer von Rechtspositionen argumentieren möchte. Insofern ist es mit Blick auf die verschiedenen Gestaltungsoptionen von Polizeiseelsorge ein großer Gewinn, dass diese zusätzlich durch Kirchenverträge und Verwaltungsabkommen gesichert sind.

4.4 Die Seelsorge in der (Bundes)Polizei – Rechtsfragen im Mehrebenensystem

Neben fundamentalkritischen Ansätzen bestehen aber auch differenziertere Sichtweisen, die das bereichsspezifische Wirken der Kirchen in staatlichen Einrichtungen[45] mehrperspektivisch würdigen, denn Anstaltsseelsorge ist ein aussagekräftiges Beispiel für eine Regulierung auf mehreren Rechtsebenen. Die Polizeiseelsorge ist nicht nur Gegenstand bundes- und landesverfassungsrechtlicher Vorschriften, sondern auch Inhalt zahlreicher Konkordate, Staatskirchenverträge und Verwaltungsvereinbarungen[46]. Die Landespolizeigesetze spielen hingegen keine größere Rolle, sehr wohl aber Ministerialerlasse und Verwaltungsvorschriften.

4.4.1 Was ist Polizeiseelsorge?

Vor allen rechtlichen Würdigungen steht die Frage nach dem Regelungsgegenstand. Polizeiseelsorge dient als Teil der kirchlichen Arbeit allen Polizeibeamten der entsprechenden Konfession. Gem. Art. 3 PolizeiseelsorgeV NRW[47] ist Aufgabe der Polizeiseelsorge – bei Wahrung der freiwilligen Entscheidung des Einzelnen – die Verkündigung und Lehre des Wortes Gottes, die Sakramentenspendung und die seelsorgliche Betreuung der Polizeivollzugsbeamten. Daneben unterfallen der Polizeiseelsorge im engeren Sinne auch religiöse Vorträge, seelsorgerliche Einzel- und

---

[44] Passim *Markus Kleine*, Institutionalisierte Verfassungswidrigkeiten im Verhältnis von Staat und Kirche und dem Grundgesetz. Ein Beitrag zur juristischen Methodik im Staatskirchenrecht, Baden-Baden 1993; dezidiert zur Anstaltsseelsorge z.B. *Gerhard Czermak*, Anstaltsseelsorge, in: *Ders.*, Religion und Weltanschauung in Gesellschaft und Recht. Ein Lexikon für Praxis und Wissenschaft, Aschaffenburg 2009, S. 24 f; *Ders.*, Religions- und Weltanschauungsrecht. Eine Einführung, 2. Aufl., Berlin 2018, Rn. 484.

[45] *Unruh*, Religionsverfassungsrecht[4] (Anm. 37), § 11 Rn. 376.

[46] Dazu allgemein: *Wolfgang Rüfner*, Verwaltungsabkommen zwischen Staat und Kirche, in: Rainer Grote u.a. (Hrsg.), Die Ordnung der Freiheit. Festschrift für Christian Starck zum 70. Geburtstag, Tübingen 2007, S. 1175 ff.

[47] Abgedruckt bei: Listl (Hrsg.), Die Konkordate und Kirchenverträge (Anm. 8), S. 252 ff.

Gruppengespräche, religiöse Arbeitskreise am Dienstort sowie berufsspezifische Angebote an Tagungen, Rüstzeiten, Exerzitien usw.[48] Polizeiseelsorge findet unter kirchlicher Aufsicht und frei von staatlichen Weisungen statt.

Bestenfalls in einem weiteren Sinne zur Polizeiseelsorge zählt der sog. Berufsethische Unterricht. Berufsethik ist laut § 3 Abs. 1 der Vereinbarung zur Kirchlichen Arbeit in der Polizei des Landes Baden-Württemberg vom November 2016[49] ein fester Bestandteil der Berufsqualifikation. Sie ist Teil der *staatlichen* Polizeiausbildung[50], wird aber in der Regel von *kirchlichen* Polizeiseelsorgern erteilt. Der Staat bedient sich der Seelsorger für eigene Zwecke[51], in Ermangelung einer eigenen theologischen Definitionskompetenz. Im Unterschied zum genuin seelsorgerlichen Angebotsportfolio der Kirchen besteht beim Berufsethischen Unterricht für die Polizeibeamten eine Teilnahmepflicht. Es bedarf weiterer Klärung, ob Supervision, moderierte Gruppenberatungen und – neuerdings – Extremismusprävention noch zum kirchlichen Aufgabenkreis einer „Polizeiseelsorge" zählen.

4.4.2 Rechtsgrundlagen der (Bundes)Polizeiseelsorge

4.4.2.1 Art. 140 GG i.V.m. Art. 141 WRV

Die Anstaltsseelsorge gilt als klassischer Bereich der sog. „res mixtae".[52] Einerseits ist Seelsorge als Handlungsfeld dem religiös-weltanschaulichen Staat versagt, andererseits verfügen die in dieser Hinsicht kompetenten Religionsgemeinschaften nicht über die sog. Anstaltsgewalt. Polizeiseelsorge kann also nur dann gelingen, wenn der Staat „die Türen öffnet".[53] Ob Art. 141 WRV den normativen Türschlüssel enthält, ist umstritten. Die Norm enthält zugleich eine institutionelle Garantie wie auch eine konkrete Anspruchsgrundlage. Den Religionsgesellschaften, nicht aber

48 *Heintzen*, Polizeiseelsorge, in: HdbStKirchR³, § 55, Rn. 1.

49 Vereinbarung zwischen dem Innenministerium Baden-Württemberg und dem Evangelischen Oberkirchenrat Karlsruhe, dem Evangelischen Kirchenrat Stuttgart, dem Erzbischöflichen Ordinariat Freiburg und dem Bischöflichen Ordinariat Rottenburg über die Kirchliche Arbeit in der Polizei des Landes Baden-Württemberg vom 26.10./15./22./24./30.11.2016, KABl. Rottenburg-Stuttgart 2017, S. 57 ff.

50 *Heintzen*, Polizeiseelsorge, in: HdbStKirchR³, § 55 Rn. 1.

51 *Heintzen*, Polizeiseelsorge, in: HdbStKirchR³, § 55 Rn. 15.

52 *Arnd Uhle*, Anstaltsseelsorge, in: StL⁸, Sp. 215; *Dirk Ehlers*, in: Michael Sachs (Hrsg.), GG, 8. Aufl., München 2018, Art. 140/141 WRV Rn. 1; *Mager*, in: v. Münch/Kunig (Hrsg.), GG⁶, Art. 140/Art. 141 WRV Rn. 90.

53 *Josef Isensee*, Anstaltsseelsorge und Diakonie in den Kirchenverträgen des Freistaates Sachsen, in: Arnd Uhle (Hrsg.), 20 Jahre Staatskirchenverträge in Sachsen, Berlin 2016, S. 81 (85).

dem einzelnen Anstaltsnutzer bzw. -insassen[54] wird nicht alleine ein Zutrittsrecht zugesprochen, sofern in den genannten öffentlichen Einrichtungen ein Bedürfnis nach Gottesdienst und Seelsorge besteht, sondern auch die Gelegenheit eingeräumt, Strukturen einer institutionalisierten Anstaltsseelsorge zu schaffen. Einen konkreten Anspruch auf finanzielle Förderung von Anstaltsseelsorge wird man aus Art. 141 WRV nicht herleiten können,[55] die Vorschrift hindert den Staat indes auch nicht daran, die genannten Seelsorgeformen mit staatlichen Mitteln zu fördern.[56] Vertragliche Kostenübernahmeklauseln sind sogar durchaus üblich.[57]

4.4.2.1.1 Verortung der (Bundes-)Polizeiseelsorge im Wortlaut der Vorschrift?

Die Seelsorge in den Bundes- und Landespolizeien sowie im Bundesgrenzschutz ist in Art. 141 WRV nicht genannt. Daraus das Verdikt der Verfassungswidrigkeit abzuleiten, wäre verfrüht.[58] Ein Blick auf die Genese und die Entwicklungsoffenheit der Norm (teleologischer Ansatz) offenbart vielmehr einen anderen Regelungsansatz.

Hinsichtlich der Normgenese fällt auf, dass die Anstaltsseelsorge überhaupt erstmals ausdrücklich in der Weimarer Reichsverfassung erwähnt wird.[59] Im Blick standen – noch ganz der Theorie vom besonderen Gewaltverhältnis[60]

---

54 Vgl. *Michael Germann*, in: Volker Epping / Christian Hillgruber (Hrsg.), Grundgesetz. Kommentar, 3. Aufl., München 2020, Art. 140 GG/Art. 141 WRV, Rn. 151; *Kästner*, in: BK-GG, Band 18, Art. 140 Rn. 688; diese Frage letztlich dahingestellt lassend *Korioth*, in: Maunz/Dürig, Grundgesetz, Band VII, Art. 140/Art. 141 WRV Rn. 2; VG Augsburg, KirchE 60, 118 (121): „*Einen Anspruch eines einzelnen individuellen Angehörigen einer Religionsgemeinschaft auf institutionalisierte Klinikseelsorge kennt die Rechtsordnung nicht.*"

55 *Ehlers*, in: Sachs (Hrsg.), GG[8], Art. 140/141 WRV Rn. 6.

56 *Uhle*, Anstaltsseelsorge (Anm. 52), Sp. 215; *Unruh*, Religionsverfassungsrecht[4] (Anm. 37), § 11 Rn. 392; *Mager*, in: v. Münch/Kunig (Hrsg.), GG[6], Art. 140/Art. 141 WRV Rn. 96; nach *Ehlers*, in: Sachs (Hrsg.), GG[8], Art. 140/141 WRV Rn. 6, ist die Übernahme der Kosten durch den Staat auch rechtspolitisch angemessen, da dieser „Verursacher der Anstaltsseelsorge" ist.

57 Siehe etwa: Art. 11 Abs. 1 Niedersachsenkonkordat bzw. Art. 12 Polizeiseelsorgevertrag NRW (1962).

58 *Ludwig Renck*, Die Trennung von Staat und Kirche, BayVBl. 1988, 225 (231).

59 Dazu und zum Folgenden: *Christian Waldhoff*, Die rechtlichen Grundlagen der Seelsorge in der Bundespolizei, in: Blanke (u.a.) (Hrsg.), 50 Jahre Seelsorgevereinbarung (Anm. 13), S. 43 (45).

60 Dazu *Wolfgang Loschelder*, Vom besonderen Gewaltverhältnis zur öffentlich-rechtlichen Sonderbindung. Zur Institutionalisierung der engeren Staat/Bürger-Beziehungen, Köln 1982.

folgend – die dortigen Beschäftigten oder Insassen, die in einer besonderen Nähe- bzw. Pflichtenstellung zum Staat stehen und ihrer religiösen Freiheit beraubt oder in dieser zumindest stark eingeschränkt sind.
Die Polizeiseelsorge wird von renommierten Staatsrechtslehrern der Weimarer Zeit nicht gesondert erwähnt. *Gerhard Anschütz*, Verfasser des maßgeblichen Kommentars zur WRV, führt recht allgemein zu Art. 141 WRV aus, dass der Staat trotz seiner neuen Verfasstheit „nicht gewillt ist, sich von der Religion zu trennen".[61] Auch sein Fachkollege *Godehard Josef Ebers* anerkennt, dass Art. 141 WRV aus der Erkenntnis erwachsen sei, dass es „Pflicht des Staates ist, für die religiösen Bedürfnisse derjenigen Personen zu sorgen, die durch die allgemeine Freiheit der Religionsausübung nicht genügend geschützt sind, weil sie durch besonderen staatlichen Zwang oder durch physische Hemmung am Freiheitsgebrauch gehindert werden".[62] *Ebers* nennt insbesondere die Angehörigen der Wehrmacht, die Insassen von Straf- und Bewahranstalten, Arbeitshäusern sowie öffentlichen Kranken-, Heil- und Pflegeanstalten.
Doch auch Letztgenannte finden keine ausdrückliche Erwähnung im Normtext des Art. 141 WRV. Vielmehr sind sie Bestandteil des *Auffang-Tatbestands* der „sonstigen öffentlichen Anstalten".
Mit diesem Tatbestandsmerkmal ist keine Engführung auf den verwaltungsorganisatorischen Anstaltsbegriff verbunden.[63] Erfasst sind vielmehr alle öffentlichen Einrichtungen, in denen der betroffene Personenkreis (Häftlinge, Anstaltsnutzer etc.) aus rechtlichen oder tatsächlichen Gründen an der selbstbestimmten Religionsausübung gehindert ist;[64] das Tatbestandsmerkmal ist entsprechend weit auszulegen.[65] Neben den ausdrücklich genannten Krankenhäusern und Justizvollzugsanstalten sind *sonstige* öffentliche Anstalten z.B. durch einen

61 *Gerhard Anschütz*, Die Verfassung des Deutschen Reiches, 14. Aufl., Berlin 1933, Art. 141, S. 656.

62 Dazu und zum Folgenden: *Godehard Josef Ebers*, Staat und Kirchen im neuen Deutschland, München 1930, S. 280.

63 *Waldhoff*, Die rechtlichen Grundlagen der Seelsorge in der Bundespolizei (Anm. 59), S. 43 (46); *Ehlers*, in: Sachs (Hrsg.), GG[8], Art. 140/141 WRV Rn. 4; nach der klassischen Definition von *Otto Mayer*, Verwaltungsrecht, Band II, Leipzig 1896, S. 268, 33, versteht man unter einer Anstalt einen „Bestand von Mitteln, sächlichen wie persönlichen, welche in der Hand eines Trägers öffentlicher Verwaltung einem besonderen öffentlichen Zweck dauernd zu dienen bestimmt sind". Anstalten haben keine Mitglieder, sondern nur Benutzer.

64 Vgl. *Claus Dieter Classen*, Religionsrecht, 3. Aufl., Tübingen 2021, Rn. 559.

65 Vgl. *Korioth*, in: Maunz/Dürig, Grundgesetz, Band VII, Art. 140/Art. 141 WRV Rn. 5; *Kästner*, in: BK-GG, Band 18, Art. 140 Rn. 693; *Morlok*, in: Dreier (Hrsg.), GG III[3], Art. 141 WRV Rn. 7.

Verwaltungsträger betriebene Alten- und Behindertenheime, kommunale Friedhöfe[66] sowie – nach nicht unumstrittener, aber wohl überwiegender Ansicht – auch die *kasernierte* Bundespolizei[67] sowie die *kasernierte* Landespolizei[68]. Diese Ansicht wird gestützt durch die in jüngeren Staatskirchenverträgen ausdrücklich im Kontext der Gewähr der Anstaltsseelsorge erwähnten Polizeiausbildungsstätten[69] und „ähnliche öffentliche Einrichtungen“[70]. Schrittweise hat die tatsächliche Rechtsentwicklung den Kreis der vom Anwendungsbereich des Art. 141 WRV erfassten Einrichtungen näher konkretisiert.[71]

Stellt man auf die ratio des Art. 141 WRV ab – Grundrechtsermöglichung unter anstaltlich bedingten Erschwernissen – dürfte der gesamte Bereich der Polizeiseelsorge in *nicht kasernierten* Bundes- und Landespolizeien keinen unmittelbaren verfassungsrechtlichen Anknüpfungspunkt besitzen, mithin keinen Verfassungsrang genießen.[72] Die Anstaltsseelsorge dient der Effektuierung und Sicherung des *individuellen* Grundrechts auf Religionsfreiheit aus Art. 4 GG.[73] Für Personen, die aus rechtlichen oder

66 *Kästner*, in: BK-GG, Band 18, Art. 140 Rn. 694.

67 Gegen eine verfassungsrechtliche Verankerung der Seelsorge bei der Bundespolizei dezidiert *Ralf Röger*, Aktuelle staatskirchenrechtliche Problemfelder der Vereinbarungen über die Seelsorge in der Bundespolizei, in: Blanke (u.a.) (Hrsg.), 50 Jahre Seelsorgevereinbarung (Anm. 13), S. 93 (102). Grundsätzlich gegen eine Verortung jedweder Polizeiseelsorge in Art. 141 WRV auch: *Ludwig Renck*, Bemerkungen zum Konkordat des Landes Brandenburg mit dem Hl. Stuhl, LKV 2004, S. 250 (252).

68 *Morlok*, in: Dreier (Hrsg.), GG III^3, Art. 141 WRV Rn. 7.

69 So etwa Art. 8 Abs. 1 des Vertrages zwischen dem Heiligen Stuhl und der Freien und Hansestadt Hamburg vom 29. November 2005, HmbGVBl. 2006, S. 436; Art. 17 Abs. 1 des Vertrages zwischen der Freien und Hansestadt Hamburg vom 29. November 2005 (Hamb. GVBl. 2006, S. 430). Umfassend zur Polizeiseelsorge: *Kurt Grützner* (u.a.), Handbuch Polizeiseelsorge, 2. Aufl., Göttingen 2012.

70 Vgl. etwa Art. 20 Abs. 1 des Vertrages zwischen dem Land Mecklenburg-Vorpommern und der Evangelisch-Lutherischen Landeskirche Mecklenburgs und der Pommerschen Evangelischen Kirche vom 20. Januar 1994 (GVBl. M-V 1994, S. 560).

71 In manch amtlicher Begründung zu den jüngeren Staatskirchenverträgen findet sich der ausdrückliche Hinweis, dass der Kreis der öffentlichen Einrichtungen, zu denen den Religionsgemeinschaften der Zutritt gestattet werden soll, über die dem Art. 141 WRV unterfallenden Einrichtung hinausgeht, so etwa in der amtlichen Vertragsbegründung zu Art. 8 Abs. 1 KathKVHmb (Bürgerschaft der Freien und Hansestadt Hamburg, 18. Wahlperiode, Drs. 18/3300).

72 So auch *Morlok*, in: Dreier (Hrsg.), GG III^3, Art. 141 WRV Rn. 7.

73 *Stefan Muckel*, in: Karl-Heinrich Friauf / Wolfgang Höfling (Hrsg.), Berliner Kommentar zum Grundgesetz, Berlin 2011, Art. 140/Art. 141 WRV Rn. 3: *„Der Zweck der verfassungsrechtlichen Garantie von Anstaltsseelsorge in Art. 140 GG i.V.m. Art. 141*

tatsächlichen Gründen – freiwillig oder unfreiwillig – einer „öffentlichen Anstalt“ im Sinne des Art. 141 WRV unterworfen und deshalb in der Ausübung ihrer (religiösen) Grundrechte beeinträchtigt sind, soll die Wahrnehmung ihrer religiösen Freiheit effektiv gesichert werden.[74] Dahinter steht ein Kompensationsgedanke: Die (staatlich geschaffene) Erschwerung der Grundrechtswahrnehmung soll durch die Pflichten des Staates aus Art. 141 WRV ausgeglichen werden.[75] Dabei hat sich der Staat jedweder Zwangsanwendung zu enthalten, er darf mithin die positive oder negative Entscheidung des Insassen bzw. Anstaltsnutzers, an der Anstaltsseelsorge teilzunehmen, nicht forcieren.[76] Bei *nicht kasernierten* Polizeistrukturen gibt es aber wohl nichts zu kompensieren – der Beamte ist nicht daran gehindert, auch unter der Woche nach Dienstende, selbstständig Kontakt zu einem Geistlichen aufzunehmen. Die Versagung eines unmittelbaren Rekurses auf Art. 141 WRV bedeutet jedoch nicht, dass die bestehende Konzeption der Polizeiseelsorge verfassungswidrig wäre, im Gegenteil: unter dem Gesichtspunkt der staatlichen Grundrechtsermöglichung ist sie verfassungsrechtlich nicht zu beanstanden, solang die negative Religionsfreiheit der Insassen, Nutzer und Angehörigen gewahrt („ohne Zwang“) und die staatliche Pflicht zu Neutralität beachtet wird.[77]

4.4.2.1.2 Die Religionsgesellschaften als zutrittsberechtigte Akteure
Der von Art. 141 WRV in den Blick genommene Adressatenkreis sind die „Religionsgesellschaften“, nach der klassischen „Anschütz’schen Formel“ ein „Verband, der die Angehörigen eines Bekenntnisses oder mehrerer verwandter Bekenntnisse zur allseitigen Erfüllung der sich aus diesem gemeinsamen Bekenntnis ergebenden Aufgaben zusammenfasst“.[78] *Keine Religionsgemeinschaften* in diesem Sinne sind religiöse Vereine, die das religiöse Leben ihrer Mitglieder nicht allumfassend pflegen, sondern eine lediglich partielle Zielrichtung haben. Aus religionsverfassungsrechtlicher

WRV liegt in der Kompensation der besonderen Schwierigkeiten, die sich in bestimmten Situationen für die ungehinderte Ausübung der religiösen Freiheiten ergeben.“

74 Vgl. *Kästner*, in: BK-GG, Band 18, Art. 140 Rn. 687; *Morlok*, in: Dreier (Hrsg.), GG III^3, Art. 141 WRV Rn. 5; *Korioth*, in: Maunz/Dürig, Grundgesetz, Band VII, Art. 140/Art. 141 WRV Rn. 1; *Klaus Stern*, Das Staatsrecht der Bundesrepublik Deutschland, Band IV/2, München 2011, S. 1349.

75 Vgl. *Germann*, in: Epping/Hillgruber (Hrsg.), GG^3, Art. 140 GG/Art. 141 WRV, Rn. 150: „kompensatorischer Leistungsanspruch“; *Korioth*, in: Maunz/Dürig, Grundgesetz, Band VII, Art. 140/Art. 141 WRV Rn. 1 (m.w.N.).

76 Vgl. *Susanne Eick-Wildgans*, Anstaltsseelsorge, in: Joseph Listl / Dietrich Pirson (Hrsg.), Handbuch des Staatskirchenrechts der Bundesrepublik Deutschland, Band II, 2., grundlegend neubearbeitete Aufl. (HdbStKirchR^2 II), Berlin 1995, § 70, S. 995 (1004).

77 *Morlok*, in: Dreier (Hrsg.), GG III^3, Art. 141 WRV Rn. 7.

78 *Anschütz*, Die Verfassung des Deutschen Reiches (Anm. 61), Art. 137, S. 633 Anm. 2.

Perspektive sind – unstreitig – die katholischen Diözesen sowie die evangelischen Landeskirchen die Religionsgesellschaften im Sinne der Vorschrift, ebenso – relevant nun in Baden-Württemberg – die jüdischen Gemeinschaften.

4.4.2.1.3 Weitere Voraussetzungen

Art. 141 WRV fordert des Weiteren ein Bedürfnis der Anstaltsunterworfenen nach Gottesdienst und Seelsorge. Dieses Bedürfnis ist nach wohl h.M. nicht (subjektiv) im Wege einer regelmäßigen Überprüfung stets positiv festzustellen, sondern soll (objektiv) widerleglich vermutet werden, sobald sich Mitglieder einer Glaubensgemeinschaft in der Anstalt aufhalten.[79] Nur wenn diese ausdrücklich eine seelsorgerische Betreuung ablehnen, entfällt das Zutrittsrecht. Die „Bezugspunkte" dieses Bedürfnisses sind Gottesdienst und (genauer: oder) Seelsorge. Der Verfassungsgeber verwendet dieses Begriffspaar als „säkularen Rahmenbegriff" und überlässt die nähere Inhaltsbestimmung den Religionsgemeinschaften.[80] Ist der Begriff „Gottesdienst" zweifellos christlich-liturgisch zu verstehen, so ist der Begriff „Seelsorge" bewusst weit auszulegen[81] und von den ursprünglich christlichen Konnotationen zu lösen. Umfasst sind schlicht alle Handlungen, die der Ausübung der Religionsfreiheit in der jeweiligen Anstalt dienen.[82] Erfasst sind damit auch und gerade religiös motivierte Gespräche jeder Art.[83]

4.4.2.1.4 Anspruchsgrenzen

Das Zutrittsrecht und die Befugnis, Seelsorgehandlungen anzubieten, bestehen nicht schrankenlos. Grenzen ergeben sich mangels ausdrücklicher Schrankenvorbehalte in Art. 141 WRV aus anderen Rechtsgütern mit Verfassungsrang und der gegenseitigen Pflicht zur Rücksichtnahme von Staat und Religionsgemeinschaften. So sind etwa die Arbeitsfähigkeit der Anstalten sicherstellende Einschränkungen im Bereich der Bundeswehr, des Strafvollzugs und des Krankenhausbetriebes anerkannt.[84] Vor allem der

---

[79] *Ehlers*, in: Sachs (Hrsg.), GG^{8}, Art. 140/141 WRV Rn. 2; *Thomas Meckel*, Anstaltsseelsorge, in: HKKR^{3}, S. 778 (782 m.w.N.); s.a. *Classen*, Religionsrecht^{3} (Anm. 64), Rn. 560.

[80] *Unruh*, Religionsverfassungsrecht^{4} (Anm. 37), § 11 Rn. 385.

[81] *Ehlers*, in: Sachs (Hrsg.), GG^{8}, Art. 140/141 WRV Rn. 3; *Tarik Tabbara*, Rechtsfragen der Einführung einer muslimischen Krankenhausseelsorge, ZAR 2009, 254 (257).

[82] *Unruh*, Religionsverfassungsrecht^{4} (Anm. 37), § 11 Rn. 385.

[83] *Ehlers*, in: Sachs (Hrsg.), GG^{8}, Art. 140/141 WRV Rn. 3.

[84] Vgl. *Ehlers*, in: Sachs (Hrsg.), GG^{8}, Art. 140/141 WRV Rn. 8; *Morlok*, in: Dreier (Hrsg.), GG III^{3}, Art. 141 WRV Rn. 12 m.w.N.; *Korioth*, in: Maunz/Dürig, Grundgesetz, Band VII, Art. 140/Art. 141 WRV Rn. 9; *Muckel*, in: Friauf/Höfling (Hrsg.), Berliner Kommentar zum Grundgesetz, Art. 140/Art. 141 WRV Rn. 13, 14; *Ennuschat*, Seelsorge in der Bundeswehr, in: HdbStKirchR^{3}, § 54 Rn. 54.

Anstaltszweck (insb. die Notwendigkeit, Sicherheit und Ordnung zu kontrollieren) schränkt das Zutrittsrecht ein.[85] Gerade im Bereich der kasernierten Polizei und der Polizeiausbildungsstätten sind diese Grenzen durchaus plausibel. Ebenso bildet die negative Religionsfreiheit[86] des Einzelnen eine wirksame Beschränkung des Anspruchs der Religionsgemeinschaft. Niemand darf gegen seinen Willen zur Teilnahme an Seelsorgeveranstaltungen gezwungen werden.[87] Als Schranken-Schranke fungiert vor allem der Grundsatz der Verhältnismäßigkeit – die Anspruchsbegrenzung muss vor dem Hintergrund der gebotenen Effektivität der Anstaltsseelsorge in Art und Ausmaß unumgänglich sein.[88]

4.4.2.2 Vereinzelte Hinweise in den Landesverfassungen

Der landesverfassungsrechtliche Befund ist für den hiesigen Kontext nur eingeschränkt ergiebig. Mit Ausnahme von Art. 38 S. 1 LVerf Brandenburg findet sich in keiner weiteren Landesverfassung ein Hinweis auf die Seelsorge in der Polizei bzw. in Polizeiausbildungsstätten. Die übrigen Landesverfassungen wiederholen entweder im Wesentlichen den Wortlaut von Art. 141 WRV – so auch Art. 20 LVerf NRW – oder verweisen via Generalklausel auf die religionsverfassungsrechtlichen Vorschriften des Grundgesetzes. Interessant ist allerdings die ausdrücklich formulierte staatliche Förderpflicht in Art. 48 Abs. 2 LVerf Rheinland-Pfalz.[89]

4.4.2.3 Staatskirchenvertragsrecht und besondere Verwaltungsabkommen

Da nach hier vertretener Auffassung nicht alle Wirkbereiche kirchlicher Polizeiseelsorgetätigkeit unmittelbar verfassungsrechtlich rückgebunden sind[90], kommt den vertraglichen Absprachen in Form von Staatskirchenverträgen und Verwaltungsabkommen besondere Bedeutung zu. Die Vielzahl der vertraglichen Übereinkünfte zwischen Bund, Ländern und Religions- und Weltanschauungsgemeinschaften belegt, dass die religionsrechtliche Ordnungskonfiguration des Grundgesetzes dem Phänomen Religion gegenüber freundlich-kooperativ gesonnen ist. Kein anderer gesellschaftlicher Akteur genießt im Grundgesetz derart detaillierte und

---

85 *Classen*, Religionsrecht³ (Anm. 64), Rn. 562; *Kästner*, in: BK-GG, Band 18, Art. 140 Rn. 691.

86 BVerfGE 93, 1 (15 f.).

87 *Unruh*, Religionsverfassungsrecht⁴ (Anm. 37), § 11 Rn. 393. Zur Unzulässigkeit eines Teilnahmezwanges an Veranstaltungen der Militärseelsorge: BVerwGE 73, 247.

88 So ausdrücklich *Unruh*, Religionsverfassungsrecht⁴ (Anm. 37), § 11 Rn. 394.

89 Überblick über alle landesverfassungsrechtlichen Vorschriften bei: *Arno Schilberg*, Anstaltsseelsorge, in: HdbStKirchR³, § 56, Rn. 15; *Morlok*, in: Dreier (Hrsg.), GG III³, Art. 141 WRV Rn. 4.

90 *Heintzen*, Polizeiseelsorge, in: HdbStKirchR³, § 55 Rn. 6.

weitreichende Verbürgungen wie die Religions- und Weltanschauungsgesellschaften.[91]

4.4.2.3.1 Polizeiseelsorge als Vertragsgegenstand

Die einzelnen Verträge unterscheiden sich hinsichtlich ihres Inhalts und ihrer Rechtsqualität. Nicht alle Verträge zwischen Staat und Kirchen sind sog. *Statusverträge* bzw. *kodifikarische* Verträge, die das wechselseitige Verhältnis umfassend zu regeln suchen, sondern sog. Spezialverträge, die nur einen konkreten Themenbereich regeln. Diese Unterscheidung ist mit Blick auf die Polizeiseelsorge von Bedeutung.

Zahlreiche Staatskirchenverträge erwähnen die *Polizeiseelsorge* ausdrücklich in ihren entsprechenden Regelungen zu den besonderen Ausgestaltungsformen der Anstaltsseelsorge.[92] Die gewählten Formulierungen sind dabei unterschiedlich weit, zum Teil erfassen sie die Seelsorge „bei der Polizei“[93], in „Polizeieinrichtungen“[94], in anderen Fällen ist von „Polizeiausbildungsstätten“[95] oder – etwas umständlich in Thüringen – von sonstigen öffentlichen Einrichtungen, „in denen eine seelsorgerliche Betreuung üblich ist“[96] die Rede. Mitunter sind sich die Vertragspartner, wie sich aus den einschlägigen amtlichen Regierungsbegründungen ergibt, bewusst darüber, den Kreis der von Art. 141 WRV erfassten öffentlichen Einrichtungen auszuweiten.[97]

Trotz gewisser Unterschiede im Detail haben die Bundesländer die wesentlichen „Leitlinien“ der Polizeiseelsorge ähnlich ausgestaltet[98], mitunter finden sich bestimmte Vertragsklauseln wortgleich oder -ähnlich in anderen Verträgen wieder. Abweichungen können in der vertraglichen

---

[91] *Muckel*, Das deutsche Staatskirchenrecht (Anm. 37), S. 107 (110). Zu den einzelnen sog. „Funktionen“ religionsverfassungsrechtlicher Verträge sei hingewiesen auf *Unruh*, Religionsverfassungsrecht[4] (Anm. 37), Rn. 344 sowie (umfassend) *Hans-Ulrich Anke*, Die Neubestimmung des Staat-Kirche-Verhältnisses in den neuen Ländern durch Staatskirchenverträge, Tübingen 2000, S. 64 ff.

[92] Z.B.: Art. 16 Abs. 1 EvKV BaWü; Art. 8 Abs. 1 KathKV sowie Art. 12 Abs. 1 EvKV Brandenburg; Art. 8 KathKV und Art. 9 EvKV Bremen; Art. 8 Abs. 1 KathKV sowie Art. 17 Abs. 1 EvKV Hamburg; Art. 10 Abs. 1 KathKV LSA sowie Art. 12 Abs. 1 EvKV LSA; Art. 8 KathKV SH.

[93] Art. 16 Abs. 1 EvKiV BaWü.

[94] Art. 15 Abs. 1 EvKiv Berlin.

[95] Art. 8 Abs. 1 KathKV sowie Art. 20 Abs. 1 EvKiV MV; Art. 12 Abs. 1 KathKV und Art. 13 Abs. 1 EvKiV Sachsen; Art. 8 Abs. 1 KathKV SH.

[96] Art. 14 Abs. 1 KathKV Thür.

[97] Vgl. Regierungsbegründung zu Art. 8 KathKV Hamburg (Bürgerschaft der Freien und Hansestadt Hamburg, 18. Wahlperiode, Drucksache 18/3300, S. 11 ff.).

[98] *Heintzen*, Polizeiseelsorge, in: HdbStKirchR[3], § 55 Rn. 8.

Detailliebe oder dem Hang zur näheren Ausgestaltung durch Verwaltungsvorschriften bzw. Erlasse bestehen. Art. 141 WRV regelt seinerseits nur ein Minimum, dem Staat ist es unbenommen, sich darüber hinausgehend weiter zu verpflichten.[99]

Nicht selten erfolgt in den *Statusverträgen* indes eine gesonderte Verweisung auf eine die Einzelfragen näher regelnde besondere Vereinbarung zwischen dem zuständigen Ministerium und den jeweiligen kirchlichen Stellen;[100] so liegt der Fall auch in NRW.

4.4.2.3.2 Vertraglich vorgespurte Handlungsstränge der Polizeiseelsorge in NRW

Anders als in den meisten anderen Bundesländern besteht in NRW kein separater – und vor allem jüngerer – Statusvertrag zwischen dem Land und den evangelischen Landeskirchen bzw. den katholischen Bistümern. Das fortgeltende Preußenkonkordat ist mit Blick auf die Frage nach der Polizei- und Anstaltsseelsorge unergiebig; der normative Erstzugriff erfolgt daher nach wie vor bei Art. 28 Reichskonkordat, wonach „in Krankenhäusern, Strafanstalten und sonstigen Häusern der öffentlichen Hand" die „Kirche im Rahmen der allgemeinen Hausordnung zur Vornahme seelsorgerlicher Besuche und gottesdienstlicher Handlungen zugelassen" ist.

Die Landesverfassung Nordrhein-Westfalens lässt diese historischen Konkordate der Sache nach unberührt, hat allerdings schon frühzeitig – nicht zuletzt durch die Garantie der Anstaltsseelsorge in Art. 20 sowie die vertragliche Öffnungsklausel in Art. 23 LVerf – die Weichen für eine bereichsspezifische Übereinkunft gestellt.[101] So wurden in NRW sowohl mit den evangelischen Landeskirchen[102] als auch mit den katholischen

99 *Waldhoff*, Die rechtlichen Grundlagen der Seelsorge in der Bundespolizei (Anm. 59), S. 43 (48).

100 Vgl. Art. 16 Abs. 4 EvKiV BaWü i.V.m. der „Vereinbarung zur Kirchlichen Arbeit in der Polizei des Landes Baden-Württemberg" v. 26.10./15./22./24./30. November 2016 (ABl. d. Evang. Landesk. in Württ. 2018, S. 21); Art. 15 Abs. 3 EvKiV Berlin; Art. 8 Abs. 3 S. 3 KathKV sowie Art. 17 Abs. 4 EvKV Hamburg; Art. 12 Abs. 3 KathKV sowie Art. 13 Abs. 3 EvKiv Sachsen; Art. 10 Abs. 3 KathKV LSA sowie Art. 12 Abs. 3 EvKiV LSA; Schlussprotokoll zu Art. 14 Abs. 1 KathKV Thür.

101 *Martin Stuttmann*, in: Andreas Heusch / Klaus Schönenbroicher (Hrsg.), Die Landesverfassung Nordrhein-Westfalen. Kommentar, Siegburg 2010, Art. 23 Rn. 2 gibt jedoch zu bedenken, dass „nicht jedes untergeordnete Verwaltungsabkommen mit den Kirchen" dem Art. 23 Abs. 2 unterfällt. Ob er auch die Seelsorgeverträge in diese Kategorie einordnet, bleibt unklar.

102 Vereinbarung über die Wahrnehmung der evangelischen Polizeiseelsorge im Lande Nordrhein-Westfalen vom 19. Juli 1962, in: Burkhard Kämper / Arno Schilberg (Hrsg.), Staat und Kirche in Nordrhein-Westfalen, Köln 2019, Nr. 30.4.1.

Diözesen[103] spezielle Kirchenverträge zur Polizeiseelsorge abgeschlossen. Diese Übereinkünfte sind nahezu wortgleich und wirken seit sechs Dekaden als Fundament der Polizeiseelsorgearbeit.

Danach berufen die Kirchen die Pfarrer im Haupt- und Nebenamt für die Polizeiseelsorge, wobei die Amtsausübung im Auftrag und unter Aufsicht der jeweiligen Kirche erfolgt (Art. 1 Abs. 2). Polizeiseelsorge wendet sich gem. Art. 2 Abs. 2 der jeweiligen Verträge „vornehmlich an die Polizeischulen und der Bereitschaftspolizei geschlossen untergebrachten Polizeivollzugsbeamten, soll sich aber auch der Beamten des allgemeinen Polizeivollzugsdienstes annehmen“. Nach Art. 5 wird die Tätigkeit der Polizeiseelsorger vom Lande Nordrhein-Westfalen durch Bereitstellung der erforderlichen äußeren Hilfsmittel ermöglicht und auch sonst in jeder Weise unterstützt; insbesondere sind den Polizeiseelsorgern die zur Wahrnehmung ihrer Aufgaben erforderlichen Räume zur Verfügung zu stellen. Art. 12 sieht die Bereitstellung eines jährlichen Pauschalbetrages für die Wahrnehmung der Polizeiseelsorge vor. Ob dieser Pauschalbetrag angemessen ist, darüber gehen die Ansichten freilich auseinander. Man wird aber wohl konstatieren können, dass die Personal- und Sachkosten im Wesentlichen die Kirchen tragen.[104]

Flankiert werden die nordrhein-westfälischen Verträge durch *zwei Runderlässe* des Innenministeriums. Formuliert als „Bitte“ des Innenministers wird durch den ersten Runderlass vom 20. Juli 1962[105] u.a. festgelegt, dass die Polizeiseelsorger den Polizeibehörden und -einrichtungen von den Kirchen zugeteilt werden. Ebenso wird die zeitliche und örtliche Gestaltung der Polizeiseelsorge von den Leitern der jeweiligen Polizeidienststellen unmittelbar geregelt (Art. 2). Weiterhin erhalten die Polizeiseelsorger Informationsrechte über seelsorgerelevante Ereignisse, u.a. Trauungen und Geburten.

Der zweite Runderlass datiert auf den 18. Juli 1962[106] und bestimmt u.a. – „im Interesse einer einheitlichen Handhabung“ – das Ziel für den Berufsethischen Unterricht in der Polizei NRW, den Polizeivollzugsbeamten zu einer Berufserfüllung zu verhelfen, die ihrem verantwortungsvollen Amt entspricht (ebd. Ziff. 1). Der berufsethische Unterricht soll durch die Schärfung des sittlichen Wertbewusstseins Einfluss auf die ethische

---

[103] Vereinbarung über die Wahrnehmung der katholischen Polizeiseelsorge im Lande Nordrhein-Westfalen vom 4. Juli 1962, in: Kämper / Schilberg (Hrsg.), Staat und Kirche (Anm. 102), Nr. 30.4.1.

[104] *Thomas Weckelmann / Hedda Weber*, Seelsorge in öffentlichen Einrichtungen, in: Burkhard Kämper / Arno Schilberg (Hrsg.), Staat und Religion in Nordrhein-Westfalen, Münster 2019, S. 476 (480).

[105] RdErl. d. Innenministers v. 20.7.1962 - IV E1-4510.

[106] RdErl. d. Innenministers v. 18.7.1962 -IV E1-450.

Grundhaltung der Beamten nehmen und in ihnen den Willen stärken, die für gut erkannten sittlichen Maßstäbe ihrem Handeln im Beruf und Privatleben zugrunde zu legen. Nach Ziff. 3 ist dieser systematische Unterricht „wegen der besonderen Bedeutung christlicher Grundsätze für eine verantwortungsbewußte Berufsauffassung vornehmlich von den Polizeiseelsorgern zu erteilen. Fragen, die das religiös-kirchliche Leben betreffen, sind nicht im berufsethischen Unterricht, sondern in der Polizeiseelsorge zu behandeln."
Der zweitgenannte Runderlass ist spürbar bestimmter formuliert als der erstgenannte. Dies liegt darin begründet, dass dieser Unterricht – anders als die Polizeiseelsorge – genuin eigene Angelegenheit des Staates ist. Der Staat bedient sich hier des kirchlichen Personals, um eigene Zwecke zu erfüllen.[107] Das Land NRW legt besonderen Wert auf die Unterscheidung von Berufsethischem Unterricht und Polizeiseelsorge, allerdings tritt dies in aller Deutlichkeit hier eher auf Ebene von Verwaltungsvorschriften hervor. In anderen Bundesländern ist diese Unterscheidung bereit im eigentlichen Vertragstext angelegt.[108]

4.5 Entwicklungstendenzen in der Polizeiseelsorge

Vor dem Hintergrund der vorstehenden Ausführungen lassen sich gewisse Anfragen an den Zustand und die Zukunftsfähigkeit der Polizeiseelsorge in ihrer derzeitigen Gestalt formulieren, von denen drei Aspekte im Folgenden etwas näher beleuchtet werden sollen.

4.5.1 Anfragen an die Zukunftsfestigkeit des PolizeiseelsorgeV NRW

Die eingangs skizzierten religionssoziologischen (und in der Folge auch personalstrukturellen) Veränderungen bei der Landespolizei NRW könnten sich mittel- bis langfristig als vertragsbeeinflussendes Momentum erweisen. Auch (Staats-)Kirchenverträge und Verwaltungsverträge leben von der Loyalität der Vertragspartner und dem beiderseitigen Bestreben, dass sich die unterschiedlichen Belange in der Anstaltsseelsorge vertragen und etwaige Konflikte auf freundschaftliche Weise beigelegt werden können.[109] Diesem Ziel dient die sog. *Freundschaftsklausel*, die fester Bestandteil aller Konkordate und Kirchenverträge ist. Meinungsverschiedenheiten über

---

107 *Heintzen*, Polizeiseelsorge, in: HdbStKirchR³, § 55 Rn. 15; daher bestehen auch zahlreiche innerkirchliche Seelsorgeordnungen, z.B. die Ordnung für die Kirchliche Arbeit in der Polizei v. 2. Oktober 2009 der Evangelischen Kirche im Rheinland (KABl. 2009, S. 288).

108 *Heintzen*, Polizeiseelsorge, in: HdbStKirchR³, § 55 Rn. 15; *Schwark*, Polizeiseelsorge (Anm. 13), S. 131 ff.

109 Vgl. *Isensee*, Anstaltsseelsorge und Diakonie (Anm. 50), S. 81 (90).

andere Vertragsgegenstände (man denke an Fragen der Ersatzschulfinanzierung oder angemessene Zuschüsse zu kirchlichen Kulturdenkmälern) sind lebendiger Ausdruck kooperativer Problemlösungsmechanismen und haben bislang noch nicht zum Vorwurf der Vertragsbrüchigkeit einer Seite geführt. Allerdings wurden zahlreiche Verträge und Abkommen – von den Verträgen der dritten Generation[110] einmal abgesehen – zu Zeiten völlig anderer religionssoziologischer Realitäten abgeschlossen.

Es geht nachfolgend nicht um das Streitthema der Bindungswirkung religionsrechtlicher Verträge[111], mündend in der Frage, ob der *Staat* konkrete Vertragsregelung einfach nicht mehr anwenden oder sogar entgegenstehendes Gesetzesrecht erlassen könnte. Dies wird für – wenngleich kirchenpolitisch nicht sinnvoll – verfassungsrechtlich möglich gehalten aufgrund der umfassenden Gesetzgebungsgewalt des Staates.[112]

Religionsverfassungsrechtliche Verträge werden durch ein entsprechendes Zustimmungsgesetz des Landtags in Landesrecht transformiert. Dadurch werden die staatliche Exekutive und die Judikative an den Vertragsinhalt gebunden.[113] Spezialverträge (etwa zur Polizeiseelsorge) werden in der Regel „lediglich" mit dem jeweiligen Innenministerium abgeschlossen[114] und später *nicht* in Gesetzesform gesondert für anwendbar erklärt. In diesen Fällen erfolgt die Transformation in das staatliche Recht durch die Bekanntmachung z.B. im Gemeinsamen Ministerialblatt oder anderweitigen staatlichen Publikationsorganen.[115] Rechtswirkungen entfalten diese sog. *Verwaltungsabkommen* dann auch nur zwischen den Vertragsparteien.[116]

---

110 *Michael Germann*, Die Staatskirchenverträge der Neuen Bundesländer: Eine dritte Generation im Vertragsstaatskirchenrecht, in: Stefan Mückl (Hrsg.), Das Recht der Staatskirchenverträge. Colloquium aus Anlaß des 75. Geburtstags von Alexander Hollerbach, Berlin 2007, S. 92 ff.

111 Nach *Hermann Weber*, Grundprobleme des Staatskirchenrechts, Tübingen 1970, S. 53, eines der „wohl nie endgültig zu lösenden Ewigkeitsprobleme" des Religionsverfassungsrechts; *Anke*, Neubestimmung (Anm. 91), S. 178 ff.; umfassend: *Katia Schier*, Die Bestandskraft staatskirchenrechtlicher Verträge, Berlin 2009.

112 *Waldhoff*, Die rechtlichen Grundlagen der Seelsorge in der Bundespolizei (Anm. 59), S. 43 (48).

113 *Unruh*, Religionsverfassungsrecht[4] (Anm. 37), § 11 Rn. 364.

114 Aktuelles Beispiel: Vereinbarung zur Kirchlichen Arbeit in der Polizei des Landes Baden-Württemberg vom 26.10/15./22./24./30. November 2016, KABl. Rottenburg-Stuttgart 2017, S. 57 ff.

115 *Waldhoff*, Die rechtlichen Grundlagen der Seelsorge in der Bundespolizei (Anm. 59), S. 43 (49).

116 *Heintzen*, Die Vereinbarungen über die Seelsorge (Anm. 15), S. 55 (57).

Anders als bei den Statusverträgen sind die Hürden einer vertraglichen Neuausrichtung der Verwaltungsabkommen wesentlich niedriger. So bedarf es seltener langwieriger Verhandlungsphasen oder einer (verzögerungsanfälligen) Zustimmung Dritter (z.B. des Heiligen Stuhles), und – wie dargelegt – keines Gesetzgebungsaktes. Das „Verwaltungsabkommen" steht den Exekutivorganen stets offen, wenn und soweit keine Gesamtregelung der Staat-Kirche-Beziehungen bezweckt ist und konkrete Gegenstände der Gesetzgebung nicht betroffen sind.[117] Meldet einer der Vertragspartner Veränderungsbedarf an, gebietet schon die Freundschaftsklausel der übergeordneten Statusverträge, dass sich der andere Partner diesem Gesprächswunsch nicht entzieht.[118] Das auch das öffentlich-rechtliche Vertragsrecht prägende – und in § 60 VwVfG einfachgesetzlich niedergelegte – Anpassungs- und Kündigungsrecht eines Vertragspartners bei wesentlichen Veränderungen der Geschäftsgrundlage könnte bei einer weiteren Verschiebung der konfessionellen Verhältnisse in Deutschland sowie dem weiter anhaltenden gesamtgesellschaftlichen Bedeutungsverlust der Kirchen relevant werden. Dies wird noch langfristig nicht so weit reichen, dass man das staatskirchenvertragliche Gesamtpaket im Bereich der Anstaltsseelsorge in toto aufschnüren wird, doch zeichnen sich erste Novellierungsbewegungen auf Ebene der Verwaltungsabkommen zur Polizeiseelsorge bereits ab.

Dies zeigt sich exemplarisch an einem – staatlicherseits möglicherweise zunehmenden – Wunsch nach stärkerer ökumenischer, weniger streng konfessioneller, Aufgabenwahrnehmung. So stellt z.B. die neue Polizeiseelsorgevereinbarung in Baden-Württemberg recht deutlich darauf ab, dass die kirchliche Arbeit in der Polizei *„in enger ökumenischer Kooperation"* wahrgenommen werde.[119] Der Kontrast zur noch in Kraft befindlichen Bayerischen Vereinbarung über die Wahrnehmung der katholischen Polizeiseelsorge aus dem Jahre 1984 fällt ins Auge, wird dort doch der *konfessionelle Charakter* der Seelsorge betont, die *„allen katholischen Polizeivollzugsbeamten"* zu dienen habe. Perspektivisch dürften auch andere Fragen, nicht zuletzt solche der Finanzierung und der Sachausstattung von Polizeiseelsorge oder auch Lehraufträge an den Polizeischulen, in den übrigen Verwaltungsabkommen zur Sprache kommen. Redlicherweise ist mit Blick auf den zunehmenden Einsatz von Ehrenamtlichen in der Polizeiseelsorge auch die *kirchliche Vertragstreue*

---

[117] *Rüfner*, Verwaltungsabkommen (Anm. 42), S. 1175 (1177).

[118] Ausdrücklich *Rüfner*, Verwaltungsabkommen (Anm. 42), S. 1175 (1185): „Bei grundlegender Veränderung der Verhältnisse könnte sich allerdings der kirchliche Partner einer Bitte des Staates zu Verhandlungen über Veränderungen nicht grundlos verschließen."

[119] § 1 Abs. 1 S. 1 des Vertrags.

anzusprechen. Möglicherweise haben die Kirchen bei Abschluss der Polizeiseelsorgeabkommen – zumindest konkludent – garantiert, dass sie über zahlenmäßig ausreichendes und hinreichend kompetentes Personal verfügen, um der besonderen Aufgabe der Polizeiseelsorge nachzukommen. Der verstärkte Einsatz von Ehrenamtlern in diesem Bereich mag als Signal verstanden werden, dass es zumindest *erste* Schwierigkeiten gibt, eine hauptamtliche Seelsorge zu stemmen.

4.5.2 Neue religiöse Akteure in der Polizeiseelsorge

Die Veränderungen der religiösen Landschaft in Deutschland spiegeln sich auch in der steigenden Anzahl von Polizistinnen und Polizisten jüdischen oder muslimischen Glaubens wider. Dies wirft die Frage nach einer eigenständigen jüdischen und muslimischen Polizeiseelsorge auf und – falls diese realisiert werden kann – ob dies perspektivisch mit reduzierten staatlichen Zuwendungen für die christlichen Kirchen verbunden ist. Auch wenn die Gesamtzahl der Angehörigen nicht-christlicher Konfessionen in den Landespolizeien noch nicht so hoch ist, dass es nachdrückliche politische Initiativen zur bundesweiten, flächendeckenden Einführung einer entsprechenden Polizeiseelsorge geben würde, wird man die Diskussion – analog zur bereits installierten jüdischen[120] und gewünschten[121] muslimischen Militärseelsorge[122] – zeitnah führen müssen.

Über das Diskussionsstadium bereits hinaus ist die Situation in Baden-Württemberg. Dort wurde unter dem 30. Dezember 2020 eine „Vereinbarung zwischen dem Ministerium für Inneres, Digitalisierung und Migration Baden-Württemberg und der Israelitischen Religionsgemeinschaft Baden sowie der Israelitischen Religionsgemeinschaft Württembergs über die Benennung von Polizeirabbiner/innen sowie deren Arbeit in der Polizei des Landes Baden-Württemberg (Vereinbarung Polizeirabbiner/innen)" abgeschlossen. Diese gestaltet die Regelung von Art. 3 Abs. 2 des zugrunde liegenden (Status-) Vertrags zwischen dem Land Baden-Württemberg mit der Israelitischen Religionsgemeinschaft Baden und der Israelitischen

[120] Siehe den Vertrag zwischen der Bundesrepublik Deutschland und dem Zentralrat der Juden in Deutschland – Körperschaft des öffentlichen Rechts – zur Regelung der jüdischen Militärseelsorge vom 20. Dezember 2019 (Deutscher Bundestag, 19. Wahlperiode, Drucksache 19/18074 [neu], S. 9-22, BGBl. 2020 I, S. 1665).

[121] Informativ: Arbeitspapier des Zentrums Innere Führung der Bundeswehr in Koblenz „Deutsche Staatsbürger muslimischen Glaubens in der Bundeswehr", 2. Aufl., Koblenz 2011; *Thomas R. Elßner*, Militärseelsorge für Muslime in der Bundeswehr, CIBEDO-Beiträge 2018, S. 170 (171).

[122] Zum Gesprächsstand im Rahmen der Deutschen Islam Konferenz (DIK) siehe die umfangreichen Materialien unter https://www.deutsche-islam-konferenz.de/ (letzter Zugriff: 19.4.2022).

Religionsgemeinschaft Württembergs vom 18. Januar 2010[123] näher aus. Wesentliche Aufgaben der Polizeirabbiner sind nach § 2 Abs. 2 der Vereinbarung Polizeirabbiner/innen „Einzel- und Gruppengespräche, spirituelle Denkanstöße sowie bedarfsorientierte Fortbildungsangebote". Nach § 2 Abs. 5 wirken sie im Bedarfsfall – im Rahmen ihrer Möglichkeiten – auch bei der psychosozialen Notfallversorgung von eingesetzten Beschäftigten der Polizei Baden-Württemberg und gegebenenfalls von weiteren betroffenen Personen entsprechend der polizeilichen Regelungen mit. Auffallend ist, dass gem. Absatz 2 der *Präambel* die jüdische Polizeiseelsorge ausdrücklich als „wichtiger Bestandteil des umfassenden Gesamtkonzepts zur Bekämpfung von Antisemitismus" verstanden wird.
Diese Vereinbarung war auch deshalb möglich, weil sich die Strukturprobleme, wie sie sich in den muslimischen Gemeinschaften darstellen, auf jüdischer Seite nicht ergeben. Insbesondere ist das von Art. 141 WRV geforderte Merkmal der „Religionsgesellschaft" nicht umstritten.
Bei den muslimischen Gemeinschaften tritt man – juristisch gesehen – wohl noch immer weitgehend auf der Stelle.[124] Nach wie vor ist das Fehlen einer hinreichenden organisatorischen Verfestigung[125] und Unsicherheiten bei der mitgliedschaftlichen Zuordnung natürlicher Personen[126] zu den Moscheevereinen zu monieren. Sowohl hinsichtlich der Dachverbände[127] als auch bzgl. der Moscheevereine[128] wird hinterfragt, ob es nicht auch am religionsgemeinschaftlichen Merkmal der „allseitigen Erfüllung der sich aus dem gemeinsamen Glauben ergebenden Aufgaben" fehle.[129] Von manchen vermisst wird zudem eine „leitende" Institution mit religiöser Letztentscheidungskompetenz. In diesem strengen religionsrechtlichen

---

123 GBl. BW 2010, Nr. 5, S. 301.

124 Dazu *Markus Schulten*, Anstaltsseelsorge für Muslime. Eine verfassungsrechtliche Problemanzeige zu Art. 141 WRV, in: Kirche und Recht 2014, S. 50 ff.

125 Hier wird ein Bestand von 30–80 Jahren gefordert, vgl. die Nachweise bei *Tabbara*, ZAR 2009, 254 (258); *Andreas Wallkamm*, Muslimische Gemeinden in Deutschland im Lichte des Staatskirchenrechts, Stuttgart 2012, S. 22.

126 *Stefan Muckel*, Islamischer Religionsunterricht und Islamkunde an öffentlichen Schulen in Deutschland, JZ 2001, 58 (60 f.); *Ders.*, Muslimische Gemeinschaften als Körperschaften des öffentlichen Rechts, DÖV 1995, 311 (315).

127 *Muckel*, DÖV 1995, 311 (312).

128 Schon *Anschütz*, Die Verfassung des Deutschen Reiches (Anm. 61), Art. 137, S. 633 f., hat auf die Notwendigkeit einer klaren Abgrenzung zwischen Religionsgesellschaft und religiösem Verein hingewiesen, der lediglich *partielle* religiöse Zwecke verfolge.

129 Pointierte Problembeschreibung bei *Volker Beck / Cem Özdemir*, Den Islam und andere Religionen der Einwanderer ins deutsche Religionsverfassungsrecht integrieren – Gleiche Rechte für Muslime, Aleviten und Jeziden, KuR 2015, S. 129 ff.

Sinne sind bisher lediglich die „Alevitische Gemeinschaft“[130] und die Gemeinschaft der Ahmadiyyas als Religionsgemeinschaften anerkannt; Letztere sogar in Hessen und Hamburg im Status einer Körperschaft des öffentlichen Rechts. Die vom BVerwG 2005 erbaute „goldene Brücke“, wonach auch muslimische Dachverbände unter gewissen Voraussetzungen als Religionsgemeinschaften (hier i.S.d. Art. 7 Abs. 3 GG) sein könnten[131], wurde von diesen noch nicht überschritten. Die Rechtsprobleme bilden sich daher auch bei einer möglichen Polizeiseelsorge ab.[132]
Ein als „religiöse Betreuung“ deklariertes seelsorgeähnliches Betreuungsangebot mit ausgewählten (über-)regionalen muslimischen Partnern scheint – als gleichsam unterverfassungsrechtliche Zwischenlösung – hingegen realisierbar zu sein. Hierzu bestehen bereits Vorbildprojekte in mehreren Bundesländern, v.a. im Bereich der Gefängnis- und Krankenhausseelsorge.[133] Der rechtlich provisorische Charakter tritt dabei nicht nur in der Bezeichnung als „religiöse Betreuung“ hervor, etwa in den bisher einzigen muslimischen „Verwaltungsverträgen“[134] in Hamburg und Bremen[135], sondern auch in ihrer besonderen religionspolitischen Fragilität, wie das Scheitern des niedersächsischen Gefängnisseelsorgevertrags mit der DITIB belegt.[136] Rechtliche Konstruktionen wie der unter dem 14. Dezember 2020 zwischen dem Land Schleswig-Holstein und der Türkischen Gemeinde in Schleswig-Holstein e.V. zur Durchführung der muslimischen

---

130 *Tabbara*, ZAR 2009, 254 (258 m.w.N.). Zu den Besonderheiten der alevitischen Glaubensrichtung siehe *Thomas Lemmen*, Islamische Religionsausübung in Deutschland, in: *Ders. / Melanie Miehl*, Islamisches Alltagsleben in Deutschland, 1. Aufl., Bonn 2001, S. 51, sowie die Beiträge in Martin Sökefeld (Hrsg.), Aleviten in Deutschland. Identitätsprozesse einer Religionsgemeinschaft in der Diaspora, Bielefeld 2008 (v.a. S. 7 ff., S. 195 ff.). Grundlegend: *Timo Güzelmansur*, Gott und Mensch in der Lehre der anatolischen Aleviten. Eine systematisch-theologische Reflexion aus christlicher Sicht, Regensburg 2012.

131 BVerwGE 123, 49 – dort freilich im Kontext des Art. 7 Abs. 3 GG.

132 *Röger*, Aktuelle staatskirchenrechtliche Problemfelder (Anm. 67), S. 93 (106 ff.).

133 Für deren Zulässigkeit auch *Schilberg*, in: HdbStKirchR^3, § 56, Rn. 39 (m.w.N.).

134 Zu der rechtlich heiklen Einordnungsfrage dieser Vertragswerke siehe *Ansgar Hense*, Staatliche Verträge mit muslimischen Akteuren – ein längerer, religionsverfassungsrechtlicher Zwischenruf zur Lage, in: Björn Thümler (Hrsg.), Wofür braucht Niedersachsen einen Vertrag mit muslimischen Verbänden?, Vechta 2016, S. 187-345.

135 *Michael Demel*, Die Verträge Hamburgs mit islamischen Verbänden und der Alevitischen Gemeinde, KuR 2013, S. 93 ff.; *Kai Uwe Jacobs*, Staatsverträge mit nichtchristlichen Religionsgemeinschaften. Chancen und Grenzen, KuR 2016, S. 1 ff.

136 Vgl. Pressemitteilung vom 29. Januar 2019, online abrufbar unter: https://www.mj.niedersachsen.de/aktuelles/presseinformationen/vertrag-mit-ditib-ueber-seelsorge-in-gefaengnissen-wird-gekuendigt--173378.html (letzter Zugriff: 2.7.2019).

Gefängnisseelsorge in den Justizvollzugeinrichtungen in Schleswig-Holstein unterzeichnete Vertrag begegnen nicht nur vor dem Hintergrund der nationalen und weniger konfessionellen Prägung des Vertragspartners Bedenken.[137]

Insgesamt deutet der Trend allerdings in Richtung einer Ausdifferenzierung des religiösen Anbieterkreises im Bereich der Polizeiseelsorge. Perspektivisch werden die Bundesländer – schon aus Paritätsgründen – prüfen müssen, ob *diese* und ggf. *welche weiteren* Formen religiöser Betreuung im Bereich der Polizei angezeigt sind. Dies wird auch Auswirkungen auf die etablierten Akteure haben, nämlich in solchen Fällen, in denen das jeweilige Bundesland das entsprechende Sach- und Finanzmittelaufkommen nicht nach oben hin anpasst, sondern gleichsam nach unten hin neu verteilt.

4.5.3 Zeugnisverweigerungsrechte von Seelsorgern

Zwischen den Polizeibeamtinnen und -beamten und dem kirchlichen Seelsorgepersonal besteht ein besonderes Vertrauensverhältnis. Es wird staatlicherseits gleichermaßen geschützt und gefördert durch die Gewährung von sog. Zeugnisverweigerungsrechten. Umfragen z.B. unter SEK-Kräften in der hessischen Polizei haben ergeben, dass es gerade das Wissen um die Verschwiegenheit dieses Personenkreises ist, warum diesen nicht selten der Vorzug gegenüber den Polizeipsychologen eingeräumt wird.[138] Zugleich zeigt sich aber auch eine verstärkte Unsicherheit darüber, was genau die geschützten seelsorglichen Handlungen eigentlich sind.

Nicht nur eine inhaltliche, sondern auch eine begriffliche Scharfstellung scheint daher geboten.

Das kirchenrechtliche Beicht- bzw. Seelsorgegeheimnis ist nicht synonym mit den aus der berufsrechtlichen Ausprägung der Seelsorger folgenden Verschwiegenheitspflichten. Die staatliche Rechtsordnung knüpft an die *berufliche* Stellung als Seelsorger ein Zeugnisverweigerungsrecht. Es besteht etwa gem. §§ 53, 53a StPO für „Geistliche" und deren „Gehilfen" über das, „was ihnen in ihrer Eigenschaft als Seelsorger anvertraut oder bekanntgeworden ist". Auch hauptamtliche Laien im pastoralen Dienst mit besonderer kirchenamtlicher Beauftragung sind wie „Geistliche" zu behandeln.[139]

---

[137] Landtag von Schleswig-Holstein, 19. Wahlperiode, Umdruck 19/5110, S. 3-7.

[138] *Michael Arnemann*, Polizeiseelsorge. Impulsreferat Workshop Ethik und Seelsorge Universität Mainz, in: Texte aus der VELKD 177 (216), S. 21 (23).

[139] Sekretariat der Deutschen Bischofskonferenz (Hrsg.), Zeugenaussage, Zeugnisverweigerungsrecht und Schweigepflicht. Ein juristischer Leitfaden für Seelsorger zum Schutz des Beicht- und Seelsorgegeheimnisses, Bonn 2008, S. 8.

Die Rechtsprechung fordert, dass dem Geistlichen die seelsorgerliche Tätigkeit von der Religionsgemeinschaft übertragen und ihnen ein entsprechendes Amt – verbunden mit einer herausgehobenen Stellung innerhalb der Religionsgemeinschaft – anvertraut wurde. Ebenso wird vorausgesetzt, dass das von dem Geistlichen geführte seelsorgerische Gespräch einem ihm von der Religionsgemeinschaft auferlegten Schweigegebot unterliegt.[140] Der Ausnahmecharakter der Zeugnisverweigerungsrechte fordert überdies ein hinreichend deutlich konturiertes Berufsbild der privilegierten Personengruppe.[141]

Nicht minder klar muss sein, welchen konkreten Charakter die konkrete Gesprächs- bzw. Seelsorgesituation aufweist, genauer: was überhaupt „Seelsorge" ist. Seelsorge im Sinne von § 53 StPO ist allein die „von religiösen Motiven und Zielsetzungen getragene Zuwendung, die der Fürsorge für das seelische Wohl des Beistandssuchenden, der Hilfe im Leben und im Glauben benötigt, dient. Zur ihr gehören dagegen nicht Gespräche, Erkenntnisse oder Tätigkeiten des Geistlichen auf dem Gebiet des täglichen Lebens bei Gelegenheit der Ausübung von Seelsorge ohne Bezug zum seelischen Bereich. Deshalb ist ein Zeugnisverweigerungsrecht nicht anzuerkennen, soweit es sich um eine karitative, fürsorgerische, erzieherische oder verwaltende Tätigkeit des Geistlichen handelt."[142]

Diese Anforderungen der Rechtsprechung scheinen in der Praxis mitunter zu verschwimmen, gerade wenn sich Tätigkeitsschwerpunkte im Bereich der Polizeiseelsorge überschneiden. Es trifft nicht zu, dass schlechthin jeder Aufgabenbereich der Polizeiseelsorge zugleich eine (durch ein Zeugnisverweigerungsrecht zu schützende) seelsorgerliche Tätigkeit darstellt. Für die Supervision ist dies wohl nur schwerlich anzunehmen.[143] Auch im Kontext der Extremismusprävention kann die Polizeiseelsorge sicherlich ein kompetenter Partner sein, aber *seelsorgerliche* Tätigkeit im engeren Sinne ist dies nicht. Erst, wenn sich Beamtinnen und Beamte einem Seelsorger unmittelbar anvertrauen, ist der geschützte Seelsorgebereich eröffnet.[144]

---

140 BGH, KirchE 55, 226.

141 BVerfG-K, Beschl. v. 25.1.2007, Az. 2 BvR 26/07, Rz. 12, juris.

142 BGH, KirchE 55, 226 (233). Siehe auch *Bader*, in: KK-StPO, § 53 StPO Rn. 12.

143 Dennoch jüngst wieder als selbstverständlich angenommen in der von der Landesgruppe Führungsstrategie der Polizei NRW verantworteten Rahmenkonzeption „Verantwortliche Wahrnehmung von Führung in der Polizei Nordrhein-Westfalen", Stand Februar 2022, Anlage 15, S. 185.

144 Siehe den Abschlussbericht der Stabstelle „Rechtsextremistische Tendenzen in der Polizei NRW", Landtag NRW, 17. Wahlperiode, Vorlage 17/5655, S. 12, 27 f., 50 ff., 71. Wenn darin die Polizeiseelsorge im Kontext konkreter Maßnahmen zur Extremismusprävention verortet wird, ist der 1962 einst vertraglich vereinbarte Aufgabenbereich wohl weit überschritten.

Im Einzelfall wird es zu Überschneidungen zwischen seelsorgerischer und „profaner“ Tätigkeit kommen. Dann jedoch spricht manches dafür, dem betroffenen Seelsorger eher ein Zeugnisverweigerungsrecht zuzusprechen.[145] Seelsorgerliche Kompetenz soll frei von einer vertieften juristischen „Vorabprüfung“ ausgeübt werden können. Praktisch dürfte dies auch einem ungehemmten Austausch mit den Seelsorgesuchenden entgegenstehen. Dies befreit den Seelsorger jedoch nicht von einer gründlichen Prüfung, welchen Verlauf das Gespräch nimmt bzw. nehmen könnte und inwieweit er durch eine mögliche Offenbarung von Geheimnissen in eine innere Not geraten könnte.[146] Diese Prüfung muss auch einer gerichtlichen Plausibilitätskontrolle zugänglich sein.

Insgesamt wird es den christlichen Kirchen guttun, die Leitlinien dessen, was konkret unter „Seelsorge“ zu verstehen ist, weiter zu schärfen und (etwa in Abgrenzung zu anderen Phänomenen/Angeboten wie „spiritual care“) zu präzisieren.[147] Im Kontext der Spezialsorge in der Polizei sind auch die dortigen neuen Herausforderungen des Polizeidienstes zu würdigen. In einem zunehmend religiös-weltanschaulich pluraler werdenden Gemeinwesen müssen die Kirchen auskunftsfähig bleiben, warum sie wichtige Partner sind – und bleiben müssen.

4.6 Ausblick

Dass sich die in Nordrhein-Westfalen praktizierten Polizeiseelsorgestrukturen bewährt haben, macht sie nicht per se veränderungsresistent. Die – hier nur andeutungsweise skizzierten – Entwicklungstendenzen sind längst nicht abschließend und lassen eine neue Selbstvergewisserung über Inhalte und Basics katholischer Polizeiseelsorge angezeigt erscheinen. Eigene Personalfragen und -kapazitäten (wie lange verfügt man noch über ausreichendes Personal) werden dabei ebenso eine Rolle spielen müssen wie die sachliche und finanzielle Unterstützung des Landes, wenn dieses den Aufgabenbereich der Polizeiseelsorge erweitern möchte (etwa hinsichtlich der Extremismusprävention). Perspektivisch gleichermaßen zu behandeln ist die Frage, wie viel religiöse Seelsorge in der Polizei geboten ist, wenn die Zahl der in Betracht kommenden religiösen Akteure (v.a. jüdische und muslimische Gemeinschaften) ansteigt.

---

[145] In diese Richtung *Bader*, in: KK-StPO, § 53 StPO Rn. 12.

[146] Auch das BVerfG, NJW 2007, 1865 (1867 f., Rn. 22), entlässt den Seelsorger nicht aus dieser Prüfpflicht.

[147] Siehe dazu aktuell: Sekretariat der Deutschen Bischofskonferenz (Hrsg.), In der Seelsorge schlägt das Herz der Kirche. Wort der Deutschen Bischöfe zur Seelsorge, Bonn 2022, S. 25; zu den Problemen im Kontext muslimischer Seelsorgefelder siehe *Tabbara*, ZAR 2009, 254 ff.; *Schulten*, Kirche und Recht 2014, S. 50 ff.

Die kirchliche Polizeiseelsorge sollte aufgrund der gesellschaftlichen und innerkirchlichen Entwicklungen nicht verzagen. Sie kann ihre besondere Legitimität und ihren Mehrwert begründen. Die Tätigkeit der Polizeiseelsorge war nie statisch, sondern dynamisch. Ging es nach Ende des Zweiten Weltkriegs nicht selten v.a. um eine seelsorgerliche Betreuung der durch den Berufsalltag ihren Heimatgemeinden entfremdeten Polizeibeamten, wandelte sich das Aufgabenfeld zusehends durch schon seinerzeit einsetzende Veränderungen in der Gesellschaft.[148] Anonymisierungstendenzen in Behörden, öffentlicher und privater Leistungsdruck, ein einsetzender gesellschaftlicher Wertewandel, der letztlich auch für die Beamtinnen und Beamten zu neuen persönlichen Spannungssituationen führte, sollen als Stichworte genügen. Heute wird man fragen müssen: Welche theologischen, psychologischen, ethisch-philosophischen Fragen stellen sich mit Blick auf die veränderten Aufgabenbereiche der Polizei und vor dem Hintergrund einer zunehmenden religiös-weltanschaulichen Pluralisierung, aber auch Säkularisierung? Möglicherweise ist das Konglomerat dieser Fragestellungen Anlass, nach 60 Jahren eine neue vertragliche Grundlage anzudenken und das gegenseitige Vertrauen neu zu besiegeln.

---

[148] *Siegfried Franke*, Polizeiseelsorge, in: StL[7], Bd. IV, Sp. 506 (507); näher auch: *Hinz*, Geschichtliche Entwicklung der Polizeiseelsorge (Anm. 15), S. 50 (54 ff.).

II. Arbeitsbereiche der Polizeiseelsorge

5 Seelsorge

Judith Palm

5.1 Einleitung

- *Seel-Sorge – was ist das eigentlich?*
- *Sorge um die Seele – was bedeutet das genauer?*
- *Was unterscheidet „Seelsorge" von Beratung, Therapie oder Supervision?*

Die Frage nach dem spezifischen Profil von Seelsorge wird in den letzten Jahren häufiger gestellt. In der Pluralität von psychosozialen Unterstützungsformaten wie Supervision, Coaching, Beratung oder Therapie wird es zunehmend wichtig zu verdeutlichen, dass „Seelsorge" mehr sein kann als ein schlichtes religiöses Angebot[1] zum persönlichen Gespräch. In ersten wissenschaftlich fundierten Untersuchungen[2] wird der Eindruck, der im Vergleich von Seelsorge mit anderen Fachlichkeiten entsteht, ausgeschärft: Seelsorge hat qualitative Besonderheiten, die sie von anderen Formaten unterscheidet.

Folgende sechs Thesen[3] fassen diese Besonderheiten zusammen – sie werden später ausführlicher erläutert werden. Dazu werden Denk- und Lebensvoraussetzungen angesprochen, die die besondere Bedeutung der „Seel-Sorge" im christlichen Kontext erläutern. Für diejenigen, die sie in Anspruch nehmen möchten, ist sie an keinerlei Voraussetzungen geknüpft. Für diejenigen aber, die „seelsorgen", stellt sie eine tiefe Rückbindung an die Wurzeln der biblischen Überlieferung dar, die sich im Dialog mit den zeitgemäßen Humanwissenschaften ständig weiter entwickelt hat.

Die Thesen:

1. Die Polizeiseelsorge eröffnet Räume, in denen durch das gemeinsame Wissen um das Schwere (das Scheitern, die Ohnmacht …) eine Gemeinschaft entsteht, die Halt geben und als tröstlich empfunden werden kann.

---

[1] Der Begriff „Seelsorge" ist in seiner Tradition seit 2000 Jahren christlich geprägt. (Dazu ausführlich: Christian Möller 1994.) Auf diesem Hintergrund wird hier im Weiteren kurz ihr theologischer und weltanschaulicher Kontext entfaltet. Seit 2021 wird eine Ausbildung zur islamischen Seelsorge am Islamkolleg Osnabrück angeboten, die sich an den Standards der Deutschen Gesellschaft für Pastoralpsychologie orientiert und damit eine vergleichbare Qualität erhalten soll.

[2] Lammer 2020.

[3] Bei einem Workshop der ökumenischen Polizeiseelsorge NRW im April 2021 wurden diese Thesen auf der Grundlage der Wirkkategorien, die K. Lammer (2020) in ihrer Untersuchung herausarbeitet, für die Arbeit der Polizeiseelsorge entwickelt.

Punkt 2+3+4 sind exklusiv Seelsorge

2. Polizeiseelsorge sieht den Menschen in seiner Mehrdimensionalität, die auch die Spiritualität mit umfasst.
3. Ihre Tätigkeit kann verbunden werden mit Ritualen wie Gebet und Gottesdienst, Segnung oder Sakramentenspendung.
4. Seelsorgliche Gespräche erfolgen ohne (dienstliche / funktionale) Zielerwartung. Allein der Mensch steht im Mittelpunkt, sodass eine Offenheit entsteht, die eine gedankliche Klärung in ihrer Tiefe ermöglicht.
5. In besonderen Lebenssituationen wie Lebensübergängen und -umbrüchen, in Krisen oder im Erleben von Leid kann die Frage nach dem (Lebens-)Sinn entstehen. Im seelsorglichen Gespräch findet diese Frage ihren geschützten Raum, sodass nach Antworten gesucht werden kann.
6. Die Anforderung an Polizeibeamt*innen, auch in schwierigen Situationen Stärke zu zeigen, erschwert es ihnen häufig, eigene Ohnmachtsgefühle, Ambivalenzen, Verletzungen und Kränkungen bewusst wahrzunehmen und anzusprechen. Da Polizeiseelsorgende in der polizeilichen Alltagswelt präsent sind und deren Wirkkraft miterleben, wissen sie um solche Wunden, können sie mit-fühlen und mit-tragen und sie ggf. auch behutsam ansprechen.

Diese Thesen versuchen zu bündeln, was Seelsorge ausmacht. Damit ist aber noch nicht deren theologischer Kontext, ihr zugrunde liegendes Menschenbild oder der Kontext der Seelsorgenden in der Polizei erklärt. In diesem Beitrag möchte ich versuchen, „Seelsorge" ansatzweise zu erklären und zu verdeutlichen, was Seelsorgende denn eigentlich tun, wenn sie „Seelsorge machen"[4].

Ich schreibe ihn in bewegten und bewegenden Zeiten: War die Gesellschaft 2015/16 herausgefordert, die Terrorereignisse und die Flüchtlingskrise zu verarbeiten, erschüttert seit 2020 die Corona-Pandemie weltweit bisherige Gewissheiten und Selbstverständlichkeiten. Dazu gehört auch das Lebensgefühl, dass unsere Gesellschaft und ihre Mechanismen technisch, medizinisch und politisch so ausgereift sind, dass zwar individuelle Schicksalsschläge als Möglichkeit wahrgenommen werden, die Gesellschaft[[n als System aber als weitgehend souverän gesehen wird, sodass sie sicher auf Unwägbarkeiten reagieren könne. Stattdessen hat sich nun eindrücklich gezeigt, dass nicht nur der einzelne Mensch, sondern ganze Organisationen, ja ganze Gesellschaften verletzlich sind, auch unsere.[5] Und als sei das nicht genug,

---

[4] Ausführlich entfaltet Chr. Morgenthaler den Seelsorgebegriff in seinen ganz unterschiedlichen Dimensionen. Vgl. Morgenthaler 2012.

[5] In dieser grundlegenden Bedeutung greift auch der Deutsche Ethikrat in seiner aktuellen Stellungnahme zur Corona-Krise das Stichwort der Vulnerabilität auf: „Die Pandemie hat in aller Deutlichkeit die Verwundbarkeit und Verletzlichkeit des Menschen als

konfrontiert der Krieg in der Ukraine sämtliche bisherige Sicherheitsüberlegungen mit ihren Irrtümern und Grenzen. Wie tief all diese Erschütterungen gehen, wird sich z. T. erst noch zeigen.
In der Polizei haben sich manche dieser Ereignisse in schnell entwickelten Konzepten niedergeschlagen: So wurden zügig Trainings für Terrorlagen und Extremsituationen entwickelt und die Ausrüstung der PVB verändert, um auf solche Ereignisse schnell und gut gewappnet reagieren zu können. Dennoch haben die Terroranschläge in Paris und Nizza sowie in Berlin, die Auseinandersetzungen während der sog. Corona-Demonstrationen oder schlicht der ganz normale Polizeialltag gezeigt: Der Glaube daran, als Gesellschaft mit ihren Organen weitgehend unverletzlich zu sein und als Mensch – bis auf einige, individuelle Schicksalsschläge – die eigene Verwundbarkeit ausblenden zu können, ist an sein Ende gekommen. Das gilt für die Polizei, aber auch für die Gesellschaft als Ganze.

*5.2 Polizei als Institution und der Mensch als Polizist*in*

Trotz dieser gravierenden Veränderungen pflegt die Organisation Polizei häufig das Selbstbild, unverletzlich sein zu müssen. Dieser Anspruch leitet sich her aus § 1 des Polizeigesetzes NRW: „(1) Die Polizei hat die Aufgabe, Gefahren für die öffentliche Sicherheit oder Ordnung abzuwehren (Gefahrenabwehr)."
Auf diese Anforderung, Gefahren abzuwehren, wurde im Rahmen der Eigensicherung reagiert mit zusätzlicher Ausrüstung und weiteren Trainings – wortwörtlich mit Abwehrmechanismen. Was für das professionelle Agieren im Einsatz Geltung hat, beziehen viele der Polizeibeamt*innen ganz selbstverständlich auch auf sich selbst: Auch sie müssten – als Menschen im Polizeiberuf – resistent und unverletzlich sein. Dass sie selbst den Erschütterungen des Lebens ausgesetzt sind, war lange ein Tabu. Mehr noch: Erschütternde Ereignisse im Dienst sollten Polizeibeamt*innen einfach „nicht so nah an sich rankommen lassen". Es schien einen unüberbrückbaren Gegensatz zu geben zwischen denjenigen, die die Verletzlichkeit (als Opfer)

unhintergehbaren Teil der *Conditio humana* vor Augen geführt. *Vulnerabilität* ist ein anthropologisches Grunddatum. Sie dementiert jede Form von Überhöhung, die den Menschen zuallererst als autarkes Wesen deutet, das erst durch widrige Umstände in seiner Selbstgenügsamkeit und Stärke beeinträchtigt wird und nur dann auf solidarische Unterstützung angewiesen ist. Physisch vulnerabel ist der Mensch als körperliches Wesen insbesondere aufgrund seines leiblichen Empfindens von Leid und Schmerz. Sozial und psychisch verletzbar ist der Mensch insbesondere deshalb, weil er auf verlässliche Beziehungen und Bindungen, auf entgegenkommende Begleitung und Unterstützung und darin auf Anerkennung und Wertschätzung angewiesen ist." Punkt 43 in der Stellungnahme des Deutschen Ethikrats (2022).

erleben, und denen, die damit professionell (als Helfer) umzugehen haben. Den „Starken“ wurde keine „Schwäche“ zugestanden, schlimmer noch: Sie gestanden sie sich oft selbst kaum zu. Obwohl sich das langsam verändert hat[6], sind diese Mythen auch bei jungen Polizeibeamt*innen noch wirkkräftig. Parallel dazu hat sich aber auch eine offene Gesprächskultur entwickelt, in der über Angst, Ohnmachtsgefühle, Gedanken über Tod und Sterben oder die Abgründe des „den Menschen Mögliche[n]“[7] gesprochen werden kann.
Dazu haben verschiedene Anstöße beigetragen wie z. B. die Kampagne der GdP „Auch Mensch“ mit ihren eindrücklichen Plakaten.[8] Aber auch die Fächer an der HSPV wie Ethik und Berufsrollenreflexion haben ihren Anteil daran oder die Gründung des ZeBuS, des Zentrums für Ethik und Seelsorge in der Polizei NRW. Diese Arbeitsstelle – als Projekt zwischen dem Land NRW und den beiden großen Kirchen gegründet – enthält den Begriff der „Seelsorge“ im Namen und macht ihn so in der Organisation Polizei offiziell. Seelsorge geschieht zwar meist im Verborgenen[9], wird aber organisatorisch und öffentlich wertgeschätzt.
Daneben wurde erkannt, dass sich wunde Punkte innerhalb der Polizei auch in gesellschaftspolitischer Hinsicht zeigen können. Um nur *ein* Beispiel zu nennen: Die Aufdeckung rechtsextremistischer Tendenzen in manchen Dienstgruppen ist ein Indiz dafür, dass die ständige Konfrontation mit ähnlichen Problemlagen bestimmter Personengruppen die Integrität[10] und die Rechtsstaatlichkeit – die die menschliche Würde an erster Stelle sieht – von Polizeibeamten verwundbar machen kann.[11]
Um diesen Verletzlichkeiten und Gefährdungen begegnen zu können, hat die Polizei NRW ein ganzes Netzwerk von Unterstützungsangeboten in der Polizei ausgebaut. Dazu gehören Angebote von Supervision und Coaching, Soziale Ansprechpartner oder die Möglichkeit, therapeutische Hilfe in Anspruch zu nehmen.[12]
Die Polizeiseelsorge ist mit ihrem Angebot dabei ein recht kleiner, aber wichtiger Bestandteil, der sich nicht nur in der Struktur, sondern auch in seinem Inhalt von den anderen Angeboten unterscheidet. Doch auch die Perspektiven

[6] Dazu die lohnenden Aufsätze im Handbuch Polizeiseelsorge. Vgl. Grützner et al. 2012.
[7] Siehe Grützner 2012, 40.
[8] AuchMensch2015_Die Kampagne.indd (abgerufen 5.5.22, 12.30 Uhr).
[9] Lammer 2020, 16.
[10] Zum Verhältnis von Seelsorge und Ethik in Bezug auf die „moralische Integrität“ siehe Schiewek 2022.
[11] Dieser Zusammenhang ist natürlich sehr viel komplexer, hier ist tatsächlich nur eine Komponente für die Ausbildung rechtsextremer Tendenzen.
[12] Ausführlicher dazu: Dietrich Bredt-Dehnen (Kap. 2).

auf die Seelsorge sind vielfältig und je nach konfessioneller, persönlicher und theologischer Verortung verschieden.[13]

5.3 Theologische Wurzeln

5.3.1 Die „Seele" – Annäherung an einen unkonkreten Begriff

Der Begriff der Seel-Sorge bezieht sich auf eine Qualität, die nicht fest definiert werden kann.[14] Vielleicht ist das der Grund, warum er immer auch in der Gefahr steht, belächelt zu werden oder in esoterische Ideen abzuwandern.
Einen Zugang zu seiner Bedeutung bietet ein Blick in die hebräische Bibel, in das „Alte Testament". Hier wird im Mythos der Schöpfungsgeschichte erzählt, wie Gott die menschliche Gestalt aus einem Lehmklumpen[15] formt und dieser Figur den „Odem des Lebens", den „Atemhauch", einbläst (Genesis 2,7). Erst dadurch, so die Erzählung, wird der Mensch ein lebendiges Wesen.
Was in der deutschen Sprache mit „Odem", „Atemhauch" oder auch „Seele" übersetzt wird, heißt im Hebräischen „*Näfäsch*". Dies meint ganz körperlich „Kehle", geht aber im hebräischen Denken weit darüber hinaus:

> *„Mit dem Organ werden gleichzeitig dessen Fähigkeiten und Tätigkeiten mitbezeichnet und mitgedacht. … näfäsch (bedeutet) demnach nicht bloß das sichtbare Organ Kehle, sondern auch die hörbare, rufende … Kehle und die begierige, nimmersatte, hungrige und durstige, verschlingende oder nach Luft schnappende Kehle. … Die näfäsch wird zum Symbol des bedürftigen, begehrenden Menschen. Sie steht für den élan vital, jene Kraft, die ihn zu einem nach Leben lechzenden Wesen macht."*[16]

In vielen Texten der hebräischen Bibel wird diese Mehrdimensionalität der „*Näfäsch*" aufgenommen und immer bezieht das körperliche Befinden auch

---

13 Werner Schiewek hat im „Handbuch Polizeiseelsorge" das Verhältnis von Staat und Kirche aus biblisch-theologischer Perspektive beleuchtet und als „kritische Solidarität" bezeichnet – eine Verhältnisbestimmung, die weiterhin bedeutsam ist. Vgl. Schiewek 2012, 30.
Kurt Grützner (2012) geht ebd. den Voraussetzungen für Polizeiseelsorge und den Anforderungen an die Seelsorgenden in diesem Feld nach. Er skizziert auch die besonderen Thematiken, die sich in diesem besonderen Bereich ergeben.

14 Seinem vielfältigen Bedeutungswandel geht das Themenheft „Seele" BThZ Evangelische Verlagsanstalt Leipzig 2017/2 in verschiedenen Aufsätzen nach.

15 „Adamah" bedeutet: Erde, Lehm. Erst durch die zweite Figur (Ewa = Chawwa = Leben) wird aus Adamah der Mann, Adam.

16 Schroer/Staubli 2005, 46.

gleichzeitig die „seelische“ Befindlichkeit mit ein. Seel-Sorge umfasst also immer den *ganzen* Menschen in seiner Befindlichkeit, gibt Unterstützung darin, (wieder) aufatmen zu können, will den Menschen in seinen Lebensvollzügen stärken.

Die körperliche und die seelische Dimension werden hier immer als ein korrespondierendes Geschehen wahrgenommen und können nicht voneinander abgelöst werden.

5.3.2 Der verletzliche Mensch

Der Mensch ist verletzlich – in seiner Körperlichkeit wie auch in seiner Seele. Das ist nun keine neue Erkenntnis, sondern lebenslange Erfahrung eines jeden Menschen.

Der berufliche Alltag von Polizist*innen verlangt durchaus eine gewisse Robustheit: Hier sind Durchsetzungsvermögen, sichere Handlungsabläufe auch in verunsichernden Situationen oder ein Selbstschutz vor zu eindringlichen Eindrücken wichtige Grundlagen für eine professionelle Einsatzbewältigung. Das Risiko, in der körperlichen Dimension im polizeilichen Alltag verwundet zu werden, kann abgefedert werden durch gutes Training, Schutzausrüstung, Mechanismen der Eigensicherung. Und dennoch sind blaue Flecken, gebrochene Finger oder Schlimmeres nichts Ungewöhnliches. Auch eine „seelische Eigensicherung“ ist in gewissem Umfang möglich, meist wird angeraten: „Das darfst du nicht so nah an dich rankommen lassen.“ Dieser Ratschlag ist alltagstauglich und scheint in manchen Situationen durchaus angemessen. Aber er ist nicht vollumfänglich umsetzbar, denn auch Alltagserlebnisse können die „seelische Eigensicherung“ erschüttern: Der gebrochene Finger erschüttert das Vertrauen in die eigene Unverletzlichkeit, die Loyalität einer geschlagenen Frau zu ihrem Freund nach einer häuslichen Gewalt hinterfragt die Sinnhaftigkeit der eigenen Arbeit, der Freispruch für eine Körperverletzung lässt Zweifel an der Gerechtigkeit wachsen. Auch diese Alltagsereignisse gehen unter die Haut und erschüttern das Selbst- und Weltvertrauen.

Hier zeigt sich, dass – bei allem Training, aller Eigensicherung körperlicher und seelischer Art, bei aller Erfahrung – in der Verletzlichkeit des Menschen sein Wesenskern liegt:

> *„Bereits ein Blick in die eigene Körpermitte offenbart dem Menschen seine erste grundlegende Verwiesenheit. Der Nabel ist bleibende Geburtswunde, permanente Mahnung und Erinnerung an die Unverfügbarkeit des eigenen Lebens. Ein Leben, das gegeben ist und nur sein und atmen kann, wenn es*

> *die Verwundung riskiert. Wer kann leben ohne Durchtrennung der Nabelschnur und wer hat diese Durchtrennung je selbst wahrgenommen? ‚Das Ich ist, vom Scheitel bis zur Sohle, bis ins Mark seiner Knochen, Verwundbarkeit', konstatiert Emmanuel Levinas."*

So beschreibt Quast-Neulinger die grundlegende Ausgangssituation des Menschseins.[17]

Der Verletzlichkeit wohnt darum eine besondere Qualität inne: In ihr zeigt sich, wie sehr der Mensch mit seiner Seele weiterhin schwingungsfähig ist, wie er emotional Resonanz geben kann auf die Ereignisse im Leben und damit – dienstlich wie privat – menschlich, berührbar, mit-fühlend bleibt. Wenn Polizeibeamt*innen zärtlich ihr neu geborenes Kind im Arm halten und vor Glück und Rührung zergehen, wenn sie sich berühren lassen vom Schicksal eines Obdachlosen, wenn sie sich erschüttern lassen von einem Einsatz, bei dem ein Kollege verletzt wurde, und das Leben als sehr kostbar bewusst wird – dann zeigt sich die Lebendigkeit der Seele, die nicht erstarrt ist durch die psychischen Abwehrmechanismen, die zu ihrem Schutz in Einsatzsituationen wirken. Die Verletzlichkeit macht einen Menschen menschlich. Das Wissen darum und das eigene, immer wieder neue Erleben macht das eigene Leben und das der anderen so kostbar: Es ist nicht selbstverständlich, sondern sehr zerbrechlich.

„Zärtlichkeit ist die Tugend der Aufmerksamkeit für die Zerbrechlichkeit des Lebens und die Bereitschaft, dieser heilend zu begegnen mit dem Risiko der eigenen Verwundung."[18] Ohne das Risiko der Verwundung ist die Qualität des Menschseins verkannt, ohne die Gefährdung, die eigene Seele auch schmerzlich berühren zu lassen, ist ein lebendiger Mensch nicht denkbar.

Die Sorge um die Seele bedeutet daher, die Lebendigkeit der Seele zu unterstützen und die Verletzlichkeit des Menschen als seinen Wesenskern anzuerkennen.

5.3.3 Theologische Verortung

In der christlichen Theologie ist die Erfahrung der Verwundbarkeit des Menschen und menschlicher Institutionen nichts Neues, sondern ganz im Gegenteil: Es ist ihr Ausgangspunkt.[19]

---

17 Quast-Neulinger 2021, 58.

18 A.a.O., 72.

19 „Christlicher Glaube ist wesentlich Quelle einer politischen Theologie, die Verwundbarkeit, Verwundung und Vulneranz des Menschen ernst nimmt und als produktives Gegenkonzept, eine Praxis der Zärtlichkeit und […] Spiritualität jenseits der naiven Idylle vorschlägt, um so die Basis zu legen für eine erneuerte demokratische Kultur." So zeigt

Bereits in den jüdischen Wurzeln des christlichen Glaubens ist menschliches Leid in beeindruckender Weise präsent: in der Verzweiflung Hiobs (Buch Hiob, z. B. Kap. 3), in den Psalmen der Klage (wohl am bekanntesten: Psalm 22,2: „Mein Gott, mein Gott, warum hast du mich verlassen?“), in den Forderungen nach Gerechtigkeit bei den Prophet*innen (z. B. Amos Kap. 6). In all diesen Erzählungen werden die Leidenden nicht bloß sich selbst überlassen: Sie werden gesehen, ihre Klage wird gehört und sie werden begleitet (Psalm 23), sie werden getröstet. Gott als Trösterin, als Mutter, die ihre Kinder tröstet … ist das entsprechende Gottesbild dazu.

Im Neuen Testament erhält die Verletzlichkeit eine neue, radikale Bedeutung: Gott wird ein Mensch. Nicht, indem er sich gefahrlos in eine menschliche Gestalt verwandelt, sondern durch ein Ereignis, das immer eine Gefährdung für Mutter und Kind in sich trägt – durch eine (blutige, schmerzhafte, kräftezehrende) Geburt. Von Beginn dieser Inkarnation (wörtlich: Fleischwerdung) an zeigt sich Gott als zutiefst verwundbarer Mensch, verletzlich, angewiesen, hilflos. Diese konsequente Verletzlichkeit findet ihren grausigen Höhepunkt im Leiden und Tod Jesu. Trauernde Menschen am Kreuz oder die Angst und Hilflosigkeit der Freund*innen Jesu nach dessen Tod zeugen von den tiefen Leidenserfahrungen, die dem christlichen Glauben zugrunde liegen. Darüber hinaus durchziehen das Neue Testament Erzählungen von leidenden, Hilfe suchenden, verzweifelten Menschen, die Heilung finden in der Begegnung mit dem Menschen, der die Liebe Gottes unverbrüchlich in sich trägt.

Im Grundton des Neuen Testamentes schwingt immer das tiefe Wissen um die Verwundbarkeit des Menschen mit. Er stößt dazu an, diese Verletzlichkeit nicht nur in ihrer körperlichen und seelischen, sondern auch in ihrer politischen und gesellschaftlichen Dimension zu sehen und schon allein dadurch zu würdigen. Das Erleben, nicht allein zu sein und gesehen zu werden, kann die Hoffnung der Menschen stärken und dadurch neue Perspektiven entstehen lassen. Das „Leben danach“ wird anders als zuvor sein, aber sicherlich reicher an innerer Kraft.[20]

Die Botschaft der Auferstehung verspricht nicht die Verschonung von Verletzung, sondern deren Verwandlung: Diese Botschaft vom Sieg der Hoffnung über das Leid und vom neuen Lebens erhält ihren Sinn erst durch die zuvor erlittene Verletzlichkeit.

Michaela Quast-Neulinger die Perspektive auf, die sich in der christlichen Theologie mit dem Kernpunkt des Wissens um die Verletzlichkeit des Menschen bietet. A.a.O., 57.
Hildegund Keul gibt einen prägnanten Überblick über die theologische Diskussion zur Vulnerabilität z. B. in: Resilienz-aus-Verwundbarkeit-Keul-Hermeneutische-Blätter-Zürich.pdf (xn--vulnerabilittsdiskurs-h2b.de), S. 112ff.

20 Dem entspricht das Konzept der Resilienz. Dazu auch: Cornelia Richter 2017.

Dementsprechend gehörte es früh zum Selbstverständnis der christlichen Gemeinschaft, sich den Leidenden zuzuwenden, Partei für die Schwachen zu ergreifen, Sterbende zu begleiten, Erkrankte zu pflegen und sie zu stärken, kurz: diakonisch und seelsorglich tätig zu werden. „Die Sorge um die Seele ist die ureigenste und zentrale Aufgabe der christlichen Kirchen", fasst Kerstin Lammer[21] diese Entwicklung zusammen. Sie gilt im evangelischen Bereich als die „Muttersprache der Kirche" (Petra Bosse-Huber) und wird im katholischen Kontext als Ort, wo „das Herz der Kirche" schlägt, verstanden (Wort der deutschen Bischöfe zur Seelsorge).
Die Sorge um die Seele bedeutet daher, den Menschen in seiner Verletzlichkeit zu sehen und ihm bei der Verwandlung seines erlittenen Schmerzes zu helfen.

5.4 Polizei-Seelsorge

Seelsorge in der Polizei trifft auf Menschen, die Stärke zeigen: Sie stellen sich den Schattenwelten der Gesellschaft, erleben drastische Einsatzsituationen, erleben Gewalt und müssen ggf. selbst Gewalt-tätig werden, um für die Sicherheit anderer zu sorgen. Sie erleben andere in Ängsten und in Ohnmachtssituationen und sie sind es dann, die Schutz und Begleitung anbieten. Sie erleben selbst ihre Ohnmacht, sind ihren eigenen Ängsten, Erwartungen, Zweifeln ausgesetzt, bewegen sich in einer komplexen, hierarchischen Organisation mit z. T. frustrierenden und kränkenden Erfahrungen.
All das sind Erfahrungen, die kaum nach außen kommuniziert werden können oder dürfen, denn die Polizeiarbeit lebt auch davon, dass das Bild einer starken, durchsetzungsfähigen Ordnungsmacht aufrechterhalten wird – und werden muss, um erfolgreich sein zu können: Sie lebt (auch) von dem Vertrauen der Menschen in ihre Integrität.[22]
Die Seelsorge in der Polizei NRW hält seit mehr als 60 Jahren den Horizont dafür offen, dass auch die Polizei den Leidens-Erfahrungen der Welt ausgesetzt ist und davon betroffen sein kann – und sein darf! Das gilt sowohl für die Polizei als Organisation[23] als auch für die Menschen in der Polizei. Als Polizeibeamt*innen, als Regierungsbeschäftigte, als Vorgesetzte oder als Anwärter*innen: Sie dürfen Menschen sein mit eben den Verwundbarkeiten, die das Mensch-Sein bedeuten. In den Jahrzehnten, in denen Polizeiseelsorge existiert, hat sicher nur ein kleiner Teil der Beamt*innen die Seelsorge für sich

---

[21] Lammer 2020, 11.

[22] Wie so oft hat dies auch eine Kehrseite, denn oft genug führt dies nachvollziehbare Erfordernis zu einer fehlenden Fehlerkultur.

[23] In der Vulnerabilitätsforschung wird auch über die Verwundbarkeit von Organisationen, Systemen und Staates gearbeitet. Einen guten Überblick dazu bietet Hildegund Keul 2017.

genutzt. Aber allein ihre Existenz sichert das Wissen darum, dass auch sie gefährdet sein können in allen oben angesprochenen Dimensionen: Sie ist ein Symbol für die Schutz-Macht, die die Polizei selbst für sich beanspruchen darf, der „Schutzraum für Schutzleute".[24]

Dennoch ist das Spezifische der „Seelsorge" innerhalb der gewachsenen Vielfalt der Unterstützungsangebote in und für die Polizei oft unklar.

Eine punktgenaue Definition dieses Besonderen ist schwierig. Stattdessen lässt es sich eher beschreiben.[25] Das soll in einem zweiten Schritt erfolgen, zunächst aber möchte ich einige formale strukturelle und personelle Rahmenbedingungen für die Seelsorgenden in der Polizei nennen.

5.4.1 Strukturelle Rahmenbedingungen

Die Unabhängigkeit, mit der sich kirchliche Seelsorgende in der Polizei bewegen können, hat eine einzigartige Grundlage: Das gegenseitige Vertrauen der Institutionen Staat und Kirche, das Fehler gegenseitig wohl wahrnimmt und benennt, jedoch nicht gegen die Vertreter*innen der jeweiligen Institution benutzt.

Polizeiseelsorge ist angewiesen auf die Zugänge, die die Polizei ihr eröffnet. Zwei wesentliche Qualitäten der Seelsorge beruhen darauf:

1. Die Seelsorgenden gewinnen eine fundierte Feldkompetenz, indem sie den Alltag der Beamt*innen teilen können durch Einsatzbegleitung, Besuche von Wachen etc.
2. Dadurch wird eine niedrigschwellige Ansprechbarkeit gewährleistet, die auch in beruflichen Alltagssituationen möglich ist und nicht unbedingt eine Terminvereinbarung voraussetzt: Die Basis der Polizeiseelsorge ist aufsuchende Seelsorge.

5.4.2 Die Seelsorgenden

Spricht man von Seelsorgenden in der Polizei, so sind damit Pfarrer*innen, Priester, Pastoralreferent*innen oder Diakon*innen gemeint, also hauptamtlich in der Kirche tätige Menschen. Auch wenn sich Seelsorge grundsätzlich als Aufgabe eines jeden Menschen für einen jeden anderen versteht[26], zeichnet sich die Polizeiseelsorge durch ihre Hauptamtlichkeit aus. Die Dienst- und Fachaufsicht liegt bei der Kirche.

---

[24] Diesen Begriff prägte zuerst Kurt Grützner. Vgl. ders. 2016, 649.

[25] Eine erste wissenschaftliche Studie zur Wirkweise von Seelsorge hat die Ständige Konferenz für Seelsorge in der EKD in Auftrag gegeben, veröffentlicht unter Kerstin Lammer 2020.

[26] Für die evangelische Kirche gilt hier das „Priestertum aller Gläubigen".

Dies ist aus verschiedenen Gründen relevant: Die Zugehörigkeit und Rückbindung an eine andere Organisation – Kirche – sichert das freie Agieren in einer hierarchischen, in feste Zuständigkeiten gegliederten Organisation – Polizei. Die Seelsorgenden können sich quer zu allen Hierarchien und Abhängigkeiten (Beurteilungssystem, Loyalitäten ...), Behördenstrukturen oder regionalen Gliederungen von Behörden und Wachen bewegen und erhalten so einen internen Einblick, wie er für Externe wohl einzigartig ist. Beides: Die Unabhängigkeit wie auch die internen Kenntnisse bilden die Grundlage dafür, dass Vertrauen gewährt und Vertraulichkeit zugesichert werden kann – ein unschätzbarer Wert.

Ebenso wertvoll ist dabei das Zeugnisverweigerungsrecht (im staatlichen Recht) bzw. das Beichtgeheimnis (im kirchlichen Recht), das Seelsorgenden ein Alleinstellungsmerkmal sichert: Die Polizeibeamt*innen können ganz gewiss sein, dass keine Aktennotiz, kein Eintrag in die Personalakte, keine Auskunftspflicht oder Kontrolle durch die Seelsorgenden erfolgt. In einer Organisation, in der die dienstliche Beurteilung wichtig ist, in der jedes Tun eine rechtliche Relevanz hat (Strafverfolgungszwang) und Zweifel, Fragen oder Unsicherheiten nur selten geäußert werden (dürfen), in einer solchen Organisation ist es ein kostbares Gut, eine Instanz zu wissen, in der alles – wörtlich: ALLES – ausgesprochen werden darf. Auch wenn es vielleicht nicht konkret genutzt wird, ermöglicht allein das Wissen darum eine vorbehaltlose und vertrauensvolle Gesprächssituation.

Bei aller Unterschiedlichkeit in den spezifischen Professionen der Seelsorgenden haben sie doch alle eine theologische Ausbildung bzw. ein Theologiestudium, in dem auch Seelsorge als Anteil enthalten war. In der Intensität und inhaltlichen Verankerung können sie – manchmal grundlegend – differieren. Über diese Grundlage hinaus sind zusätzliche Qualifikationen wie mehrwöchige Seelsorgekurse (z. B. eine Klinische Seelsorgeausbildung – KSA), psychotherapeutische oder traumatologische Ausbildungen und/oder in der Supervision üblich und hilfreich.

Von Seelsorgenden wird erwartet, dass sie auf der Grundlage der biblischen Einsichten die Verletzlichkeit des Menschen als seinen Wesenskern wahrnehmen und bereit sind, sich für krisenhafte Situationen zu öffnen. Sie sollen Nähe zu Menschen und tragfähige Beziehungen herstellen können, mit-fühlend sein und auch ohne das gesprochene Wort spüren können, was das Gegenüber bewegt.

Sie müssen emotional schwingungsfähig sein, kommunikativ auf non-verbaler wie verbaler Ebene sein sowie sich auf die Sprach- und Denkebene des Gegenübers einlassen können. Zugleich sollen sie sich insofern abgrenzen können, als sie zwar den anderen Menschen in seine tiefsten Tiefen begleiten, sich aber nicht davon gefangen nehmen lassen und darum weiterhin Hilfestellung geben können. Kurz: Seelsorgende brauchen eine fundierte Ausbildung, in der eine intensive Selbstreflexion, die Bearbeitung eigener Themen, Gesprächstechniken und eine theologische Reflexion vermittelt werden. Im Vordergrund stehen weder die Diagnostik (wie in der Psychotherapie grundlegend) noch bestimmte Techniken – beides ist aber durchaus hilfreich.

Gemeinsam ist den Polizeiseelsorgenden die Bereitschaft, sich in einer komplexen, regional verzweigten, hoch spezialisierten Organisation zu bewegen, deren Mitglieder religiösen und kirchlichen Angeboten möglicherweise nicht nur fremd, sondern ablehnend gegenüberstehen. Anders als z. B. in Krankenhäusern in kirchlicher Trägerschaft, die zumindest in ihrem Selbstverständnis eine entsprechende Offenheit formulieren, kann das in der Organisation Polizei nicht vorausgesetzt werden: Die Seelsorgenden müssen bereit sein, sich die Vertrauensgrundlage voraussetzungslos zu erarbeiten.

5.4.3 Anliegen und Arbeitsweisen der Seelsorge

- Die Seelsorge hat sich in den letzten Jahrzehnten professionalisiert. In der Auseinandersetzung mit Psychologie und anderen Humanwissenschaften hat sie auch nicht-theologische Denkmodelle zur menschlichen Existenz aufgenommen. Wirklichkeitsdeutungen aus der Perspektive anderer Disziplinen werden damit ebenfalls zu Ressourcen der Seelsorge. Der Gewinn dieser erweiterten Sichtweise liegt darin, dass „innerpsychische, zwischenmenschliche und theologische Aspekte unterschieden und aufeinander bezogen werden können“[27] und damit ein vertiefter Blick auf die Situation eines Menschen ermöglicht wird.
- Der Blick der (Polizei-)Seelsorge auf einen Menschen ist nicht fokussiert auf dessen beruflichen Kontext wie z. B. im Coaching oder in der Supervision; auch nicht auf die Funktionsfähigkeit, auf die sich der polizeiärztliche Dienst primär konzentrieren muss.
- Seelsorge diagnostiziert nicht, sondern nimmt jemanden in einer krisenhaft erlebten Situation an, ohne zu urteilen. Sie will wahrnehmen, annehmen, verstehen. Dahinter steht die Überzeugung, dass Gott den Menschen bedingungslos annimmt, so wie er ist, nicht, wie er sein sollte. Nicht alles ist änderbar und nicht alles wird gut. Nicht alle Wunden sind heilbar. Seelsorge hilft, das Untragbare zu tragen und zu ertragen.
- Insofern ist Seelsorge nicht zielorientiert in dem Sinne, dass sie eine therapeutische oder berufliche Intervention darstellt. Sie bietet Begleitung

[27] Morgenthaler 2012, 93.

an, in der sich ein Mensch situativ oder längerfristig anvertrauen und öffnen kann und dadurch Stärkung erlebt. Selbstverständlich können dabei auch Gespräche neue Perspektiven eröffnen und zu einer Selbstvergewisserung und Neuorientierung führen.

- Seelsorge nimmt den ganzen Menschen in den Blick und eröffnet damit auch den Raum für Themen, die in einem auf Effizienz und Handlungssicherheit bedachten System wenig Beachtung finden: Konflikte und Ambivalenzen, Schuld und Vergebung, Ohnmachtsgefühle, Scham, Trauer, Sinnfragen … Alles das, was in der beruflichen Alltagswelt unsagbar scheint, kann hier angesprochen werden: Die existenzielle Grundbefindlichkeit des Menschen – seine Verletzlichkeit – trifft auf liebevolle Annahme.
- Seelsorge bietet auch Führungspersonen einen geschützten Rahmen an, in dem sie die Bürde, Verantwortung in schwierigen Einsatzlagen für die Sicherheit der eigenen Leute sowie der Bürger*innen und letztlich die Stabilität der Gesellschaft zu tragen, ausdrücken dürfen. Je hochrangiger ein*e Polizist*in ist, desto weniger Kolleg*innen gibt es auf gleicher Ebene, mit denen diese Last geteilt werden kann.
- Seelsorge geschieht auch „en passant" mit einem Blick, einer Geste, einem Zeichen des Wahrgenommen-Werdens. Es ist ein Kennzeichen von Seelsorge, dass sie nicht einen festen Rahmen voraussetzt.

5.4.4 Wirkungen der Seelsorge

Seelsorge *wirkt*: entlastend, verbindend, tröstend, stärkend, ermutigend, den Blick weitend, tröstend … Sie hilft dabei, dass die „seelische Eigensicherung" nicht zu einer inneren Verpanzerung führt und schwere Situationen mit Zynismus erledigt werden. Die Verwundbarkeit zu spüren ist Voraussetzung für eine schwingungsfähige Seele, die sich auch von der Zärtlichkeit des Lebens berühren lässt. Verwundungen wahrzunehmen und zu bewältigen ist leichter mit einem Menschen an der Seite, der sieht, spürt und evtl. ausspricht, was schmerzlich ist. So kann der Schmerz bewältigt und integriert werden – und letztlich die individuelle Resilienz stärken.

Wie Seelsorge wirkt, ist methodisch schwer zu fassen und sicherlich individuell und situativ unterschiedlich. Dennoch lassen sich spezifische Wirkweisen beobachten, die Kerstin Lammer[28] in verschiedenen Kategorien zusammenfasst. Sie helfen dabei, die seelsorglichen Wirkungen der Polizeiseelsorge zu beschreiben, darum werden sie hier zugrunde gelegt und mit den bereits oben genannten Thesen zugeordnet.

---

[28] A.a.O.

Wirkkategorie: Gemeinschaft und Trost

1. These: *Die Polizeiseelsorge eröffnet Räume, in denen durch das gemeinsame Wissen um das Schwere eine Gemeinschaft entsteht, die Halt geben und als tröstlich empfunden werden kann.*

Durch die Begleitung des polizeilichen Alltags, das Mit-Erleben von schwierigen und belastenden Einsatzsituationen und die Kenntnis der internen Problematiken ist eine Grundlage geschaffen, die eine Gemeinsamkeit darstellt und eine Verständigung erleichtert. Was nach außen kaum kommunizierbar ist (oder sein darf), ist hier gemeinsamer beruflicher Kontext, sodass auch ohne Worte eine Nähe hergestellt werden kann, die tragfähig ist und entlastend wirkt.

Darüber hinaus werden durch Seminarangebote sichere Räume eröffnet, in denen Polizeibeamt*innen ihr Erleben miteinander teilen und sich darin verbinden können.

Wirkkategorie: Spiritualität und Rituale

2. These: *Polizeiseelsorge sieht den Menschen in seiner Mehrdimensionalität, die auch die Spiritualität mit umfasst.*

Die Seelsorge bezieht die transzendente Dimension mit ein, um Fragen von Zerbrechlichkeit, Sinn oder Welt- und Lebensdeutungen zu stellen.[29] Sie weiß um die Angewiesenheit des Menschen: Niemand kann sich selbst trösten, sich selbst halten und Geborgenheit geben, sich selbst den Atemhauch des Lebens („Näfäsch“) schenken. Die Nähe eines mitfühlenden anderen lässt aufatmen. Was Menschen einander geben können, ist viel; die Angewiesenheit geht aber darüber hinaus. Seelsorge bezieht die Dimension des Unverfügbaren mit ein und beruht auf einem grundlegenden Vertrauen – dem Glauben. Hierin besteht die Rückbindung der Seelsorgenden– das Gegenüber muss das nicht teilen, wird die Besonderheit der Situation aber häufig spüren.

Der sichere Rahmen von Beichtgeheimnis/Zeugnisverweigerungsrecht bietet den Raum, auch Tiefendimensionen des menschlichen Seins zu spüren und anzusprechen, die sonst tabuisiert sind.

Spiritualität ist zugleich eine Ressource, deren Wirkung unverfügbar und dennoch spürbar ist. Im Horizont von existenziellem Angenommen-Sein

---

29 „Das zentrale Bezugsproblem der Religion ist nach Luhmann Kontingenz, die *Auseinandersetzung mit der Zufälligkeit und Zerbrechlichkeit menschlicher Existenz. ‚Religion absorbiert hoch irritierende und letztlich nicht still zu stellende Fragen, die damit zusammenhängen, dass Sinn verweisungsoffen und nicht feststellbar ist‘* (118). In anderen gesellschaftlichen Systemen müssen Sinnfragen abgeschnitten bzw. ausgelagert und Gültigkeit geschaffen werden. Hier liegt die Leistung des Systems der Religion für andere Systeme.“ Morgenthaler 2012, 93f.

werden neue Perspektiven ermöglicht wie Vergebung, Trost oder Versöhnung – auch mit sich selbst.

3. These: *Ihre Tätigkeit kann verbunden werden mit Ritualen wie Gebet und Gottesdienst, Segnung oder Sakramentenspendung.*

Rituale schaffen Halt gebende Struktur, stärken die Gemeinschaft und helfen bei psychischen Prozessen durch ihren Symbolgehalt[30]. Christliche Rituale beziehen ihre Kraft aus der jüdisch-christlichen Tradition, die die Gemeinschaft von Menschen untereinander und mit Gott konstituiert. Sie wirken heilsam, tröstend, stärkend und versöhnend. Rituale schaffen die Möglichkeit, den Menschen als Ganzheit – auch mit seiner Körperlichkeit und seinen Sinnen – einzubeziehen. Dadurch entfalten sie ihre Wirkkraft, die über kognitives Verstehen hinausgeht. Insbesondere hier wird die Anknüpfung an das jüdisch-christliche Menschenbild deutlich: Ein Mensch ist Körper und Seele. Um beides zum Auf-Atmen zu bringen, sind Atemübungen oder Pilgerwege hilfreich (vgl. Kap. 11 und 13).

Wirkkategorie: Gedankliche Klärung

4. These: *Seelsorgliche Gespräche erfolgen ohne (dienstliche / funktionale) Zielerwartung. Allein der Mensch steht im Mittelpunkt, sodass eine Offenheit entsteht, die eine gedankliche Klärung in ihrer Tiefe ermöglicht.*

Das Da-Sein im Alltag der Menschen und das Erfahrungswissen von polizeilicher Wirklichkeit, das Zuhören ohne jeden Vorbehalt und die voraussetzungslose Annahme eines jeden Menschen schaffen einen Raum für Vertrauen, das Grundlage für Gespräche in einer besonderen Intensität und Intimität sein kann. So kann ein Verständnis von erlebten Situationen herbeigeführt werden und Selbstreflexion geschehen. Da Polizeiseelsorgende Mitwissende des Dunklen sind und es mittragen, kann auch ein Gespräch ohne konkretes Ergebnis eine Entlastung und seelische Stärkung sein.

Wirkkategorie: Sinnorientierung

5. These: *In besonderen Lebenssituationen wie Lebensübergängen und -umbrüchen, in Krisen oder im Erleben von Leid kann die Frage nach dem (Lebens-) Sinn entstehen. Im seelsorglichen Gespräch findet diese Frage ihren sicheren Raum, sodass nach Antworten gesucht werden kann.*

Polizeiseelsorgende bieten einen vertraulichen und erwartungsfreien Raum für Gespräche an, in denen der Mensch mit seinen Fragen, Zweifeln, mit den Belastungen und Hoffnungen – und u. U. auch mit

---

30 Die Wirkkraft von Ritualen in der Seelsorge beschreiben ausführlich anhand von Fallschilderungen Ursula Riedler-Pfäfflin und Julia Strecker (1998) in ihrem Buch

seiner Sprachlosigkeit – im Mittelpunkt steht. Allein dieses Angebot eröffnet häufig die Frage nach dem Sinn im eigenen (beruflichen) Tun und im eigenen Leben. Das Erleben von Leid, von Gewalt und ihren Auswirkungen, von Sterben und Tod sowie von eigener Ohnmacht und Hilflosigkeit lässt vor allem lebensältere PVB diese Frage stellen. Polizeiseelsorgende bieten durch ihre religiöse Rückbindung eine Sinnorientierung an, die häufig nicht erst versprachlicht werden muss, sondern bereits durch ihre Person symbolhaft präsent wird.

Wirkkategorie: Das Aufdecken von Wunden

6. These: *Die Anforderung an Polizeibeamt*innen, Stärke zu zeigen, erschwert es ihnen, eigene Ohnmachtsgefühle, Ambivalenzen, Verletzungen und Kränkungen bewusst wahrzunehmen und anzusprechen. Da Polizeiseelsorgende in der polizeilichen Alltagswelt präsent sind und deren Wirkkraft miterleben, wissen sie um solche Wunden, können sie mit-fühlen und mit-tragen und sie ggf. auch behutsam ansprechen.*

Menschen erleben ihre Zweifel, Tränen, ihr Scheitern – und auch Schuld – oft als „Wunde Punkte". Solche seelischen Wunden werden in einem Berufsbild, das als lösungsorientiert, pragmatisch und robust gilt, selten gespürt, noch weniger angesprochen. Das gilt sowohl für das persönliche Erleben als auch für organisationale Gegebenheiten.

Seelsorge hält das Bewusstsein für die Verwundbarkeit und die Offenheiten des Lebens aus und wach: Sie weiß darum, dass nicht nur kontinuierliches Wachstum und persönliche Reifung zum Leben gehören, sondern ebenso das Scheitern und der Sturz in den tiefsten Abgrund. Dieses Wissen und Mit-Fühlen bietet eine Begleitung an, die bedingungslos ist und das Unerträgliche mittragen kann.

5.5 Resümee

Seelsorge ist vielfältig, bietet Möglichkeiten, entzieht sich einer festen Definition. Darin liegt eine Gefährdung, denn immer wieder scheint der Begriff „Seelsorge" allzu unscharf, sodass Unsicherheiten entstehen, ob Seelsorge denn ein eigenes Format innerhalb des polizeiliches Unterstützungssystems (Supervision, Coaching …) sei.

Mit meinen Ausführungen habe ich versucht zu zeigen, dass Seelsorge ein komplexes, manchmal sicher auch diffuses Geschehen ist. Gerade darum bietet sie Freiheiten und Chancen, die Seelsorgende situativ und orientiert an ihren Kompetenzen zu Gunsten der Menschen, die sich ihnen anvertrauen, nutzen können.

Was die Seelsorgenden verbindet, ist der liebende Blick auf die Menschen – und das Vertrauen darauf, dass Nöte, Zweifel, Schmerz nicht nur zum Leben dazugehören, sondern auch Möglichkeiten des Reifens bieten. Menschen dabei nicht allein zu lassen, ist ihr Angebot, das Auf-Atmen lässt.

5.6 Literatur

Andrea Bieler, Verletzliches Leben – Horizonte einer Theologie der Seelsorge, Vandenhoeck und Ruprecht, Göttingen 2017.

Deutscher Ethikrat, Vulnerabilität und Resilienz in der Krise – Ethische Kriterien für Entscheidungen in einer Pandemie. Stellungnahme (4. April 2022), Deutscher Ethikrat, Berlin 2022.

Kurt Grützner, Wolfgang Gröger, Claudia Kiehn, Werner Schiewek (Hg.), Handbuch Polizeiseelsorge, Vandenhoeck und Ruprecht, 2. Aufl. Göttingen 2012.

Kurt Grützner, Polizeiseelsorge und ihr Selbstverständnis, in: Ders. et al. 2012, S. 39-49.

Kurt Grützner, Polizeiseelsorge, in: Wilfried Engemann (Hg.), Handbuch Seelsorge – Grundlagen und Profile, Evangelische Verlagsanstalt, 3. neubearb. und erw. Auflage Leipzig 2016, S. 642-657.

Isabella Guanini, Zärtlichkeit – die Schwester der Verletzlichkeit, in: Hildegund Keul, Thomas Müller (Hg.), Verwundbar, echter-Verlag. Würzburg 2020, S. 112-121.

Thomas Hoppe (Hg), Körperlichkeit – Identität, Paulusverlag, Freiburg Schweiz 2008.

Hildegund Keul, Verwundbarkeit, Sicherheit und Resilienz, in: Stimmen der Zeit, Heft 9, September 2017, S. 589-598.

Michael Klessmann, Irmhild Liebau (Hg.), Leiblichkeit ist das Ende der Werke Gottes, Vandenhoeck und Ruprecht, Göttingen 1997.

Kerstin Lammer, Wie Seelsorge wirkt, Kohlhammer, Stuttgart 2020.

Kerstin Lammer, Sebastian Borck, Ingo Habenicht, Traugott Roser, Menschen stärken. Seelsorge in der evangelischen Kirche, Gütersloher Verlagshaus, Gütersloh 2015.

Christian Möller (Hg.), Geschichte der Seelsorge in Einzelporträts, Bd. 1-3, Vandenhoeck und Ruprecht, Göttingen 1994.

Christoph Morgenthaler, Seelsorge, Gütersloher Verlagshaus, 2. Aufl. Gütersloh 2012.

Michaela Quast-Neulinger, Zärtlich jenseits der Naivität, zur theo-politischen Bedeutung von Verwundbarkeit, in: Hildegunde Keul (Hg.), Theologische Vulnerabilitätsforschung, Stuttgart 2021, S. 57-74.

Cornelia Richter, Ohnmacht und Angst aushalten. Zu Kritik und Ergänzung dominant aktiver Resilienzfaktoren, in: Cornelia Richter (Hg.), Ohnmacht und Angst aushalten. Kritik der Resilienz in Theologie und Philosophie, Kohlhammer Verlag, Stuttgart 2017, S. 9-29.

Ursula Riedel-Pfäfflin, Julia Strecker, Flügel trotz allem, Gütersloher Verlagshaus, Gütersloh 1998.

Werner Schiewek, Polizeiseelsorge und ihre theologischen Grundlagen, in: Grützner et al. 2012, S. 29-38.

Werner Schiewek, Reden oder Schweigen? Zum Umgang der Polizei mit ihrer moralischen Vulnerabilität, in: Christian Barthel, Claudia Puglisi (Hg.): Sexualität und Macht in der Polizei. Eine multiperspektivische Fallanalyse, Springer Gabler, Wiesbaden 2022, S. 289-304.

Silvia Schroer, Thomas Staubli, Die Körpersymbolik der Bibel, Wissenschaftliche Buchgesellschaft, 2. Aufl. Darmstadt 2005.

6 Was mache ich hier eigentlich? Betrachtungen eines Polizeiseelsorgers. Ein Erfahrungsbericht

Norbert Schmitz

6.1 Einleitung

Es ist 10.20 Uhr. Ich betrete die Wache. Der Beamte, ein Oberkommissar etwa Mitte dreißig, betätigt den Türöffner und lässt mich ein. Ich trete an den Tresen: „Guten Tag, mein Name ist Norbert Schmitz von der Polizeiseelsorge. Ich wollte nur mal ‚Hallo' sagen." Der Beamte erwidert ungerührt ‚Ja, hallo' und schaut mich treuherzig an. Was folgt, ist ein, zumindest für mich, peinliches Schweigen und ich denke still und ein wenig amüsiert bei mir: „Na klasse, was machst du hier eigentlich?"

Ja, was mache ich als katholischer hauptamtlich tätiger Polizeiseelsorger in der Polizei des Landes NRW eigentlich? Im Folgenden möchte ich darüber nachdenken, was das Besondere an dieser Aufgabe ist, was mich immer wieder herausfordert, aber auch begeistert, wie meine Entwicklung während der vergangenen knapp dreizehn Jahre verlaufen ist, sodass ich heute sagen kann: Ich bin ein Polizeiseelsorger – und ich bin es gerne. Es sind unvollständige, sehr persönliche und bisweilen selbstkritische Reflexionen in Form anekdotischer Schilderungen und mancher ironischer Zuspitzungen, aber keineswegs wissenschaftliche Erörterungen. Mancher meiner seelsorglichen Kolleg:innen wird es anders erleben und andere Schlüsse ziehen, aber genau das ist eines der Spezifika dieses Dienstes voller Ambivalenzen und Ambiguitäten wie im Folgenden hoffentlich ein wenig deutlich wird.

6.2 Durchgehend ambivalent: Herausforderungen und Möglichkeiten

Polizeiseelsorge ist in besonderer Weise von Ambivalenzen geprägt. Jeder objektiven Schwierigkeit korrespondiert auch eine Fülle von Chancen – wenn man denn in der Lage ist, diese zu sehen, und über die Voraussetzungen und Mittel verfügt, sie auch zu nutzen.

6.2.1 „Unbestimmte Auftragslage"

Polizeiseelsorge erlebe ich als typischen Mach-mal-Auftrag: „Mach mal Polizeiseelsorge." Damit meine ich, dass sowohl auf Seiten des Auftraggebers als auch des Auftragnehmers von einer eher diffusen Auftragslage auszugehen ist. Zumindest habe ich von meinem Dienstgeber kein klares

Stellenprofil mit einer detaillierten Aufgabenbeschreibung erhalten. Und auch auf Seiten der Polizei erntet man bei der Frage, wofür denn der Polizeiseelsorger da sei, häufig nur ein Schulterzucken oder eher vage Vorstellungen: „Der hilft einem, wenn man ganz große Probleme hat." Konkreter wird es, wenn Vorerfahrungen mit einem bestimmten Seelsorger vorhanden sind. Dann folgt in der Regel eine Schilderung der wahrgenommenen Tätigkeit des konkreten Polizeiseelsorgers vor Ort: „Also unser Polizeiseelsorger hat mir mal sehr geholfen, als …", oder: „Mit dem kann man viel Spaß haben und er interessiert sich für mich."

Dieser eher unbestimmte Auftrag ist Segen und Fluch zugleich. Zunächst stellt es eine wiederkehrende Herausforderung dar, gewissermaßen in Miniaturkontrakten, immer wieder neu Gegenstand, Methode und Umfang seelsorglicher Begegnungen zu verhandeln. Die personelle Fluktuation in der Polizei ist groß, ständig werden Polizeibeamt:innen versetzt, jeweils zum ersten September eines Jahres kommen Dutzende neue hinzu und mühsam aufgebaute Netzwerke fallen jährlich Pensionierungen zum Opfer. Es ist eine fortwährende Aufgabe, das Angebot der Polizeiseelsorge im Allgemeinen und sich als Person im Besonderen ins Spiel zu bringen und im Spiel zu halten. Polizeiseelsorge gehört für die meisten Polizist:innen zunächst eben einmal nicht zum „Relevant Set"[1]. Ebenso sieht auch die Organisationsstruktur der Polizei für die Polizeiseelsorge zunächst keinen originären und einheitlich fest institutionalisierten Ort vor. Konkret bedeutet dies, dass einem einzelnen Polizisten und das gilt auch für viele Führungskräfte, sofern er noch keine persönlichen Kontakte mit der Polizeiseelsorge hatte, gar nicht in den Sinn kommt, in der Person des Polizeiseelsorgenden eine mögliche Unterstützung für sein Anliegen zu erkennen.

Das gilt natürlich auch für die Organisation als solche. In der Regel kommt Polizeiseelsorge als relevanter Akteur nur dann ins Spiel, wenn sich der Polizeiseelsorger selbst proaktiv ins Spiel bringt, als hilfreicher Mitspieler wahrgenommen wird und Aufnahme in der Organisation findet. Da diese Vereinbarungen aber in der Regel nicht fest institutionalisiert sind, können sie beim Wechsel der handelnden Akteure schon wieder obsolet sein. Das fängt beim Erhalt wichtiger Informationen an, geht über die Einladung zu eigentlich relevanten Sitzungen und Besprechungen bis hin zum Anspruch auf ein eigenes Büro im zentralen Gebäude. So muss ich mich z. B. zwingend bei neu hinzuversetzten Führungskräften des höheren Dienstes persönlich vorstellen und bei diesen für mich als Person und mein spezifisches Angebot werben. Nicht selten kommt es dann beim Gegenüber zu anekdotenhaften

1 Unter diesem Begriff versteht man eine Auswahl von Produkten oder Marken, die sich im Bewusstsein des Verbrauchers festgesetzt haben und nach denen er bei seinem Einkauf/Konsum gezielt sucht.

Schilderungen darüber, wie die bisherigen Kontakte und Erfahrungen mit Kolleg:innen der Polizeiseelsorge in anderen Behörden verlaufen sind.
Auf der anderen Seite ermöglicht die Abwesenheit von zu vielen einschränkenden Vorbedingungen, gewissermaßen in die Lücken zu stoßen und im Sinne der Menschen seelsorgliche Angebote machen zu können. Die Rollen sind hinreichend unbestimmt und ermöglichen Begegnungen, wie sie innerhalb des Systems Polizei ansonsten nirgendwo vorkommen. Nicht selten ereignet sich dabei Überraschendes sowohl in Einzelberatungen als auch in Veranstaltungen mit Dienstgruppen oder Kommissariaten. Polizeiseelsorge lässt sich in diesem Sinne auch als „Seh-Sorge" verstehen, insofern sie mit großer Aufmerksamkeit bislang wenig beachtete Bedürfnisse bei den Polizist:innen aufspürt und versucht, passgenaue Angebote sowohl für die einzelnen Beamten als auch die Organisation zu machen[2]. Als kirchlichem Mitarbeiter wird mir dabei häufig – gewissermaßen im Sinne eines positiven Vorurteils – zugestanden, für die Schwächeren, Benachteiligten oder Gehandicapten einzutreten. Und, sofern es mir gelingt als glaubwürdiger und authentischer Gesprächspartner wahrgenommen zu werden, darf ich auch auf Problematisches, Ungerechtes oder Fragwürdiges in der Organisation hinweisen.
Weiterhin bin ich meinem kirchlichen Dienstgeber sehr dankbar, dass er mein seelsorgliches Handeln nicht durch übermäßige Vorgaben oder allzu konkrete Erwartungen einschränkt. Die Interpretation von Polizeiseelsorge als personalem Angebot für Menschen, die einen unverzichtbaren Beitrag zum Gelingen dieser Gesellschaft leisten und dabei ihre physische und psychische Integrität gefährden, wird seitens der Kirche befürwortet und ermöglicht. In diesem diakonalen Ansatz wird durch Polizeiseelsorge einer der drei Grundvollzüge kirchlichen Handelns sicht- und erlebbar.

6.2.2 „Einzelkämpfer"

Gerade mal 23 hauptamtliche Polizeiseelsorgerinnen und -seelsorger gibt es in NRW. Damit bin ich einerseits unter den vielen Seelsorger:innen der evangelischen und katholischen Kirche, andererseits aber auch den rund 56.000 Polizeibediensteten ein Exot. Im beruflichen Alltag bedeutet dies zumeist, dass ich auf dem Gebiet der fünf Polizeibehörden meines Zuständigkeitsbereiches alleine unterwegs bin. Dazu gehören neben dem Polizeipräsidium Bonn vier Landkreise mit einer Fläche von immerhin 3900 Quadratkilometern und insgesamt 20 Polizeiwachen. Ein Seelsorgeteam im eigentlichen Sinn gibt es nicht. Persönliche Kontakte mit meinen katholischen Kolleg:innen sind auf Dienstgespräche in mehrwöchigem

[2] Biblisch drückt sich dies in der jesuanischen Haltung des „Was willst du, dass ich dir tue?" (Lk 18,41) aus.

Abstand beschränkt. Zum Glück gibt es die gute ökumenische Zusammenarbeit mit meinen evangelischen Kolleginnen vor Ort, mit denen ich den kollegialen Austausch pflege und eine Reihe von Veranstaltungen gemeinsam durchführe. Allerdings sind die regionalen Zuständigkeiten innerhalb der EKiR anders geregelt, sodass sich die Zusammenarbeit auf zwei Kolleginnen verteilt.

Wer, wie ich, gewohnt war, mit vielen Kolleg:innen in der Seelsorge gerne eng und regelmäßig zusammenzuarbeiten, für den stellt die skizzierte Ausgangslage eine gewisse Herausforderung dar.

Was macht man in solch einer Situation? Man fängt einfach an. Ausgestattet mit zahlreichen guten Ratschlägen meiner damals zwei Kollegen mit langjähriger Polizeiseelsorge-Erfahrung, jeder Menge an vorurteilsbehafteten Bildern im Kopf und heftig klopfendem Herzen habe ich anfangs den Kontakt zu „meinen Behörden" gesucht. Über die Behördenspitze wurden erste Termine für Vorstellungsrunden und Hospitationen vereinbart, zahlreiche Schichten im Streifenwagen begleitet, Ermittler:innen über die Schulter geguckt, mit der Kriminalwache in dunkle Ecken der Stadt geschaut und bei „Leichensachen" mit angepackt, mit der Bereitschaftspolizei zu Castortransporten nach Gorleben oder zu Bundesligaspielen gereist. Bei mir vorhandene Vorurteile von einer markigen, straff organisierten und streng hierarchischen Organisation stellten sich bald, zumindest vordergründig, als unbegründet heraus. Es ging doch alles viel weniger robust, sondern ziviler und lockerer zu als von mit befürchtet. In aller Regel wurde ich höflich und nach kurzer Zeit vorsichtiger Reserviertheit auch freundlich und offen aufgenommen. Ich trank in dieser Zeit literweise Kaffee, war neugierig und fragte allen Löcher in den Bauch, lernte Abkürzungen ohne Ende, fand nahezu alles toll, und als mir auch die ersten Führungskräfte das „Du" anboten, schwebte ich auf Wolke sieben. Nun gehörte auch ich zur Polizeifamilie.

6.2.3 Verführungen

Ohne es recht zu merken, war ich einer der großen Verführungen erlegen, die die Tätigkeit des Polizeiseelsorgers bereithält: dem *„Wunsch dazuzugehören"*. Das eben skizzierte Nicht-Vorhandensein unmittelbarer Kolleg:innen, gepaart mit der persönlichen Bedürftigkeit des „alleinreisenden" Seelsorgers nach Annahme, birgt die Gefahr einer Haltung unkritischer Distanzlosigkeit in sich. Die auf gewisse Weise hermetische Welt der Polizei mit ihren ganz individuellen Ritualen zur Schaffung von Kohäsion in der eigenen Gruppe übte auf mich eine ganz eigene Faszination aus. Dennoch war mir klar, dass die Rolle des Polizeiseelsorgers nicht darin bestehen konnte, zu einer Art von „wohlwollendem Maskottchen" zu werden. Zwar ist es von hoher Bedeutung, über das Erlernen der vorherrschenden Sprachspiele und den Erwerb von Feldkompetenz Zugang zur sehr speziellen Lebenswirklichkeit der Polizist:innen zu entwickeln, um bei diesen anzukoppeln. Gelingt dies nicht, wird Polizeiseelsorge im besten Fall irrelevant, gegebenenfalls aber auch zum anbiedernden Ärgernis. Genauso wichtig ist es jedoch, aus einer Haltung notwendiger Distanz die Unterschiede zu wahren, um mit kenntnisreicher Außenperspektive Unterstützung leisten und Wirkung, etwa hinsichtlich der „heißen Eisen“ des Polizeiberufs, entfalten zu können. Die zugrunde liegende Haltung wird bisweilen mit kritischer Solidarität beschrieben. So würde auch ich inzwischen meine Rolle definieren.

Eine weitere Verführung ist die der *„falschen Karren“*, vor die man gespannt werden kann. Wer in einem fortdauernden Prozess darum bemüht ist, seine Rolle zu finden und auch zu halten, läuft Gefahr, dass andere die Rollendefinition übernehmen oder einen dazu bringen, Dinge zu tun oder Aufgaben zu übernehmen, die sich im Nachhinein als problematisch erweisen. Als Polizeiseelsorger werde ich beispielsweise immer wieder einmal als Moderator in Konflikten angefragt, weil man in mir eine neutrale vertrauenswürdige Person mit Anerkennung bei den Beamt:innen und gewisser fachlicher Reputation sieht. Oft gelingen solche streitschlichtenden Moderationen auch sehr gut. Bisweilen stelle ich aber auch erst im laufenden Prozess fest, dass etwa Führungskräfte versuchen, den Seelsorger dazu zu gewinnen, einen Konflikt zu moderieren, ohne jedoch wirklich an einer Konfliktlösung interessiert zu sein. Vielmehr steht der negative Ausgang der Bemühungen bereits fest und sie benötigen lediglich noch einen weiteren dokumentierten vergeblichen Versuch zur Vervollständigung der Personalakte eines der Konfliktbeteiligten, um diesen aus seiner Funktion zu entfernen oder gegebenenfalls sogar ganze Dienststellen aufzulösen. Auch umgekehrt gibt es Bemühungen einzelner Mitarbeitender in eigens inszenierten Veranstaltungen unter Begleitung des Seelsorgers, die jeweiligen Interessen durchzusetzen, selbst wenn dies die Führungskraft beschädigt. So sehr solche Versuche auch häufig in leidvollen Erfahrungen begründet sein mögen, so stellen sie doch für den Seelsorger und seinen Leumund als überparteiliche Vertrauensperson eine große Gefahr dar.

Dann sind da noch die *„ungedeckten Schecks“*. Als Polizeiseelsorger wird mir häufig eine grundsätzliche psychologische Kompetenz unterstellt, über die ich als Theologe aber per se erst einmal gar nicht verfüge. Bisweilen werde ich von Führungskräften um Rat gefragt, wie denn mit Kollegen verfahren werden soll, die offensichtlich noch sehr mit der psychischen Bewältigung eines belastenden Einsatzes zu kämpfen haben. Oder ich werde gebeten, mit einem Mitarbeiter zu reden, der sich seit einiger Zeit auffällig benimmt.

Dies ist sicherlich im letztlich nicht genau definierten und auch nicht geschützten Begriff des Seelsorgers begründet, dessen Bedeutung in der Regel von wahrgenommenen Aufgaben innerhalb des weiten Spektrums psychosozialer Unterstützung abgeleitet wird. So sehr mich solche Anfragen freuen, meine narzisstische Seite ansprechen und ich natürlich auch gerne meine Unterstützung zur Verfügung stelle, so sehr muss ich natürlich darauf achten, mir meine eigenen Grenzen bewusst zu machen und diese auch deutlich zu kommunizieren. Wie alle meine hauptberuflichen Kolleg:innen habe ich mich ich in der Methode der Einsatzkräftebetreuung nach belastenden Einsätzen fortgebildet und bin auch in das polizeiinterne unmittelbare Kriseninterventionssystem eingebunden. Bei Anfragen nach einer längerfristigen Begleitung von Polizist:innen, die eine potenziell traumatisierende Einsatzerfahrung zu verarbeiten haben, oder der qualifizierten Beratung von Führungskräften, wie diese mit derartig betroffenen Mitarbeitern umgehen sollen, reicht diese Fortbildung allerdings bei Weitem nicht aus und ich fühlte mich letztlich auf unsicherem Terrain und der Gefahr ausgesetzt, gewissermaßen ungedeckte Schecks auszustellen. Um diesem Missstand zu begegnen, habe ich mich – wie manche meiner Kolleg:innen – zum Fachberater für Psychotraumatologie (DIPT) ausbilden lassen und kann nun guten Gewissens Betroffene und Führungskräfte qualifiziert und fundiert beraten.

6.3 Was hilft? – Voraussetzungen

Welche Voraussetzungen sollte also ein Seelsorger mitbringen, um den skizzierten Herausforderungen adäquat begegnen zu können?
Als Grundvoraussetzung muss von einer gewissen Berufs- und Lebenserfahrung ausgegangen werden. In den vergangenen Jahren meiner Tätigkeit als Polizeiseelsorger bin ich mit Situationen und Sachverhalten konfrontiert worden, die ich zuvor nicht für möglich gehalten habe und die mich in ihrer Intensität und Komplexität sicherlich überfordert hätten, wäre ich bei der Übernahme der Aufgabe nicht schon 44 Jahre alt gewesen und hätte ich nicht bereits über mehr als 18 Jahre Erfahrungen in anderen seelsorglichen Feldern verfügt.
Hinzu kommt ein gerütteltes Maß an erforderlicher Frustrationstoleranz. Die skizzierte strukturelle Fehlanzeige von Polizeiseelsorge im Relevant Set der Polizei will erst einmal ausgehalten und vor allem nicht persönlich genommen werden. Zwar entwickeln sich, wie in jedem seelsorglichen Feld, im Laufe der Zeit auch tragfähige und längerfristige Beziehungen, mitunter auch Freundschaften zu Polizist:innen. Für die Mehrzahl der Menschen, mit denen ich es täglich zu tun habe, gilt dies aber nicht. Wer nicht willens oder fähig ist, ständig erneut Klinken putzen zu gehen, gewissermaßen als Handlungsreisender in eigener Sache wiederholt und unaufhörlich für sich selbst und sein Angebot zu werben, wird wenig Erfolgserlebnisse verspüren

und mit dieser Aufgabe wohl auch nicht glücklich.[3] Positiv gewendet lässt sich sagen, dass Polizeiseelsorge im besten Sinne aufsuchende Seelsorge ist. Sie erfordert von Seelsorger:innen ein hohes Maß an intrinsischer Motivation und dazugehöriger Selbstorganisation. Salopp ausgedrückt: Wie, wie viel und ob ich überhaupt arbeite, bestimme ich im Wesentlichen selbst. Insofern überrascht es mich bisweilen, wie gut ich ausgelastet bin und wie sehr ich mich gelegentlich als erschöpft empfinde.

Eng damit verbunden ist eine Haltung, die sich, ganz im traditionellen Sinn, als Demut bezeichnen lässt. Verfügen Seelsorger:innen im binnenkirchlichen System, je nach Aufgabe, noch über einen gewissen Status, in der Regel verbunden mit Macht, Einfluss und Entscheidungskompetenz, entfällt dieser in der Polizeiseelsorge fast vollständig. Sie ist Gast in einem fremden, nämlich staatlichen System. Und wie ein Gast sollte ich mich auch benehmen. Ich fordere nicht, sondern bitte. Vor allem aber akzeptiere ich die herrschenden Regeln. Ich bin bereit, ständig das Mobiltelefon mit mir zu führen und im Alarmierungsfall sofort, auch nachts und am Wochenende, zur Verfügung zu stehen. Wenn ich Menschen an ihrem Arbeitsplatz aufsuche, frage ich natürlich, ob ich störe, und muss auch jederzeit bereit sein, mich zurückzuziehen. Wenn ich einen Großeinsatz begleite, binde ich mich in die Aufbauorganisation ein und gehorche ggf. den Anweisungen eines polizeilich Verantwortlichen, auch wenn dieser natürlich nicht mein Vorgesetzter im engeren Sinn und mir gegenüber formal nicht weisungsbefugt ist.

Dabei ist Einmischung und kritischer Widerspruch situativ, so wie ich es erlebe, durchaus erwünscht. Allerdings nur, wenn ich zuvor viel in einen respektvollen Umgang und den Aufbau vertrauensvoller Beziehungen investiert habe und aus der anerkannten Kraft meiner Person spreche. Einen Amtsbonus o. Ä. erlebe ich faktisch nicht.

Vieles von dem, was Polizist:innen tagtäglich erleben, ist wahrlich kein Spaß und gewiss nicht zum Lachen. Und dennoch wird genau das häufig und in vielfältigster Weise getan. In meiner gesamten seelsorglichen Praxis habe ich nicht halb so viel gelacht wie in meiner Zeit in der Polizeiseelsorge. Ich erkläre mir das damit, dass das Thema Tod sich wie ein roter Faden durch die polizeiliche Arbeit zieht und allgegenwärtig ist. Oft nur subtil und hintergründig, aber als Möglichkeit beständig vorhanden. Und dann natürlich auch immer wieder ganz handgreiflich, direkt und in brutaler Schonungslosigkeit sinnlich erfahr- und bisweilen auch persönlich erleidbar. All das lässt sich mit Humor – und sei es in seiner schwarzen Form – besser ertragen. Nichts schafft mehr und unmittelbarere Distanz zu einer bedrängenden Realität als Lachen. Insofern stellt Humor eine ganz wesentliche Ressource für Polizeiseelsorger:innen dar. Dazu gehört idealerweise auch

[3] Spätestens jetzt, so hoffe ich, erschließt sich die eingangs geschilderte Situation.

eine gewisse Geschicklichkeit im Umgang mit Ironie. Polizist:innen ironisieren ständig und alles. Pausenlos wird einander geneckt und mit Ausdrücken belegt, die in anderen Kontexten ausnahmslos den Tatbestand der Beleidigung erfüllen würden. Man mag das bedauern und in gewisser Weise sehr bedenklich empfinden, ändern wird man es nicht. So habe ich mich längst daran gewöhnt, auf dem Flur der Hundertschaft mit einem fröhlichen und lauten „Da ist ja unser Scheinheiliger" begrüßt und auf der Führungsstelle Kriminalität als „Agent des Vatikans" bezeichnet zu werden. Und wer mich immer „Hallelujaschlumpf" nennt, habe ich gnädigerweise vergessen. Lässt man sich auf dieses Spiel ein und versteht es seinerseits mit einer gewissen Schlagfertigkeit zu kontern, ermöglicht dies eine gute Kopplung, die dann den Boden bereitet für durchaus Ernsthaftes.
Dies allein würde mir aber nicht genügen. Für meine alltägliche Arbeit erlebe ich meine Zusatzqualifikationen als systemischer Berater und als Supervisor, beide anerkannt und zertifiziert, die ich bereits vor meiner Tätigkeit als Polizeiseelsorger erworben habe, als ungemein wertvoll und für mich unverzichtbar. Sie schärfen meinen Blick auf die organisationalen Zusammenhänge, lassen mich die bereits erwähnten potenziellen Fallen rechtzeitig erkennen und in der Folge auch leichter vermeiden. Zudem ermöglichen sie mir, Einzelne, Gruppen und Teams fachlich zu unterstützen und zu beraten. Gute Erfahrungen mache ich z. B. mit dem Format „Teamzeit", in dem ich mit einer Organisationseinheit, etwa einer Dienstgruppe einer Polizeiwache oder einem Kommissariat, für zwei Tage in ein kirchliches Bildungshaus fahre und mit den Teilnehmer:innen supervisorisch an ihren Themen, häufig der Beziehungsdynamik innerhalb des Teams, aber auch den sich aus der unmittelbaren Arbeit ergebenden Herausforderungen arbeite. Vergleichbares stellt die Führungsfortbildung dar, in der an zwei Tagen Führungskräfte direktionsübergreifend supervisorisch an Echtfällen, in der Regel also schwierigen Führungssituationen, arbeiten. Aus solchen Veranstaltungen ergeben sich fast immer früher oder später weitere Aufträge, dann auch durchaus in der Form seelsorglicher Einzelgespräche.

6.4 Warum mache ich das? Der Gewinn

Führe ich mir meine 22 hauptberuflichen Kolleg:innen in der nordrhein-westfälischen Polizeiseelsorge vor Augen, stelle ich fest, dass ein großer Teil bereits vor mir im Dienst war und es nur einen geringen Wechsel, in der Regel aus Altergründen, gibt. Das finde ich recht bemerkenswert. Für mich sind es v.a. folgende Gründe, die mich gerne als Polizeiseelsorger arbeiten lassen.
Zuallererst: Es geht um was! Die Sinnhaftigkeit meiner Tätigkeit erlebe ich zu keiner Zeit infrage gestellt. In keiner meiner bisherigen seelsorglichen Tätigkeiten hatte ich so viele Einzelgespräche mit Menschen, die sich in

existenziellen Krisen befinden, die sie oft als direkte Folge ihrer Dienstausübung erleiden. Ihnen, die zum Wohl unseres Gemeinwesens ihre Gesundheit aufs Spiel setzen, ein personales Angebot zu machen, ist mir zu einem persönlichen Anliegen geworden. Wenn Menschen feststellen, dass sie durch jahrelanges konfrontatives Arbeiten zu jemandem geworden sind, der sie eigentlich gar nicht sein wollen, wenn sie Schuld auf sich geladen haben, wenn sie selbst den Sinn ihrer Arbeit in Frage stellen, sind damit seelsorgliche Themen angesprochen, die auch zutiefst religiös-spirituelle Implikationen in sich tragen und auch nicht ohne Weiteres an anderen Orten innerhalb oder außerhalb der Polizei besprechbar sind. Vergleichbares gilt auch für Situationen, in denen sich Beamt:innen strafbar gemacht haben und im Rahmen des Seelsorgegeheimnisses, ohne die Problematik des Strafverfolgungszwangs, ihren Fall angstfrei erörtern können. Polizeiseelsorge als Dienst für, aber nicht von der Polizei befindet sich dabei genau an der sensiblen Schnittstelle zwischen innen und außen und besitzt auf diese Weise auch ein gewisses Alleinstellungsmerkmal. Diese Funktion kann deshalb auch nicht einfach von polizeiinternen psychosozialen Fachkräften wahrgenommen oder gar ersetzt werden.[4]

Da sich gesellschaftliche Fragen über kurz oder lang in aller Regel in konflikthaften Auseinandersetzungen niederschlagen, ist auch Polizei unmittelbar und zeitnah betroffen. Als Polizeiseelsorger arbeite ich deshalb gewissermaßen „am Puls der Zeit“. Sei es in der berufsethischen Beratung der polizeilichen Fortbildung, die sich mit der Bekämpfung terroristischer Bedrohungen (Amoklagen etc.) auseinandersetzen muss, in der Begleitung der Sachbearbeiter:innen im Deliktsfeld Kinderpornografie, in der Problematik extremistischer Haltungen auch innerhalb der Polizei oder zahlreichen weiteren gesellschaftlichen oder politischen Fragestellungen, in denen sich Polizist:innen unter Druck empfinden (Corona-Pandemie, Klimakrise, Flucht- und Armutsmigration, Großschadenslagen u.v.m.). In allen Thematiken ist auch Polizeiseelsorge mit spezifischen Angeboten involviert. Das erlebe ich als reizvolle fachliche Herausforderung.[5]

Als grundständig ausgebildeter Seelsorger und kirchlicher Mitarbeiter mit langjähriger Erfahrung in gemeindlichen Kontexten genieße ich auch die Möglichkeit, gelegentlich explizit Gottesdienste zu feiern und in einer meiner Kernkompetenzen angefragt zu werden. Jährliche Gedenkgottesdienste, Beerdigungen, Ehejubiläen oder die Mitwirkung bei Taufen und Trauungen, v.a. aber sogenannte „riskante Liturgien“ nach Katastrophen o.Ä. runden mein Aufgabenportfolio auf positive Weise ab.

---

[4] Die Frage nach dem spezifischen Proprium von Polizeiseelsorge kann hier nicht explizit verhandelt werden. Eine systematische Erörterung steht meines Wissens noch aus, ist aber dringend geboten.

[5] Vgl. die ausführlichen Beiträge in diesem Band.

In all dem genieße ich die große Gestaltungsfreiheit, in der es kaum Vorbedingungen oder „alte Zöpfe“ gibt. Vieles muss jeweils neu verhandelt oder auch überhaupt erst entwickelt, Kooperationspartner:innen identifiziert, gewonnen und begleitet werden.
Schließlich: Ja, auch Phänomene wie Kameradschaft und Gefahrengemeinschaft im recht verstandenen Sinne, die Bereitschaft und Fähigkeit zur vierundzwanzigstündigen Alarmierbarkeit gepaart mit einem „Hauch von Abenteuer“ sind Bestandteile von Blaulichtseelsorge, deren Faszination ich mich nicht entziehen kann und die mich jeden Tag ein wenig lieber Polizeiseelsorger sein lassen.

7 Online-Beratung in der Polizeiseelsorge – Ein Beitrag zur zukünftigen „Anschlussfähigkeit“

Volker Hülsdonk

7.1 Einleitung

Der folgende Artikel beschäftigt sich mit einer Perspektive zukünftiger Arbeit, nämlich der Erweiterung des bisherigen seelsorglichen Angebotes der Polizeiseelsorge um Online-Beratungsformate, die von einzelnen Kolleg:innen bereits durchgeführt werden, jedoch zum jetzigen Zeitpunkt – im Sommer 2022 – noch nicht als systematischer und offizieller Zugang zur Polizeiseelsorge etabliert sind.
Seit 60 Jahren begleiten haupt- und nebenamtliche Seelsorger:innen Polizeibeamt:innen in Einzel-, Gruppen- und Teamgesprächen. Die Anlässe sind persönlicher und/oder beruflicher Natur. Auf der Grundlage unserer seelsorglichen Schweigepflicht bieten wir Gespräche an, in denen wir begleiten, beraten, supervidieren und coachen. Entsprechende Zusatzqualifikationen werden bei den Mitarbeitenden der Polizeiseelsorge als notwendig angesehen und mittlerweile flächendeckend vorgehalten.

7.2 Die Pandemie als Katalysator von Online-Beratung

Vor allem durch die im Jahr 2020 und den folgenden Jahren aufgetretene Corona-Pandemie veränderten sich schlagartig und langfristig die Bedingungen für persönliche Kontakte im privaten, beruflichen und öffentlichen Bereich. Um eine Ausbreitung des gefährlichen Covid-Virus zu begrenzen, wurde von direkten zwischenmenschlichen Begegnungen abgeraten, sodass diese phasenweise nur sehr begrenzt im häuslichen Bereich und in systemrelevanten Organisationen für die zu leistende Arbeit zulässig waren. Auch die Polizeibehörden und mehr noch die Polizeiseelsorge waren hiervon betroffen, denn unser Angebot galt den Verantwortlichen nicht als zwingend für den Erhalt der unmittelbaren Funktionsfähigkeit polizeilicher Arbeit. Wie in vielen anderen Bereichen beruflichen Handelns wurde es wichtig, Alternativen zum bisher Gewohnten zu entwickeln, wenn das Angebot der Polizeiseelsorge weiterhin erreichbar und nutzbar sein sollte. Betroffen waren davon sowohl alle Lehrveranstaltungen zur Ethik, Berufsethik und Berufsrollenreflexion an den Hochschulen der Polizei als auch das weite Feld von Seelsorge, Beratung und Supervision als unserem zweiten Standbein.
Um die Polizeibeamt:innen auch in den Hochphasen der Pandemie zu erreichen, wurde es notwendig, neben dem etablierten Weg direkter Face-to-

face-Kommunikation, zeitgleich in einem gemeinsam genutzten physischen Raum durchgeführt, weitere Begegnungsmöglichkeiten zu eröffnen.
Das Rad musste hier nicht neu erfunden werden. Bereits vor dem Ausbruch der Pandemie hatte sich ein Markt für Video-Konferenz-Systeme[1] entwickelt, die zunächst vor allem im Profit-Bereich zur Steigerung der Effizienz und zur Vermeidung von Reisekosten und entsprechender Zeitkontingente genutzt wurden. Mit entsprechender technischer Ausstattung ist es ohne großen Aufwand möglich, sich mit anderen Menschen in virtuellen Räumen zu treffen, um ein gemeinsames Projekt zu bearbeiten, um mit ihnen zu verhandeln oder ein Training durchzuführen. Der virtuelle Raum lässt sich aber nicht nur für Sach- und Fachgespräche nutzen, sondern auch, um zu beraten, seelsorglich zu begleiten, ein Supervisionsgespräch zu führen oder eine Lerngruppe zu unterrichten. In der prekären Pandemie-Lage wurden die Vorteile von Video-Konferenz-Systemen für den Betrieb von Schulen und Hochschulen schnell erkannt und weitgehend für eine entsprechende technische Ausstattung bei den Nutzer:innen gesorgt. Die Lehrbeauftragten an den Hochschulen der Polizei waren hier mit einbezogen und gewannen im Laufe der Zeit – „learning by doing" – ihr Know-how zur Nutzung der Video-Konferenz-Plattformen. Für den Bereich der Online-Seelsorge und -Beratung ist das dort erworbene Wissen einfach zu übertragen bzw. durch Selbststudium oder einschlägige Weiterbildungen zu erwerben.[2]
Und so stellt sich – mitten in aber auch vollkommen losgelöst von einer pandemischen Situation mit entsprechenden Kontaktbeschränkungen – die Frage nach dem Nutzen, den Vorteilen und den Bedingungen für eine sinnvoll durchgeführte Online-Seelsorge im Raum der Polizei.

7.3 Die unterschiedlichen Formen von Online-Beratung

Wurde bisher im Hinblick auf das Thema „Online-Seelsorge" allein von Video-Konferenz-Systemen gesprochen, so ist zunächst festzuhalten, dass es verschiedene Möglichkeiten gibt, online zu beraten. Neben dem zeitgleichen Gesprächskontakt per Video, bei dem man sich sehen und hören kann, gibt es als weitere synchrone Form des Austausches die Chat-Beratung, bei der Klient:in und Berater:in direkt und spontan in einem Chat „hin und her" schreiben. Als eine Form des medial unterstützten Gespräches darf natürlich auch das klassische Telefonat gelten, das ebenfalls zur gleichen Zeit miteinander geführt wird.

---

[1] Z. B. Zoom, Skype, Microsoft Teams, BigBlueButton, Cisco Webex, Jitsi Meet et alii.

[2] Z. B. „Online-Supervisor/in" nach den Standards der Deutschen Gesellschaft für Supervision (DGSv) oder „Online-Berater/-in" nach den Standards der Deutschsprachigen Gesellschaft für Online-Beratung (DGOB).

Das Internet gibt aber auch die Möglichkeit und Freiheit, den Austausch miteinander nicht zeitgleich, sondern asynchron zu führen. Dies geschieht in der E-Mail-Beratung, in der in verabredeten und verbindlich eingehaltenen Zeiträumen zumindest von Berater:innen-Seite eine Antwort auf eine Nachricht von Klient:innen erfolgt, üblicherweise innerhalb von zwei bis zu sieben Tagen, je nach Absprache. In Deutschland hält die Telefonseelsorge[3] seit einigen Jahren ein dementsprechendes kostenfreies Angebot bereit.

7.3.1 Möglichkeiten und Grenzen unterschiedlicher Beratungsformate

Die unterschiedlichen Formen von Online-Beratung und -seelsorge haben eigene Vor- und Nachteile. Es scheint notwendig zu sein, diese in den Blick zu nehmen und im Hinblick auf das Arbeitsfeld Polizeiseelsorge kritisch zu würdigen. Darüber hinaus wird es sinnvoll sein, eigene Vorlieben und Kompetenzen der Seelsorger:innen zu beachten, denn auch wenn vieles heutzutage machbar ist, kann es für die einzelne Berater:innen-Persönlichkeit Grenzen des Machbaren oder Erwünschten geben, – bis dahin, bewusst auf jegliche Form von Online-Beratung zu verzichten.

Allen vielleicht – auch beim Autor – anfänglich vorhandenen Bedenken zum Trotz werden die pragmatischen Vorteile einer Begegnung im virtuellen Raum erkannt, sodass davon auszugehen ist, dass sich video-basierte Gespräche als normale und selbstverständliche Orte der Begegnung etablieren werden. Es ist möglich, sich unabhängig von einem physischen Raum, den man gemeinsam betreten muss, zu treffen. Die Verabredung findet stattdessen in einem virtuellen Raum statt. Das spart für beide Seiten Zeit, Aufwand und nicht zuletzt Kosten. Angesichts der schon heute großen Zuständigkeitsbereiche vieler Kolleg:innen in der Polizeiseelsorge und einer ungewissen zukünftigen Entwicklung, bei der es durchaus ein „Noch-mehr-dazu" geben könnte, liegt darin ohne Frage ein Vorteil. Gerade auch Polizeibeamt:innen im Schichtdienst, deren Möglichkeiten zur freien Zeitgestaltung sehr begrenzt sind, kommt eine Reduzierung des Aufwandes für ein Beratungsgespräch entgegen.

Die Ansprüche im Hinblick auf eine mehrdimensionale Wahrnehmung von Gesprächspartnern in seelsorglichen, beraterischen und therapeutischen Zusammenhängen sind größer als bei Fortbildungen oder Konferenzen zu Sachthemen. Trotzdem lässt sich feststellen, dass auch in video-basierten Gesprächen persönliche und emotionale Themen zum Ausdruck gebracht und für den beraterischen Prozess nutzbar gemacht werden können. Wie im direkten persönlichen Kontakt entscheidet sich der weitere Beratungsverlauf und auch sein möglicher Erfolg am Maß des Vertrauens, das Klient:innen zu Berater:innen aufbauen können.

[3] Siehe: www.online.telefonseelsorge.de.

In Videokonferenzen können sich die Gesprächspartner:innen sehen und hören. Dabei mögen durchaus auch „Schwingungen", Gestimmtheiten, Atmosphären, Körpersprache, Ungesagtes und Zwischentöne erkennbar sein. Der virtuelle Raum schließt all das nicht aus und filtert auch nichts weg, was wir als mit Kamera und Mikrophon, mit Bildschirm und Lautsprecher Kommunizierende von uns zeigen und so zu erkennen geben. Ob sich der virtuelle Raum für Klient:innen wie für Berater:innen eher als ein Hemmnis für ein offenes Gespräch erweist oder gar als hilfreich und erleichternd erlebt wird, weil wir uns z. B. in unseren privaten Räumlichkeiten oder unserem eigenen Büro sicher fühlen, kann nicht grundsätzlich entschieden werden, sondern bedarf der jeweiligen kritischen Überprüfung: Ist das gewählte Setting okay oder brauchen wir einen anderen Raum, um uns offen und vertrauensvoll begegnen zu können?

Dies gilt auch dann, wenn es zusätzlich zu video-basierten Gesprächen Gelegenheiten zu unmittelbaren persönlichen Kontakten gibt oder es diese bereits gab. Wenig sinnvoll scheint es hingegen zu sein, nach einer längeren Reihe von online geführten Gesprächen, video- oder schriftbasiert, einen direkten physischen Kontakt herzustellen, weil das Bild, das wir uns von einem Menschen machen, dem wir nicht unmittelbar begegnen, in der Regel „größer" ist als die dann erlebte Wirklichkeit. Es ist mit einer „Enttäuschung" der eigenen Fantasie zu rechnen, ähnlich jener, die sich einstellen kann, wenn wir nach Lektüre eines guten Buches später eine filmische Umsetzung anschauen. So scheint es geraten zu sein, einen direkten Face-to-face-Kontakt im Laufe erster Begegnungen anzubieten und dann durchaus zwischen physischen und virtuellen Räumen zu wechseln oder es von Anfang an ausschließlich bei virtuellen Begegnungen zu belassen.

Bei einer E-Mail-Beratung wird vermutlich weder die Erwartung noch das Angebot bestehen, dass aus dem schriftlichen Austausch ein direkter, persönlicher Kontakt erwächst. Der Vorteil der auf das Schriftliche eingeschränkten Kommunikation, bei der alle anderen sinnlich erfahrenen Kanäle bewusst ausgeschaltet sind, ist ohne Frage, dass im Prozess des Schreibens sowohl eine „Verdichtung" und „Konzentration" des Anliegens als auch eine erste Distanzierung gegenüber der Problematik geschieht. Die Asynchronität des Beratungsprozesses ermöglicht beiden Parteien eine noch größere Flexibilität nicht nur in räumlicher Hinsicht, sondern hier auch zeitlich, weil es keine konkrete Verabredung zu einem gemeinsamen Termin, sondern lediglich eine Rückmeldung in einem gewissen Zeitraum gibt. Als ein weiterer Vorteil der schriftbasierten Beratung darf die auch technisch verfügbare Möglichkeit angesehen werden, mit dem eigenen Anliegen vollkommen anonym bleiben zu können. Gerade bei schambesetzten Themen oder ausgeprägten Schuldgedanken könnte ein

entsprechendes Angebot die Hemmschwelle reduzieren, sich beraterische Unterstützung zu suchen.
Insofern erscheint E-Mail-Beratung ein zu den Bedürfnissen und Problematiken von Polizeibeamt:innen gut passendes Angebot zu sein. Anlassbezogenes und möglichst präzises „Schreiben“ gehört im Übrigen zu den Grundfertigkeiten deutscher Polizeibeamt:innen.

7.3.2 Der „Mehrwert“ aus Klientensicht

Aus Sicht der Klient:innen stellt es jedoch einen Mehrwert und zusätzlichen Kundennutzen dar, wenn neben der klassischen Face-to-face-Begegnung weitere „Orte“ für seelsorgliche und beraterische Kontakte angeboten werden. Die Mischform unterschiedlicher Begegnungsorte während eines Beratungsprozesses wird „blended counceling“ genannt und bereits von immer mehr freiberuflich tätigen Kolleg:innen angeboten. Dies führt dazu, dass sich allmählich auch die Erwartungen der Klient:innen an die Erreichbarkeit von beraterisch Tätigen und die Möglichkeiten zur Form und Gestaltung von Beratungsprozessen verändern, Standards verschieben sich …
Manche Möglichkeiten und Tools, die wir als Berater:innen im Face-to-face-Kontakt nutzen, sind mittlerweile in entsprechenden Programmen auch online verfügbar. Ein Beratungsgespräch per Video kann heute eine Familienaufstellung auf einem Systembrett, eine grafische Darstellung des eigenen „inneren Teams“, eine „Landkarte der Befindlichkeiten“ , eine Whiteboard- und Padlet-Funktion, Fragen zu eigenen Werten und Gewichtungen anhand von grafischen Skalierungsmöglichkeiten integrieren.[4] Weitere Werkzeuge sind bei entsprechenden Anbietern in Entwicklung. Dass Arbeitsergebnisse gesichert und abgelegt und dass thematische Impulse oder psychoedukative Informationen eingespielt und direkt zur Verfügung gestellt werden können, gehört programmübergreifend zu den etablierten Standards, die sich dahingehend entwickeln, dass die Argumente für ein ausschließliches Face-to-face-Beratungssetting geringer werden. Technisch wird im Laufe der Zeit immer mehr möglich werden. Mit zunehmender Erfahrung und Sicherheit, die einschlägigen Programme und Tools zu nutzen, wird sich auch eine Kreativität einstellen können, die vielleicht bis dahin nur im Face-to-face-Setting vorhanden war.
Im Sinne eines weiteren Mehrwertes erscheint eine direkte Buchbarkeit von Terminen für ein Erstgespräch überlegenswert zu sein. Für einen hilfesuchenden Menschen, der in der Regel einige Unsicherheiten in sich trägt und einen gewissen Vorlauf benötigt, um beraterische Unterstützung in Anspruch zu nehmen, ist es „entgegenkommend“, wenn er einen ersten Gesprächstermin zum Kennenlernen und zur Beschreibung seines Problems

[4] Siehe z. B. www.coachingspace.net.

direkt, im wahrsten Sinne des Wortes „mit einem Klick“, barrierefrei und niederschwellig buchen kann.
Das Heraussuchen und Bedienen von Telefonnummern oder E-Mail-Adressen, bei deren Nutzung man sich ja bereits erklären muss, kann entfallen. Gleichwohl sollten diese Kommunikationswege erhalten bleiben und nicht ersetzt werden, zumal zu bedenken ist, dass ein etwas höherer Aufwand und eine erste eigene Formulierung des Anliegens mit einer persönlichen Bitte um Unterstützung eine höhere Verbindlichkeit beschreiben als ein einfacher Klick. Im Sinne des aus Sicht von Seelsorger:innen und Berater:innen entstehenden Aufwandes kann es so also geraten sein, auf eine direkte Terminbuchungsfunktion bewusst zu verzichten und lediglich ein Feld für eine direkte Beratungsanfrage in eine Homepage zu integrieren.

7.3.3 Sicherheit, Vertraulichkeit und Technik

Ein seelsorgliches Gespräch stellt hohe Anforderung an seine Vertraulichkeit und die Sicherheit seines Rahmens. Dies gilt für digital übermittelte Gespräche in gleicher Weise wie für Face-to-face-Kontakte in einem physischen Raum. Daraus folgt, dass alle digitalen Plattformen, die für seelsorgliche Angebote eingesetzt werden, den Sicherheitsanforderungen der kirchlichen Datenschutzverordnung[5] entsprechen müssen. Anbieter:innen von Seelsorge können nur Verträge eingehen, in denen der vertrauliche und geschützte Umgang mit digitalen Daten zugesichert wird.
In diesem Zusammenhang ist zu erwähnen, dass die Ev. Kirche von Hannover im Auftrag der Ev. Kirche Deutschlands zurzeit ein sogenanntes „Digihaus“ entwickelt, das über viele Funktionen in einem eigenen Video-Konferenz-System und für schriftbasierte Beratung verfügen soll.[6] Seine Sicherheitsstandards entsprechen nicht nur den deutschen, sondern den darüber hinausgehenden kirchlichen Datenschutzverordnungen. Insofern ist es erwünscht, dass kirchliche Träger das „Digihaus“ als Plattform für ihr seelsorgliches Angebot nutzen. Kirchenaufsichtliche Genehmigungen könnten von der Nutzung des Digihauses als technischer Grundlage abhängig gemacht werden, weil die eigenen, kirchenspezifischen Standards hier per se gewährleistet sind und so eine aufwendige und zeitintensive Einzelfallprüfung entfallen kann.
Eine Verbindung des Online-Seelsorge-Angebotes zur eigenen Homepage und eine Gestaltung im jeweiligen Corporate-Design werden im Digihaus

---

[5] Gesetz über den kirchlichen Datenschutz der Katholischen Kirche in Deutschland (KDG) und Kirchengesetz über den Datenschutz der Evangelischen Kirche in Deutschland (DSG-EKD).

[6] Siehe https://www.digihaus.online.

möglich sein. Schulungen für zukünftige Nutzer:innen sind in Planung. Die Plattform soll 2023 zur Verfügung stehen.
Aus polizeilicher Sicht ist es aus Sicherheits- und Kompatibilitätsgründen weder möglich noch wünschenswert, das digitale Beratungsangebot auf den Servern der Polizei oder im Intrapol zu platzieren. Polizeibeamte werden sich auch auf einem digitalen Weg nur öffnen und anvertrauen, wenn dies unabhängig vom dienstlichen Computersystem geschehen kann.
Gleichwohl sollte es möglich sein, im Intrapol dauerhaft auf das besondere digitale Beratungsangebot der Polizeiseelsorge hinzuweisen und eine direkte (per Klick) oder indirekte Verlinkung (einfach zu merkende URL-Adresse der Homepage und QR-Code zum Abscannen vom dienstlichen Computerbildschirm, der dann auf dem privaten Smartphone einen Link zur Homepage öffnet) zu einem Seelsorge-Portal herzustellen. Im Hinblick auf die gewünschte Niederschwelligkeit des Beratungsangebotes ist dieser Zwischenschritt bei einer ersten Information oder „Annäherung“ über Intrapol kritisch zu sehen, aber leider nicht aufzulösen.
Für einen möglichst niederschwelligen und barrierefreien Zugang zu einem Online-Angebot ist es hilfreich, wenn die gewählte Plattform nicht ein Herunterladen und eine Installation eines entsprechenden Programms, einer App, erforderlich macht, sondern diese browserbasiert auf mobilen wie stationären Endgeräten funktioniert.
Die Qualität video-basierter Konferenzen und Gespräche hängt weniger von der Hardware-Ausstattung der Nutzer:innen als vielmehr von der Höhe der Datenübertragungsrate der zur Verfügung stehenden Internetverbindung ab. Um hier eine möglichst gleichbleibende und angesichts der dienstlichen Rahmenbedingungen (z. B. Büro in polizeilicher Liegenschaft ohne LAN- oder WLAN-Anschluss) ortsunabhängige Erreichbarkeit in hoher Qualität zu gewährleisten, sollten die Anbieter:innen von digitaler Seelsorge ggf. über einen eigenen, mobilen Hotspot verfügen.

7.4 Online-Seelsorge als ein Format zukünftiger Arbeit

In 60 Jahren Polizeiseelsorge im Land Nordrhein-Westfalen sind unzählige Seelsorgegespräche zwischen Polizeibeamt:innen und Pfarrer:innen geführt worden. Mancher Mann und manche Frau, manche Dienstgruppe, konnten auf diese Weise einen vertraulichen Raum für sich nutzen, in dem es möglich wurde, eigenes Erleben zu verstehen, Grenzen und Gaben zu entdecken, Ressourcen zu nutzen und nächste Schritte zu planen. Dies soll auch weiterhin möglich sein, in aller Fachlichkeit und Unabhängigkeit, die hierzu notwendig sind. Das Beratungs-Angebot der Polizeiseelsorge auch online leicht erreichbar, klar strukturiert und fachlich qualifiziert vorzuhalten, ist heute eine anstehende und lohnende Aufgabe, um „anschluss-fähig“ an Menschen zu bleiben, deren Welt und deren Selbstverständlichkeiten sich verändern – auch in den Möglichkeiten und Wünschen, miteinander kommunizieren zu können. Aus heutiger Sicht ist Online-Beratung dabei nicht „die Zukunft" der Seelsorge, sondern eine sinnvolle Ergänzung und Erweiterung eines präsenten Vor-Ort-Angebotes, das in angemessener und hilfreicher Nähe und Distanz für die Mitarbeitenden der Behörden da sein möchte.

7.5 Praxisbezogene Literatur

Belzer, Michael, Internetseelsorge. Der Leitfaden für die Praxis, Stuttgart 2004

Benke, Karlheinz, Praxishandbuch Digitale Beratung, Books on Demand 2021

Lohrke, Susanne; Metz, Annette, „Online-Supervision und -Beratung in Zeiten von Covid-19", in: Deutsche Gesellschaft für Supervision, Positionen 1/2021, Köln 2021

Knatz, Birgit, Handbuch Internetseelsorge. Grundlagen, Formen, Praxis, Gütersloh 2013

Schäfer, Martina, Textbasierte Online-Supervision: Erfordernisse und Praxisnutzung eines eigenständigen Beratungsformates, Hamburg 2015

Schweiger, Wolfgang; Beck, Klaus (Hg.), Handbuch Online-Kommunikation, Wiesbaden 2019

8 Seelsorge an der Hochschule für Polizei und öffentliche Verwaltung Nordrhein-Westfalen (HSPV NRW)

Judith Palm

8.1 Einleitung

Seelsorge an der Hochschule für Polizei und öffentliche Verwaltung NRW (HSPV) wird angeboten durch die Polizeiseelsorgenden, die haupt- oder nebenamtlich an der Hochschule Ethik oder Berufsrollenreflexion lehren. Meist entsteht ein Gespräch durch diesen persönlichen Kontakt – sei es mit den Studierenden, mit Verwaltungsmitarbeitenden oder, seltener, den Lehrenden. So ist es eher dem Zufall überlassen, wann und wie Begegnungen seelsorgliche Anknüpfungspunkte bieten. Strukturell ist die Seelsorge an der Hochschule nur schwach verankert – dazu später mehr (unter Pkt. 6). Zunächst sollen einige Beispiele aus der Praxis Seelsorge an der HSPV illustrieren.[1]

8.2 Anknüpfungspunkt in der Ethiklehre

Nachdem wir in der Ethik als Vorbereitung auf das erste Praktikum über bisherige Erfahrungen mit der Begegnung mit dem Tod gesprochen haben, werde ich von einem Studenten angesprochen, ob ich mal Zeit für ihn habe. Wir verabreden uns. Nach kurzem Zögern erzählt er von seiner Angst vor dem Praktikum, über die er mit niemandem sprechen kann. Alle freuen sich darauf – er aber hat Angst. Angst davor, mit Verkehrsunfällen konfrontiert zu werden, denn sein Bruder war erst kürzlich bei einem Motoradunfall ums Leben gekommen. Wir sprechen lange. Und verabreden uns erneut. Ich biete ihm an, die Strecke, an der es passierte, gemeinsam entlangzufahren, Stück für Stück sich dem Trauma zu nähern, um es bewältigen zu können. Er lehnt dies zwar ab, erzählt aber später, dass er dies mit einer Freundin gemacht habe. Es tat ihm gut und er fühlt sich gestärkt für das Praktikum, das dann zu einer guten Erfahrung für ihn wurde.

---

[1] Die Beispiele sind der Praxis entlehnt, jedoch so verfremdet, dass das Seelsorgegeheimnis gewahrt bleibt.

„Haben Sie mal Zeit für mich?“ so beginnt meist ein Seelsorgegespräch an der Hochschule, angefragt von Studierenden direkt nach einer Lehrveranstaltung, per Handynachricht oder auch per Mail. Meist folgt dann eine Verabredung, bei der in Ruhe am Telefon oder unter vier oder auch sechs Augen gesprochen werden kann.

Tod und Sterben, Begegnung mit Gewalt, die Herausforderung, selbst Gewalt zu erlernen, um „Gutes“ zu erreichen, Kollegialität, Gewissen – solche Themen sind in der Ethiklehre verankert. Sie bieten u. a. die Gelegenheit, sich mit Dilemmata auseinanderzusetzen, die eigene Position zu klären und auch persönliche Erfahrungen kritisch zu reflektieren. Für manche ist das ein Anstoß dazu, unverarbeitete Erlebnisse, kursinterne Konflikte, Unsicherheiten in der Berufswahl oder familiäre Belastungen anzusprechen. Das ist nicht selbstverständlich, obwohl diese Generation sehr viel mehr gewohnt ist, über Persönliches zu sprechen, weil weniger Tabus gelten. Dennoch ist auch bei diesen jungen Menschen das Bild des Polizisten vorherrschend, der (!) Herausforderungen problemlos meistert und auch persönliche Belastungen souverän und im Alleingang wegsteckt. Kurse, in denen Zweifel offen geäußert oder emotionale Ausnahmesituationen offen angesprochen werden, gibt es durchaus, sind aber in der Minderheit. In Kleingruppen ist das eher möglich, weil sie überschaubarer und vertraulicher sind. In solchem Kontext kann die Seelsorgerin hin und wieder ein persönliches Thema aufgreifen und Hilfestellung geben.

Wird das Gespräch gesucht, ist es das Siegel der Verschwiegenheit, das den notwendigen Schutz bietet, sich zu öffnen und den eigenen Unsicherheiten zu stellen. Manchmal hilft schon, eben das aussprechen zu können, was bei anderen – zum Beispiel im Kurs – nicht gut ausgesprochen werden kann, weil die eigene Verletzlichkeit erkennbar wird.

8.3 Lebensfragen

Per Mail wendet sich eine Studentin an mich. Obwohl die Anfrage dringend klingt, ist es kompliziert, sich zu verabreden. Darum ahne ich bereits, dass sie zwar den Gesprächsbedarf hat, es ihr aber schwerfällt, wirklich über ihr Anliegen zu sprechen. Als wir uns treffen, erzählt sie sehr hektisch davon, dass sie selbst Opfer eines Sexualdelikts geworden sei und sie seitdem nicht mehr zur Ruhe komme. Wir sprechen über dieses traumatische Ereignis und die Erschütterungen, die das in ihr ausgelöst hat. Als sie etwas ruhiger wird und sie nun manche ihrer körperlichen und seelischen Symptome einordnen kann, scheint sie das Thema zu wechseln. Zunächst bin ich etwas verwirrt, dann verstehe ich, dass beides zusammenhängt: Als Jugendliche war sie mit einer Gruppe verbunden, die immer wieder strafbare Handlungen beging wie z. B. Diebstahl, Drogenhandel oder Einbruch. Dabei wären manche im Zweifel auch zur Gewalt bereit gewesen, dazu sei es zum Glück aber nicht gekommen. Die Studentin hatte sich selbst nie daran beteiligt, wusste aber davon und hatte sich schließlich aus dieser Gruppe gelöst. Jetzt hatte sie nicht nur „die Seite gewechselt", sondern war überdies selbst zum Opfer von Gewalt geworden. Das hatte viele verschüttete Erlebnisse, (Gewissens-)Fragen und Selbstzweifel geweckt.

Der Beginn der polizeilichen Ausbildung ist für manche der Studierenden mehr als die Aufnahme eines Studiums. Er bedeutet vom ersten Tag an auch, dass sie als angehende Polizeibeamt*innen unter anderen rechtlichen Anforderungen stehen und z. B. dem Strafverfolgungszwang unterliegen, also Straftaten verfolgen müssen, wenn sie davon Kenntnis bekommen. Was für manche kein Problem darstellt und sie sogar stolz macht, ist für andere mit einem Wechsel des Freundeskreises verbunden, denn schon der Konsum von Drogen bei einer Party oder das Wissen um illegal getunte Autos bringt sie in schwierige Situationen: Ist Loyalität zu den Gleichaltrigen, mit denen man seit Jahren feiert, wichtiger als das strenge Einhalten von Regeln? Wie wachse ich in die Rolle des Polizisten hinein? Bin ich bereit, Konflikte einzugehen?

In dem geschilderten Fall findet sich die Studentin aber auch in einer anderen Rollenproblematik wieder: Sie, die andere vor Übergriffen und Gewalt schützen will und sich darum auch von ihrer Vergangenheit gelöst hat, wurde nun selbst zum Opfer von (sexueller) Gewalt. Das mühsam errungene Selbstverständnis als angehende Polizistin wird erneut und diesmal in noch schwerwiegenderer Weise erschüttert.

Solche komplexen Fragen sind selten. Immer wieder aber werden Zweifel an der Berufswahl geäußert. Das ist in diesem Kontext schwieriger als woanders, denn die Begeisterung über die Herausforderungen in diesem Beruf, der Stolz „dazuzugehören", die Anforderung an Teamgeist und Loyalität, die häufig kritiklose Adaption von problematischen Rollenvorbildern oder die Prägung einer Kursatmosphäre durch dominante junge Männer lassen solche Berufszweifel als unerwünscht oder illegitim erscheinen. Hier ist allein die Erlaubnis, über solche Fragen nachzudenken, schon eine Hilfestellung, die in einem kleinen Flurgespräch oder einem kurzen Telefonat möglich ist.

8.4 Lehrende und Verwaltungsmitarbeitende

Das Telefon klingelt – es ist nach 20 Uhr. Es meldet sich ein Kollege aus der Hochschule, der sich Sorgen um eine

Studentin macht: Sie hatte eine Bemerkung gemacht, hinter der vielleicht eine suizidale Absicht stecken könne.

Wir sprechen eine ganze Weile am Telefon und ich lasse mir die Erreichbarkeit der jungen Frau geben. Der Kollege beendet das Gespräch: „Das tat jetzt gut, ich fühle mich richtig erleichtert."

Seelsorge an der Hochschule ist nicht nur für die Studierenden da. Auch Lehrende und Verwaltungsmitarbeitende können sich an sie wenden: niedrigschwellig, informell, jederzeit. Es kann um Studierende gehen, um die man sich Gedanken macht, mit der Bitte, sie im Blick zu haben, oder auch um die eigenen Fragen. Nur selten wird ein Gespräch als Seelsorge vereinbart, vielmehr kann es einen Spaziergang während der Mittagspause geben, bei dem die private, sehr belastende Situation des Mitarbeitenden besprochen wird, eine Verabredung zum Kaffee, in der zwanglos von den gesundheitlichen Problemen erzählt wird – oder auch nur das Signal, dass eine Belastung wahrgenommen und das Wissen darum geteilt wird. Es kommt nicht häufig vor, dass sich Mitarbeitende bei der Seelsorge melden, aber viele schätzen diese Option im Hintergrund als wertvolle Hilfe. Sie bietet Entlastung auch dann, wenn sie nicht konkret in Anspruch genommen wird: Es ist eine „Rückfallebene", die Sicherheit gibt und schon dadurch eine Unterstützung bietet.

8.5 Entlassungen

Auf dem Flur zum Kursraum stehen Studierende, reden leise, verhalten miteinander. Die Spannung, unter der sie stehen, ist mit Händen zu greifen. Als ich dazukomme, werden manche noch unsicherer: Es bedeutet, dass einige an diesem Morgen ihre Entlassung bekommen werden. Dieses Mal sind es drei: Einer von ihnen hatte damit gerechnet, er trägt es mit Fassung; eine andere lässt sich von einer Freundin nach Hause bringen. Einer dritten Person aber ist abzuspüren, dass sie völlig verzweifelt ist. Ich bitte darum, kurz allein mit ihr zu sprechen, es ist die Gelegenheit, dass Tränen fließen können. Nach dem offiziellen Teil gehen wir durch den Grüngürtel spazieren, sodass sich die Starre auflösen kann, die Person zum Atmen kommt und schließlich erzählen kann, was zu dieser schlechten Leistung geführt hat. Wir reden lange darüber, ich erkundige mich nach ihrem privaten Umfeld und ob die Person dort aufgefangen werden kann. Schließlich ist sie so weit stabilisiert, dass sie sich zutraut, allein nach Hause zu fahren.

Im Bachelorstudium müssen diejenigen, die eine Prüfungsleistung zum wiederholten Mal nicht bestehen, das Studium beenden. Für Polizeistudierende bedeutet dies, sie werden mit diesem Moment aus dem Polizeidienst entlassen: Sie müssen alle polizeilichen Gegenstände und Kleidungsstücke (Uniform, Trainingsanzug u. a.) sowie den Dienstausweis zurückgeben, sich umgehend arbeitslos melden und eine Krankenversicherung abzuschließen. Es ist also nicht nur der Schock, das Studium beenden zu müssen, sondern auch die Abgabe einer beruflichen Identität, die bis dahin ein wesentlicher Bestandteil der Anforderungen in Trainings und Praktika war. Darüber hinaus werden häufig der Stolz und die Erwartung der Familie enttäuscht.
Um diese schwierige Situation abzufedern, bittet die Ausbildungsleitung mancher Standorte die Seelsorge um Unterstützung. Die Seelsorgenden entlasten damit die Beamt*innen, denen diese Termine oft selbst schwer fallen, und bieten den Studierenden Hilfe zur Bewältigung an.

8.6 Strukturen

Seelsorge an der Hochschule für Polizei und öffentliche Verwaltung Nordrhein-Westfalen hat keine feste Struktur: Sie ist an die handelnden Personen gebunden. Meistens entstehen seelsorgliche Situationen dadurch, dass die Seelsorgenden bekannt sind und ihnen vertraut wird. Seelsorgeräume,[2] Räume der Stille oder feste Sprechzeiten existieren nicht. Die Erreichbarkeit der Seelsorgenden ergibt sich einerseits durch deren Präsenz in der Lehre, andererseits durch deren Initiative, sie bekannt zu machen.
Seit einigen Jahren ist an allen Standorten der HSPV eine *Studienberatung* fest etabliert, die im Gegensatz zur Seelsorge über all diese Ressourcen verfügt. Das ermöglicht ein klares Angebot an die Studierenden mit festen Zeiten und Angeboten. So wird sie in der Regel auch in Anspruch genommen: Für konkrete Fragen wie z. B. Prüfungsangst oder Lernschwierigkeiten, die dann methodisch und zielgerichtet bearbeitet werden können.
Bei diffuseren, weniger greifbaren und gleichzeitig sehr persönlichen Themen – wie oben beschrieben – ist es schwieriger, den Mut aufzubringen, jemanden anzusprechen, den man nicht kennt. Durch die Alltagspräsenz im normalen Ablauf der Hochschule bietet die Seelsorge die Möglichkeit, wie „nebenbei" und „zufällig" bei dem Besprechen von Themen in der Ethik oder durch eine Handynachricht ansprechbar zu sein.
Polizeiseelsorgende sind an der HSPV nicht ständig vor Ort. Stattdessen sind sie auch in den Behörden unterwegs, kennen die polizeiliche Arbeit quer

2 Eine Ausnahme ist hier der Standort Dortmund, hier gibt es einen Raum, der der Polizeiseelsorgerin zur Verfügung steht.

durch die Arbeitsgebiete und sind mit ihren Strukturen vertraut, kennen auch handelnde Personen. Sie kennen die Polizei und sind mir ihr vertraut, ohne ihren Regeln und Anforderungen unterworfen zu sein. Auf dem Wissen darum, dass sie die Schwierigkeiten kennen und dabei helfen, Lösungen innerhalb des polizeilichen Regelwerks zu finden, beruht ein Teil des Vertrauens, das die Grundlage der seelsorglichen Anfragen ist.
Was auf den ersten Blick als struktureller Nachteil im Vergleich zur Studienberatung erscheint, zeigt sich in der Praxis als eine Stärke:

- Seelsorge ist präsent durch die Personen, die niedrigschwellig („by the way") und in Alltagssituationen ansprechbar sind – jenseits formaler oder zeitlicher Strukturen.
- Sie haben Erfahrung mit und den Einblick in den polizeilichen Alltag in all seinen Facetten.
- Problematiken müssen nicht konkret greifbar sein wie Prüfungsangst oder Lernschwierigkeiten, die bei der Studienberatung bearbeitet werden können. Es genügt ein diffuses Gefühl, ein Unbehagen oder auch eine konkrete Frage, um die Seelsorgenden anzusprechen. Der ebenso unkomplizierte wie liebevolle Blick der Seelsorgenden schafft die Grundlage für ein Gespräch, das nicht lösungsorientiert sein muss, aber befreiend wirken kann. Darum können auch schwere Lebenskrisen oder Ängste angesprochen werden, die hier einen geschützten Rahmen finden.

8.7 Resümee

Seelsorge wirkt in den hoch formalisierten Systemen von (Hochschul-)Verwaltung und Polizei zunächst irritierend: Sie agiert frei und selbstständig, der Kontakt ist informell herstellbar, sie teilt den Alltag, ohne vollständig dazuzugehören, und bietet Raum für Gespräche, ohne über einen Raum zu verfügen. Durch diese fehlende klare Einbindung in die bestehenden Strukturen der Hochschule scheint sie zunächst möglicherweise unscheinbar. Sie wirkt aber genau dadurch, dass sie zwischen den Strukturen agieren kann, dass sie ein Gegenüber zu den Organisationen bleibt und damit einen Frei-Raum schafft, in dem über alles, was nicht-funktional, was (ver-) störend und diffus ist, also über Menschliches gesprochen werden kann.

9 Leben braucht Segen: Segensfeiern als Handlungsfeld der Polizeiseelsorge

Astrid Jöxen

9.1 Einleitung: Segen als Türöffner

Meinen Dienst als Polizeiseelsorgerin begann ich mit einem Segen für Mitarbeiter:innen der Polizei. Zugegebenermaßen war das nicht meine Idee. Die Anfrage dazu bekam ich von der bischöflichen Pressestelle. Man wollte mich mit einem Segensvideo auf dem Facebook-Kanal des Bistums einer breiteren Öffentlichkeit vorstellen.
Das Thema Segen hatte mich zu diesem Zeitpunkt bereits mehrere Jahre begleitet und war und ist mir bis heute ein Herzensanliegen. Gerne kam ich also der Anfrage nach.
Liebe Polizeibeamtin, lieber Polizeibeamte, du bist ein Segen für die Stadt und ihre Menschen. Die kleinen und großen Sorgen und Nöte des Alltags werden dir immer wieder anvertraut. Gott begleite dich auf deinen Wegen und schenke dir seinen Segen. Er beschütze dich und halte seine Hand über dich. Im Namen des Vaters und des Sohnes und des Heiligen Geistes. Amen.
Diese Segensworte wurden für mich zu einem Türöffner in meiner Behörde. Tatsächlich wurde ich durch sie sogar selbst gesegnet, denn immer wieder erhielt ich positive Rückmeldungen zu dieser Aktion. Das bestätigte einmal mehr meine Überzeugung und Erfahrung, dass Menschen sich nach Segen, nach guten und wirksamen Worten sehnen. Und ich fing an, verstärkt über das Thema Segen als ein Thema für Polizeiseelsorge nachzudenken.

9.2 Was macht der Segen in der Polizeiseelsorge?

9.2.1 Sehnsucht nach Segen

In der gegenwärtigen Welt und in unserer säkularen Gesellschaft haben Glaube und vor allem Kirche für die Mehrzahl der Menschen an Bedeutung verloren. Segen hingegen hat eine durchweg positive Konnotation. Segen verstehen die Menschen, und sie sehnen sich danach. Gerade an Lebenswenden und auch in herausfordernden Lebenssituationen wünschen Menschen sich Segensfeiern, Segensrituale, Segensgebete. Sie machen sich sogar auf den Weg zu besonderen anlassbezogenen Segensfeiern (z. B. zur Einschulung, zum Valentinstag). Und in diesem Zusammenhang trauen sie Seelsorger:innen auch noch etwas zu. Das ist für die Segnenden die Chance, als glaubwürdige Zeug:innen für den liebenden Gott sichtbar zu sein und wirksam zu werden.

Fulbert Steffensky schreibt in diesem Zusammenhang, m. E. sehr treffend in etwas poetischer Sprache: „Der Segen ist der schönste Tanz der Hoffnung und des Glaubens, indem [mindestens] zwei Menschen von sich selber absehen, der Segnende und der Gesegnete. Der Gesegnete erlaubt sich den Schritt in das Versprechen der Geste und des Wortes. Er fragt nicht nach seinen eigenen Voraussetzungen für den Segen. Ebenso sieht der Segnende von sich ab. Denn er steht nicht für das Versprechen, das er gibt. Das ist die Demut des Segnenden: Er spendet etwas, was er nicht hat, und seine Blöße hält ihn nicht ab, aufs Ganze zu gehen und Gott als Versprechen zu geben."[1]

9.2.2 Bibeltheologische Grundlegung von Segen

Seine Grundlage hat der Segen in der Bibel. Segen ist ein großes biblisches Thema.

Das hebräische Wort „brk" („barak") „gehört mit nahezu 400 Belegstellen zu den am häufigsten gebrauchten Begriffen im Alten Testament".[2] Es hat zwei Bedeutungen und somit auch zwei Bezugsgrößen. Zum einen lässt es sich übersetzen mit „lobpreisen" und richtet sich auf Gott, zum anderen bedeutet es „segnen" und ist auf den Menschen hin gerichtet.

Im Alten Testament wird der Schöpfergott als Ursprung allen Segens bekannt und gepriesen. Er „ist der segnende Gott, der im Segen seiner Schöpfung nahe ist".[3]

Zum Abschluss der Erzählung von der Erschaffung der Welt heißt es: Gott sah alles an, was er gemacht hatte: Es war sehr gut. Insofern liegt sein Segen (brk – ευλογειν – benedicere – gut sagen) auf der ganzen Schöpfung. Dies gilt insbesondere für die Menschen, die er als sein Abbild geschaffen hat. Sie haben Anteil an seinem Segen, indem sie Gott lobpreisen und aktiv am Erhalt der Welt mitarbeiten. Weil seine gute Schöpfung aber immer wieder gefährdet und bedroht ist, beruft Gott Abraham. Dieser Mensch soll seinen Segen weitergeben. Ich … werde […] dich segnen […]. Ein Segen sollst du sein. […] Durch dich sollen alle Geschlechter der Erde Segen erlangen (Gen 12,2-3). Die Fähigkeit des Segnens ist also zunächst an die Gemeinschaft des

---

[1] Steffensky, Fulbert: Schwarzbrot-Spiritualität, Stuttgart 2006.

[2] Fuchs, Guido: Vorwort, in: Das große Liturgie-Buch der Segensfeiern. Feierformen, Texte, Bilder und Lieder, hrsg. von Florian Kluger, Regensburg 2012, S. 11f. Im Folg. zit. als: Fuchs: Vorwort.

[3] Schlemmer, Karl: Gott will reichlich segnen. Zur ökumenischen Dimension des Segnens, in: Leben braucht Segen. Segensfeiern. Für alle, die segnen und gesegnet werden wollen, hrsg. von Hans Bauernfeind und Richard Geier, Freiburg im Breisgau 2003², S. 73. Im Folg. zit. als: Schlemmer: Gott will reichlich segnen.

Gottesvolkes Israel gebunden. In dieser Gemeinschaft wird der Segen weitergegeben.[4]
Das griechische Wort für „brk" ist „ευλογειν". „Im Neuen Testament wird der alttestamentliche Bezug und die Doppelbedeutung von ‚lobpreisen' und ‚segnen' übernommen."[5] Man findet „ευλογειν" / „ευλογια" im Neuen Testament an die siebzigmal. Im Lateinischen wird „ευλογειν" übersetzt mit „benedicere". Die Wortbestandteile dieser beider Worte führen zur Grundbedeutung: „gut sagen".
„In Jesus dem Christus hat nun der Segen Gottes für Israel und alle Menschen seine Vollendung erreicht."[6] Im Heiligen Geist sagt er die Kraft seiner Gegenwart zu. Weil Jesus den Tod überwunden hat, ist er sozusagen der personifizierte Segen. Jeder Segen, der gespendet wird, steht in der Verheißung Jesu Christi vom ewigen Leben im Reich Gottes. Er verweist somit auf das endgültig gelingende Leben.
Im Segen geht es also von jeher um zwei Aspekte. Der Mensch preist Gott und erweist ihm die Ehre, und Gott wendet sich dem Menschen zu, sagt ihm seine Nähe, sein Heil zu.
In Segnungen wird Gottes Schöpfung gepriesen. „Wenn der Mensch segnet, so heißt er im Sinne einer Antwort auf Gottes Handeln zunächst Gott und seine Schöpfung gut."[7] Der Mensch dankt Gott für seine Schöpfung.
In Segnungen wendet Gott sich den Menschen zu. Diese Zuwendung wird aber nicht durch die Segnung bewirkt, denn sie ist den Menschen von Beginn der Schöpfung an zugesagt, sondern sie wird in ihr vergegenwärtigt. Gottes Zuwendung wird aktuell spürbar.
Das geschieht ganz konkret durch Berührung, sowohl haptisch als auch im übertragenen Sinn. In dieser Berührung wird Gott erfahrbar.

9.2.3 Segen in der Polizeiseelsorge

Warum und wie genau ist der Segen ein Thema für die Polizeiseelsorge?
Mitarbeiter:innen von Polizeibehörden sind überdurchschnittlich häufig mit Leid, mit Not, mit Verletzung und Tod konfrontiert. Sie erleben, dass das Leben, auch ihr eigenes, gefährdet und zerbrechlich ist. Um auf lange Sicht hin gut ihren Dienst tun zu können und dabei gesund zu bleiben, ist es

---

4 Vgl. Beichert, Ulrike: Segen – Lachen oder Weinen wird gesegnet sein, in: Segensreich schwanger. Arbeitshilfe für eine Spiritualität während der Schwangerschaft, hrsg. von Evangelische Frauen in Baden.

5 Fuchs: Vorwort, S. 12.

6 Schlemmer: Gott will reichlich segnen, S. 73.

7 Geier, Richard: Leben braucht Segen. Anthropologische Aspekte eines pastoralen Phänomens, in: Leben braucht Segen. Segensfeiern. Für alle, die segnen und gesegnet werden wollen, hrsg. von Hans Bauernfeind und Richard Geier, Freiburg im Breisgau 2003², S. 25. Im Folg. zit. als: Geier: Leben braucht Segen.

hilfreich, wenn sie sich immer wieder einmal an jemandem festmachen können. Hier bietet sich der Segen als Kraftquelle an. Er ist eine erlebbare Verbindung zwischen Himmel und Erde und verweist darauf, dass wir mit allem, was uns ausmacht und was zu unserem Alltag gehört, gehalten und getragen sind von Gottes Liebe.

Segen ist kein magisches Zaubermittel. Segen macht nicht einfach alles gut. Der Segen ist ein wirkmächtiges Zeichen, das darauf verweist, dass Gott mit uns Menschen unterwegs ist und das Gute für uns will.

„Die Segenshandlung selbst ist ein kraftvoller und sinnlich erfahrbarer Akt, sie ist von höchster Intimität und Emotionalität. In einer solchen Situation Segnende bzw. Segnender zu sein, braucht ganz wesentlich zweierlei: den *Mut zur Berührung*, die sich aussetzt und berührbar macht, und gleichzeitig eine *große Behutsamkeit*. Deshalb spielt die Auseinandersetzung mit den Lebenssituationen derjenigen, die die Segensfeier besuchen, eine so große Rolle.“[8]

Als Polizeiseelsorgerin habe ich mich ausführlich mit der Lebenswelt von Mitarbeiter:innen der Polizei beschäftigt. Dabei wurde mir schnell deutlich: Konkrete Segensanlässe innerhalb des Polizeidienstes gibt es viele. Einige möchte ich im Folgenden nennen:

- Relativ bekannt ist die Segensfeier zum Start ins Berufsleben. Den jungen Beamt:innen wird für ihre herausfordernde berufliche Zukunft in einem Gottesdienst Gottes Segen und Hilfe zugesprochen.[9]
- Auch die Geburt eines Kindes von Mitarbeiter:innen kann ein Segensanlass sein. Die Polizeiseelsorge verschickt Segenswünsche an die frischgebackenen Eltern und sagt der ganzen Familie Gottes Begleitung auf diesem neuen Lebensabschnitt zu.
- Zur Eröffnung der Bikersaison werden Dienstmotorräder und ihre Fahrer:innen gesegnet. Der Wunsch nach Gottes Wegbegleitung und seinem Schutz im Straßenverkehr steht im Vordergrund.
- Mitarbeiter:innen, die in den Ruhestand versetzt werden, können zu einer Segensfeier eingeladen werden. Der Eintritt in den Ruhestand ist eine Lebenswende. Viele blicken mit Vorfreude darauf, andere sind verunsichert. Diese Gefühlslage in den Blick zu nehmen und um Gottes Segen für die neue Lebensphase zu bitten, ist hier das Ziel.[10]

---

[8] Jaklitsch, Alexander / Gabra, Eva / Heering, Kornelius / Jöxen, Astrid (Hg.): Leben braucht Segen. Ökumenische Segensfeiern, Freiburg im Breisgau 2020, S. 14.

[9] Vgl. Freitag, Marcus: Salz in der Suppe. Segensfeier für Polizisten/(freiwillige) Feuerwehr, in: Jaklitsch, Alexander u.a. (Hg.): Leben braucht Segen. Ökumenische Segensfeiern, Freiburg im Brsg. 2020, S. 194-201.

[10] Vgl. a. a. O.

- Schwer erkrankte Mitarbeiter:innen können bei einem Krankenbesuch eine Einzelsegnung empfangen. Sie sollen erfahren, dass sie nicht alleine sind und dass Gott sie auch in dieser Lebenssituation nicht vergisst.
- Liebende, Paare können gesegnet werden. Nicht alle Menschen können und/oder wollen eine kirchliche Trauung feiern. Und doch möchten sie ihrer Liebe in besonderer Weise Ausdruck verleihen und sehnen sich danach, dass ihre Liebe unter einen besonderen Schutz gestellt wird. Eine Segensfeier kann diese Anliegen aufnehmen und die Liebe feiern.
- In Auszeiten für Mitarbeitende geht es darum, diese für ihren weiteren Dienst zu stärken. Segensfeiern, Gottesdienste mit Segensritualen können in diesem Zusammenhang, gefeiert in der Gruppe der Teilnehmenden, eine besondere, sehr berührende Wirkung entfalten.
- In der Zeit der Pandemie war es für die Polizeiseelsorge zum Teil schwierig, einen regelmäßigen Kontakt zu den Mitarbeiter:innen aufrechtzuerhalten. In dieser Zeit habe ich damit begonnen, wöchentlich Corona-Mutmachbotschaften an alle Mitarbeiter:innen per Mail zu versenden. Zentraler Inhalt war, in unterschiedlichsten Variationen, die Aussage: Ihr seid nicht allein! Gottes Segen begleitet euch auch und gerade jetzt.

Ich bin fest überzeugt von der lebensverändernden Kraft des Segens. Segen bleibt nicht folgenlos! Indem wir auf die Sehnsucht nach Segen sensibel reagieren, sind wir mit den Menschen unterwegs. Im Segen können wir die Botschaft von Gottes neuer Welt und seiner grenzenlosen Liebe weitergeben. Ich wünsche mir, dass ich Ihnen mit diesem kurzen Einblick Lust auf Segen gemacht habe. Lassen Sie sich anstecken zum Segnen!
Seien Sie gesegnet! Gott schenke Ihnen seinen Segen, der den Alltag verzaubert, die Angst vertreibt, Leben ermöglicht, Glück wünscht, befreit, beauftragt, bejaht und Ihnen ganz einfach sagt: Gott meint es gut mit dir!

9.3 Literatur

Beichert, Ulrike: Segen – Lachen oder Weinen wird gesegnet sein, in: Segensreich schwanger. Arbeitshilfe für eine Spiritualität während der Schwangerschaft, hrsg. von Evangelische Frauen in Baden. https://www.ekiba.de/media/download/integration/62788/arbeitshilfe_segensreich_schwanger_2015_1.pdf

Fuchs, Guido: Vorwort, in: Das große Liturgie-Buch der Segensfeiern. Feierformen, Texte, Bilder und Lieder, hrsg. von Florian Kluger, Regensburg 2012.

Geier, Richard: Leben braucht Segen. Anthropologische Aspekte eines pastoralen Phänomens, in: Leben braucht Segen. Segensfeiern. Für alle, die segnen und gesegnet werden wollen, hrsg. von Hans Bauernfeind und Richard Geier, Freiburg im Breisgau 2003².

Jaklitsch, Alexander / Gabra, Eva / Heering, Kornelius / Jöxen, Astrid (Hg.): Leben braucht Segen. Ökumenische Segensfeiern, Freiburg im Breisgau 2020.

Schlemmer, Karl: Gott will reichlich segnen. Zur ökumenischen Dimension des Segnens, in: Leben braucht Segen. Segensfeiern. Für alle, die segnen und gesegnet werden wollen, hrsg. von Hans Bauernfeind und Richard Geier, Freiburg im Breisgau 2003².

Steffensky, Fulbert: Schwarzbrot-Spiritualität, Stuttgart 2006.

10 Polizeiseelsorge und Gottesdienste

Johannes Gospos

10.1 Einleitung

Eine der vielen Aufgaben in der Polizeiseelsorge ist es, Gottesdienste in der Polizei und für die Polizei zu feiern. Dies ist im Vergleich zu anderen Aufgaben wie etwa die Beratung und Begleitung von einzelnen Polizeibeamt:innen, die Einsatzbegleitung oder die ethische Aus- und Fortbildung ein Arbeitsbereich, der weniger nachgefragt wird, aber dennoch von Bedeutung ist. Dieser Artikel soll dazu eine praktische Hilfe sein.
Die weitaus größere Zahl von Gottesdiensten mit und für Polizeibedienstete findet in der Regel im Bereich der Kasualien[1] statt, also Taufen, Hochzeiten, Ehejubiläen und Beerdigungen. In diesen Fällen kommen die Angehörigen der Polizei zu den Seelsorger:innen mit der Bitte um solche Gottesdienste, besonders dann, wenn sie im Laufe der Jahre einen guten Kontakt zu dem / der jeweiligen Polizeiseelsorger:in gefunden haben. Hier ist das Prozedere gleich den normalen gemeindlichen Kasual-Gottesdiensten. Der einzige Unterschied besteht darin, dass wir in der Regel bei der jeweiligen Kirchengemeinde uns die Erlaubnis zur Feier der Kasualie einholen müssen. Ansonsten geht alles seinen üblichen Gang. Deshalb wird darauf in diesem Artikel nicht weiter eingegangen.

10.2 Anlässe und Orte

Darüber hinaus gibt es jedoch verschiedenste Anlässe, zu denen von der Polizeiseelsorge für und in der Polizei spezielle Gottesdienste gefeiert werden können. Ohne den Anspruch auf Vollständigkeit zu erheben, seien hier einige aufgeführt:

- allgemeine, jährlich wiederkehrende Gottesdienste für die verstorbenen Angehörigen der Polizei,
- Einweihungen von polizeilichen Gebäuden oder Segnungen von Fahrzeugen,
- Gottesdienste zu bestimmten konkreten Anlässen wie etwa der Graduierungsfeier oder eben leider auch zu aktuellen Todesfällen innerhalb der Polizei,
- Andachten zu geprägten Zeiten wie etwa vor Weihnachten,

[1] Kasualien sind in der Sprache der Kirche Gottesdienste zu bestimmten Anliegen wie die oben beschriebenen.

- bei Katholikentagen / evangelischen Kirchentagen
- oder auch im Rahmen von Exerzitien / Auszeiten / Stille-Seminaren.

Es gibt auch manchmal die Möglichkeit zu Fernseh- oder Rundfunkgottesdiensten oder Gottesdiensten zu den Bundestagungen der BAG / KEPP, die dann für und mit Führungskräften und dem / der Innenminister:in des jeweiligen Bundeslandes gefeiert werden, in dem die Konferenz gerade zu Gast ist. Eine Möglichkeit ist auch, im Rahmen von Aktivitäten der IPA (International Police Association) Gottesdienste entweder im Jahreslauf oder bei internationalen Freundschaftstreffen anzubieten.
So unterschiedlich die Anlässe jeweils sind, so haben sie doch einige Gemeinsamkeiten und Besonderheiten: In der Regel sind diese Gottesdienste ökumenisch und zwar sowohl von der versammelten Gemeinde her, denn sie sind offen für alle Angehörigen der Polizei, als auch von den Leitenden der Gottesdienste her, also den Polizeiseelsorger:innen. Lediglich bei den Exerzitien, Auszeiten etc. ist aus Praktikabilitätsgründen meistens nur ein:e Polizeiseelsorger:in vor Ort. Wenn es sich nicht gerade um einen Kleingruppengottesdienst handelt, ist es in NRW auch möglich, das Landespolizeiorchester NRW (LPO) um Unterstützung zu bitten.[2] Das LPO ist gern bereit, den Gottesdienst mit einem Ensemble musikalisch mit zu gestalten. Die Örtlichkeiten können sehr unterschiedlich sein: Es können kirchliche Räume sein, aber nach Absprache mit der jeweiligen Behörde sind auch polizeiliche Räume durchaus geeignet und gern gesehen. Auch Freiluftgottesdienste sind (besonders in Corona-Zeiten) möglich. Für eine entsprechende Beschallung müsste gesorgt werden. Auch hier kann das Landesamt für Aus- und Fortbildung und Personalangelegenheiten (LAFP) NRW zuweilen unterstützend tätig werden.[3] Katholische und evangelische Kirchengemeinden können dies ebenso.

10.3 Wer lädt ein?

Eine wichtige Rolle für den „Besuchererfolg" eines solchen Gottesdienstes spielt auch, wer einlädt: Wenn es sich nicht gerade um einen Kleingruppengottesdienst bei Exerzitien, Auszeiten etc. handelt, ist es wichtig, dass die jeweilige Behörde zusammen mit der Polizeiseelsorge dazu einlädt. Eine Ausnahme bilden hier nur Katholikentage / evangelische

[2] Ansprechpartner für das LPO ist das LAFP NRW: https://polizei.nrw/landespolizeiorchester-nrw (zuletzt abgerufen 5.4.2022).

[3] Das geht z.B. durch den Werbetruck und den Anhänger der Polizei NRW, die eine komplette Bühne mit Beschallung haben. Anfragen (am besten durch die jeweilige KPB) unter: LAFP, Sachgebiet 53.1, Tel. 02592/68 5310 (Stand 5.4.2022).

Kirchentage. Wenn die Behördenleitung zu solch einem Gottesdienst einlädt, fühlen sich die Angehörigen der Behörde eher dazu verpflichtet, den Gottesdienst auch zu besuchen, denn auch die Polizei ist ein Teil unserer Gesellschaft, in der der Besuch von Gottesdiensten keine Normalität mehr ist. Sollte es sich um eine Veranstaltung der IPA handeln, gilt hier natürlich entsprechend das Gleiche. Hilfreich ist es für den Besuch eines solchen Gottesdienstes, wenn er eingebettet ist in eine größere Veranstaltung wie etwa die Einweihung eines neuen Polizeigebäudes oder einen Tag der offenen Tür oder z.B. der Graduierungsfeier der HSPV-Absolventen. Wenn es beim ersten Mal nicht so klappt mit den „Besuchermassen“, nicht verzagen: Manchmal hilft auch die Flüsterpropaganda, dass es bei den folgenden Gottesdiensten voller wird.

10.4 Inhaltliche Vorbereitung

Was die Vorbereitungen und die inhaltliche Gestaltung der Gottesdienste betrifft, empfehle ich sehr die Lektüre des Buches „Liturgisches Handeln im öffentlichen Raum“[4]. Unter gottesdienstlichen Handlungen verstehe ich nicht Ansprachen bei staatlichen oder behördlichen Veranstaltungen. Hier sind wir als Polizeiseelsorge zu Gast und müssen uns an die Vorgaben halten, die uns von dem jeweiligen Veranstalter gesetzt werden. Wenn es sich aber um einen dezidiert angekündigten Gottesdienst handelt, den wir – auch in einem säkularen Umfeld wie etwa einem Tag der offenen Tür – halten sollen, ist es unsere Aufgabe, ihn zu gestalten. Nichtsdestotrotz ist es immer wichtig und sinnvoll, die staatlichen Partner mit einzubeziehen.[5]
Bei der Vorbereitung ist auch zu berücksichtigen, dass die Gottesdienste im Geist der Ökumene gehalten werden sollten, d.h. auf der einen Seite im gegenseitigen Respekt vor etwaigen theologischen Unterschieden, aber auf der anderen Seite in der Bestärkung dessen, was uns eint:

> *„Im Sinne einer ökumenischen Hoffnungsgemeinschaft gilt für alle [..] Fragen, dass sich die Seelsorger_innen nach Möglichkeit über mögliche Konfliktfelder verständigen, nach Lösungen suchen und sich um gemeinsam abgestimmte Sprachregelungen, bestenfalls sogar theologische Klärung, bemühen. Dabei sollte nicht nur Art und Verständnis der liturgischen Zusammenarbeit allein Thema sein, sondern auch die Außenwirkung auf die Gottesdienstgemeinde bzw. die*

---

[4] Vgl.: H.-H. Schneider u.a. (Hrsg.): Liturgisches Handeln im öffentlichen Raum. Eine Handreichung für Mitarbeitende in der Polizeiseelsorge; Konferenz der Evangelischen Polizeipfarrerinnen und Polizeipfarrer in Deutschland, Norderstedt 2020; siehe auch unter weiterführender Literatur.

[5] Hier sei besonders verwiesen auf das 3. Kapitel des o.g. Buches, S. 55 – 80.

Öffentlichkeit bedacht werden. Die Voraussetzung für gelingende Begegnung von Staat und Kirche liegt einerseits an der Verständigung mit staatlichen Stellen, aber mindestens ebenso am Bemühen um ökumenische Verständigung.“[6]

10.5 Adressaten der Gottesdienste

Auch die Besucher:innen unserer Gottesdienste kommen von einem sehr unterschiedlichen Background: Da gibt es die engagierten und ausübenden Christ:innen beider Konfessionen, genauso aber auch Christ:innen beider Konfessionen, die schon lange keinen Gottesdienst mehr besucht haben. Da gibt es Menschen, die aus der Kirche ausgetreten sind, und auch solche, die mit dem Glauben an Gott nichts anfangen können. Dann gibt es auch Menschen anderer Religionen, die evtl. an unserem Gottesdienst teilnehmen möchten.
Deshalb ist zunächst eines wichtig: Wenn wir einen Gottesdienst feiern, besonders dann, wenn wir ihn in einer Liegenschaft wie etwa einer KPB oder außerhalb im öffentlichen Raum feiern, muss klar und deutlich werden, dass da jetzt ein christlicher bzw. – sofern gewünscht – interreligiöser Gottesdienst stattfindet, damit sich nicht plötzlich Menschen darin finden, die gar nicht daran teilnehmen wollten. Das wäre eine unzulässige Vereinnahmung unsererseits. Dies kann durch eine zeitliche Pause und / oder einen Ortswechsel geschehen. Bei den Graduierungsfeiern der HSPV, Studienort Münster, haben wir den Gottesdienst vorgeschaltet in einer Kirche, z.B. um 9.45 Uhr, und die eigentliche Graduierungsfeier findet z.B. in der Stadthalle Hiltrup um 11.00 Uhr statt. Als wir einmal beides in der Halle Münsterland gemacht haben, lag zwischen Ende des Gottesdienstes und Beginn der offiziellen Graduierungsfeier eine halbe Stunde. Gleichwohl wurde in der offiziellen Einladung zu beiden Veranstaltungen eingeladen.
Weil es also auch Besucher:innen der Gottesdienste gibt, die sich in kirchlichen Gottesdiensten und Räumen nicht auskennen, ist es wichtig, dass deren Unsicherheit nicht verstärkt, sondern soweit wie möglich ernst genommen wird. Das geschieht zum einen dadurch, dass der Gottesdienstablauf ihnen an die Hand gegeben wird und auch alle Gebete, die gemeinsam gesprochen werden sollen, dort abgedruckt sind. Dann sollte möglichst auf „liturgische Geländespiele“ wie häufiges Aufstehen, Hinsetzen oder gar Hinknien verzichtet werden. Je komplizierter es wird, umso mehr fühlen sich die Menschen unwohl. Desgleichen sollten „Regieanweisungen“ nach Möglichkeit vermieden werden. Sollten sie nötig sein, sollten sie in einladender Form erfolgen, wie etwa: „Wir laden ein, nach vorn zu kommen, um für die Verstorbenen eine Kerze anzuzünden.“ In

[6] A.a.O.: S. 80.

Bezug auf die musikalische Gestaltung hilft es sehr, wenn Lieder ausgesucht werden, die zum einen in beiden Konfessionen bekannt sind und eher „Kirchenschlager" sind, wenn sie mitgesungen werden sollen. Eine sehr gute Alternative stellt auch die musikalische Gestaltung durch das LPO (s.o.), eine Band oder einen Chor dar, da dann eine kräftige Intonation vorhanden ist. Gemeindelieder ohne musikalische Begleitung– z.B. durch Orgel, Gitarre oder das LPO – sind zu solch einem Gottesdienst eher nicht zu empfehlen, denn wenn praktisch nur die Liturg:innen zu hören sind, wirkt das etwas mau.

Ein letzter wichtiger Hinweis, der zum Gelingen des Gottesdienstes entscheidend beiträgt, lautet: *In der Kürze liegt die Würze.* Wenn ein Gottesdienst oder auch Ansprachen / Predigten zu lang werden, führt dies zu einer Ermüdung der Gottesdienstteilnehmer:innen und zu deren inhaltlichem Abschalten, was der Gottesdienstatmosphäre sehr abträglich ist. Auch Gebete werden nicht unbedingt besser – und besser erhört –, je länger und mehr sie sind.

10.6 Leitthema

Sehr hilfreich kann es sein, wenn die Gottesdienste unter ein Leitthema gestellt werden, das z.B. ein Bibelvers sein kann oder ein Symbol oder Ähnliches. Anschließend sind einige Themen von Gottesdiensten zu Graduierungsfeiern aufgelistet:

- Die Ehrfurcht vor der Vergangenheit und die Verantwortung gegenüber der Zukunft geben fürs Leben die richtige Haltung. (D. Bonhoeffer)
  Hier geht es um das Thema Verantwortung für die Aufgabe und die anvertrauten Menschen.
- Im Dienst am Menschen …
  Das Thema ist selbsterklärend.
- Spieglein, Spieglein an der Wand …
  Wer will ich (gemeint die PVB) sein: Streetfighter, Schutzmann/-frau oder jemand anderer?
- Geht hinaus in alle Welt!
  Sie gehen hinaus ins Leben, in die Welt und in Ihre Aufgabe.
- Maßstab Mensch
  Es geht immer um Menschen, siehe auch Art. 1 GG.
- Der Schlüssel zum Leben
  Der Schlüssel zu Ihrem Leben liegt in Ihrer Hand. Es liegt an Ihnen, ob es ein erfülltes Leben wird oder ein „stumpfer Job".
- Blühende Talente

Sie alle bringen so viele Talente, Gaben und Fähigkeiten mit, die Ihnen helfen, Ihren Beruf zu meistern.

- „Wegzehrung"
  Bei dem Thema „Wegzehrung" z.B. ist natürlich nicht die Eucharistie gemeint, die man Sterbenden reicht, sondern wir haben anhand dreier Symbole erläutert, was den Absolventen in ihrer Ausbildung mit auf den Weg gegeben worden ist:
  1. *ein Rucksack mit all dem theoretischen Wissen, das ihnen vermittelt worden ist;*
  2. *die riesige Tasche für die Ausrüstung und praktische Ausbildung, die sie genossen haben;*
  3. *das kleine Grundgesetz (von dem Innenminister bei der Vereidigung überreicht) für die innere Haltung / Kompass, die sie erworben haben.*
- You'll never walk alone
  Sie sind niemals allein in Ihrem Beruf: Kollegen, Freunde, Partner und Familie gehen mit – und Gott.

10.7 Aufbau

Als hilfreich hat sich folgender Aufbau der Gottesdienste erwiesen:
Nach einem Vorspiel oder Lied den Gottesdienst eröffnen und in das Thema einführen, danach die Gemeinde mit einem Wechselgebet einbinden (hier eignen sich gut die Psalmen). Hierauf kann ein Wort aus der Schrift folgen, das dann unter Bezugnahme auf das Thema in der Predigt ausgelegt wird. Danach ist ein gemeinsames Lied angebracht oder ein Instrumentalstück, das in Fürbitten mündet oder in ein gemeinsames Gebet, das mit dem Vaterunser abgeschlossen wird. Die Feier wird beendet mit einem Segen und einem Lied / Instrumentalstück.

10.8 Eintreten füreinander

Zu Beginn dieses Artikels habe ich zwar geschrieben, dass der Bereich der Gottesdienste rein zahlenmäßig eher klein ist, aber dennoch ist er eher im Verborgenen ein großer und sehr wichtiger Bereich, nämlich dann, wenn wir als Polizeiseelsorger:innen für die Polizeibeamt:innen und ihre Angehörigen beten. Das können allgemein alle Mitarbeitenden der Polizei sein oder auch ganz speziell einzelne Menschen in besonderen Situationen. Das kann ein kleines Stoßgebet sein wie etwa beim Hören des Martinshornes: *„Herr, hilf allen, die da gerade in Not sind, und steh auch denen bei, die ihnen zur Hilfe eilen!"* Das kann aber auch das Mit-hinein-Nehmen in unser tägliches Gebet sein. Auch das ist Gottes- und Menschendienst: Wir selbst als Seelsorgende sind immer wieder darauf angewiesen, von anderen Menschen im Gebet getragen zu werden. Ohne dies könnte ich meinen Dienst nicht ausüben. Auch Polizeibeamt:innen können für die Ausübung ihres oft nicht leichten Dienstes jede Unterstützung gebrauchen. Deshalb sind gerade auch das Gebet und Gedenken im Gebet ein wichtiger Teil unserer Fürsorge für die Angehörigen der Polizei. Ich habe jedenfalls niemals erlebt, dass das jemand abgelehnt hat, selbst wenn er / sie damit nichts anfangen konnte.

10.9 Weiterführende Literatur:

Diözese Rottenburg-Stuttgart (Hg.): Der Sterbesegen. Liturgische Handreichung für Haupt- und Ehrenamtliche in Krankenhäusern und Hospizen, in Senioren- und Pflegeheimen, in der Notfallseelsorge und in Gemeinden und Pfarreien; Schwabenverlag Ostfildern 2. Aufl. 2019.

H. Kerner, E. Nübold (Hg.): Ökumenische Segensfeiern. Eine Handreichung; Bonifatius Verlag Paderborn / Calwer Verlag Stuttgart 1997.

Liturgische Institute Salzburg, Trier, Zürich (Hg.): Benediktionale. Studienausgabe für die katholischen Bistümer des deutschen Sprachgebietes; Herder-Verlag 20. Aufl.; Freiburg.

H.-H. Schneider u.a. (Hg): Liturgisches Handeln im öffentlichen Raum. Eine Handreichung für Mitarbeitende in der Polizeiseelsorge; Konferenz der Evangelischen Polizeipfarrerinnen und Polizeipfarrer in Deutschland; Norderstedt 2020.

Vaticanum II: Konstitution über die heilige Liturgie „Sacrosanctum Concilium" vom 4.12.1963; in: Denzinger; Heinrich: Kompendium der Glaubensbekenntnisse und kirchlichen Lehrentscheidungen, hg.v. P. Hünermann; Herder Verlag Freiburg, 40. Aufl. 2005, S. 1155 – 1172.

Vaticanum II: Pastoralkonstitution über die Kirche in der Welt von heute „Gaudium et spes" vom 7.12.1965; in: Denzinger; Heinrich: Kompendium der Glaubensbekenntnisse und kirchlichen Lehrentscheidungen, hg.v. P. Hünermann; Herder Verlag Freiburg, 40. Aufl. 2005, S. 1268 – 1320.

11 Einmal auftanken, bitte! Spirituelle Auszeiten für Polizeibeamt:innen

Martin Dautzenberg, Lydia Bröß

11.1 Die Idee

Dass der Polizeivollzugsdienst mitunter starke psychische Belastungen mit sich bringt, ist hinlänglich bekannt. Dass diese Belastungen je nach konkreter Tätigkeit in den letzten Jahren zunehmen, ebenfalls. Dies ist von Verantwortlichen und Führungskräften längst erkannt worden, und so entstanden zahlreiche polizeiinterne Unterstützungs- und Entlastungsangebote, sowohl auf Landes- als auch auf Behördenebene. Auch die Polizeiseelsorge ist – allerdings als externer, unabhängiger Anbieter – Teil des psychosozialen Helfendennetzwerks der Polizei und bietet allen Bediensteten unterstützende und begleitende Präsenz im dienstlichen Alltag. Sie kann aber noch mehr als psychosoziale Unterstützung; schließlich sagt man uns einen „Draht nach oben“ nach.
Dieser „Draht“ ist immer wieder gefragt, oder anders: Trotz weiterhin nachlassender kirchlicher oder religiöser Bindung wünschen sich Menschen, dass hinter und über allem Sichtbaren eine Macht sein möge, die der Welt Sinn und Ziel gibt und schützend und bejahend das eigene Leben begleitet. Und das möchten viele nicht nur irgendwie vermuten, sondern gelegentlich auch spüren. Diese Macht hinter allem nennen wir Christen „Gott“. Dem Bedürfnis nach einer sanften Berührung mit Gott kommt die Polizeiseelsorge im Bistum Essen mit den „Spirituellen Auszeiten“ entgegen, die wir seit einigen Jahren mehrmals im Jahr anbieten. Ein weiteres Bedürfnis, das wir mit den Auszeiten erfüllen, ist Abstand zu gewinnen vom privaten und dienstlichen Alltag mit seinen Belastungen. Natürlich sind dienstliche Belange auch zwischendurch Gesprächsthema, der inhaltliche Fokus liegt jedoch auf Themen, die im Alltag nicht bewusst vorkommen, die Teilnehmenden aber für ihren Alltag stärken sollen. Abstand gewinnen und Kraft sammeln, also Auszeit nehmen, und Gottesberührung prägen die Gestaltung dieser Tage. Auch wenn persönliche Belastungen gelegentlich zur Sprache kommen, liegt der Schwerpunkt auf dem Erleben von Schönem, Entdecken eigener Ressourcen, Wahrnehmen von Geschenktem: sei es die Schönheit der Schöpfung (Natur), die Zuwendung von Menschen, das Getragensein in einer Gruppe, die Erfahrung, gut aufgehoben zu sein in der Welt, die Zuneigung Gottes im Segen (vgl. Kap. 9). Auch wenn der persönliche Gewinn oder Ertrag der Teilnehmenden den entscheidenden Maßstab für den Erfolg der Auszeiten darstellt, so profitiert der Dienstherr, die Polizei, ebenfalls von

diesem Angebot der Seelsorge. Schließlich arbeiten resiliente, gestärkte Mitarbeitende produktiver als andere.
Eingeladen zu unseren Auszeiten sind Bedienstete unserer Polizeibehörden. Die Gruppen sind i. d. R. gut gemischt, was die Teilnehmenden als positiv erleben: Aus verschiedenen Behörden und unterschiedlichen Direktionen kommen Regierungsbeschäftigte und Beamte/Beamtinnen des gehobenen und höheren Dienstes zusammen. Der Status spielt in den Tagen der Auszeit keine Rolle. Ähnlich verhält es sich mit der Religiosität und Kirchlichkeit: Willkommen sind uns Menschen mit oder ohne Kirchenzugehörigkeit, mit oder ohne Erfahrungen in kirchlichen Gruppen und Gemeinden. Gerade diesbezüglich waren der ersten Auszeit im Jahr 2018 intensive Überlegungen vorausgegangen: Wir wollten als Polizeiseelsorge ein Angebot der Glaubensverkündigung schaffen, nach unserem Verständnis also Räume eröffnen, in denen Menschen mit Gott in Berührung kommen können. Gleichzeitig sollten sich alle eingeladen fühlen, die auf der Suche nach dem „Mehr" in ihrem Leben sind, auch wenn die christliche Botschaft für sie zunächst keine Rolle spielt. So entstand der grundsätzliche Charakter der Spirituellen Auszeit: Ein Thema (roter Faden) zieht sich durch die fünf Tage, welches an Lebens- und Alltagserfahrungen anknüpft, die sich wiederum spirituell und christlich deuten lassen. Eine solche Deutung für sich zu finden oder zu übernehmen, ist dann jeder und jedem selbst überlassen. Das konkrete Programm bietet jeweils eine große Bandbreite von weltlichen und christlichen Elementen, sodass i. d. R. alle Teilnehmenden etwas finden, das ihnen gut tut. Wir bemühen uns, eine Atmosphäre zu schaffen, in der sich alle wohlfühlen und angenommen wissen, mit ihren individuellen Fragen, Zweifeln und Bedürfnissen. Dass dies offensichtlich gelingt, zeigt sich darin, dass sich auch diejenigen auf biblische und liturgische Elemente einlassen, die dem zunächst mit großer Skepsis gegenüberstehen. Zu unseren Auszeiten gehört immer auch das Angebot von Einzelgesprächen, außerhalb des gemeinsamen Programms. Ein Nebeneffekt der Auszeiten besteht darin, dass die Teilnehmenden ein zugewandtes und menschenfreundliches Gesicht von Kirche erleben.
Bewusst vermeiden wir die bei der Polizei übliche Bezeichnung „Seminar" für unsere Auszeiten. Schon dadurch soll bei der Werbung deutlich werden, dass diese Tage keinen Seminarcharakter besitzen, dass es keine Lernziele und keinen Unterricht gibt. Die Spirituellen Auszeiten sind eine Alternative zu den gewohnten Fortbildungsmaßnahmen. Dennoch sind sie gemäß Erlass[1] sonderurlaubsfähig. Leider gewähren nicht alle NRW-Behörden den möglichen vollen Umfang von fünf Tagen Sonderurlaub.

1 Vereinbarung über die Wahrnehmung der katholischen Polizeiseelsorge im Land NRW vom 04.07.1962

11.2 Beispiel: Insel-Auszeit

„Reif für die Insel?!“ – Unter diesem Titel standen die Auszeiten im Jahr 2019, die in einem kirchlichen Tagungshaus auf der Nordseeinsel Wangerooge stattfanden. Das Meer übt auf viele Menschen eine besondere Faszination aus, weil es an Grunderfahrungen erinnert:

- der ewige Rhythmus der Gezeiten weist auf das wiederkehrende Geborenwerden und Sterben hin;
- die Ambivalenz des Wassers ist erfahrbar: auf der einen Seite ermöglicht Wasser überhaupt erst Leben, auf der anderen Seite bedroht die Gewalt des Wassers das Leben auch;
- der Wind am Strand kann das Gesicht zärtlich streicheln, als Sturm aber auch den Atem nehmen;
- eine Sandburg am Strand ist schnell gebaut, vom Meer jedoch auch schnell wieder vernichtet;
- an angespültem Strandgut kann ich mich freuen, wenn ich es zufällig finde, ohne zu suchen.

Vielleicht war es die Faszination des Meeres, die zu unerwartet starker Nachfrage der Insel-Auszeit führte, vielleicht auch ein bisschen die (touristische) Anziehungskraft der kleinen autofreien Insel. Jedenfalls begleiteten das Meer und der Strand uns täglich bei der Suche nach dem „Mehr“. Wir mussten gelegentlich aus der Komfortzone raus: Den Morgenimpuls gab es am Strand, auch wenn es kalt und feucht war im Frühjahr und Herbst. Wir wollten den Boden spüren, der uns trägt, und von dem wir laut biblischer Schöpfungserzählung genommen sind; das heißt: barfuß durch den Sand, auch wenn der fünf Grad kalt ist. Kräftiger Wind, Sinnbild für den Atem Gottes, blies auch schon mal feinen Sand ins Gesicht, was sich wie das Stechen spitzer Nadeln anfühlte. Als Impuls dazu die Erfahrung des Propheten Elija im Ohr: „Der Herr war nicht im Sturm …“ (1 Kön 19,11).
Es galt, die Sinne zu schärfen: eine Zeit lang nur hören (das Rauschen der Brandung, die Möwen), nur sehen (den Horizont, die immer neuen Gesichter der Wellen), nur spüren (den Sand, das Wasser, den Wind), nur riechen (das Salz in der Luft). So konnten manche die Natur, die Schöpfung dankbar als Geschenk empfinden. Wenn dann später in einer interaktiven biblischen Einheit das Wasser in seiner lebensbedrohlichen Form erlebbar wurde (Der Gang über das Wasser, Mt 14,22ff), bekamen die Erfahrungen der Jünger damals plötzlich Relevanz für das Leben der Teilnehmenden heute.
Am letzten Abend unserer Auszeit feierten wir einen Gottesdienst im Tagungsraum. Hier wurde wie in einem Brennglas die Ernte dieser Tage spürbar. Bereichert und dankbar brachten die Teilnehmenden ihre Erfahrungen ein, erlebten noch einmal das Getragenwerden durch die Gruppe, ließen sich vom Wort Gottes und seinem Segen anrühren und gaben diesen Segen an andere weiter. Nach Verklingen des letzten Liedes blieben

sie noch sitzen, schauten auf die brennenden Kerzen und hingen ihren Gedanken nach …
Die Rückmeldungen, auch noch Wochen und Monate später, zeigten, dass die Spirituelle Auszeit den Alltag noch hier und da begleitet.

11.3 Beispiel: Kloster-Auszeit

Fünf Tage Auszeit in einem Kloster, das muss man schon „wollen“ oder neugierig auf eine andere Lebensform sein.
Die Anfahrt zu den Orten der Auszeiten Maria Laach und Marienstatt (Westerwald) in den Jahren 2021 und 2022 führt über Autobahnen in abgelegene Gegenden. Einige Teilnehmende haben sich darauf eingerichtet; sie bringen Fahrräder mit und haben im Vorfeld Landkarten nach Wander- und Radwegen studiert. Nach Anmeldung und Begrüßung durch den Gastpater an der Klosterpforte eröffnet sich für die Teilnehmenden eine zunächst „neue Welt“ mit einer eigenen Ordnung. Festgelegte Zeiten, angefangen von den Gebetszeiten der Mönche, an denen wir teilnehmen können, über die Essenszeiten bis hin zu den Kurszeiten, geben die immer wiederkehrende Tagesstruktur vor.
Die Abgeschiedenheit und das Interesse am Umfeld lassen Fragen aufkommen, die vielleicht früher sicher nicht so ins Bewusstsein gekommen wären: „Besitzen Sie als Mönch eine Waschmaschine? Wie lebt es sich in einer Gemeinschaft? Was hat Sie bewogen, in ein Kloster einzutreten?“ Die aufrichtigen Antworten eines Mönchs während einer Klosterführung sind dann manchmal sehr ernüchternd: „Ich habe Mitbrüder, die kann man sich nicht aussuchen“ und bewegten einzelne Teilnehmende bis in die Gespräche an den folgenden Abenden.
„Ein Stück vom Himmel“ – so der Titel der Auszeiten im Jahr 2021 – lenkte den Blick und das Gespür auf die kleinen Spuren des Himmels im Alltag; dort, wo Glück erfahrbar wird. Ein Tag innerhalb der Klosterauszeit begann nach dem Frühstück mit dem Morgenlob im Gruppenraum.
Eines war gestaltet durch das eingespielte Youtube-Video zum Lied von Herbert Grönemeyer „Ein Stück vom Himmel“. In der darauffolgenden Gesprächsrunde im Plenum stellten die Teilnehmenden ihre Beschreibung und Definition von „Glück“ vor. Mit dem „Arbeitsauftrag“, ein Stück vom Himmel in und rund ums Kloster zu finden, es mitzubringen oder ein „inneres Foto“ davon zu machen, machten sich die Teilnehmenden auf einen inneren und äußeren Weg. Kurz vor der Mittagspause trafen sich alle wieder im Plenum. Einige legten ihre „Fundstücke“ in die Mitte des Stuhlkreises ab, andere berichteten. Für alle eröffnete diese Sammlung eine Fülle von Eindrücken. Eine kleine Karte mit Fragen speicherte die Erinnerung für jede und jeden noch einmal über die Sinneserfahrungen beim Auffinden und Erleben dieses „kleinen Glücks“.

Nach der Mittagspause am Nachmittag schloss sich eine Klosterführung an. Mit vielen Fragen, wie bereits beschrieben, und um etliche Einblicke in Bibliothek, Klosterkirche, Chorgestühl und Antworten bereichert, folgte das Abendessen. Der Film „Wie im Himmel“ beendete den inhaltlichen Teil des Tages.
Die Impulse, Gespräche, Führungen und wechselnde Tischgemeinschaften zu den Mahlzeiten ließen die Teilnehmende gut miteinander ins Gespräch und in intensiven Austausch kommen. Neue Formen der Bibelarbeit und Arbeitsweisen wurden angenommen und aufgeschlossen reflektiert. Leibübungen aus dem Qi Gong wurden so im Nachhinein schmunzelnd zu einem Wettbewerb um die Ausführung des „Schönsten Regenbogens“.
Dicht und emotional wurde ein Element in der Wortgottesfeier am letzten Abend. Unter der Überschrift „In deinen Augen spiegelt sich der Himmel“ überreichten sich die Teilnehmenden gegenseitig Fotos, die in den Tagen zuvor aufgenommen wurden und die Augenpartie der Einzelnen zeigten. In den jeweiligen Augen spiegelte sich ein Stück des Himmels: mal eine Wolke, mal die Türme der Klosterkirche. Beim Überreichen des Bildes sagte jeweils die eine Person der anderen etwas Gutes zu: ein Kompliment, einen Wunsch – einen Segen! Vielen war die Emotion bei der Formulierung und bei der Zusage anzusehen und in der Atmosphäre im weiteren Verlauf des Gottesdienstes im Gruppenraum spürbar. Etliche Teilnehmende haben „ihre Bilder“ später an einem besonderen Platz aufgestellt und denken, laut den Rückmeldungen, noch heute gerne an das „Stück vom Himmel“ zurück, das sie in dieser Auszeit erfahren und anderen schenken durften.
Die Auszeit im Kloster bot Gelegenheit, die monastische Lebensform kennenzulernen. Festgelegte Zeiten und Räume boten vielen Menschen das Gefühl von Schutz und Sicherheit, sodass sie sich vielleicht leichter für Sinnfragen öffnen konnten. Einige Teilnehmende nahmen gern an den Gebetszeiten der Mönche teil und genossen den gregorianischen Gesang; anderen war diese Form völlig neu, und sie waren für kleine Erläuterungen und Hilfen zum Ablauf dankbar. Manche Teilnehmende wurden von schlechten Erfahrungen „von und mit Kirche“ eingeholt und dankten uns, dass Kirche „auch anders“ sein kann. Gerade ihnen danke ich für ihren Mut und das Vertrauen, das sie uns als Seelsorgende entgegengebracht haben.

12 Gedenken als heilsame Momente

Stefanie Alkier-Karweick

12.1 Einleitung – eine Ortsbestimmung

Wo, wenn nicht in der Polizei, ist die Erfahrung von Tod und Sterben so groß und vielfältig und häufig mit eigenen schmerzhaften Eindrücken verbunden? Wo, wenn nicht in der Polizei, sind das eigene und das kollektive Ringen um Stärke und Bewältigung nach innen wie nach außen überlebenswichtig? Wo sonst sollte und müsste das Bedenken der menschlichen Sterblichkeit und damit auch das Gedenken des Einzelnen wichtiger sein?
Diese spezielle Lage der Polizei ist tatsächlich vielschichtig. In diesem Beitrag soll es um die Frage gehen, was Polizeiseelsorge in die Gedenkkultur der Polizei NRW einträgt. Auch hier ist die Lage natürlich vielschichtig. Von daher kann es an dieser Stelle um Annäherungen und nicht um Vollständigkeit gehen.
Polizeiarbeit und damit auch Polizeiseelsorge vollziehen sich nicht im luftleeren Raum. Sie sind abhängig von Zeit und Raum und den Bedingungen gegenwärtigen Lebens. Zu diesen Bedingungen gehören zur Zeit der Abfassung dieses Beitrages, dass wir uns im Jahr drei einer Pandemie, in der Zeit des Angriffskrieges Russlands gegen die Ukraine und im Erleben des nicht mehr wegzuredenden, bereits jetzt tödlich wirkenden Klimawandels befinden. Gefühle von Verunsicherung in Hinblick auf lieb gewonnene Selbstverständlichkeiten bis hin zu den großen Fragen nach der Sinnhaftigkeit der eigenen Lebenskonzepte machen sich breit – auch in der Polizei. Das ehemals fremde Wort „Vulnerabilität" ist in aller Munde. Ja, die Verletzlichkeit von Leben ist in den vergangenen beiden Jahren in den Fokus gerückt, unter die Haut gegangen, und damit auch die Frage nach dem, was eigentlich Sinn und Zuversicht stiftet.[1]
Zu den gegenwärtigen Bedingungen gehört ebenfalls, dass sich in vielen Teilen der Polizei eine tiefe Erschöpfung niederlegt, die sich auch aus rasant sich verändernden Arbeitsabläufen und -anforderungen, strukturellen und inhaltlichen Voraussetzungen speist. Die Digitalisierung des Alltäglichen trägt einen großen Anteil daran. Die Befassung mit Szenarien, die aufgrund der angespannten Weltlage in der Polizei als kritischer Infrastruktur notwendig ist, macht viele nachdenklich und löst unterschiedlichste Gefühle aus. Verantwortung und Pflicht, Opferbereitschaft und Gefahrtragung – es arbeitet in den Behörden. Das Radio berichtet über die erste „True-fake"-Ermittlung in einem cold case der niederländischen Polizei: Der Avatar eines

[1] Vgl. dazu den Beitrag von Judith Palm zum Stichwort Seelsorge in diesem Band.

vor 20 Jahren getöteten Jugendlichen appelliert an mögliche Zeugen von damals in den öffentlichen Medien, zur Aufklärung seiner Tötung beizutragen. Eine Auferweckung durch Künstliche Intelligenz! All dies ist unsere Gegenwart – und mittendrin jede und jeder Einzelne von uns und die Frage nach Bedeutung, Wert und Sinn eines und einer jeden von acht Milliarden. Was macht mich aus und was bleibt von mir?

12.2 Eine kleine Phänomenologie des Gedenkens

12.2.1 Momentaufnahmen der Entmachtung von Ohnmachtsgefühlen

Zu Beginn seien drei Wahrnehmungen beschrieben, die jeweils einen Hinweis auf einen möglichen Beitrag der Polizeiseelsorge zur polizeilichen Gedenkkultur leisten.

In Münster wird *Maschi,* ein junger SEK-Beamter, bei einem Einsatz tödlich verletzt. Da, wo Polizei auf höchstem Niveau ausgebildet und ausgestattet ist und nahezu unverwundbar erscheint, greift das Unkalkulierbare Raum. Ein tiefer Schmerz geht durch alle Reihen. Trotz Pandemie wird intern ein Gedenken am Landesamt für Ausbildung und Personalangelegenheiten (LAFP) ermöglicht – so auch im Folgejahr und im Jahr darauf, in dem auch eine Gedenkstele errichtet wird. Polizeiseelsorge steht in diesen Momenten in den Reihen und gleichzeitig vor den Reihen – sie kann aufgrund ihrer Tod-Erfahrenheit, ihrer Ritualsicherheit und aus ihrer Hoffnungsperspektive einen Rahmen des Gedenkens und der Trauer bieten, der das Empfinden von Schmerz nicht als Beschämung oder Schwäche, sondern als Stärke zeigt. Sie kann durch das Gestalten von Abschieds- und Gedenkritualen „dem Chaos gestaltend begegnen“.[2]

In Mönchengladbach wird ein Säugling tot in einem Mülleimer gefunden – eine Situation, die ins Mark trifft. Tod macht nie Sinn, aber dies ist ein Tod allertiefster Sinnlosigkeit, der erschreckt, Wut erzeugt und hilflos macht. Polizist:innen tun, was Not tut, um der empfundenen Ohnmacht Einhalt zu gebieten: Sie geben dem Mädchen einen Namen: *Rabea*. Sie gedenken ihrer und würdigen zusammen mit den Polizeiseelsorgern dieses kurze Leben als gelebtes Leben und Rabea wird mit kirchlichem Segen bestattet. Gemeinsam setzen sie der Ohnmacht Grenzen und stellen mit Macht dem sinnlosen Tod die Würde dieses kleinen Hauchs von Leben entgegen.

In einer anderen Behörde stirbt *Michael*[3] während einiger Urlaubstage, die er anlässlich seines fünfzigsten Geburtstages genommen hatte, allein in seiner Wohnung. Die Dienststelle des Hausarbeiters löst einen Polizeieinsatz

---

[2] Dies ist eine Formulierung von Frank Waterstraat: Dem Chaos gestaltend begegnen. Aspekte christlicher Rituale in der Notfallseelsorge. In: Berliner Theologische Zeitschrift 26/1, 2009, S. 16-30.

[3] Der Name wurde geändert.

aus, bei dem er aufgefunden wird. Vorgefunden wird auch, dass der geschätzte Kollege keinerlei Angehörige hinterlässt und er so anonym in einer städtischen Bestattung seinen letzten Weg antreten wird. Ein Tod, der nachdenklich macht. Er macht nachdenklich in einer Organisation, die so häufig Konstellationen von menschlichem Leben begegnet, die fremd sind und oft auch nicht erstrebenswert erscheinen. Er macht nachdenklich, weil er die Koordinaten zur Bewertung von scheinbar gelingendem Leben in Frage stellt. Aus Nachdenklichkeit entsteht Nachdrücklichkeit: Die Behördenleitung befürwortet eine durch die Polizeiseelsorge durchgeführte interne Trauerfeier – im Präsidium, mit Michaels Urne und Gästen aus zahlreichen Arbeitsbereichen. Dem einsamen Sterben eines Einzelnen wird die direktions- und hierarchieübergreifende Gemeinschaft des Gedenkens im polizeilichen Wir entgegengesetzt.

12.2.2 „Was ist der Mensch, dass du seiner gedenkst?" Theologische Deutungen und daraus folgende Perspektiven

In den Gesellschaftswissenschaften hat das Stichwort Erinnerungskultur und damit verbunden auch die Biografiearbeit seit ungefähr 40 Jahren deutlich an Bedeutung gewonnen. Was bedeutet der/die Einzelne für die Gemeinschaft, für das Kollektiv? Wie kann das einzelne gelebte Leben wahrgenommen und gewürdigt werden? Wie können die vielen Fragen an das Menschsein und die Geschichte der Menschheit durch die Betrachtung von Individuen verstehbarer werden?

Polizeiseelsorge fußt auf christlicher Theologie und hat so die biblischen Texte des Alten und Neuen Testaments als Welt- und Lebensdeutungskonzepte zur Verfügung. Schlägt man die Bibel auf, so wird mit den beiden Schöpfungsberichten bereits auf den ersten Seiten eine sehr deutliche Beziehungsklärung vorgenommen: *Und Gott schuf den Menschen.* Der Mensch ist ein Geschöpf, verdankt sein Leben nicht seiner eigenen Stärke und Klugheit, sondern einem JA, das zu seinem Leben gesprochen wird. Die Bindung durch dieses erste JA des „Siehe, es war sehr gut." bleibt erhalten – durch alles Schöne und Beglückende, aber auch durch alles menschliche Chaos, Fehlentscheidungen und durch alles Unglück. Ebenfalls erhalten bleibt die Bindung an die anderen, denn der Mensch ist nicht als Einzelwesen geschaffen, sondern als soziales Wesen, das andere Menschen braucht, um leben und überleben zu können. Biblisch ergeht ein dreifacher Appell an uns, *bewusst* zu leben, nicht gedankenlos: Denn wir stehen in einer dreifachen Bindung zu unserem Schöpfer, zum anderen Menschen und zur Mitwelt der Natur. Diese Bindungen unterliegen aber nicht unserer Verfügbarkeit. Wir können sie pflegen, aber nicht verwalten. Sie bedeuten darüber hinaus: Es ist nicht egal, dass ich lebe. Selbst wenn ich entsetzlich scheitere: Gott steht für unsere Bindung über Zeit und Raum hinaus: Es gibt keinen Verlust der

Erinnerung jedes/r Einzelnen. Denn Gott verliert niemanden aus seinem Blick.

Die christliche Botschaft ist tatsächlich radikal, lässt uns an unsere „Verwurzelung“[4] gehen. Sie gründet auf der brutalen Leidensgeschichte Jesu, die dem Tod nicht das letzte Wort gibt, sondern der Neuschöpfung. Sie wird zum Grund und gleichzeitig zur Hüterin der Hoffnung, wenn sie nicht nachlässt zu fragen: Worauf vertraust du? Worauf ist dein Leben in der Tiefe gegründet? Wie hältst du die Ambivalenzen des menschlichen Daseins aus? Dem Leiden, der Gewalt und dem Sterben wird dadurch kein Sinn zugesprochen. Aber alles, was sich daneben ereignet – Bindung, Gefühle, Kreativität –, all das *Dazwischen* macht Sinn. Das Vertrauen darauf, dass es immer mehr geben wird als das, was wir mit unseren menschlichen Möglichkeiten erfassen können, und dass dieses Mehr glaubhaft das Leben hier und jetzt verändert, mitten in all den Nöten der Einzelnen und der Welt, kann meine Haltung zum Leben radikal verändern. Denn ich priorisiere dann anders und kann in den anderen auch die sehen, deren gezählte Tage nicht belanglos sind. Keine und keiner ist nur eine leere vergängliche Hülle und niemand geht verloren. Kein Leben ist Sinn-los.

12.2.3 Gedenken als Ermutigung zum Leben

> *„Lehre uns bedenken, dass wir sterben müssen, auf dass wir klug werden!“ (Psalm 90, 12)*

Ungefähr zweieinhalbtausend Jahre alt ist dieses biblische Psalmwort – es hat nichts an Aktualität eingebüßt. Jede und jeder einzelne Verstorbene erinnert uns daran, dass auch wir in unseren Lebenszeiten begrenzt sind. Klugheit hat dann auch etwas mit Positionierung zu tun. Ja, ich bringe mich zum kontingenten Leben in Position. Ich verhalte mich dazu, dass der Tod eine Grenze markiert. Der Tod steht für die Unterscheidung von gestern und heute. Der/die andere, mit dem ich gestern noch lebte und arbeitete, ist heute nicht mehr da. Das ist die Urerfahrung der Differenz von heute und gestern. Auch wenn natürlich kein Heute wie das Gestern wird: Der Tod des/der anderen markiert, dass auch keine vergleichbaren Begegnungen, Resonanzen, gemeinsames Arbeiten mehr möglich sein werden. Der Tod beendet die gelebte Beziehung. Es kann dem Gesagten und dem Miteinander-Erlebten nichts mehr hinzugefügt werden. Es kann nichts revidiert werden, es kann nichts mehr entschuldigt werden.

Auch vor diesem Hintergrund sind Gedenkveranstaltungen für verstorbene Mitarbeitende zu verstehen. Denn es geht neben der Würdigung und Erinnerung des Einzelnen auch immer darum, sich der eigenen Lebendigkeit zu vergewissern. Die eigene Lebendigkeit bedeutet Lebens-Potenzial.

[4] Radikal leitet sich vom lateinischen Wort „radix“, der Wurzel, ab.

Lebendigkeit und Lebenspotenzial durch den Schmerz hindurch wird im Gedenken an die Verstorbenen also auch immer zur Vergegenwärtigung der eigenen Beziehungsfähigkeit und der eigenen Befähigung zum tätigen Leben. Das Gedenken spannt die Koordinaten für die Betrachtung und Bewertung der eigenen Lebensbezüge neu auf: Wie lebe und liebe ich eigentlich? Genüge ich meinen eigenen Ansprüchen? Schöpfe ich aus meiner Art zu arbeiten und mich zu engagieren ausreichend Lebenssinn? Bin ich zufrieden? Das Gedenken der anderen ermöglicht mir also eine konstruktive Selbstvergewisserung – auch wenn sie in der Folge unter Umständen schmerzvolle Veränderungsprozesse einleitet. Jede Erfahrung mit dem Tod verändert uns – im besten Fall stärkt sie uns.

12.2.4 Gedenken als kollektive Selbstvergewisserung

Die Polizei als Organisation lebt in besonderer Weise von einem kollektiven WIR-Gefühl. Sie versteht sich als eine *Familie*, in der man/frau sich aufeinander verlassen können muss. Wir und die Anderen, das polizeiliche Gegenüber. „In der erinnernden Rückbindung an die Toten vergewissert sich eine Gemeinschaft ihrer Identität.“[5] Worüber aber definiert sich die Identität der Polizei? Rechtsstaatlichkeit, Bürgerorientierung, Professionalität. Daneben gehören aber auch Stärke, Mut, Opferbereitschaft, Pflichtbewusstsein, Handlungsfähigkeit und vieles mehr dazu. WIR stehen zusammen, um Kriminalität zu bekämpfen und Gefahren abzuwehren. Immer gibt es ein Gegenüber – häufig einen Gegner. Des von daher bitter notwendigen Zusammenhaltes vergewissert sich Polizei als Organisation auch dann, wenn sie zunehmend eine Kultur des Gedenkens pflegt, in der die Würdigung von Diversität in den eigenen Reihen spürbar wird. Polizei ist divers und Individualität hat gegenwärtig einen höheren Stellenwert als zu früheren Zeiten. Diversität und Individualität auf der einen und Konformität auf der anderen Seite müssen aber immer wieder ausgehandelt werden: Wie *anders* darf ich sein? Wie viel Vertrautes und Erkennbares brauchen die anderen an mir?[6] Ein Gedenken der Verstorbenen bietet den Anlass, das *Eigene* des/der Einzelnen auch „gut sein zu lassen“ ohne etwas schön zu reden. Gerade hier werden häufig neben der Lebensleistung auch Eigenarten und *Schrulligkeiten* zur Sprache gebracht. Hier kann und darf der Ort sein, an dem die eigene Verwundbarkeit und das eigene Fehlbare Thema sein dürfen. Von daher sind Gedenkfeiern auch immer ein Weiten des Zugelassenen. Auf die Frage, was für neue Anwärter:innen wohl die größte Herausforderung im Polizeiberuf ist, antwortete eine junge Frau: „Ich

[5] Vgl. Jan Assmann, Das kulturelle Gedächtnis. Schrift, Erinnerung und politische Identität in frühen Hochkulturen, München 1992, S. 63.

[6] Im unten erwähnten Grenzgang ist bei der kürzlich erfolgten Überarbeitung das Thema Diversität in den eigenen Reihen ergänzt worden.

glaube, die eigene Begrenztheit anzuerkennen." Sehr weise von ihr und sehr richtig auch in Hinblick auf das nötige stückweise Zulassen der eigenen Grenzen und der eigenen Verletzlichkeit, das durch Gedenkfeiern ermöglicht wird. Kein Ich ist der Nabel der Welt. Auch dieses Bewusstsein von Begrenztheit muss einen Raum in der Identität der Polizeigemeinschaft haben können.

12.3 Zur Praxis des Gedenkens

12.3.1 Weisen und Wege des Gedenkens in der Polizei NRW

Überall in den Polizeibehörden des Landes wird Verstorbener gedacht: Mit jährlichen innerbehördlichen Gedenkfeiern für die im aktiven Dienst oder im Ruhestand Verstorbenen. In Kirchen oder Liegenschaften. Mit gerahmten Fotos mit schwarzer Schleife. Mit Gedenksteinen und -stelen. Mittlerweile wird zum Teil auch digital auf einer Seite im Intranet oder mit Texten im Intranet zu Jahrestagen gedacht. Einzelne Dienststellen finden eigene Formen, ihrem Gedenken der Verstorbenen aus den eigenen Reihen Ausdruck zu verleihen.

Was sind aber die „eigenen Reihen"? Das polizeiliche WIR ist nicht auf Polizeivollzugsbeamte zu beschränken. Das Ineinandergreifen der Arbeit in den verschiedenen Direktionen, die Abhängigkeit von technisch und organisatorisch reibungslosen Abläufen und nicht zuletzt die Tatsache, dass Belastungen und Herausforderungen gefühlt stetig zunehmen, machen es nötig, die Behörde als Ganze zu denken, Direktionen und Hierarchien, Beamt:innen und Regierungsbeschäftigte enger zusammenzubringen.

Wir können Formen von Gedenken unterscheiden: Ob es ein groß angelegtes Gedenken mit hochrangigen Vertreter:innen aus Polizei, Ministerium und Kirchen ist, das einem festen Ablauf und Formular unterliegt.[7] Ob es eine behördliche Gedenkfeier ist, wie beispielsweise ein jährliches Gedenken der Verstorbenen aus dem aktiven Dienst oder dem Ruhestand. Oder ob es ein Gedenken im Hintergrund einer Dienststelle ist. Wir können die Weisen von Gedenken unterscheiden, aber nicht deren Wirksamkeit. Jede und jeder Einzelne, der eines anderen gedenkt, hat Teil an einer heilsamen Erinnerungskultur. Auch von daher sollte vor Ort jeweils sorgsam darauf geachtet werden, keine „Hierarchisierung" des Gedenkens zuzulassen.

[7] Vgl. hierzu die ausführliche Darstellung in: H.-H. Schneider u.a. (Hg.): Liturgisches Handeln im öffentlichen Raum. Eine Handreichung für Mitarbeitende in der Polizeiseelsorge; Konferenz der Evangelischen Polizeipfarrerinnen und Polizeipfarrer in Deutschland, Norderstedt 2020.

Selbstverständlich stellt das Gedenken im Dienst getöteter Kolleg:innen eine Ausnahme dar.[8]

Gedenkveranstaltungen in den Behörden laden auch dazu ein, der vielen Verstorbenen zu gedenken, von deren Leben Polizist:innen im dienstlichen Zusammenhang erst durch ihren Tod Kenntnis erhalten. Sie begegnen fremdem Leben, dem Leben der Verstorbenen und der Angehörigen, deren Leid auszuhalten oftmals eine große Herausforderung darstellt. Nicht selten hinterlassen diese Erfahrungen auch Spuren im eigenen Leben. Wenn all die vielen Verstorbenen im behördlichen Gedenken einen Raum finden, ist dies ebenfalls ein wertvoller Beitrag zur eigenen und gemeinsamen seelischen Eigensicherung. Ich zünde eine Kerze an und kann und darf die Eindrücke der Einsätze würdigen und einordnen. Jede und jeder Verstorbene hinterlässt einen Eindruck in meinem Leben. Ein Gedenken bereitet den inneren Raum zur Würdigung und gleichzeitig auch zur Abgrenzung. Es ist meine Anteilnahme, es ist nicht mein Tod.

12.3.2 Einen Ort zu haben – z. B. den Wächter im LAFP in Selm-Bork

Warum braucht es *Orte*? Warum gibt es im Landesamt für Aus-, Fortbildung und Personalangelegenheiten (LAFP) das Kunstobjekt „Der Wächter“? Nun, zunächst weil die Tötung von einer Polizistin und zwei Polizisten in Dortmund und Waltrop am 14. Juni 2000 durch einen rechtsextremen Täter die Polizei NRW veränderte. Der damalige Behördenleiter des LAFP, Dieter Schmidt, entwickelte im Nachgang der schrecklichen Ereignisse den Gedanken, dass es doch einen Ort geben müsse, an dem Polizist:innen die besonderen Herausforderungen des Dienstes reflektieren können sollten. Der *Grenzgang*,[9] der aus vier Themenräumen besteht, wurde entwickelt und wird bis heute zunehmend von Dienstgruppen aufgesucht. Auf dem Gelände vis-à-vis der Grenzgang-Räume wurde schließlich der *Wächter* platziert: Eine überlebensgroße Wächterfigur mit Schild und Helm aus rostendem Stahl des Künstlers Anatol.[10] Der *Wächter* steht dort in zweierlei Funktion: Er hält die Erinnerung an im Dienst getötete Polizistinnen und Polizisten des Landes NRW wach. Und er steht zur Mahnung dort. Die Mahnung ergeht an jede und jeden Einzelnen: Vergiss die Gefährdungen nicht, denen du dich in der Wahrnehmung deines Dienstes täglich aussetzt!

---

[8] So haben beispielsweise die Kirchenvertreter:innen am Zentrum ethische Bildung und Seelsorge ein Gedenkbuch anfertigen lassen, um einen nicht-digitalen Zugang zu den Namen der getöteten Polizistinnen und Polizisten zu ermöglichen. Vgl. auch 12.3.2.

[9] Vgl. hierzu den Artikel von Johannes Gospos zum ZeBuS und von Michael Arnemann zum Grenzgang in diesem Band.

[10] Der im Jahr 2019 verstorbene Künstler und Beuys-Schüler Anatol (Karl-Heinz Herzfeld) war gelernter Hufschmied und von 1953 bis 1991 Polizist in NRW.

In jedem Herbst findet anlässlich der Tagung des Höheren Dienstes an diesem Ort ein großes gemeinsames Gedenken statt. Die alphabetische Reihenfolge gibt die jeweils ausrichtende Behörde vor. Mit Wortbeiträgen von Seiten des Innenministeriums und höchster Polizeiführung wird innegehalten. Die Polizeiseelsorge begleitet dieses Gedenken durch einen liturgischen Rahmen, den sie zusammen mit Polizist:innen gestaltet. Das zentrale Gedenken am *Wächter* ist in mancher Hinsicht der Kern der Gedenkkultur der Polizei in NRW. In ihm ist Betrauern, Gedenken und Vermissen, das in den Behörden in NRW gelebt wird, manifest geworden. Jede Behörde hat ihre eigene Kultur des Gedenkens. Der *Wächter* geht darüber hinaus – er steht als Objekt, als Denkmal für die notwendige Verankerung der Gedenkkultur im Bereich der Polizei. Wenn solche Denkmäler als „Identitätsstiftungen der Überlebenden“[11] bezeichnet werden können, so manifestiert sich die *Identität* der Polizei hier ganz in besonderer Weise, nämlich in dem Bewusstsein, tatsächlich *Überlebende* zu sein. Das Wissen um dieses *Überleben* ist ein Motor von Demut und Dankbarkeit, von Verantwortung und Achtsamkeit – dieses Wissen und diese Gefühle trägt der *Wächter* in die kollektive Identität der Polizei mit ein. So scheint er als eine Art symbolischer Platzhalter zu fungieren. Der reale Raum, den der *Wächter* einnimmt, schafft Ordnung und Einordnung, Sichtbarkeit und Fühlbarkeit, Gelegenheit und Anlass innezuhalten.
Gedenkorte, Andachtsräume, Räume der Stille sind in mehrfachem Sinne raumgreifend, weil sie nicht nur geografisch oder durch die Architektur ein Angebot machen. *Räume* sind kulturell zentrale Kategorien[12] – auch in einer Organisation wie der Polizei. Wir schaffen Raum für etwas, das für die Kultur der Gemeinschaft von Bedeutung ist und das durch den Raum in dieser Bedeutung Sichtbarkeit erhält. Es ist also nicht sinnlos, wenn trotz Platzmangels Räume für Stille und Innehalten geschaffen werden.[13] Es ist nicht sinnlos, Objekte des Gedenkens (sofern sie als solche auch erkennbar sind) aufzustellen. Der Tod markiert eine Grenze – Gedenkorte markieren eine Verbindung über diese Grenze hinaus und stiften so Gemeinsinn.

12.4 Resümee

Wenn Polizeiseelsorge eine Gedenkkultur in der Polizei hütet, begleitet und befördert, kann sie …

---

[11] Vgl. Reinhart Koselleck, Kriegerdenkmale als Identitätsstiftungen der Überlebenden, in: Odo Marquard und Karlheinz Stierle (Hg.), Identität, Poetik und Hermeneutik, Bd. 8, München, 1979, S. 257.

[12] Vgl. zur Bedeutung des Raums: Jörg Döring und Tristan Thiemann (Hg.), Spatial Turn. Das Raumparadigma in den Kultur- und Sozialwissenschaften, Bielefeld, 2009.

[13] Vgl. die Bildersammlung auf der Homepage der Polizeiseelsorgestiftung.

… vor dem Hintergrund ihres christlichen Menschenbildes die Würde des/der Einzelnen durch Erinnern, Segnung, Verabschiedung aufscheinen lassen.
… mit der Würdigung jedes einzelnen Lebens als gelebtem Leben heilsame Momente schaffen.
… die Bedeutung eines konkreten Ortes für das Bedenken von Verletzlichkeit in Erinnerung rufen.
… einem Erinnerungsverlust entgegenarbeiten.
… „dem Chaos gestaltend begegnen“.
… Begegnungshemmnisse in den Hierarchien überwinden.
… die Organisation darin unterstützen, sich ihrer kollektiven Identität zu vergewissern.
… Hilflosigkeit, Scham, Verzweiflung, Ohnmacht, Sprachlosigkeit als ernstzunehmende Gefühle von ihrem Stigma der Schwäche zu befreien helfen.
… zum Leben ermutigen.
… Beziehungsbildung in der Polizei unterstützen – auch die eigene.
… das notwendige Bedenken der vielen „anderen“ Verstorbenen ermöglichen.
… im Aushalten von Ambivalenzen Vorbild sein.
… zum Leben ermutigen.
… dabei helfen, Ohnmachtsgefühle zu entmachten.
… Anteil nehmen.

Stefanie Alkier-Karweick ist seit 2013 Landespfarrerin im Kirchlichen Dienst in der Polizei der Evangelischen Kirche von Westfalen. Sie ist zuständig für die §4-Behörde Dortmund und koordinierend auch für die nebenamtliche Begleitung in deren angegliederten Behörden. Mit einem weiteren Teil ihrer Stelle ist sie die Vertreterin der evangelischen Kirche als Kooperationspartnerin im Zentrum ethische Bildung und Seelsorge (ZeBuS) am Landesamt für Ausbildung, Fortbildung und Personalangelegenheiten (LAFP) in Selm-Bork.

13 Manchmal muss man einfach an die frische Luft … Vom Wallfahren und spirituellen Unterwegssein mit der Polizeiseelsorge

Dominik Schultheis

13.1 Einführung

„Jetzt ist mal Schluss!“[1], blökt Opa Willi kurz vor dem sonntäglichen Kirchgang seinen Schwiegersohn an. „Hans-Peter muss hier raus, sonst wird er mir noch verrückt. Der Junge muss an die frische Luft!“[2] Die Rede ist von Hans-Peter Kerkeling, dem beliebten deutschen Komiker und Entertainer. Als Kind wächst Kerkeling im Ruhrpott auf, als verhätschelter Wonneproppen seiner Familie, hineingezogen in so manche krisenhafte Situation. Vor allem die Depression und der daraus resultierende Suizid seiner Mutter setzen dem jungen Kerkeling zu.

13.1.1 Hape Kerkelings Lebensschule der Resilienz

Mit seiner 2014 erschienenen und 2018 verfilmten Autobiografie gewährt Kerkeling einen zutiefst bewegenden Einblick in seine gar nicht so unbeschwerten Kindheitsjahre. Zugleich gibt er wertvolle Hinweise zu Themen wie Achtsamkeit, Salutogenese und Resilienz an die Hand: Themen, die nicht ausdrücklich ins Wort gebracht, noch weniger fachlich ausgewalzt, sehr wohl aber zwischen den Zeilen angesprochen werden – und dies in einer für jede*n unmittelbar anschaulichen Weise. Sehr bald ahnt man nämlich, dass es vor allem der Rückhalt in Kerkelings Familie ist, der ihn psychisch widerstandsfähig – resilient – sein lässt, ferner der vorgelebte Optimismus seiner Großeltern, die Offenheit, mit der selbst schwierige Themen an- und besprochen werden, und das Erleben seiner eigenen Selbstwirksamkeit, wenn er mit Faxen seine Umwelt zum Lachen bringt.

13.1.2 Opa Willis Flucht nach vorne

Nachdem Hapes Mutter Margret nach einer Kieferhöhlen-Operation wegen eines ärztlichen Kunstfehlers den Geruchs- und Geschmackssinn verloren hat, verfällt sie immer mehr in depressive Episoden. Der Achtjährige versucht, ihre Stimmung mit Witzen und Parodien aufzuhellen. Doch bald

---

[1] Kerkeling, Hape, Der Junge muss an die frische Luft. Meine Kindheit und ich, München 2014, S. 185.

[2] Ebd.

lacht seine Mutter immer weniger. Sie wirkt abwesend, fast so, als ob sie sich Stück für Stück aus dem Leben verabschiedet. Kein Scherz dieser Welt vermag, sie wieder zurückholen. Geistesgegenwärtig zieht Opa Willi die Reißleine, damit sein Enkel vom Sog der Erkrankung seiner Mutter nicht mitgerissen wird: „Wenn sie so weitermacht, frisst sie uns beide noch mit Haut und Haaren auf!“[3]

13.2 „Have a break, have a pilgrimage!“

Es müssen nicht zwingend dramatische Ereignisse wie die psychische oder physische Erkrankung eines Familienangehörigen sein, ein Sterbefall, Beziehungsprobleme oder andere private Sorgen, die drohen, einen aufzufressen. Auch müssen es keine beruflichen Belastungen sein, Einsätze, die einen nicht mehr loslassen, der Schichtdienst, Probleme in der Dienstgruppe, Stress mit Vorgesetzten oder Frust wegen einer schlechten Beurteilung. Manchmal ist es „nur“ das Gefühl, mal aus dem Immer-Gleich und Immer-Mehr des Alltags ausbrechen, etwas anderes sehen, über den Tellerrand hinausblicken und die eigenen Kraftreserven neu auftanken zu wollen. Hierzu bieten die Wallfahrten und verschiedene Formen des spirituellen Unterwegsseins mit der Polizeiseelsorge eine gute Gelegenheit: zu Fuß, mit dem Bike oder auf dem Motorrad. Entlang des Rheins, in der Eifel, im Westerwald oder gar wie jüngst in der ewigen Stadt – einfach mal raus, zusammen mit anderen Polizist*innen und der Polizeiseelsorge.

13.2.1 Einfach mal raus ...

Fragt man die Teilnehmenden nach den Gründen oder ihrer Motivation, als Beschäftigte der Polizei mit uns auf Wallfahrt oder auf eine spirituelle (Rad-)Wanderung zu gehen, zeigen sich deren Antworten genauso vielfältig und bunt wie die Teilnehmenden selbst. „Ich wollte einfach mal raus und etwas Neues ausprobieren“, sagt ein kurz vor der Pensionierung stehender Kollege, der gerade eine erlebnisreiche Afrika-Reise hinter sich hat und noch Platz für neue Erfahrungen bereithält. „Da hat mich die Ausschreibung im Intranet irgendwie angelacht. Und da dachte ich mir: Das probiere ich mal aus!“ Eine gestandene Kollegin, Mutter und Ehefrau schließt sich an: „Ich musste mal raus aus dem Hamsterrad des Alltags, dem Getrieben- und Fremdbestimmtsein, wo kaum Zeit für mich und meine Bedürfnisse bleibt. Und wenn ich mal die Zeit ‚für mich‘ habe, hab ich immer die Uhr im Nacken.“
Spirituelles Wandern – religiös „Pilgern“ genannt – und Wallfahren will beides sein: Zeit für Neues und Neue, unverzweckte Zeit, ein Raus aus dem

[3] Ebd. S. 189.

Alltäglichen, Unterbrechung. Im wahrsten Sinne des Wortes also Frei-Zeit und Frei-Raum.

13.2.2 Suche nach Orientierung

„Für mich war der Polizeiberuf immer mein Traumjob, das, was ich unbedingt machen wollte. Doch seit ein paar Monaten frage ich mich: Ist er das noch? Bin ich hier noch richtig?“, fragt sich eine junge Kollegin, knapp zehn Jahre im Dienst. „Ich merke, wie ich mich nur noch aufrege über ständig steigende Anforderungen, über Dinge, die schlecht laufen, über die fehlende Zeit für das, was wirklich sinnvoll wäre. Ich sehe nur noch das Negative. Dabei gibt es so viel Gutes und Schönes, das der Beruf mit sich bringt. Aber das vermag ich gar nicht mehr wahrzunehmen.“ Und sie resümiert: „Ich möchte das alles mal hinter mir lassen. Brauche mal Zeit zum Nachdenken!“ Ein paar Tage Pilgern oder Wallfahren können hierzu ein erster Schritt sein: eine Gelegenheit, mal durchzuschnaufen und Kraft zu tanken; eine Möglichkeit, neu zu sehen, neu zu denken, sich neu auszurichten. So sagt auch ein anderer Kollege: „Im hektischen Alltag fehlt einem oft die Muße dazu, sich über etwas in Ruhe Gedanken machen zu können. Die Abwechslung, mal innerlich mit sich selbst zu sein und dann wieder Gespräche mit den anderen zu führen, macht so ein Angebot interessant: dies in einer Gruppe von Gleichgesinnten und mit Begleitung von Seelsorger*innen.“

13.2.3 Pilgerwege als Trauerwege

Manchmal sind es Schicksalsschläge, die Kolleg*innen motivieren, sich mit anderen unter dem Dach der Polizeiseelsorge auf den Weg zu machen. „Mein langjähriger Freund und Partner ist letztes Jahr tragisch verunglückt. Von jetzt auf gleich war er einfach nicht mehr da. Unser gemeinsames Leben, unsere Träume und Pläne, das gemeinsame Motorradfahren – mit einem Mal war alles futsch. Und damit auch die Freunde, selbst die Familie. Ich hab' nur noch mich … und euch. Ihr seid die Ersten, mit denen ich mich wieder traue, was zu unternehmen.“ Pilgerwege können Trauerwege sein, Mutmachwege. „Seit dem Tod meines Vaters bin ich so tieftraurig, ist alles irgendwie aus der Spur“, berichtet eine andere Kollegin. „Neben meiner Traurigkeit spüre ich aber auch Wut. Denn schon mal hat mich mein Vater im Stich gelassen, als er sich vor Jahrzehnten von uns getrennt hat. Vor einigen Jahren habe ich mich wieder ihm angenähert, mich mit ihm versöhnt. Und jetzt geht er einfach – lässt mich wieder im Stich.“ Pilgern bietet Platz für ganz unterschiedliche Gemütslagen und Gefühle; gibt Raum, diese mit anderen zu teilen, sie zu verarbeiten; schafft womöglich die Basis für Versöhnung.

13.2.4 Neues und Neue kennenlernen

Das gemeinsame Wallfahren und spirituelle Unterwegssein kann aber auch Gelegenheit sein, niedrigschwellig neue soziale Kontakte zu knüpfen, besonders in Zeiten der Pandemie. „Corona hat mir total zugesetzt", sagt ein Polizist, dem Kollegialität ein hohes Gut ist. „Vieles war aufgrund der Schutzverordnungen ja nicht möglich. Auch hatte man plötzlich mit Verwandten oder Freunden zu tun, die vollkommen abgedreht sind, weil sie wirren Verschwörungstheorien anhängen oder das Virus leugnen." Sich mit anderen darüber auszutauschen, was sie erlebt haben, wie sie denken und was ihnen hilft; sich in einer Welt zurechtzufinden, in der scheinbar nichts mehr ist wie früher, hilft, Unsicherheiten zu bewältigen und neues Selbstvertrauen zu gewinnen.
All die genannten Bedürfnisse fügen sich ein in eine lange Geschichte des Pilgerns und Wallfahrens, die nicht nur im Christentum, sondern auch in den anderen großen Weltreligionen ihren Ursprung hat. Denn auch im Judentum, im Islam, im Hinduismus und im Buddhismus haben das spirituelle Unterwegssein und Wallfahren eine lange Tradition.

13.3 Die Tradition des Pilgerns in den Weltreligionen

In allen großen Weltreligionen unternehmen Gläubige seit jeher Pilgerreisen oder gehen auf Wallfahrt zu für sie heilige Orte. Auf seiner spirituellen Reise oder Wanderung möchte der Pilgernde den Alltag bewusst hinter sich lassen und neue Eindrücke sammeln. Dabei verstehen sich Pilgernde und Wallfahrende immer als Suchende, die sich auf den Weg machen, um Neues und Neue kennenzulernen, Verbindung mit ihrem Gott aufzunehmen, diese Verbindung zu stärken und den eigenen Glauben zu vertiefen.
Muslime sollen einmal in ihrem Leben an der Haddsch, der Pilgerreise nach Mekka, teilnehmen. Für Juden der Antike war der Tempel in Jerusalem wichtigstes Wallfahrtsziel; heute ist die frühere Befestigungsmauer des zweiten Tempels und jetzige Klagemauer zentrale Pilger- und Gebetsstätte. Hindus pilgern das ganze Jahr über in das indische Varanasi, um ein Bad im Ganges zu nehmen. Buddhisten besuchen viele Pilgerorte, darunter Lumbini, den Geburtsort Siddhartas, des ersten Buddhas, oder Bodhgaya, den Ort seiner Erleuchtung. Und für Christen stehen Pilgerreisen nach Israel, Rom oder Assisi, Wallfahrten nach Lourdes, Kevelaer oder Trier sowie Pilgerwanderungen auf dem Jakobsweg nach Santiago de Compostela ganz oben auf der Hitliste.

13.3.1 Pilgern als Bewusstseinserweiterung

Pilger*innen befinden sich zwar wie Urlaubende auf einer Reise, dennoch ist die Pilgerfahrt mehr als nur eine Reise zu einem besonderen Ort. Stets verbindet sich mit der äußeren Reise auch eine innere: eine Reise aus dem

Vertrauten heraus hin zu neuen Erkenntnissen, hin zu tieferen Einsichten, hin zu sich selbst. Es dürfte kein Zufall sein, dass der deutsche Begriff „Pilgern" auf das lateinische Wort „peregrinus" zurückgeht, das als Bezeichnung für den „Fremden" bzw. das „Fremde" diente. So pilgerten Menschen schon immer zur Erweiterung ihres Horizonts als „Fremde" dem „Fremden" entgegen: machten sich zu ihrem eigenen Seelenheil auf eine Pilgerreise auf, pilgerten aus Dankbarkeit für eine überwundene Krankheit, machten eine Wallfahrt aufgrund eines abgelegten Gelübdes oder zur Verrichtung einer Buße. Immer kamen sie dabei nicht nur anderen Ländern und anderen Menschen, sondern auch Gott und sich selbst näher: ihren Sehnsüchten und Zielen – dem Sinn ihres Lebens.

13.3.2 Biblische Vorbilder von pilgernden Menschen

In den drei monotheistischen Religionen gilt Abraham als Prototyp des Pilgers schlechthin. Als Nomade war er es gewohnt, mit seinen Herden von Weideplatz zu Weideplatz zu ziehen. Und doch dürfte es für ihn ein einschneidendes Ereignis gewesen sein, als ihn plötzlich der Ruf Gottes erreichte, seine Heimat zu verlassen und in ein ihm fremdes Land zu ziehen. Vielleicht war dieser Anruf Gottes auch „nur" eine innere Stimme, die in Abraham zum Klingen kam, eine Art Intuition, die ihn ahnen ließ, dass es so nicht weitergehen könne, dass er mal ausbrechen müsse, aufbrechen: auf einen ihm noch unbekannten Weg, Neuem entgegen. Der Bibel nach winken Abraham als Lohn für seine Abenteuerlust eigenes Land, Ansehen und Segen. Man mag diese metaphorisch deuten für tiefer liegende, in Abraham schlummernde Sehnsüchte. Sehnsüchte, die sich – das mag Abraham gespürt haben – weniger im Stillstand, im Auf-der-Stelle-Treten befriedigen lassen, denn im Aufbruch, im (Weg-)Gehen. Und so bricht Abraham auf, lässt Gewohntes hinter sich und betritt – gemeinsam mit seinen Verwandten – Neues: als „peregrinus", als Fremder, Unwissender, Suchender. Ihm folgen im Verlauf der Bibel weitere große Gestalten, die sich allesamt dadurch auszeichnen, dass sie Suchende und dies in Bewegung sind: Mose beispielsweise oder Josua, Könige und Propheten, aber auch die Weisen aus dem Morgenland, Jesus samt seiner Jünger*innen und Paulus.

13.4 Was bringt eine Pilgerreise mit der Polizeiseelsorge?

„Wer suchet, der findet." Dieses auf Jesus zurückgehende Sprichwort (vgl. Mt 7,7) bringt die implizite Erwartung ins Wort, dass Suchende gerne dasjenige finden möchten, zu dessen Suche sie sich auf den Weg machen. Fragt man Beschäftigte der Polizei, was sie denn suchen, wenn sie mit der Polizeiseelsorge auf Pilgerreise gehen, tut sich ein bunter Blumenstrauß an Erwartungen auf. Die einen hoffen auf gute Gespräche und erwarten „genügend Zeit, um mit mir und anderen in den Austausch zu treten". Andere wünschen sich „offene Ohren und die Bereitschaft im Gegenüber, zuzuhören und womöglich Hilfe zu geben". Die einen verbinden mit einem solchen Format die Hoffnung, dass es hier und da spirituelle Impulse geben möge – schließlich sei man ja mit der Polizeiseelsorge unterwegs; andere erwarten, dass es „nicht zu fromm" werden möge, dass Routen gründlich vorbereitet und Unterkünfte gut ausgewählt sind. Es gibt aber auch Kolleg*innen, die ganz pragmatisch nichts erwarten: „Ich gehe nicht mit einer großen Erwartung an eine solche Pilgertour oder Wallfahrt heran. Sondern lasse sie auf mich zukommen und wirken. Wer keine Erwartungen hat, kann nicht enttäuscht werden."

13.4.1 Pilgern hinterlässt Spuren

Hape Kerkeling beschreibt in seiner Autobiografie die wohltuende Wirkung des Wanderns mit seinem Opa: „Kurz entschlossen flüchten Opa […] und ich, wie von einer schweren Last befreit, in einen zweiwöchigen und für mich unbeschwerten Wanderurlaub […] Es mag zynisch klingen, aber mit dem Motto ‚Nach uns die Sintflut!' ist unsere damalige Gemütsverfassung relativ gut beschrieben. […] Die heitere alpenländische Kulisse streichelt sanft meine von einem unsichtbaren Trauerflor überzogene Kinderseele. […] Das stramme Wandern befreit unsere verengten Sinne. […] Wir leben und haben beide jetzt Spaß."[4]

Fragt man die Kolleg*innen, was denn das Bedeutsamste bzw. Beeindruckendste während der Pilgerreise war, benennen diese durch die Bank das in vollen Zügen genossene Leben in schöner Natur und den Spaß, den das gemeinsame Unterwegssein macht. Wie bei anderen Fahrten auch seien es die kleinen Erlebnisse und Anekdoten, an die man noch Jahre später gerne zurückdenke. Ein Kollege Anfang fünfzig führt aus: „Beeindruckend war für mich die Ruhe im Kloster: ohne Fernsehen, ohne Handy, ohne von außen gestört werden zu können. Einfach mal aus dem Hamsterrad des Alltags raus zu sein und in den Tag reinleben zu können." Andere bezeichnen „das Miteinander der Gruppe" als besonders beeindruckend, aber auch „die Offenheit der Polizeiseelsorge" und „die gute ökumenische Zusammenarbeit unter den Polizeiseelsorger*innen". Wieder andere heben die „tollen Gespräche mit interessanten Menschen und die Anregungen bzw. Ideen für den privaten und dienstlichen Alltag" hervor und betonen, „wie schnell Menschen dort zusammenfinden, die sich vorher nicht gekannt haben und sich dann doch vertrauen". Eine teilnehmende Person resümiert: „Für mich war am beeindruckendsten, was mit mir selbst passiert, wenn man sich mal die Ruhe und die Zeit nimmt, Gedanken fließen zu lassen."

[4] Ebd. S. 188f.

13.4.2 Bleibender Bedarf für Ruhe, Beistand und Spiritualität

Warum es solche Angebote auch künftig geben sollte? „Weil sie die Zufriedenheit im Beruf und das Gemeinschaftsgefühl in der Polizei stärken", antwortet ein Kollege. Und mit einem Augenzwinkern fügt er hinzu: „Ich würde da auch mitmachen, wenn es keinen Sonderurlaub gäbe." Eine Kollegin sagt: „Weil sie ein Gegenpol zur Sachlichkeit und reinen Arbeitsbewältigung in der Polizei sind. Einen Blick über den Tellerrand eröffnen. Die Kenntnis ermöglichen, wie andere denken. Und eine Ahnung geben, wie der Glaube den Berufsalltag beflügeln kann." Andere antworten: „Weil es bei solchen Veranstaltungen zu Gesprächen kommt, die im Alltag unter Kolleg*innen so nicht stattfinden. Nur, wenn man dafür einen Rahmen schafft, kann das gelingen, und ich halte sie für wichtig zur persönlichen Stärkung." Oder „weil es ein Atemholen ist: von dem teils anstrengenden Berufsalltag, aber auch von dem Privatleben. Sich in einer Blase befinden zu können, in der man sich mal nicht kümmern muss, außer um sich selbst." Und: „Weil immer Bedarf sein wird für Ruhe, Beistand, Spiritualität und Glauben, und das im Kreis von Kolleg*innen, die einen deswegen nicht schräg anschauen."

13.4.3 Wenn es das Pilgern noch nicht gäbe, müsste es erfunden werden …

„Jeder Mensch sucht nach Halt. Dabei liegt der einzige Halt im Loslassen", resümiert Hape Kerkeling seine 2001 unternommene Pilgerreise auf dem Jakobsweg. Mal für ein paar Tage das, was mich in Beruf und Privatleben bindet, loslassen, den Alltag mal für eine Woche hinter sich lassen, um wieder neuen Halt unter den Füßen zu spüren, mag den Grund beschreiben, weshalb das Pilgern und Wallfahren zu einem Kernangebot der Polizeiseelsorge zählt. Ein solcher Pilgerweg „ist eine Herausforderung und eine Einladung. Er macht dich kaputt und leer. […] Und er baut dich wieder auf. […] Er nimmt dir […] Kraft und gibt sie dir dreifach zurück."[5]

Pilgern mit der Polizeiseelsorge müsste erfunden werden, würde es dieses noch nicht geben. Zum Glück gibt es dieses Angebot schon lange – in unterschiedlichen Formaten. Zum Glück gibt es die große Bereitschaft der Behörden, Interessierte nach Möglichkeit immer wieder dafür freizustellen – sogar mit der Gewähr von Sonderurlaub. Und zum Glück gibt es immer wieder wunderbare Kolleg*innen, die sich auf das Abenteuer einlassen, mit uns auf Pilgerreise oder Wallfahrt zu gehen. Und die ihre Erfahrungen und Eindrücke für diesen Artikel zur Verfügung gestellt haben.

13.4.4 Manchmal darf man Außergewöhnliches erleben …

Mir selbst wird beim Schreiben klar: Gäbe es das Pilgern im Raum der Polizei nicht, würde mir etwas ganz Kostbares fehlen. Denn das gemeinsame

[5] Ebd. S. 188f.

Unterwegssein, die dabei wachsende Gemeinschaft, das gemeinsame Bewältigen von Anstrengungen, von schmerzenden Körperteilen und von quälenden Blasen, die spirituellen Impulse, die sich entwickelnden, teils tiefen und sehr persönlichen Gespräche, das ausgelassene Beisammensein und das unkomplizierte (ökumenische) Miteinander mit meinen Seelsorgekolleg*innen bringen auch in mir ganz viel zum Schwingen: lassen mich – äußerlich wie innerlich – in Gang kommen. Führen mich in meinen (An-)Fragen und Problemen möglichen Antworten entgegen. Helfen mir, klarer zu sehen, tiefer zu verstehen, gelassener anzunehmen. Geben mir Kraft für meine Tätigkeit in der Polizei. Und lassen in mir tiefe Dankbarkeit aufsteigen, für wen und mit wem ich da eigentlich arbeiten darf: mit äußerst interessanten Menschen, geprägt durch die Höhen und Tiefen eines herausfordernden Berufes.

14 „Atem holen für die Seele" – Stilleseminare

Judith Palm

14.1 Wozu sie da sind

„Stilleseminar" – dieser Begriff irritiert, weckt Fragen oder Befürchtungen: Muss man da still sein?
Die Antwort könnte sein: Man *darf* still sein, Ruhe genießen und dabei selbst zur Ruhe kommen, den Weg zu sich selbst (wieder-)finden und in sich neue Kraft entdecken.

14.2 Warum jemand kommt

Innerhalb des polizeilichen Kontextes sind diese Angebote seit Jahren etabliert, aber noch immer – und immer wieder – als „Orchideenseminar" belächelt, was bedeutet: Sie sind ganz nett, bringen aber nichts für die polizeiliche Arbeit. Und wirklich sind Stilleseminare in diesem Sinne zweckfrei, denn weder die Schulung in Techniken oder die Vermittlung von Wissen, nicht einmal die Polizei stehen hier im Mittelpunkt[1], sondern: der Mensch mit seinem beruflichen und/oder privaten Leben, mit allem, was ihn ausmacht an Druck und Freiheit, an Frustration und Motivation, an Müdigkeit und Neuorientierung. Es sind nicht unbedingt und nicht allein berufliche Anforderungen, die Bedürfnis nach Einkehr wecken, sondern auch die Beanspruchung im privaten Leben: Ein Kind, das eine körperliche Einschränkung hat und darum neben dem stressigen Job an den eigenen Kräften zehrt, das Scheitern an den eigenen Anforderungen, an moralischer Integrität im Privatleben, der Tod eines nahen Menschen, die innere Zerrissenheit zwischen beruflichem und privatem Alltag, das eigene Älterwerden und damit das Schwinden der Kräfte … Es gibt unzählige Gründe für die Sehnsucht nach einer solchen Auszeit vom Alltag: Dem Bedürfnis, zur inneren Ruhe zu finden, frei zu sein von täglichen Verpflichtungen und (wieder) einen Zugang zu sich selbst zu finden.

14.3 Wo man lebt

In Anlehnung an die Tradition der Klöster gibt es im Bereich der Evangelischen Kirchen „Häuser der Stille", die einen entsprechenden Rahmen für solche Tage oder Wochen schaffen. Durch ihre landschaftliche Lage, die räumliche Beschaffenheit und die immer wiederkehrenden Rituale

---

[1] Siehe auch Kap. 11.

in dem Haus haben sie eine besondere Ausstrahlung an Ruhe und Achtsamkeit, die viele schon bei ihrer Ankunft spüren. Meist bieten sie nur einer sehr begrenzten Anzahl von Menschen Platz, sodass es nur eine und überschaubare Gruppe vor Ort gibt. Die Zimmer sind klösterlich karg, aber bequem ausgestattet, Meditationsräume schaffen die Atmosphäre von Konzentration und innerer Ruhe, es gibt Rückzugsorte und geschützte Räume zum Austausch.

14.4 Was man braucht

Einen sicheren Rahmen bietet auch der immer wiederkehrende Tagesablauf, der Morgen- und Abendgebet in festen Formen, Zeiten der Stille, Einführung in die Meditation und Impulse, um den Weg in das Innere (wieder) zu finden, umfasst.

Dem biblischen Menschenbild entsprechend werden nicht nur der Verstand, sondern auch der Körper und die Seele mit einbezogen: Ein gemeinsamer Spaziergang am Morgen im Schweigen weckt die Sinne für den eigenen Körper und seine Bewegung, den Geruch in der Landschaft oder den Blick für das Besondere. Eine kurze Zeit der gemeinschaftlichen Hausarbeit schafft Gemeinsamkeit und die Bewusstheit für das eigene Tempo in dem, was zu tun ist. Morgen- und Abendgebet werden begleitet von Gebetsgesten, die die Worte des Gebetes körperlich nachvollziehbar machen und damit intensivieren. Die tägliche angeleitete Körperarbeit – jenseits sportlicher Ambitionen – lenkt die Aufmerksamkeit auf das, was den Körper belastet und öffnet Zugänge zu sich selbst: Die innere „Verpanzerung“, die nicht nur im polizeilichen Alltag aufgebaut wurde, um sich vor allzu schmerzlichen Eindrücken zu schützen, kann gelockert und damit das eigene Empfinden wieder entdeckt werden. All das soll die Achtsamkeit[2] fördern – die höchste Aufmerksamkeit für sich selbst und das eigene Tun. Meditation[3] unterstützt dabei, „jeglicher Selbstentfremdung entgegenzuwirken und sich möglichst ganz zu erfahren. Ein solches Ideal hat viel mit Heilung zu tun, aber nicht im modernen Sinn der Symptombeseitigung oder der Verbesserung der

[2] Achtsamkeit gilt als „Schlüsselkompetenz“ dafür, sich selbst wahrzunehmen und die eigenen inneren Gefühle wahrzunehmen und zu regulieren. Damit wird eine Klärung von eigenen Grenzen, Möglichkeiten und Ausbalancierung möglich. Dazu u.a. Matthias Lauterbach, „‚Heil‘ werden in herausfordernden Arbeits- und Lebenssituationen“ in: J. Armbruster u.a. (Hrsg), Spiritualität und seelische Gesundheit, Psychiatrie Verlag GmbH, Köln 2013.

[3] Meditation ist nicht an eine Religion gebunden, sondern eine Methode der Achtsamkeit, die zu sich selbst führt. Darin besteht – so die Tradition christlicher, muslimischer und buddhistischer Haltung – gleichzeitig die Möglichkeit, sich der Dimension des Göttlichen zu nähern.

Anpassungsfähigkeit, sondern im ursprünglichen Sinn von Heil-Sein als unversehrt, ganz oder gesundsein."[4]

14.5 Wie sie wirken

Natürlich kann in der kurzen Zeit eines Stilleseminars nur ein Anstoß dazu gegeben werden, eine Vergewisserung, dass es diese Möglichkeit gibt, eine (Neu-)Verankerung des Kontingenzgefühls, das uns Menschen Halt gibt und damit ganz wesentlich zur Resilienz beiträgt. Was möglich ist in dieser Zeit, ist die Öffnung einer Tür zum Inneren: Eigene Gefühle, innere Bilder und Gedanken, die im Alltag wenig Platz finden oder verdrängt werden, aber dennoch wirksam sind, können hier zu Bewusstsein kommen und wahrgenommen werden. Dazu gehören auch existenzielle Fragen wie die nach dem Sinn im Leben, die Begegnung mit der eigenen Angst oder tief liegender Trauer. Um dem neben Worten, die für manches schwer zu finden sind, einen Raum zu geben, werden kreative Ausdrucksmöglichkeiten angeboten, biblische Texte besprochen und Gespräche unter vier Augen im vertraulichen Rahmen mit einer der begleitenden Seelsorger*innen angeboten.
Hier können Dinge angesprochen werden, die im Alltag nicht wahr- oder ernst genommen werden, hier findet sich ein Gegenüber, das aufmerksam und verschwiegen ist und gleichzeitig den beruflichen Alltag gut kennt.
Dass die Gruppe ausschließlich aus Polizeibediensteten besteht, ist Ermutigung dafür, sich zu öffnen, denn das Selbstbild, anderen gegenüber stark sein zu müssen, muss hier nicht aufrechterhalten werden: Sie alle suchen das Gleiche, sie alle sind bedürftig nach innerer Ruhe und sie alle zeigen sich auf eine sehr intensive und persönliche Weise. Auch oder gerade ohne Worte – allein im Schweigen und im gemeinsamen Erleben – entsteht so eine Gemeinschaft, die getragen ist von gegenseitigem Vertrauen und Achtung füreinander. Hier können auch Tränen fließen, hier können Probleme angesprochen oder anders deutlich werden, hier darf Schmerzliches empfunden und bewältigt werden. Hier ist Zeit für sich selbst. Was im Alltag – gerade im funktionalen Polizeialltag – keinen Raum hat und haben darf, findet hier seinen Platz.

14.6 Wer sie begleitet

Von den begleitenden Seelsorgenden verlangt es eine gute seelsorgliche Ausbildung, um die hier möglichen Prozesse anzustoßen und zu begleiten.

[4] Daniel Hell, Die Sprache der Seele verstehen, Verlag Herder, Freiburg im Breisgau 2007, S. 23f. Daniel Hell ist em. Professor für Klinische Psychiatrie und war Klinikdirektor der Psychiatrischen Universitätsklinik Zürich.

Erfahrungen in Meditation und Körperarbeit, ein Blick für Gruppenprozesse und die Sensibilität für die Einzelnen helfen, einige Tage oder eine ganze Woche über den stabilen und sicheren Rahmen zu halten, in dem die ungewohnte Stille, das gemeinsame Schweigen und die zunächst seltsam fremd erscheinenden Angebote zu dem führen können, was sie verheißen: Dass die Seele zu Atem kommt. Immer wieder entdeckt jemand darin die Stimme, die verschüttet zu sein schien und die leise zu sprechen beginnt. Manche nehmen darin die Stimme Gottes wahr – so wie sie Elia am Horeb (1.Kön.19) gehört hat.

15 „Sind Sie der Bestatter?“ – Polizeiseelsorge in Begleitung von Einsatzlagen

Wolfgang Bender

15.1 Voraussetzungen

Seelsorge in unserer postmodernen Gesellschaft geschieht gerade auch außerhalb kirchlicher Räume und Kontexte in den aktuellen Lebenswelten der Menschen. Eine dieser Lebenswelten ist der Berufsalltag mit seinen Ansprüchen und Erfordernissen. So ist die Polizeiseelsorge eine Berufsgruppenseelsorge, die Polizeibeamte:innen in ihrem nicht immer leichten und oftmals fordernden Dienst in und für unsere Gesellschaft nicht alleine lässt, sondern vielfältig begleitet. Denn christliche Seelsorge als „cura animarum“[1], also Sorge um die Seele oder besser „Heilsdienst oder Menschensorge“[2] beschränkt sich ja nicht auf territoriale Gemeinden, sondern ereignet sich durch ihr personales Angebot der Menschen, die in der Kirche Dienst tun, also mit den Seelsorger:innen an und in verschiedenen Orten und Gelegenheiten. Die staatliche Institution Polizei ist ein solcher spezieller Lebensraum, in dem Kirche in verschiedenster Weise in Aus- und Fortbildung durch berufsethische Lehre, im Beistand durch psycho-soziale Unterstützung in Belastungs- und Krisensituationen und auch in der alltäglichen Begleitung durch Polizeiseelsorger:innen im Wach- und Wechseldienst in den Behörden anwesend ist. Grundlage für diesen kirchlichen Dienst in der Polizei in unserem Bundesland ist die Vereinbarung der Kirchen mit dem Land NRW von vor 60 Jahren, in der es im Artikel 3 heißt: „Aufgabe der Polizeiseelsorge ist … die seelsorgliche Betreuung der Polizeivollzugsbeamten“[3]; heute würde man besser „Begleitung“ statt Betreuung sagen.

15.2 Wo die Polizeiseelsorge begleitet

Seit der Entstehung der Polizeiseelsorge im demokratischen Nachkriegsdeutschland und in NRW vor mehr als sechzig Jahren besuchen Polizeiseelsorger:innen in ihren Zuständigkeitsbereichen, wie einer Kreispolizeibehörde, regelmäßig Polizeiwachen oder Einrichtungen und nehmen auch gelegentlich nach Anmeldung an Streifen- uns Einsatzfahrten teil. Diese

---

[1] Severin Lederhilger in LThK, Bd. 9, S. 387, Herder 2000.

[2] Phillip Müller in LThK, Bd. 9, S. 387, Herder 2000.

[3] Vereinbarung über die Wahrnehmung der kath. (evang.) Polizeiseelsorge im Land NRW vom 4.7.1962 (19.7.1962).

Teilnahme oder Begleitung ist erlassmäßig geregelt und erlaubt. Polizeiseelsorger:innen „erfahren" bei diesen Fahrten oder auch Gängen und ihren anlassbezogenen Einsätzen viel über die polizeiliche Arbeit. Darüber hinaus geschieht ein Austausch mit den Streifenbeamten:innen im Gespräch. Neben dieser „alltäglichen" Begleitungsform gibt es besondere Polizeieinheiten, die bei speziellen Lagen gerufen werden, um dann polizeiliche Aufgaben wie Festnahmen, Geiselnahmen oder andere schwere Situationen zu bewältigen. Dazu gehören die Spezialeinheiten der Mobilen Einsatzkommandos oder Speziellen Einsatzkommando (MEK und SEK), die den Polizeipräsidien oder §4-Behörden zugeordnet sind. Einige Polizeiseelsorger:innen haben regelmäßige Kontakte mit diesen Einheiten und führen Einsatznachsorgegespräche mit den Mitgliedern der Kommandos durch, wenn sie gerufen werden. Dabei geht es nicht um taktische Inhalte, zu denen Seelsorger:innen sich nicht äußern können, sondern es geht um die Fragen: „Wie geht es mir und meinem/r Kollegen:in nach diesem Einsatz? Was macht das mit mir oder wie ist mein mentaler und psychischer Zustand? Was habe ich als belastend oder auch entlastend empfunden?" Gerade Spezialeinheiten der Polizei stehen durch belastende Einsätze in außergewöhnlichen Arbeitssituationen mit hohem Gefahrenpotenzial für Leib und Leben unter Druck. Diesen Druck oder Stress erfahren aber auch Polizisten:innen im Wach- und Wechseldienst, der nicht minder gefährlich ist.

Eine weitere Einheit der Polizei im Bereich Gefahrenabwehr/Einsatz sind die Bereitschaftspolizeihundertschaften der Länder- und der Bundespolizei. Die Abteilungsführungen mit den drei neu gegründeten Beweissicherungs- und Festnahmeeinheiten (BFH) sind in Nordrhein-Westfalen den Polizeibehörden Köln, Wuppertal und Bochum zugeordnet. Diese Standorte verfügen insgesamt zusätzlich über vier Bereitschaftspolizeihundertschaften. Weitere elf Hundertschaften sind in NRW Polizeipräsidien angegliedert.

Im Folgenden geht es um den Kontakt zu den und um die Begleitung dieser Hundertschaften. Wenn eine Kreispolizeibehörde mit ihren eigenen Kräften bei einem polizeilichen Anlass nicht auskömmlich ist, kann sie Polizeivollzugsbeamte:innen einer Einsatzhundertschaft ganz oder in einzelnen Zügen oder Gruppen mit ihren speziellen Kenntnissen und Möglichkeiten anfordern, um eine Lage wie eine Demonstration, eine Sportveranstaltung oder ein Kulturereignis, eine politische Kundgebung, eine Vermisstensuche, spezielle Durchsuchungen und Festnahmen oder auch Verkehrsmaßnahmen zu begleiten oder durchzuführen. Die Hundertschaftsangehörigen sind wie die Spezialeinheiten Fachleute mit besonderen Kenntnissen und Möglichkeiten in besonderen Lagen.

In den vergangenen Jahrzehnten seit der Wiederbegründung der Polizeiseelsorge nach dem Krieg – die Polizeiseelsorge bestand bereits zur Zeit der

Weimarer Republik – betreuten, um das Wort aus der Gründungsvereinbarung aufzugreifen, Polizeiseelsorger:innen Polizisten:innen immer wieder bei „normalen“ Einsatzlagen im Streifendienst, falls man diesen wichtigen Kerndienst der Polizei als normal bezeichnen darf.
Ein Schwerpunkt der Seelsorge war und ist nach wie vor die Begleitung polizeilicher Einsatzkräfte bei den oben erwähnten besonderen Einsatzlagen mit den Hundertschaftseinheiten. Unzählige Betreuungen oder Begleitungen fanden statt bei wöchentlichen Fußballspielen der ersten drei Ligen in Deutschland und bei ebenfalls unzähligen angemeldeten Demonstrationen von rechten und linken Gruppierungen, kürzlich mit Corona-Leugnern und Coronamaßnahmen-Gegnern, mit Umweltaktivisten oder „Fridays for future“-Anhängern.

15.3 Erfahrungen

Ich selbst durfte Polizisten:innen der 1. Bereitschaftspolizeiabteilung Bochum in den vergangenen zweiundzwanzig Jahren bei Castor-Transporten ins Wendland, 1.-Mai-Demonstrationen und Krawallen in Berlin und Hamburg, dem Nato-Gipfel in Baden-Württemberg, den G8-, G7- und G20-Gipfeln in Heiligendamm, Elmau und Hamburg, dem Weltjugendtag in Köln und der Fußball-Europameisterschaft in Österreich begleiten. Ebenso die nordrhein-westfälischen Bereitschaftspolizeihundertschaften (erste bis vierte BPH) bei zahlreichen heimatnahen Einsätzen. Bei allen großen Einsatzlagen waren meine Kollegen:innen Seelsorger der evangelischen und katholischen Polizeiseelsorge mit von der Partie und begleiteten ebenfalls „ihre“ Hundertschaften, die in ihrem Zuständigkeitsbereich beheimatet waren.
Der Weg zu den jeweiligen Einsätzen wurde entweder durch ein Dienstfahrzeug, das dem/der Seelsorger:in von einer Heimatbehörde zur Verfügung gestellt wurde, selbst zurückgelegt oder man fuhr direkt mit einem Hundertschaftsfahrzeug. Schon auf der Fahrt fanden Gespräche zur Orientierung und zum gegenseitigen Kennenlernen statt. Nach der Quartierverteilung vor Ort, vom Einzelzimmer bis zur Gemeinschaftsunterkunft in Mehrbettzimmern mit den Kollegen, folgte eine Begrüßung und erste Einsatzbesprechung, bei der ich als Pfarrer vorgestellt wurde. Es kam darin eine Wertschätzung zum Ausdruck, die mir bei all diesen Einsätzen entgegengebracht wurde; man fühlte sich willkommen und respektiert, obwohl bei einigen bestimmt die Skepsis überwog, was denn der „Himmelskomiker“ hier wolle. Die Abteilungs- und Hundertschaftsführungen vor Ort bezogen mich in ihre Einsatzbesprechungen ein und vermittelten weitere Ansprechpartner, die mich in ihren Fahrzeugen mitnahmen. Meist war es das Führungsfahrzeug des Abteilungsführers, der

„Zehner"-Bulli des Hundertschaftsführers oder eines Zugführers, der aber auch weiblich sein konnte.
Meine „Einsatzphilosophie" war es, möglichst viel mitzumachen, um über Lage und Einsatzgeschehen gut informiert zu sein, nicht im Wege zu stehen und mich dezent zurückzuhalten und viele Polizeibeamte:innen kennenzulernen und mich ihnen, ebenfalls unaufdringlich als Vertreter der Polizeiseelsorge und Kirche, vorzustellen. Ich denke, dass mir das gelungen ist, sonst wäre ich wohl nicht so oft in den Einsätzen angesprochen und zur Wiederholung der Teilnahme gedrängt worden.
Gespräche entstanden in den Fahrzeugen, an Kontrollpunkten, Absperrungen, am „Versorgerbulli", bei den Mahlzeiten, tags und nachts an Gleisen oder Straßen, wo immer die Kollegen:innen ihren Dienst versahen. Als kleine Stärkung wurden von mir Traubenzuckerstücke mit Polizeiseelsorgelogo, also dem Stern auf der Verpackung, als Give-aways Heftpflaster oder auch Desinfektionsmittel in kleinen Fläschchen, ebenfalls mit Seelsorge-Stern, verschenkt. Oftmals ergaben sich kleine Gespräche am Rande des Dienstes, der ja häufig auch aus Warten besteht. Einsatzbegleitungen können einige Stunden bis zu einem Tag umfassen, z.B. Fußballeinsätze; sie können aber auch mehrere Tage bis zu einer Woche dauern, wie etwa die großen Einsätze bei Regierungsveranstaltungen auf internationaler Ebene, z.B. den Gipfeln. Wenn man stunden- und tagelang zusammen ist bzw. sich am Rande der Dienste immer wieder begegnet, kann ein Zusammengehörigkeitsgefühl entstehen, das dann auch tiefergehende lebenskundliche, berufsethische, familiäre, soziale und politische Gesprächsthemen umfasst.
Einige Polizisten:innen können mit der Pfarrerin, dem Pfarrer nichts anfangen; da bleibt es bei der Vorstellung oder dem eher wortkargen Dialog. Mit anderen entsteht eine vertrauliche Gesprächsatmosphäre, in der man sich öffnet und auch schon mal private Themen, die Familie oder die Arbeit betreffende Inhalte mit uns Seelsorgern:innen austauscht, eben weil die Chemie stimmt. Ich habe diese tieferen Gespräche, die selten sogar zu Buß- oder Beichtgesprächen wurden, immer als ganz großes Geschenk und als eben großen Vertrauensbeweis empfunden. Nach Stunden und Tagen miteinander war man Teil der Hundertschaft, von der Führung gewollt und von der Mann- und Frauschaft akzeptiert, sodass man den Seelsorger:in auch alleine laufen ließ, weil man ihm vertraute und wusste, der macht nichts falsch hier, oder sogar, der ist ja einer von uns. Es war immer ein Gefühl von Solidarität mit der Polizei seitens der Seelsorge und ein Gefühl der Gemeinschaft.
Gerne sprach ich aber am Rande der Einsätze mit dem polizeilichen Gegenüber, falls Demonstrierende ein Gespräch über Sinn und Zweck der Maßnahme zuließen. Bei den Castor-Transporten war das nicht einfach, da jede/r Polizeibeamte:in und jede/r Seelsorger:in ja auch das Recht auf

Privatmeinung hat und politische Entscheidungen hinterfragt werden dürfen. Beamte:innen bekamen sehr wohl mit, wenn ein/e Seelsorger:in sich Zeit für ein Gespräch nahm und Polizei bekam ebenso mit, wenn ein Pfarrer mit in der ersten oder zweiten Reihe vor aggressiven Demonstranten:innen neben den Hundertschaftsangehörigen stand, einem Steinwurf auswich oder von einem Demonstranten in Heiligendamm bespuckt wurde. Der begleitende Seelsorger war einerseits „einer von uns", der für uns da war und uns zur Verfügung stand, etwa zum Gespräch, andererseits eine Respektsperson von außen, der Kirche und Gesellschaft repräsentierte.

Und er konnte urplötzlich seine Rolle als Geistlicher platzieren, wenn es eng und schlimm wurde. Drei Seelsorger erlebten dies hautnah, als am Ende des G8-Gipfels in Heiligendamm am Unterbringungsort, einem Hotel südlich von Rostock, ein ganz junger Mann der 3. BPH bei einem Unfall schwer verletzt wurde und in Lebensgefahr geriet. Die Abteilungsführung rief die Seelsorger, die von diesem Moment an Krisenmanagement durchführen mussten. Die Heimfahrt war gestrichen, da es jetzt darum ging, in Ruhe und professionell den unmittelbar beteiligten Kollegen:innen, der Polizeiführung dieses Einsatzes, der betroffenen Hundertschaft und später der Familie des Verunfallten im Krankenhaus zur Seite zu stehen und psycho-soziale Unterstützung zu leisten. Wie aus heiterem Himmel war aus einem angenehmen und gut gelaufenen Einsatz ein Unglück geworden, das die Hundertschaft noch auf Jahre traumatisierte. Neben der Beratung der Führung wurden Einsatznachsorgegespräche mit den Betroffenen in den Gruppen und einzeln geführt. Entsetzen und Trauer – der Kollege lag im Koma – wurden zugelassen und die angereiste junge Ehefrau und die Eltern betreut, bis eine schwere Entscheidung gemeinsam, mit Unterstützung der Seelsorge, zustande kam, nämlich den hirntoten Menschen sterben zu lassen. Schweigen und Gebet waren am Totenbett angesagt. Selten war Betroffenheit und Hilflosigkeit bei oder nach einem Einsatz in der „Polizeifamilie" so spürbar gewesen. Das blieben leider nicht die einzigen Toten, die man als Polizeiseelsorger:in in 22 Dienstjahren zu beklagen und zu beerdigen hatte. Polizei ist eben auch eine Schicksalsgemeinschaft, die auch in der Krise zusammensteht. Und da gehört der Pfarrer, die Pfarrerin oder der/die Seelsorger:in dazu und wird Teil dieser Gemeinschaft.

Gerne erinnere ich mich daran, wie die Versorger der Abteilungsführung ein gefundenes oder organisiertes Kreuz zu Beginn eines Einsatzes an der Containertür und im Wohncontainer der beiden Seelsorger als Erkennungszeichen mit- und anbrachten. Das war der Polizeiseelsorgeraum im Camp, für alle sichtbar. Denn Kirche geschieht nicht nur in Kirchengebäuden, sondern dort, wo Menschen im Sinne Christi handeln, eben auch an anderen Orten und zu anderen Gelegenheiten.

In der Erinnerung geblieben sind mir auch einige wenige kleine Gottesdienste, die in den Unterkunfts- und Freizeiträumen angeboten und

mit wenigen Texten und Liedern mit Ankündigung und Einladung bei Schichtwechseln gefeiert wurden. Eben keine großen Liturgien, sondern eher anlassbezogene Texte und Gebete standen da im Zentrum. Denn es gab bei allen Hundertschaftseinsätzen mit Tausenden Polizisten:innen aus allen Bundesländern und mit der Bundespolizei auch immer bekennende Christen oder suchende Menschen, denen Seelsorge und Kirche nicht suspekt waren. Ganz wichtig war in diesem Zusammenhang das Bewusstsein der evangelischen und katholischen Seelsorger:innen aus nah und fern: wir sind eine Einheit, wir ziehen an einem Strang, wir verkörpern gelebte Ökumene im Einsatz. Das spürten und spüren sicher auch die Polizeibeamten:innen und ihre Vorgesetzten.
Polizeiseelsorge wurde meist auch direkt an der Einsatzkleidung durch die Aufschrift „Seelsorge“ oder „Polizeiseelsorger“ oder am violetten oder goldenen Kreuz auf dem Schulterstück erkannt. Nur einmal ging das bei mir schief, als eine bayerische Kollegin mich ob des Kreuzes fragt: „Sind Sie der Bestatter?“ Dieser Irrtum wurde dann schnell beseitigt.

15.4 Einsatzbegleitung als „Geh-Pastoral“

Die Einsätze mit den „geschlossenen Einheiten“, also der Bereitschaftspolizei, gerade über einen längeren Zeitpunkt hinweg und die regelmäßigen Kontakte zu den Hundertschaften bei Besuchen, Gesprächen in den Liegenschaften und den berufsethischen Fortbildungen dort waren und sind für mich ganz wichtige Elemente der Polizeiseelsorgearbeit bis heute. Neben dem Wach- und Wechseldienst, den Kriminalkommissariaten – und da speziell der K-Wache – sind die Spezialeinheiten und die Bereitschaftspolizei wichtige Zielgruppen seelsorglichen Dienstes in der Polizei. Dort traf ich immer aufgeschlossene Menschen, die sich für den Dienst der Kirchen in der Polizei interessierten und auch Interesse an meiner Person hatten, und das in Wort und Zeichen zum Ausdruck brachten. Dieses Interesse am Menschen und an der Arbeit der Polizei werden Seelsorger:innen verfolgen, um akzeptiert und in ihrem seelsorglichen Auftrag angenommen zu werden, denn „der Mensch ist der Weg der Kirche“[4].
Diese „Geh-Pastoral“ – eben zu den Menschen hinzugehen, statt auf sie im Pfarrhaus oder der Kirche zu warten – darf und sollte Inbegriff von Seelsorge und auch von Berufsgruppenseelsorge sein. In vertrauensvollen Gesprächssituationen geschehen dann sogar pastorale Gespräche mit geistlichen und religiösen Inhalten, die die in unserer heutigen schnelllebigen Welt oftmals verdrängte Sinnfrage theologisch berührt. Krankheit, Leid und Lebenskrise wurden und können angesprochen werden. Selten und

[4] Papst Johannes Paul II., Enzyklika *Redemptor hominis*, Verlautbarungen des Apostolischen Stuhls Nr. 6, Bonn 1979.

dadurch besonders wertvoll waren auch gemeinsame Gebete am Rande des Einsatzgeschehens in privater Atmosphäre, die für die Betenden emotional und spirituell wertvolle und tiefergehende Momente waren und die geistliche Dimension von Gesprächen aufzeigten, ganz im Sinne des petrinischen Ansatzes von Zeugnis und Seelsorge im 1. Petrusbrief: „Seid stets bereit, jedem Rede und Antwort zu stehen, der nach der Hoffnung fragt, die euch erfüllt." (1. Petr 3,15).
Seelsorge braucht mehr als Flyer, Traktate oder sonstige Informationsschriften. „Wer Seelsorge sucht, vertraut sich mit seiner Geschichte, seinen Fragen, Zweifeln und Nöten dem Seelsorger, der Seelsorgerin, an und erwartet eine empathische Präsenz. Seelsorge ohne eine personale Begegnung kann nicht gelingen"[5], stellen die Deutschen Bischöfe in ihrer neuen Schrift zum Thema Seelsorge zu Recht fest. Das gilt ausnahmslos auch für die Polizeiseelsorge und insbesondere in alltäglichen wie besonderen Einsatzbegleitungen. Eine bleibende Erfahrung der Einsatzbegegnungen mit Polizisten:innen in diesen Lagen war und ist die Entstehung von Nähe und Freundschaften, die ich erleben und aus den Begegnungen mitnehmen konnte. Freundschaften, die bis zum heutigen Tag anhalten. Nicht selten sind aus den Begegnungen auch pastorale Konsequenzen sakramentaler Art erwachsen: der Wunsch, vom Pfarrer getraut zu werden, das Kind oder die Kinder von ihm taufen zu lassen, wieder in die Kirche zu gehen, an der Messe teilzunehmen, zu beichten oder auch an den Fortbildungsseminaren der Polizeiseelsorge mit ihren gottesdienstlichen Angeboten teilzunehmen. Überhaupt war und ist es eine schöne Erfahrung, sich bei anderen Einsätzen oder auch Veranstaltungen der Polizeiseelsorge wie Freizeitangeboten, nämlich Wanderwochenenden, Studienreisen, Familienferienfreizeiten und -wochenenden, für Polizeifamilien in privatem Umfeld wiederzusehen und im nicht beruflichen Kontext Kirche erleben zu können. Tausende Polizeibeamte:innen und auch Hundertschaftsangehörige haben an diesen Freizeit- und Seminarangeboten in den vergangenen sechzig Jahren der Polizeiseelsorge in NRW, Hessen und Niedersachsen teilgenommen und haben gerade auch in den polizeiseelsorglichen Angeboten wie Werteseminaren mit berufsethischen und gesellschaftlichen Themen eine Horizonterweiterung und einen Perspektivwechsel erfahren; dazu gehören auch die Europa- und Bundesseminare im europäischen Ausland und in Berlin, die stets für den Polizeidienst sinnvolle staatsbürgerliche und demokratiefördernde Inhalte transportieren, wie mir Teilnehmer:innen immer wieder versicherten. Ein Blick über den eigenen Kirchturm – oder hier, die eigene Wache oder

[5] Die Deutschen Bischöfe Nr. 110, In der Seelsorge schlägt das Herz der Kirche, S. 46, Bonn 2022.

Behörde – hinaus. Diese freiwilligen Angebote der Polizeiseelsorge bleiben ein wichtiges Element der Seelsorge.

15.5 Perspektiven für die Zukunft

All das ist allerdings ohne das personale Angebot der Kirchen in der Polizei nicht möglich. So stellt sich die Frage auch insbesondere für die Entscheidungsträger der Kirchen, wie Seelsorge in der Polizei und als Dienst der Kirchen zukünftig möglich sein wird bei weniger und älter werdenden Seelsorgerinnen und Seelsorgern. Gleichzeitig bedarf es auch immer Menschen der Pastoral, die für diesen speziellen Dienst der Kategorialseelsorge nicht nur geeignet, sondern auch polizeiaffin sind und sich bewusst für eine Aufgabe im Dienst für Staat und Gesellschaft entscheiden und die „Blaulichtpastoral" mit Begeisterung und Hingabe leben. Eine Frage, der sich alle – Polizeiseelsorgende wie Kirchenleitungen – stellen müssen, wenn auch zukünftig gelebte Seelsorge in Lehre, Psycho-Sozialer Unterstützung und Begleitung von Polizeiangehörigen und ihren Familien Teil der Pastoral der Kirchen in Deutschland sein soll.

15.6 Dank

Abschließend möchte ich mich bei den Polizeiführern, Einsatzleitern und Verantwortlichen im Innenministerium, dort der Abteilung Polizei, den Bereitschaftspolizeiabteilungsführern:innen, Hunderschafts- und Zugführern:innen, aber auch den Wachleitern:innen und Dienstgruppenleiter:innen bedanken, die mir und meinen Kollegen Seelsorgern:innen über Jahrzehnte hinweg die Teilnahme an und Begleitung von Einsätzen im Wach- und Wechseldienst und darüber hinaus spezieller Einsätze genehmigt, ermöglicht, uns Unterstützung geboten und damit die Bedeutung unseres gemeinsamen Dienstes erkannt haben. Diese Ermöglichung war eine wunderbare Gelegenheit, Polizeidienst hautnah in verschiedensten Situationen miterleben zu können. Sie wird hoffentlich auch zukünftig Element der Begleitung von Polizeimenschen und ihren Familien sein können.

16 „Das könnte ich nie“ Begleitung von Polizeibeschäftigten im Bereich Bekämpfung von sog. „Kinderpornografie“[1]

Dietrich Bredt-Dehnen

16.1 Ohne Lobby

„So gut wir ihr möchte ich es auch mal haben, während der Arbeitszeit Pornos ansehen.“

Solche Sprüche mussten sich noch vor einigen Jahren Polizist:innen in vielen Kreispolizeibehörden (KPB) anhören, die Bilder und Videos von sexualisierter Gewalt gegen Kinder auswerteten. Ein kurzer Rückblick: Die Kolleg:innen, die in diesem Bereich arbeiten, weisen immer wieder auf deutlich fehlende Wertschätzung, mangelhafte IT-Unterstützung und Software sowie eine schlechte Arbeitsplatzausstattung hin. Dazu kommt eine chronische personelle Unterbesetzung. In der Regel sind sie mit zusätzlichen Arbeitsraten betraut oder/und in aktuelle Ermittlungskommissionen anderer Kommissariate eingebunden. Vorgesetzte befassen sich nur selten mit dem Thema. Gesprächsangebote oder Supervision gibt es nur vereinzelt, häufig angestoßen durch Initiativen der Polizeiseelsorge oder einzelner Mitarbeiter:innen.

Ähnlich geht es den Mitarbeitenden in der Zentralen Auswertungs- und Sammelstelle Kinderpornografie (ZASt) beim Landeskriminalamt (LKA) NRW in Düsseldorf.

Seit 2010 wird dem für Inneres zuständigen Ministerium in NRW über erhebliche strukturelle Mängel in der Bearbeitung von KiPo-Straftaten berichtet.[2]

Berichte werden geschrieben, eine Landesarbeitsgruppe (LAG) arbeitet vier Jahre an Fachkonzepten – ohne besondere Auswirkungen. Erst 2018 unter dem Druck immer stärker ansteigender Fallzahlen weist eine neue LAG auf die veraltete Ausstattung der Kreispolizeibehörden und fehlende

[1] Der Begriff „Kinderpornografie“ ist umstritten. Im StGB § 184b wird der Begriff genutzt. Als Alternative werden häufig gebraucht: „sexuelle Missbrauchsdarstellungen“ oder „sexualisierte Gewalt gegen Kinder“. Wir nutzen hier den Begriff „Kinderpornografie“ ausschließlich in Anführungsstrichen, um deutlich zu machen, dass dieser Begriff in unseren Augen das Delikt nur unzureichend beschreibt.

[2] https://www.im.nrw/system/files/media/document/file/abschlussberichtkipost.pdf, S. 4 (abgerufen 31.5.2022).

leistungsfähige Auswerteinfrastruktur hin, worauf endlich erste Maßnahmen (Beschaffung von neuen Rechnern) erfolgen.

16.2 Wind of change

Durch den Regierungswechsel nach den Landtagswahlen 2017 in NRW ergibt sich die Chance, die neue Polizeiführung im Innenministerium (IM) auf die besondere Bedeutung des Deliktbereichs hinzuweisen. Ein Besuch des Innenministers und der Abteilungsleiterin Polizei im LKA 2018 bringt den Umschwung. Die direkte Konfrontation mit dem Datenmaterial hinterlässt bei beiden eine starke Betroffenheit. Den Verantwortlichen werden die ganze Dramatik und der dringende Handlungsbedarf deutlich. Es werden Sofortmaßnahmen ergriffen: 20 neue Stellen für Regierungsbeschäftigte werden geschaffen. Vor allem aber wird der Deliktbereich „Kinderpornografie" zum kriminalistischen Schwerpunkt in der Polizei NRW erklärt.[3] Der Innenminister macht die Bekämpfung sexualisierter Gewalt gegen Kinder zur Chefsache. Damit ist der Durchbruch hin zu einer systematischen, personell und materiell deutlich verstärkten polizeilichen Bearbeitung von sexualisierter Gewalt gegen Kinder erreicht. Es erfolgt die Einrichtung einer Stabsstelle[4], die direkt dem Innenminister zugeordnet ist. In den folgenden Monaten werden die gravierenden Missstände zum ersten Mal *systematisch* erfasst und konstruktive Verbesserungsvorschläge gemacht. Viele Verfahren konnten zuvor nicht sachgerecht bearbeitet, Durchsuchungsbeschlüsse nicht umgesetzt werden[5]. Ein Wegsehen ist nicht mehr möglich.

Von Beginn an wird die Polizeiseelsorge vonseiten der Stabsstelle mit in die Beratungen einbezogen. Den Verantwortlichen ist klar: Es geht nicht nur um technische Verbesserungen, sondern entscheidend darum, dass die Polizist:innen und Regierungsbeschäftigten bestmöglich ihre Arbeit zum Schutz der Kinder und zur Ermittlung der Täter und Täterinnen machen können. Deshalb wird von Beginn an die psychosoziale Unterstützung, Begleitung und Betreuung inkl. Supervisionsangeboten mitberücksichtigt.

Der Personaleinsatz wird mit hoher Kraftanstrengung im Bereich der Kreispolizeibehörden vervierfacht, beim LKA NRW verfünffacht.

Durch die in ihrem Ausmaß für die Öffentlichkeit kaum zu fassenden Tatkomplexe in Lügde (Januar 2019) und Bergisch-Gladbach (Oktober 2019) wird die besondere Bedeutung dieses Deliktbereiches deutlich. In der

---

[3] https://polizei.nrw/sites/default/files/2019-10/Streife_Nr_2_19_online_Download_web.pdf, S. 26 (abgerufen 31.5.2022)

[4] https://www.im.nrw/system/files/media/document/file/abschlussberichtkipost.pdf (abgerufen 22.5.2022).

[5] Ebd., S. 11.

BAO Berg[6] arbeiten zeitweise mehrere Hundert Polizeibeamt:innen. Hunderte weitere Verfahren mit kaum bezifferbaren Datenmengen werden eröffnet. Die Sorge, Gefahrenüberhänge[7] in der Flut der auszuwertenden Daten nicht zu entdecken, ist ein stark belastender Faktor für die eingesetzten Mitarbeitenden.

Die Zahl der polizeilich erfassten Fälle nach § 184b StGB (Verbreitung, Besitz und Erwerb kinderpornografischer Inhalte) ist immens gestiegen.[8]

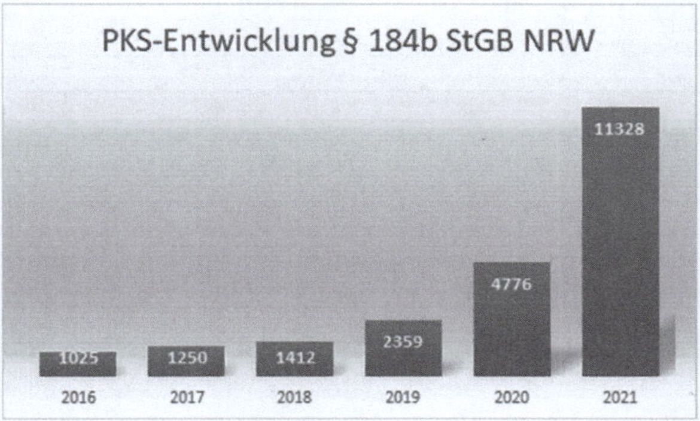

Dies ist aber nur die Spitze des Eisberges. Beunruhigend ist die Tatsache, dass derzeit bundesweit über 50 % der *Tatverdächtigen* Kinder und Jugendliche sind.[9] Durch die vom Gesetzgeber erfolgte Strafverschärfung[10] gilt auch die Verbreitung durch sog. Schulhofchats als Verbrechen, das verfolgt werden muss. Durch die hohe Zahl der Verfahren gegen

---

6 https://www.spiegel.de/panorama/justiz/bergisch-gladbach-ermittler-identifizierten-439-verdaechtige-in-missbrauchskomplex-65-kinder-befreit-a-749acfac-2379-41bc-8d3e-598dbb577192 (abgerufen 31.5.2022).

7 Gefahrenüberhänge kennzeichnen konkrete Anhaltspunkte für einen noch andauernden sexualisierten Missbrauch.

8 https://www.im.nrw/bildergalerie/polizeiliche-kriminalstatistik-2021, Folie 9 (abgerufen 31.5.2022).

9 „Der Anteil der minderjährigen Tatverdächtigen kann bei einer Eingrenzung über das Tatmittel Internet nur durch eine spezielle Auswertung der Kriminalstatistik erfolgen. Diese hat die polizeiliche Kriminalprävention vorgelegt. Demnach sind von 28.661 Tatverdächtigen insgesamt 13.125 erwachsen, aber 15.536 minderjährig. Das heißt, 54 Prozent der Tatverdächtigen, also die Mehrheit, sind selbst Kinder und Jugendliche." (Dr. Thomas-Gabriel Rüdiger) https://netzpolitik.org/2022/strafrecht-die-meisten-tatverdaechtigen-bei-kinderpornografie-sind-minderjaehrig/ (abgerufen am 31.5.2022).

10 https://www.polizei-beratung.de/startseite-und-aktionen/aktuelles/detailansicht/sexueller-missbrauch-ist-ein-verbrechen/ (abgerufen am 31.5.2022).

Minderjährige wird die Verfolgung der erwachsenen Straftäter deutlich erschwert. Allein polizeilich kann dieses Problem allerdings nicht gelöst werden.

16.3 Aufbau verlässlicher Unterstützung

Die schlagartig gewachsene innerpolizeiliche Bedeutung der Bekämpfung von „Kinderpornografie" mit hohen Personalzuwächsen erfordert auch eine neue Bewertung der psychosozialen Unterstützung der vielen meist neu eingesetzten Mitarbeiter:innen.
Ziel ist es, eine Art seelischer Sicherheitsarchitektur um die beteiligten Mitarbeiter:innen herum zu erstellen. Denn die Gefahr ist groß, dass die psychische Belastung durch die Arbeit mit potenziell traumatischem Material unterschätzt wird und im polizeilichen Alltag mit seinen eigenen Gesetzmäßigkeiten nicht genügend zur Kenntnis genommen wird. Andrea Fischbach von der Deutschen Hochschule für Polizei[11] formuliert es in einem (unveröffentlichten) Vortrag beim LKA NRW im April 2022 so: Bei der Arbeit mit KiPo-Material bestehe ein „objektives Risiko für psychische und physische Traumafolgestörungen".

16.4 Landesweite Konzeption

Konkretisiert wird diese Sicherheitsarchitektur durch den Sozialwissenschaftlichen Dienst der Polizei NRW (SwD, jetzt: ZPSU).
Er wird beauftragt, eine landesweite „Konzeption für die psychosoziale Unterstützung (PSU) der Sachbearbeiterinnen und Sachbearbeiter im Bereich sexueller Kindesmissbrauch/Kinderpornografie"[12] zu erstellen. Hier werden einheitliche und verbindliche Regeln und Standards festgelegt. Die Erstellung der Konzeption erfolgt unter Beteiligung der Polizeiseelsorge.
In dieser Konzeption werden unter drei Aspekten die erforderlichen PSU-Maßnahmen dargestellt. Die *Verhaltensprävention* zielt auf die Unterstützung der direkt betroffenen Mitarbeitenden, die *Verhältnisprävention* hat vor allem die Organisation und ihre Führungskräfte im Blick, die *Qualitätssicherung* dient der nachhaltigen Verbesserung der Maßnahmen und der Vernetzung der PSNV-Fachkräfte.

---

[11] https://www.dhpol.de/departements/departement_I/FG_I.4/fg_I_4.php (abgerufen am 31.5.2022).

[12] Die Konzeption ist nur polizeiintern einsichtbar und wird derzeit evaluiert bzw. überarbeitet.

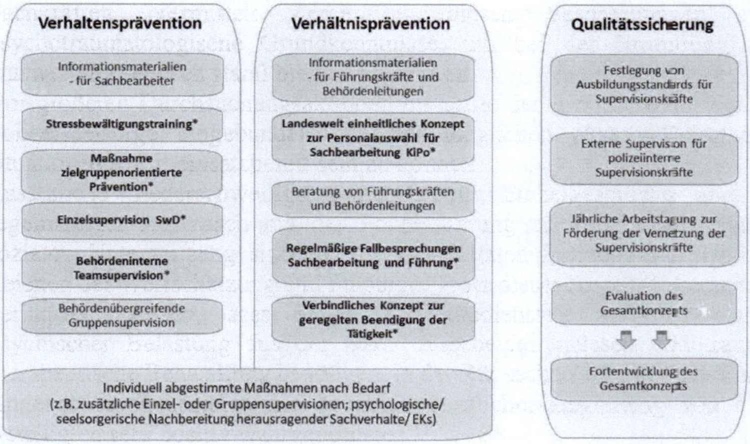

Die fett gedruckten Maßnahmen (vgl. Abbildung oben) sind für alle Mitarbeitenden verpflichtend.

Als übergeordnete Ziele werden definiert:

- Beschäftigte in der Sachrate sexueller Kindesmissbrauch/Kinderpornografie setzen sich unter qualifizierter fachlicher Anleitung mit Belastungen der Tätigkeit und möglichen Beanspruchungsfolgen auseinander.
- Sie lernen individuelle stressbegünstigende und -protektive Faktoren kennen.
- Sie erlernen individuelle Techniken und Bewältigungsstrategien, um negativen körperlichen und psychischen Folgen der Tätigkeit vorzubeugen.

Die verpflichtende Einzelsupervision durch polizeiinterne Psycholog:innen bedeutet ausdrücklich keine Begutachtung der individuellen Einsatzfähigkeit. Sollte sich in einem Einzelgespräch abzeichnen, dass die Klientin oder der Klient Anzeichen einer (behandlungsbedürftigen) erhöhten körperlichen oder psychischen Beanspruchung zeigt, erfolgt eine Beratung zu einzuleitenden Schritten (z. B. Aufsuchen externer Spezialisten zur diagnostischen Abklärung, Beratung zur Inanspruchnahme von Psychotherapie).

Die Gruppensupervisionen werden vor allem durch Polizeiseelsorger:innen angeboten. Folgende Mindestanforderungen an Ausbildungsstandards für die Personen, die verpflichtende Gruppensupervisionen durchführen, werden definiert:

a. abgeschlossenes Fachhochschulstudium oder Universitätsstudium und
b. eine therapeutische, beraterische oder supervisorische Zusatzausbildung und

c. mehrjährige Erfahrung in der Erwachsenenberatung (Einzel- und Gruppenberatung).

Zur „Sicherheitsarchitektur" gehört auch eine finanzielle Zulage (derzeit bei 300,- € monatlich) für alle in diesem Bereich Beschäftigten.

Ebenso gelten besondere Arbeitsbedingungen, z. B. die Möglichkeit mehr Pausen einzulegen, jederzeit bei besonderer Belastung die Arbeit unterbrechen zu können, keine starre Festlegung der Verweildauer in diesem Arbeitsbereich. Im LKA NRW wird eine komplette moderne Neugestaltung der Arbeitsräume geplant, mit Ruheräumen, großzügiger Teeküchengestaltung sowie Spielmöglichkeiten.

16.5 Alles nicht so einfach – Theorie und Praxis

So wichtig die Festlegung landesweiter Standards für die psychosoziale Unterstützung der betroffenen Mitarbeitenden ist, so wichtig ist auch die Erkenntnis, dass die praktische Umsetzung in den einzelnen Behörden sehr unterschiedlich gehandhabt wird. Es braucht in den Behörden „Antreiber", die nicht nachlassen, sich für verlässliche Unterstützungsstrukturen vor Ort einzusetzen. Es braucht Vorgesetzte, die in der Lage sind, ihre Mitarbeitenden sensibel wahrzunehmen und führen zu können.

16.5.1 BAO Berg [13]

Sofort nach Bekanntwerden der Missbrauchsfälle in Bergisch-Gladbach wird Ende 2019 die BAO Berg im zuständigen Polizeipräsidium Köln eingesetzt. Diese besondere Aufbauorganisation in der Polizei ermöglicht es, in klar definierten Strukturen parallel zu den weiter laufenden alltäglichen Aufgaben einen herausragenden Fall bearbeiten zu können. Der/die zuständige Polizeiführer/in aktiviert auch den Einsatzabschnitt „Betreuung" mit dem Unterabschnitt PSU (UA PSU) für die eingesetzten Polizeibeamt:innen. Dadurch ist sichergestellt, dass im Sinne der Fürsorgepflicht ein besonderes Augenmerk auf die psychische Gesundheit gelegt wird. In der Spitze sind fast 350 Polizeikräfte in vielen Kreispolizeibehörden eingesetzt, um diesen Fall zu bearbeiten.

So können regelmäßige Besprechungen („offener Austausch BAO Berg") organisiert werden, in denen es vor allem darum geht, jenseits von fachspezifischen Fragen über die Arbeit, die Arbeitsbedingungen, die damit verbundenen Belastungen, aber auch über positive Aspekte der Zusammenarbeit miteinander ins Gespräch zu kommen. Diese Besprechungen finden in überschaubaren Gruppen statt, oft mit Kaffee und Kuchen, meist moderiert von Polizeiseelsorger:innen oder polizeiinternen psychosozialen

[13] https://polizei.nrw/sites/default/files/2022-05/Streife_02_2022_13_Web.pdf, S. 31 (abgerufen 31.5.2022). Vgl. Anmerkung 6.

Fachkräften. Vermittelt werden in diesen Besprechungen auch psychotraumatologische Grundkenntnisse, um bei der Ermittlung und Auswertung seelisch stabil bleiben zu können.
Vor größeren Durchsuchungsaktionen im Laufe der Ermittlungen wird die Polizeiseelsorge eingebunden, um bei möglichen akuten Belastungssituationen sofort einsatzbereit sein zu können.
Zusätzliche niederschwellige Angebote für Einzelgespräche und ein regelmäßiger Austausch mit der Polizeiführung zu Fragen der psychosozialen Unterstützung sind für die eingesetzten Polizeikräfte sichtbare Zeichen der Wertschätzung und Fürsorge. Trotz dieser Angebote kann nicht verhindert werden, dass einige Polizeibedienstete aufgrund starker psychischer Belastung aus der BAO ausscheiden müssen und traumatherapeutische Behandlung benötigen. In der Rückschau wird das dauerhafte Angebot psychosozialer und polizeiseelsorglicher Begleitung von allen Beteiligten sehr positiv wahrgenommen.

16.5.2 Zentrale Auswerte- und Sammelstelle Kinderpornografie (ZASt) im LKA[14]

Den Mitarbeitenden der ZASt ist es maßgeblich mit zu verdanken, dass die Bekämpfung von „Kinderpornografie" aus dem Schatten der kriminalpolizeilichen Arbeit heraustreten konnte. Das noch vor einer Dekade mit ca. zehn Polizeibeschäftigten arbeitende Sachgebiet im Landeskriminalamt NRW ist inzwischen zu einem großen Dezernat mit drei Sachgebieten und über 80 Polizeibeschäftigten angewachsen. In der deutlichen Mehrzahl arbeiten dort inzwischen Regierungsbeschäftigte, die mit der Kategorisierung und Auswertung des Datenmaterials beauftragt sind. Die eigentliche Aufgabe, Unterstützung der Kreispolizeibehörden durch die zentrale Auswertung der beschlagnahmten Datenträger mit Erweiterung der bestehenden zentralen Bildvergleichssammlung, kann derzeit nur noch am Rand wahrgenommen werden. Die aktuelle Entwicklung zwingt die ZASt dazu, vor allem die stark gestiegenen Hinweise auf kinderpornografisches Material aus den USA durch die halbstaatliche Organisation NCMEC (National Center for Missing and Exploited Children) zu bearbeiten. Diese Hinweise (ca. 30.000 werden 2022 nur für NRW erwartet!) werden über das BKA an die Länderpolizeien weitergeleitet.[15] In der ZASt werden anhand

[14] https://polizei.nrw/artikel/das-cybercrime-kompetenzzentrum-beim-lka-nrw (abgerufen 31.5.2022).
https://polizei.nrw/sites/default/files/2022-05/Streife_02_2022_13_Web.pdf, S. 31 (abgerufen 31.5.2022).

[15] https://www.tagesschau.de/inland/kinderpornografie-135.html (abgerufen am 31.5.2022).
https://polizei.nrw/sites/default/files/2022-05/Streife_02_2022_13_Web.pdf,

der übermittelten IP-Adressen dann mögliche Tatverdächtige ermittelt, Strafanzeigen geschrieben und den zuständigen Kreispolizeibehörden zur weiteren Bearbeitung zugesandt.
Seit 2010 begleitet Polizeiseelsorge die Mitarbeitenden der ZASt. Regelmäßige Dienststellenbesuche, Gespräche und Lobbyarbeit innerhalb der Polizei und im politischen Kontext für diesen Arbeitsbereich gehören neben jährlichen zweitägigen Teamsupervisionen zum polizeiseelsorglichen Kerngeschäft.
Durch das starke Aufwachsen der Beschäftigtenzahl und die Vielzahl neuer Aufgaben hat sich die Arbeit der ZASt deutlich verändert. Im Rahmen der 2020 entwickelten landesweiten Konzeption wird den Mitarbeitenden neben zentral vom LAFP (Landesamt für Ausbildung, Fortbildung und Personalangelegenheiten der Polizei NRW) angebotenen Fortbildungen im Bereich Stressbewältigung vor Ort zusätzlich zu den verbindlichen und freiwilligen Supervisionen[16] auch ein Modul „seelische Eigensicherung" durch die Polizeiseelsorge verpflichtend angeboten. Ziel ist es, dass alle in diesem Bereich arbeitenden Mitarbeiter:innen sich der potenziellen psychischen Gefahren bewusst sind, Kenntnis über psychotraumatologisch bedingte Auswirkungen der Arbeit erhalten und praktische Hilfen zum Umgang mit dem belastenden Material bekommen.
Zudem wurde in Zusammenarbeit mit der zuständigen Polizeiärztin und dem Kriminalistisch-Kriminologischen Forschungsinstitut (KKF) im LKA NRW ein „Sekundärpräventionsfragebogen zum Belastungserleben der Mitarbeiter:innen"[17] entwickelt. In der Einleitung heißt es:

> *Dieser Fragebogen ist entwickelt worden zur Unterstützung der Mitarbeiterinnen und Mitarbeiter in der ZASt. Die Nutzung erfolgt vierteljährlich auf freiwilliger Basis. Zum einen dient der Fragebogen zur Selbstreflexion. Zum anderen kann er dazu dienen, in Zusammenarbeit mit dem PÄD des LKA NRW und/oder dem zuständigen Polizeiseelsorger präventive Maßnahmen zur Gesunderhaltung zu initiieren.*
> *Belastungserleben kann sich individuell auf verschiedenen Ebenen und in unterschiedlicher Weise äußern. Hier wird Belastungserleben auf folgenden Ebenen abgefragt: (A) im körperlichen Erleben, (B) im emotionalen Erleben, (C) im gedanklichen Erleben und (D) im Verhalten, sowie (E) das Erleben von Belastungssituationen selbst. Mithilfe des Fragebogens soll zum einen erhoben werden, ob ein Belastungserleben*

S. 33 (abgerufen 31.5.2022)

[16] Vgl. Abschnitt 16.4.3.

[17] Der Fragebogen ist nur intern zugänglich. Er kann zu dienstlichen Zwecken auf Anfrage durch das LKA NRW oder die Polizeiseelsorge NRW zur Verfügung gestellt werden.

vorliegt. Zum anderen soll auf Basis des Ausmaßes des berichteten Belastungserlebens bestimmt werden können, ob dieses sich noch – vor dem Hintergrund des besonderen Aufgabenbereiches in der ZASt – in einem annehmbaren Rahmen bewegt oder ob gegebenenfalls gesundheitspräventive Maßnahmen oder Interventionen möglich oder anzuraten wären.
Das Belastungserleben soll in regelmäßigen Abständen für den Zeitraum der vergangenen drei Monate abgefragt werden. Darüber sind Vergleiche mit vorherigen Befragungszeiträumen möglich, z. B. dahingehend, ob das Belastungserleben zugenommen hat oder gleich geblieben ist.
Die Entwicklung des Belastungserlebens kann somit durch den Vergleich verschiedener Befragungszeiträume individuell betrachtet und reflektiert werden. Hierzu erfolgt zusätzlich abschließend eine zusammenfassende Frage (F) zu möglichen Veränderungen im Belastungserleben. Bei Weiterleitung der Befragungsergebnisse an den PÄD des LKA NRW kann zudem eine fachliche Bewertung und wenn nötig das Anstoßen von Maßnahmen erfolgen.

Durch die hohe Anzahl der Mitarbeiter:innen sind Führungskräfte und die Polizeiseelsorge nur bedingt in der Lage, die möglichen psychischen Belastungen der Einzelnen im Blick zu haben. Daher sind die Selbstfürsorge und der vertrauensvolle Kontakt untereinander von entscheidender Bedeutung. Ziel muss aber sein, dass die Führungsspanne kleiner wird, also ein weiteres Sachgebiet mit Führungskräften eingerichtet wird. Wie auch in anderen Bereichen ist der *persönliche Kontakt* entscheidend. So sinkt die Hemmschwelle sich zu öffnen und ein persönliches Beratungsgespräch zu suchen. Polizeiseelsorger:innen können nur hilfreich einwirken, wenn sie auch fachlich auf der Höhe der Diskussion sind. Dazu ist der kontinuierliche Austausch mit den Führungskräften und Einblick in die konkrete Arbeit vor Ort unabdingbar. Im LKA NRW wird die Polizeiseelsorge zu bestimmten Anlässen auch in Dienstbesprechungen (intern und digital landesweit) einbezogen. Es ist aber nicht verwunderlich, dass inzwischen die Polizeiseelsorge an ihre Grenzen stößt. Deshalb ist die Unterstützung durch weiteres Personal im Bereich PSU auch für die ZASt unerlässlich.

16.5.3 Supervision[18] im Bereich „KiPo"

Die landesweite Konzeption[19] sieht unter anderem verpflichtende Einzelsupervisionen (mind. einmal jährlich) bei den Psychologinnen von ZPSU in Münster vor. Diese werden auch digital angeboten. Daneben muss es für alle

[18] Zum Begriff „Supervision" in der Polizei vgl. Kap. 25.

[19] Vgl. Abschnitt 16.3.1.

Beschäftigten im Bereich „KiPo“ auch mindestens einmal jährlich ein Supervisionsangebot vor Ort geben. Dies wird zu großen Teilen durch Polizeiseelsorger:innen durchgeführt, die in einigen Behörden auch weitere Supervisionsangebote für die Mitarbeitenden vorhalten.
Jährliche Vernetzungstreffen der Supervisor:innen auf Landesebene sollen dem Austausch und der Qualitätssicherung dienen.
Ein Teil der Zielgruppe kann sich wenig mit dem Supervisionsangebot anfreunden. Die Gründe sind vielschichtig. Manche befürchten, sich psychisch „nackt“ machen zu müssen, andere sind grundsätzlich ablehnend gegenüber solchen Angeboten („wir haben so viel zu tun, das stiehlt mir nur die Zeit“); vor allem die dienstliche Verpflichtung zur Teilnahme wird kritisiert. Für den größeren Teil ist das supervisorische Angebot aber eine willkommene Gelegenheit abseits des alltäglichen Geschäfts mit Kolleg:innen über die Arbeit ins Gespräch zu kommen.
Es zeigt sich, dass die meisten Mitarbeiter:innen weniger Probleme mit dem inkriminierten Datenmaterial in den Supervisionen ansprechen, sondern vielmehr systembedingte Anliegen einbringen: Kritik an Führungskräften, Arbeitsbedingungen, der Kampf mit der IT und nicht gut laufenden Softwareprogrammen stehen dabei im Vordergrund. Aufgrund der großen zeitlichen Abstände kann ein supervisorischer Prozess auch nicht angestoßen werden. Die anstehende Evaluation des landesweiten Unterstützungskonzeptes sollte hier neue Impulse setzen.

16.6 Gefahren

Mit Blick auf die seelsorgliche und psychosoziale Begleitung von Beschäftigten im „KiPo“-Bereich gibt es mehrere Gefahrenstellen, auf die hier hingewiesen werden soll.
Verharmlosung: Der berufliche Alltag, die unglaublich hohe Dynamik durch ständig neue „Fälle“ und der anwachsende Datenberg lassen die Aufmerksamkeit gegenüber der potenziellen Traumagefährdung sinken. Die schleichende und damit in der Regel wenig spektakulär einhergehende Belastung kann zu der Annahme führen, die eigene Situation falsch einzuschätzen. Immer wieder sind Sätze zu hören:
„Ich habe noch nie Probleme damit gehabt“, „Ich bin so ein positiver Mensch, mir passiert da nichts!“ oder: „Ich habe so viel Routine entwickelt, das macht mir nichts mehr aus.“
Natürlich gibt es wenige, sehr resiliente Menschen, die tatsächlich unbeschadet über einen längeren Zeitraum diese Arbeit machen können. Aber auch wenn die Mehrheit routiniert und im positiven Sinn einen habituierten Umgang mit sexualisierter Gewalt gegen Kinder entwickeln, muss einer Verharmlosung der möglichen Probleme entgegengewirkt

werden. Denn: Nur weil mir bisher angeschnallt im Auto nichts passiert ist, höre ich auch nicht auf, den Gurt anzulegen.
Overprotection: Es besteht die Gefahr eines Overloads an Betreuungsmaßnahmen. Es gilt, das richtige Maß an psychosozialen Aktivitäten und seelsorglichen Angeboten zu wahren. Wir arbeiten in diesem Bereich mit erwachsenen Menschen, die in der Regel freiwillig diesen Arbeitsplatz bewusst gewählt haben. Polizeiseelsorger:innen müssen in besonderer Weise die Grenzen anderer achten und ihre Angebote nicht aufdrängen.
Moralische Überhöhung: Es wird durchgängig betont, dass es sich bei der Bekämpfung von „Kinderpornografie" um einen besonders gefährlichen Arbeitsbereich handelt, für den besonders motivierte, aufmerksame, teamfähige, einfühlsame und zu schützende Mitarbeitende benötigt werden. Die finanzielle Zulage, die besonderen Freiheiten, die den dort tätigen Kolleg:innen ermöglicht werden, kann zu einem nicht hilfreichen moralischen Druck führen: Alle sollen sich wohlfühlen, gegenseitig unterstützen und seelisch geschützt ihre belastende Arbeit tun können. Das kann zu unterdrückten Konflikten und nicht offen ausgetragenen Unstimmigkeiten führen. Weil es eigentlich keinen Streit geben darf, wird dieser dann intransparent an anderen Stellen ausgetragen.
Hier helfen vor allem Transparenz von Seiten der Führungskräfte und klare Regeln der Zusammenarbeit.

16.7 Ausblick

Psychosoziale und polizeiseelsorgliche Begleitung der Beschäftigten im „KiPo"-Bereich wird weiter hohe Priorität behalten. Dies ist besonders wichtig, weil sexualisierte Gewalt gegen Kinder in allen Ausformungen tief in unserer Gesellschaft verankert ist. Die jetzigen, schon erschreckenden Zahlen sind leider nur die Spitze des Eisberges. Inwieweit der Einsatz von KI tatsächlich eine Entlastung der Ermittler- und Auswerter:innen mit sich bringen wird, bleibt abzuwarten. Die derzeitigen Ansätze sind eher ernüchternd. Die Zahl der Mitarbeiter:innen in dem Deliktbereich wird nicht sehr viel weiter steigen, aber die Zahl der Datenträger und der Verdächtigen mit Sicherheit. Wir brauchen Menschen, die in der Polizei diese wichtige Ermittlungs- und Auswertearbeit übernehmen. Als Polizeiseelsorge übernehmen wir gerne mit Verantwortung dafür, dass sie gesund und seelisch stabil diese Aufgabe wahrnehmen können.

17 Der tödliche Schuss und seine Folgen Seminar zur Nachsorge bei Schusswaffengebrauch

Martin Dautzenberg / Burkhard Müller

17.1 Vorüberlegungen

„Seitdem ist das Leben anders." So oder ähnlich äußern sich übereinstimmend Polizistinnen und Polizisten, nachdem sie einen Menschen erschossen haben. Auch wenn die Ermittlungen schnell eingestellt werden und auch wenn der Einsatz lehrbuchmäßig verlaufen ist: Der tödliche Gebrauch der eigenen Schusswaffe stellt in der Regel ein einschneidendes und belastendes Ereignis im Leben eines Polizeibeamten oder einer Polizeibeamtin dar.
Auf unterschiedlichen Ebenen hat der Schusswaffengebrauch Konsequenzen: Unmittelbar nach oder noch im Einsatz erfolgt die Sicherstellung von Waffe und Kleidung sowie die Sicherung von Spuren. Der/Die Betroffene findet sich im Beschuldigten- oder Zeugenstatus wieder. Strafrechtliche und/oder disziplinarische Verfahren laufen an. Sowohl im dienstlichen als auch im privaten Umfeld drehen sich Gespräche um dieses Ereignis. Das öffentliche Interesse ist groß, in den sog. Sozialen Medien finden sich schnell zum Teil äußerst unqualifizierte Kommentare.
Sowohl die Umstände des Schusswaffengebrauchs als auch die genannten Konsequenzen führen bei den meisten Betroffenen zu psychischen Belastungsreaktionen. Schaut man auf das Ausmaß der Belastung und die Langzeitfolgen, reicht das Spektrum von „Nach drei Tagen wieder Dienst; als wäre nichts gewesen" bis zum Ausscheiden aus dem Vollzugsdienst auf eigenen Wunsch.
Um die psychischen Folgen zu mindern, aus Sorge um die Gesundheit und letztlich, um die Dienstfähigkeit zu erhalten, kommt nach einem Schusswaffengebrauch gegen Personen in der Regel das PSU-Team NRW[1] zum Einsatz. Mithilfe eines bewährten und strukturierten Verfahrens bietet das PSU-Team Hilfestellung zum Umgang mit dem belastenden Einsatz an. Diese Nachsorge geschieht in den Stunden und Tagen nach dem Ereignis und wird regelmäßig als sehr hilfreich erlebt.
Dennoch reicht vielen Betroffenen das polizeiinterne (PSU, SAP, PÄD …) und externe (Seelsorge, Therapie …) Unterstützungsangebot nicht aus. Zusätzlich zum kollegialen Gespräch in Dienstgruppe oder Kommissariat

[1] Bestehend aus einer Beamtin / einem Beamten des hD und einer Person mit Zeugnisverweigerungsrecht (Polizeiarzt/-ärztin oder Seelsorger/in).

möchten sie erzählen, sich austauschen mit Kolleginnen und Kollegen. Und zwar mit solchen, die Gleiches erlebt haben, die also auch auf Menschen geschossen haben. Dieses Bedürfnis besteht manchmal noch nach Jahren. Weil ein evangelischer Polizeiseelsorger in den neunziger Jahren diesen Bedarf erkannt hatte, gründete er eine Selbsthilfegruppe für eben diese Personengruppe. Seit seiner Pensionierung führen zwei ehemalige Polizeibeamte diese Idee in Form von Seminaren fort, und zwar in Berlin und Aschaffenburg. Willkommen sind dort Beamte und Beamtinnen aus ganz Deutschland. Für Interessierte aus NRW bedeutete das bislang, dass sie weite Reisewege in Kauf nehmen müssen. Zudem stellte die Teilnahme an der Gruppe keine Dienstzeit dar und musste privat finanziert werden. Im Sinne der Sorge für die Betroffenen in unserem bevölkerungsreichsten Bundesland bestand dringender Handlungsbedarf.

17.2 Anlass und Genese der Pilotveranstaltung

Den Anlass für die Idee eines Nachsorgeseminars bot ein langes Schreiben einer 23-jährigen Beamtin an das Innenministerium. Darin berichtete sie von ihrem Schusswaffenerlebnis und den Belastungen, die sich daraus für sie ergaben. Sie erzählte auch von dem Seminar in Berlin und bat darum, so etwas künftig ebenfalls in erreichbarer Nähe anzubieten. Der bearbeitende Mitarbeiter des Ministeriums wurde kurz darauf Behördenleiter im PP Bochum und bat zwei Polizeiseelsorger, über ein solches Vorhaben nachzudenken. Zu beantwortende Fragen waren:

- Wer ist dafür zuständig? Nicht im bürokratisch formalen Sinn, sondern inhaltlich: Muss nicht die Polizei selbst für die psychische Gesundheit ihrer Mitarbeitenden sorgen? Ist es nicht in ihrem eigenen Interesse, dass diese wieder dienstfähig werden oder bleiben? Welche Rolle kann Polizeiseelsorge als externe Instanz an dieser Stelle einnehmen?
- Wer soll eingeladen werden? Auf welchem Weg soll eingeladen werden? Wie groß mag der Kreis der Interessierten sein? Wie viel Teilnehmende verkraftet so eine Pilotveranstaltung?
- Wie sieht der organisatorische Rahmen aus? Auf welchem Weg kann die Teilnahme als Dienstzeit angesetzt werden?
- Wer finanziert das Projekt? Den Teilnehmenden sollten keine Kosten entstehen!

Was Rolle und Mitwirkung der Polizeiseelsorge angeht, erfüllt sie hier einen genuinen Auftrag: Sich im engeren Sinn um die Seele (oder Psyche) von Menschen zu sorgen, die aus dem Takt geraten sind, die ein Geländer zum Festhalten brauchen, das ihnen das eigene Gehen aber nicht abnimmt. Und bei einer solchen Veranstaltung schien die Begleitung durch Personen sinnvoll zu sein, die Vertrauensschutz und Feldkompetenz mitbringen, aber

nicht zum System Polizei gehören. Da es in dem geplanten Seminar um Fragen von Leben und Tod geht, könnten Aspekte wie moralische Schuld, Vergebung, Wiedergutmachung etc. zur Sprache kommen. Auch dazu sind Seelsorgende sprachfähig.
Die Beteiligten kamen überein, dass bei der Ansprache der Betroffenen deutlich werden sollte, dass

- der Dienstherr die Teilnahme befürwortet und ermöglicht;
- die Vertraulichkeit dadurch gewahrt wird, dass sich Anmeldung, Absprachen und Nachfragen an die begleitenden Polizeiseelsorger richten sollen;
- nichts von den Inhalten und Gesprächen in der Gruppe weitergegeben würde;
- es sich bei dem Treffen nicht um ein übliches polizeiliches Seminar handelt; dies wurde auch durch den Tagungsort außerhalb polizeilicher Liegenschaften deutlich.

Da es keine Vorerfahrungen mit solchen Veranstaltungen gab, insbesondere was die Nachfrage angeht (der Einsatz der Schusswaffe gegen Personen hat in den letzten Jahren deutlich zugenommen), wurde das Angebot eingeschränkt: geografisch auf den Großraum Ruhrgebiet, ereignisbezogen zeitlich auf die letzten drei Jahre.
Auf der Grundlage dieser Überlegungen verfassten die begleitenden Seelsorger ein Einladungsschreiben, das auf dem Dienstweg den in Frage kommenden Beamten und Beamtinnen zugestellt wurde. Nach Verschiebungen aufgrund der Pandemie 2020/2021 lagen Anmeldungen von 14 Interessierten vor – eigentlich zu viele für eine solche Gruppe; da aber bei der Pilotveranstaltung niemand ausgeschlossen werden sollte, wurde das Seminar mit allen durchgeführt.

17.3 Erfahrungen aus der Pilotveranstaltung

Die Pilotveranstaltung „Nachsorge nach Schusswaffengebrauch mit Todesfolge“ mit 14 teilnehmenden Polizeivollzugsbeamtinnen und -beamten fand im September 2021 im Tagungshaus „Villigst“ der Evangelischen Kirche von Westfalen an der Ruhr statt.
Es war uns bei der Auswahl des Tagungsortes wichtig,

- dass die Gruppenteilnehmenden nicht durch andere „abgelenkt“ würden, wie es z.B. bei der gleichen Veranstaltung innerhalb einer großen Polizeiliegenschaft (wie z.B. dem LAFP) fast zwangsläufig der Fall wäre – und sei es auch nur im Rahmen der Mahlzeiten oder der Pausen;
- dass die Rahmenbedingungen gut und gesprächsfördernd sind: Für jede(n) ein Einzelzimmer, eine schöne Umgebung, eine gute Versorgung etc.

Ursprünglich hatten wir in der Vorbereitungsphase ein detailliertes Programm erstellt, in welchen Schritten und mit welchen wechselnden Methoden wir uns gemeinsam mit den Teilnehmenden dem Thema „Schusswaffengebrauch mit Todesfolge" und den damit verbundenen je eigenen Erfahrungen, Verletzungen nähern wollten.

In der Praxis konnten wir dieses ausdifferenzierte, kleinschrittige und gruppendidaktisch durchgeplante Moderationsprogramm jedoch gleich zur Seite legen: Die Gruppenteilnehmenden äußerten gleich zu Beginn einhellig und deutlich ihr alles überragendes Bedürfnis, sich vor allem gegenseitig ihre je eigene Geschichte mit dem tödlichen Schusswaffengebrauch mit viel Zeit ausführlich erzählen und sie so mit den anderen teilen zu können. Und auch in der abschließenden Auswertung am Ende des Seminars betonten alle übereinstimmend, genau das als besonders wohltuend erlebt zu haben, nämlich den Austausch der eigenen Erfahrungen mit Kolleginnen und Kollegen mit eben jener vergleichbaren Grunderfahrung, jemanden im Dienst getötet zu haben.

Dieses gegenseitige „Mit-Teilen" wurde also allein durch das Entlanggehen an vorbereiteten Wegstationen strukturiert, die in Stichworten jeweils bestimmte Stationen des Erlebens und Verarbeitens markierten.

Dabei sollten die einzelnen Stichworte von den Teilnehmenden für sich selbst bewertet und diese eigene Bewertung durch Setzen einer Spielfigur (entweder rot, gelb oder grün) angezeigt und dokumentiert werden:

- „rot" für negativ im Sinne von „Das fand ich schwer und belastend und nachhaltig beeinträchtigend …",
- „grün" für positiv im Sinne von „Das fand ich hilfreich, damit bin ich gut fertig geworden, das war und ist kein Problem …",
- „gelb" als Möglichkeit, alles dazwischen anzuzeigen …

Hier die „Wegstationen":

- die ersten Sekunden nach der Schussabgabe
- Reaktion des/der DGL vor Ort
- Reaktion der Kolleginnen und Kollegen vor Ort
- Erstkontakt mit dem Ermittlungsführer
- Spurensicherung an der eigenen Dienstkleidung und den Händen
- Abgabe der Waffe
- Einleitung eines Todesermittlungsverfahrens gegen die eigene Person
- Reaktionen im privaten Umfeld
- Unterstützung durch PSU-Team oder Polizeiseelsorge
- Verhalten von Vorgesetzten bis hin zur Behördenleitung
- nähere Informationen über das Opfer der eigenen Schussabgabe
- Wahrnehmung in der Öffentlichkeit (Medien und sog. „soziale Netzwerke")
- evtl. gerichtliche „Nachspiele" bis hin zu Schadensersatzklagen

- Wiederaufnahme des Dienstes (das erste Mal wieder volles „Aufrödeln")
- nächste prekäre Situation im Dienst
- ungeplante Erinnerungen an das Geschehen bis hin in den Schlaf
- gebliebene Veränderungen im eigenen Denken und Fühlen

17.4 Resümee

Die von den Teilnehmenden geschilderten Eindrücke und Bewertungen sind sicherlich nicht repräsentativ, für eine aussagekräftige Statistik reicht die zu schmale und kleine Zahlengrundlage (14 Teilnehmende) nicht aus. Aber es lassen sich aus den abgegebenen Bewertungen und Berichten zumindest einige Anregungen und Hinweise ableiten:
Wie wichtig die Unterstützung durch direkte Vorgesetzte sowie Kolleginnen und Kollegen vor Ort ist, welche Erwartungen an Interesse und Empathie auch an die übergeordneten Leitungsebenen (über Wach-, Inspektions-, Direktions- bis hin zur Behördenleitung) existieren, welchen Einfluss die polizeiinternen Ermittlungen, die Berichterstattung (und Kommentierung) in den Medien, die Reaktionen auch im privaten Umfeld, die juristischen Folgen u.a. haben können.
Und die zentrale Erkenntnis: Wie hilfreich, entlastend, wohltuend der Informations- und Erfahrungsaustausch mit ebenfalls Betroffenen und die gegenseitige emotionale Unterstützung erlebt werden.

„Seitdem ist das Leben anders."

Das ist in der Tat so. Dies sollte im Rahmen der Fürsorgepflicht für die Polizistinnen und Polizisten, die im Dienst einen Menschen erschossen haben, auch für ihre Angehörigen, die im Rahmen einer qualifizierten Nachsorge in Zukunft gegebenenfalls auch einbezogen werden sollten, ernst genommen werden.

18 AusWegLos? Suizid in den eigenen Reihen

Dietrich Bredt-Dehnen / Marcus Freitag

18.1 Einführung

Der Umgang mit dem Tod, mit Leiden und Sterben, mit der Hilflosigkeit und Wut der Hinterbliebenen, mit der eigenen Angst und Sprachlosigkeit gehört zu den belastendsten und aufreibendsten Aufgaben im Polizeialltag. Zugleich gehören solche Einsätze aber auch zu denen, die für Polizeibeamt:innen zum Alltag werden. Damit untrennbar verknüpft ist das Erfordernis, diese Eindrücke zu verarbeiten, die notwendigen Maßnahmen durchdacht und zielorientiert zu treffen und die Gratwanderung zwischen Sachlichkeit und Mitgefühl zu bewältigen.
Ein Suizid in den eigenen Reihen löst tiefe Erschütterungen aus, die nicht nur die nahen Kolleg:innen in der eigenen Dienstgruppe, sondern häufig auch die ganze Behörde erfassen. Eine strukturierte Begleitung muss erfolgen.[1] Gemäß PDV 100, LT NRW, D ist hierfür das PSU-Team NRW zuständig, „ggf. unter Hinzuziehung der regionalen Polizeiseelsorger".[2] Die psychischen Auswirkungen belastender Ereignisse auch im konkreten Umfeld des Suizids sind daher verbindlicher Bestandteil der Ausbildung der Polizei NRW.[3]
In diesem Beitrag verknüpfen wir unsere persönlichen Begegnungen, Erfahrungen und Gefühle mit aktuellen Entwicklungen und zentralen Informationen.

18.1.1 Begegnungen mit dem Tod in den Reihen der Polizei I (Marcus Freitag)

Es gibt Ereignisse in der eigenen Geschichte, die hinterlassen tiefe Spuren, eigentümliche Eindrücke, hilfloses Berührtsein. Es gibt Momente, da betritt man einen Raum und merkt, hier hat ein solches Ereignis „die Luft verändert" – manchmal ist der Widerhall noch Wochen, Monate, Jahre spürbar.
Als ich 2001 meine ersten Schritte als Polizeiseelsorger ging, da hatte sich ein solches nachwirkendes Drama wenige Monate vorher ereignet: der 31-jährige Michael B. hatte auf offener Straße drei Polizeibeamt:innen erschossen. Noch heute fahren viele Kommissar-

1 PDV 100. LT NRW, D.

2 https://polizei.nrw/artikel/betreuungskonzepte

3 Pientka, Freitag 2014, S. 87-92.

anwärter:innen auf dem Weg vom Ruhrgebiet zum LAFP in Selm an der Kreuzung vorbei, erinnern sich Kolleg:innen auf dem Weg zur Fortbildung in Bork an jenen Moment.

21 Jahre später: Der Polizistenmord in Kusel/RLP setzt nicht nur die Polizei unter Schock.

Ich habe in den zwanzig Jahren dazwischen (leider) viele Geschichten von Leid und Tod, von Trauer und Hilflosigkeit, manchmal auch von Hass und Wut gehört, miterlebt, geteilt, erfahren.

Wohl kaum etwas hinterlässt so tiefe Spuren in der Seele von Polizistinnen und Polizisten wie der plötzliche Tod eines Kollegen oder einer Kollegin. Völlig unerträglich wird dann das Gefühl, wenn der Tod nicht von außen ins Leben einschlägt – sondern wenn er zum letzten Ausweg im eigenen Leben zu werden scheint und Kolleginnen und Kollegen diesen Ausweg im Suizid suchen.

Der Suizid einer Kollegin/eines Kollegen hinterlässt nämlich noch ein weiteres Gefühl: nämlich die i.d.R. diffuse Frage nach der Schuld, nach möglicher eigener Verantwortung („warum habe ich nichts gemerkt / warum haben wir nichts getan?“).

Dreimal habe ich in zwanzig Jahren die nicht greifbare Gemengelage von Gefühlen rund um den Suizid von Kolleg:innen der Polizei gespürt: wie ein „Systemtrauma“ in jedem Gespräch, in jeder Begegnung, in jedem Raum spürbar.

Ich kann sie noch fühlen die Schritte durch Bochum mit der Kollegin, die tags zuvor einen guten Freund und Kollegen verloren hatte und nicht mehr ein noch aus wusste …

Wir kannten uns nicht, die junge Kollegin und ich. Ein anderer Kollege hatte das Gespräch vermittelt. Sehr intensiv waren ihre Worte – sie hallten lange nach; viele Details habe ich vergessen im Laufe der Zeit. Nur das eine Wort nicht, die eine Frage, die sich wie ein roter Faden, wie eine andauernde Mahnung und Warnung in meinem Kopf und in meinem Herzen eingebrannt hat: Warum?

18.2 Daten, Fakten und Handlungsempfehlungen

Nach den uns zugänglichen Quellen ergibt sich für die vergangenen 39 Jahre (1983 bis 2021) für die Polizei in NRW das folgende Bild:[4]

[4] Psychosoziale Belastungen in der Polizei Nordrhein-Westfalen, Ausarbeitung des Ausschusses für den Kirchlichen Dienst in der Polizei der Evangelischen Kirche von Westfalen, aktualisierte Aufl. 2022, S. 9.

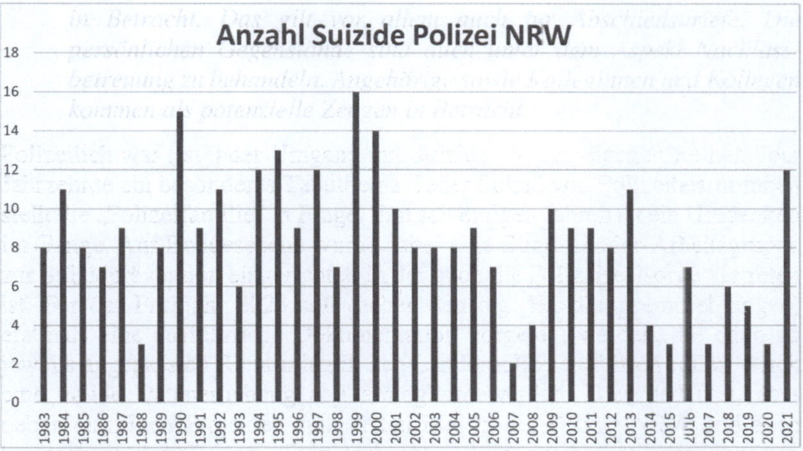

Daraus ergibt sich eine durchschnittliche Suizidrate zwischen acht und neun Suiziden pro Jahr, d.h. dass über den gesamten Zeitraum hinweg durchschnittlich alle sechs Wochen ein nordrhein-westfälischer Polizist bzw. eine nordrhein-westfälische Polizistin sich das Leben genommen hat. Polizeibeamt:innen haben einen (i.d.R.) freien Zugang zu ihrer Dienstwaffe: in rund 80% aller Suizide wird die Dienstwaffe zur Tatwaffe.[5]

Jedes Jahr nehmen sich in Deutschland ca. 10.000 Menschen das Leben. Unklar ist, ob Polizisten häufiger von Suiziden betroffen sind.[6] Klar ist aber, dass sie besonderen Risiken durch den Beruf ausgesetzt sind. Aus Sicht der Polizeiseelsorge war deutlich, dass hier Handlungsbedarf besteht. Über das Helfernetzwerk der Polizei NRW[7] wurde in einem ersten Schritt eine Handlungsempfehlung für Führungskräfte nach einem erfolgten Suizid[8] entwickelt und über das Innenministerium allen Polizeibehörden zur Verfügung gestellt. Führungskräfte sind nach einem erfolgten Suizid in besonderem Maße gefordert.

Die Handlungsempfehlung gibt ihnen einen klar strukturierten Rahmen, um die notwendigen Aufgaben mit der nötigen Aufmerksamkeit und Fürsorge wahrnehmen zu können. In der Einleitung der Handlungsempfehlung heißt es:

---

5 Bernstein 2020, S. 164.

6 Es gibt bislang keine valide Datenerhebung zu Suiziden im Polizeibereich. Eine Bund-Länder-AG der Polizeien in Deutschland hat den Auftrag, einen Vorschlag zur Veränderung dieser unbefriedigenden Situation zu machen.

7 Vgl. Polizei NRW 2020.

8 Diese Handlungsempfehlung ist nur polizeiintern verfügbar, kann aber auf Anfrage zur Verfügung gestellt werden. Postvention ist immer auch Prävention!

Ein Suizid löst häufig fundamentale Fragen nach dem „Warum“, nach eigener Schuld („Wie konnte ich es nicht bemerken?“, „Hätte ich es verhindern können?“) und behördlicher Verantwortung (z. B. „Waren Arbeitsüberbelastung oder Führungsfehler ein Auslöser?“) aus. Eine Polizistin bzw. ein Polizist rettet Leben, löst Probleme, ist in Krisensituationen handlungsfähig – dieses Selbstbild vieler kann durch den Suizid ins Wanken geraten.
In dieser besonderen Situation wird die Fürsorgepflicht für die Ihnen direkt und indirekt anvertrauten Mitarbeiterinnen und Mitarbeiter in besonderem Maße angefragt. Aufmerksames und einfühlsames Handeln ist von großer Bedeutung. Die Menschen müssen mitgenommen und gut informiert werden. Angemessene Trauer sollte ermöglicht werden. Dabei können Sie selbst durch den Suizid stark persönlich betroffen sein. Um ruhig und handlungsfähig zu bleiben und wesentliche Aufgaben wahrnehmen zu können, ist die vorliegende Handlungsempfehlung erstellt worden.
Zwei Punkte sind von besonderer Bedeutung:
Bei der Bearbeitung und Bewältigung eines Suizides in den eigenen Reihen handelt es sich um ein komplexes Geschehen, das alleine nicht geschultert werden kann. Sie brauchen verlässliche Unterstützung. Daher empfehlen wir Ihnen die Einrichtung einer kleinen Koordinierungsgruppe und die Hinzuziehung externer Hilfe (z. B. PSU-Team und Polizeiseelsorge).
Auch Sie selbst können durch den Suizid stark persönlich betroffen sein. Dies darf erkennbar sein und zugelassen werden. Gerade deshalb sollten Sie neben der Fürsorge für die Kolleginnen und Kollegen und neben den erforderlichen Maßnahmen auch an die eigene Entlastung denken […].
Die Handlungsempfehlung nimmt Erfahrungen der letzten Jahre in der Verarbeitung verschiedener Suizide von Beschäftigten in Polizeibehörden in NRW auf. Dabei geht es grundsätzlich **nicht um eine Handlungsanleitung zu polizeilichen Maßnahmen**, *sondern im Fokus stehen Hinweise, wie in dieser besonderen Situation mit der eigenen Betroffenheit und der Betroffenheit der eigenen Kolleginnen und Kollegen, Angehörigen und Dritten umgegangen werden kann. Die Handlungsempfehlung stellt ein Angebot möglicher Tätigkeiten, Hilfeleistungen und Maßnahmen dar. Geltende Erlasse, Dienstvorschriften und Leitfaden bleiben davon unberührt. Bitte berücksichtigen Sie, dass ein suizidales Geschehen immer auch ein Todesermittlungsverfahren nach § 159 StPO unter Sachleitung der zuständigen Staatsanwaltschaft (StA) nach sich zieht. Der Auffindeort ist wie ein Tatort zu behandeln; die persönlichen Gegenstände des Verstorbenen/der Verstorbenen kommen als potenzielle Beweismittel*

in Betracht. Das gilt vor allem auch für Abschiedsbriefe. Die persönlichen Gegenstände sind auch unter dem Aspekt Nachlassbetreuung zu behandeln. Angehörige sowie Kolleginnen und Kollegen kommen als potenzielle Zeugen in Betracht.

Polizeilich war (ist?) der Umgang mit Suiziden in den eigenen Reihen über Jahrzehnte ein besonderes Tabuthema. Jeder Suizid von Polizeibeamt:innen stellt die „Polizeifamilie" in Frage. Erst seit einigen Jahren ist ein Umdenken im Gange. Auf Bundesebene wurde daher eine Bund-Länder-Arbeitsgruppe zur Suizidprävention eingerichtet, in der auch die Polizeiseelsorge vertreten ist. Für das Frühjahr 2023 soll (neben den o.g. Handlungsempfehlungen) erstmals eine ausführliche Dokumentation vorgelegt werden, die dann zu jeweils angepassten Richtlinien in den Länderpolizeien führen sollen. Auch eine valide Datenerhebung soll ermöglicht werden. Dies bedeutet, dass neben einzelnen Projekten zum ersten Mal in der Polizei NRW und auch bundesweit das Thema „Suizidprävention" so prominent aufgenommen wird.

18.2.1 Begegnungen mit dem Tod in den Reihen der Polizei II (Bernd Malecki)

In meiner Zeit als Polizeiseelsorger bin ich leider auch mit der Situation konfrontiert worden, dass sich Polizisten das Leben genommen haben.

Die Betreuung, die Begleitung, das Gespräch für und mit den Kolleg:innen war in diesen Momenten immer eine besondere Herausforderung. Eigentlich sind sie es doch, die in der Regel wissen, wie sie in einer solchen Situation mit betroffenen Angehörigen umgehen.

Geschieht es in den eigenen Reihen, sind sie mit denselben Fragen und Reaktionen konfrontiert, wie sie sie ansonsten bei den Angehörigen erleben. „Warum?" – „Hätte ich, hätten wir etwas merken können?" – „Haben wir mögliche suizidale Absichten nicht erkannt oder diese fehlinterpretiert?"

Geschieht die Selbsttötung in der Behörde, möglicherweise im eigenen Büro, erleben wir anschließend auch deutliche Vermeidungsstrategien: Räumlichkeiten werden gemieden, Büros umgangen, andere Wege „durchs Haus" gewählt. Insbesondere weil Polizeibeamt:innen das „Prozedere" im Umgang mit der Situation „Suizid" kennen, ist es oft schwer, einen Zugang zu ihnen zu bekommen – alles scheint sich zu sträuben, von den Nackenhaaren bis zu den Herzwurzelspitzen. Hier geht es dann nicht um Psychoedukation, nicht um Erklären; hier geht es um Mitaushalten einer schier unaushaltbaren Situation. Hilfreich ist es noch, die manchmal eigentümlich wirkende, aber eben sinnhafte und notwendige Zusammenarbeit mit den Ermittlern aus einer benachbarten

„ermittelnden“ Behörde und den Ermittlern aus der „eigenen Behörde“ zu thematisieren.
Die so wichtige Abschiednahme und die damit verbundene Trauer- und Verarbeitungszeit wird oft zusätzlich erschwert, weil von Seiten der Angehörigen bei der Beerdigung keine Polizeipräsenz gewünscht wird; zu groß ist die Identifikation, zu tief die Wunde. Hier ist der Ort für das Angebot individueller Trauerkultur, für Abschiedsrituale in der Dienstgruppe, hier ist die Zeit für offene Ohren. Manchmal gelingt es, eine „Vermittlerrolle“ zwischen den Angehörigen und den Kolleg:innen zu gestalten, die Trauer und den Schmerz auch gemeinsam zur Sprache zu bringen ... aber eben auch nicht immer.
Ich habe aber auch die Erfahrung machen dürfen, dass mein Da-Sein in der konkreten Situation zunächst als nicht hilfreich, sogar als hinderlich angesehen wurde. Manchmal braucht es auch Zeit, bis ein Ereignis besprechbar und eine Einordnung unterschiedlichen Umgangs möglich wird.

18.3 Die Bund-Länder-Arbeitsgruppe „Suizid“

Folgende Punkte werden in der Vorlage der Bund-Länder-Arbeitsgruppe besondere Beachtung finden:[9]
Die Enttabuisierung des Themas Suizidalität unter den Polizeibeschäftigten soll durch Bereitstellung von Informationen und Aufdeckung von Mythen bzgl. Suizidalität ermöglicht werden.
Die Erhöhung der *Awareness* der Polizeibeschäftigten kann durch folgende Maßnahmen erreicht werden:

- Bereitstellung von aktuellen Zahlen / Statistiken zur Suizidhäufigkeit in der Bevölkerung und speziell auch unter Polizeibeschäftigten.
- Bereitstellung von Informationen zu Risikofaktoren für Suizidalität – speziell auch im Rahmen der Polizeiarbeit.
- Bereitstellung von Informationen zu Schutzfaktoren und Hinweise zur Stärkung der Resilienz von Polizeibeschäftigten
- Bereitstellung von Informationen über Anzeichen von Suizidalität.

Daneben ist die Vermittlung konkreter Hilfestellungen von besonderer Bedeutung: Bereitstellung von Leitfäden im Umgang und zur Gesprächsführung mit suizidgefährdeten Personen, Vermittlung von internen und externen Hilfsangeboten, Bereitstellung von Leitfäden für Führungskräfte nach erfolgtem Suizid.

[9] Für die Polizei NRW haben an der Vorlage, aus der die hier genannten Informationen stammen, mitgearbeitet: Elena Grimm, Jutta Hannig, Karin Herbers, Sophia-Marie Saftien (alle ZPSU), Dietrich Bredt-Dehnen.

Da wir unsere Objektivität leider viel zu oft und viel zu schnell durch verbreitete Mythen und Vorurteile beeinflussen lassen und diese Beeinflussung insbesondere auch gravierende Auswirkungen auf die notwendige Objektivität polizeilichen Handelns haben kann, hat die WHO einige der gängigen zusammen- und den realen Fakten gegenübergestellt[10] und im Jahr 2014 veröffentlicht[11]:

Mythos 1

Menschen, die über Suizid sprechen, beabsichtigen nicht, ihn auch zu begehen.

Tatsache:

Menschen, die über Suizid sprechen, suchen möglicherweise Hilfe oder Unterstützung. Eine große Zahl von Menschen, die einen Suizid in Erwägung ziehen, verspürt Ängste, Depressionen und Hoffnungslosigkeit und sieht unter Umständen keinen anderen Ausweg.

Mythos 2

Die meisten Suizide passieren plötzlich, ohne Vorwarnung.

Tatsache:

Den meisten Suiziden gehen Warnsignale voraus, verbal oder durch entsprechendes Verhalten. Selbstverständlich gibt es auch Suizide ohne Vorwarnung. Es ist jedoch wichtig, die Warnsignale zu verstehen und darauf zu achten.

Mythos 3

Ein Mensch, der suizidal ist, stirbt auf jeden Fall.

Tatsache:

Im Gegenteil – suizidale Menschen stehen dem Sterben oder Leben oft ambivalent gegenüber. Manche handeln impulsiv und trinken beispielsweise Pestizide; sie sterben einige Tage später, obwohl sie dann gern am Leben geblieben wären. Zugang zu emotionaler Unterstützung zum richtigen Zeitpunkt kann Suizide verhindern.

Mythos 4

Wenn ein Mensch einmal suizidal ist, bleibt er immer suizidal.

Tatsache:

Ein erhöhtes Suizidrisiko besteht häufig kurzfristig und ist situationsspezifisch. Obwohl Suizidgedanken zurückkehren können, sind sie nicht permanent vorhanden, und ein Mensch mit früheren Suizidgedanken und -versuchen kann noch lange leben.

Mythos 5

Nur Menschen mit psychischen Erkrankungen sind suizidal.

---

[10] Krahe 2013.

[11] WHO 2014.

Tatsache:

Suizidales Verhalten weist auf tiefe Verzweiflung hin, jedoch nicht unbedingt auf eine psychische Erkrankung. Viele Menschen mit psychischen Erkrankungen zeigen kein suizidales Verhalten, und nicht alle Menschen, die sich das Leben nehmen, haben eine psychische Erkrankung.

Mythos 6

Über Suizid zu sprechen, ist keine gute Idee und kann als Ermutigung verstanden werden.

Tatsache:

Angesichts der verbreiteten Stigmatisierung von Suiziden wissen die meisten Menschen, die einen Suizid in Erwägung ziehen, nicht, mit wem sie sprechen könnten. Offen über Suizid zu sprechen, ermutigt nicht zu suizidalem Verhalten, sondern kann einem anderen Menschen andere Möglichkeiten aufzeigen oder die Zeit geben, noch einmal über seinen Entschluss nachzudenken. So kann ein Suizid verhindert werden.

18.3.1 Begegnungen mit dem Tod in den Reihen der Polizei III (Dietrich Bredt-Dehnen)

Der Anruf kam früh am Morgen. „Bitte kommen Sie sofort! Wir brauchen Ihre Unterstützung. Einer unserer Kollegen hat sich das Leben genommen." Ich setze mich unverzüglich in den Wagen und fahre los. Auf dem Weg rufe ich noch einmal in der Leitstelle an und bitte darum, dass das PSU-Team (Kriseninterventionsteam der Polizei NRW) auch alarmiert wird. In der Dienststelle angekommen, gehe ich zum Dienststellenleiter. Er gibt mir Informationen über den Stand der Dinge. Ein Kollege hat sich in einem abgelegenen Gebäudeteil mit der eigenen Waffe suizidiert. Aufgefunden von zwei seiner engsten Kollegen. Die gesamte Dienstgruppe ist inzwischen informiert. Auch diejenigen, die dienstfrei haben, haben sich auf den Weg gemacht. Ich spreche mich mit dem inzwischen eingetroffenen Polizeibeamten vom PSU-Team ab. Wir versammeln uns alle in einem Besprechungsraum. Schweigen, Tränen, blankes Entsetzen in den Gesichtern. Ich habe den Vorgesetzten gebeten, alle auf den aktuellsten Stand zu bringen. Weiter Schweigen im Raum. Erste Nachfragen kommen. Ich ermutige, über die letzten Begegnungen mit dem Kollegen zu sprechen. Wir besprechen, wie es jetzt weitergeht. Das Angebot für Einzelgespräche wird kommuniziert. Wer nach Hause gehen möchte, darf es tun. Keine/r will gehen. Die Gemeinschaft wird gebraucht. Nach und nach kommen stockende Fragen, Erinnerungen, Erlebnisse. Für den Nachmittag wird ein weiteres Gruppengespräch vereinbart. Mit den beiden, die den Toten aufgefunden haben, vereinbaren wir ein gesondertes Gespräch. Gemeinsam mit einem Polizisten fahren wir zur Familie. Ich bin in der folgenden Zeit jeden Tag mehrere Stunden in der Dienststelle. Ich werde gebeten, eine eigene Trauerfeier in der Dienststelle, zusätzlich dann eine für die ganze Behörde und auch später die Beerdigung zu übernehmen. Im Raum der Stille wird ein Bild aufgestellt und ein Kondolenzbuch ausgelegt. Diese Tage haben auf allen Seiten viel Kraft erfordert. Es war für meine eigene Verarbeitung sehr hilfreich zu sehen, dass die Kolleg:innen der Dienststelle gestärkt aus dieser massiv belastenden Situation herausgingen. Ich selber habe Einzelsupervision in Anspruch genommen.

Die Enttabuisierung des Umgangs mit dem Suizid in den eigenen Reihen ist eine entscheidend wichtige Aufgabe. Nur so werden weitere Maßnahmen im Rahmen einer Suizidprävention möglich sein. Das Innenministerium NRW hat dies erkannt und eine zentrale Anlaufstelle für diesen Themenkomplex geschaffen. Wir möchten jedoch besonders betonen, dass wer immer sich mit diesem Thema beschäftigt, auch gut für sich selber sorgen sollte.

Das online-Suizidpräventionsprogramm COPS von Prof. Dr. Birgit Wagner und Laura Hofmann findet sich unter cops-praevention.de

18.4 Literaturhinweise

Agster, Eva-Maria (2019): Suizid in der Polizei. In Wagener, Ulrike (2019): Polizeiliche Berufsethik. Ein Studienbuch. 2. Aufl. Hilden: Verlag Deutsche Polizeiliteratur, S. 180-183.

Bernstein, Nicole (2020): Umgang mit dem Tod. In Der Anti-Stress-Trainer für Polizisten, Wiesbaden, S. 164.

DASP. (2021): Suizidprävention in Deutschland – aktueller Stand und Perspektiven. Kassel: DASP.

Krahe, Barbara (2013): Wie Vorurteile und Mythen die Urteilsfindung beeinflussen. https://mffjiv.rlp.de/fileadmin/MFFJIV/Frauen/Gewalt_gegen_Frauen/Downloads/Dokumentationen/04Vortrag_Frau_Prof._Krahe.pdf

Nationales Suizidpräventionsprogramm Deutschland (NaSPro) (2022). Medienportal. https://www.suizidpraevention.de/medienportal (abgerufen am 19.8.2022).

Pientka, Monika, Freitag, Marcus (2014): Einsatzanlass Suizid. In: Leidfaden. Fachmagazin für Krisen, Leid, Trauer, S. 87-92.

Polizei NRW (2020): Hier finden sie Hilfe, in: Streife Nr. 1 „Polizei der Zukunft – Ein Entwurf", S. 19, https://polizei.nrw/sites/default/files/2020-03/Streife_Nr_1_20__online_Download.pdf

Statistisches Bundesamt (2022): Destatis. Von Statistisches Bundesamt: https://www.destatis.de/DE/Themen/Gesellschaft-Umwelt/Gesundheit/Todesursachen/Tabellen/suizide (abgerufen am 19.8.2022).

Stein, M. (2019): Die Polizei, eine suizidgefährdete Berufsgruppe? In A. Fischbach, P. W. Lichtenthaler, S. Fink, A. Fischbach, C. Lorei und H. P. Schmalzl (Hrsg.), Psychologie in der Polizeiwissenschaft (Bd. 5: Psychische Gesundheit und Suizidprophylaxe in der Polizei, S. 179-188). Frankfurt am Main: Verlag für Polizeiwissenschaft.

Sticher, B. (2020). Wirkungsvolle Suizidprävention in der Polizei. Polizei & Wissenschaft, S. 41-52.

Walraven-Thissen, A. (2021): Was tun nach einem Suizid? Praxishandbuch zur Suizid-Postvention für Einsatzkräfte, Care-Teams, Pflege-, Gesundheits- und Seelsorgeberufe. Bern: Hogrefe.

WHO (2014): Preventing Suicide: A gobal imperative. Genf: WHO.

19 Land unter. Polizeiseelsorge angesichts von Großschadenslagen

Claudia Heinemann

19.1 Einleitung

Loveparade in Duisburg (2010) – Absturz des Germanwings-Airbus auf dem Weg nach Düsseldorf (2015) – Hochwasserkatastrophe in Rheinland-Pfalz und Nordrhein-Westfalen (2021) ...

Immer wieder sieht sich die Polizei mit Großschadensereignissen konfrontiert, deren Bearbeitung sie nicht nur operativ, sondern auch seelisch aufs Äußerste fordert. Polizeiseelsorger:innen versuchen in diesen Situationen, für die eingesetzten Kräfte einen Beitrag zur Verarbeitung des Erlebten zu leisten: dies kann von der akuten Krisenintervention bis hin zu langfristigen Seelsorgebeziehungen reichen und von der Information über psychische Stressreaktionen bis hin zu spirituellen und gottesdienstlichen Angeboten. Für NRW ist von besonderer Bedeutung, dass es seit 1994 das landesweite, polizeiliche PSU-Team[1] gibt, um den Polizeibediensteten nach herausragenden Ereignissen eine verlässliche Unterstützung anzubieten. Mit diesem Team arbeitet die Polizeiseelsorge eng zusammen. Ein gemeinsamer Ausbildungsstandard, regelmäßiger fachlicher Austausch sowie klare Zuständigkeiten und Informationswege bilden die Grundlage des aufeinander abgestimmten Handelns. Die besonderen Möglichkeiten der Polizeiseelsorge in dieser Kooperation beruhen darauf, dass sie vor Ort in den jeweils betroffenen Polizeibehörden dienstlich zuhause ist, im Idealfall auf bereits bestehenden Vertrauensverhältnissen aufbauen kann und zudem längerfristig für Betroffene zur Verfügung steht.

Auch wenn Großschadenslagen untereinander strukturelle Ähnlichkeiten aufweisen,[2] so stellt doch jede Katastrophe vor ganz unterschiedliche Probleme. Ich werde in diesem Beitrag exemplarisch von meinen persönlichen Erfahrungen als Polizeiseelsorgerin mit der Hochwasserkatastrophe im Sommer 2021 berichten.

---

[1] PSU ist die Abkürzung für psychosoziale Unterstützung. Zum PSU-Team vgl. Kap. 2.3.

[2] Vgl. J. Müller-Lange, Seelsorge unter den Bedingungen einer Katastrophe / eines Großschadensereignisses, in: J. Müller-Lange, Handbuch Notfallseelsorge S. 248ff.

19.2 Das Ereignis

In der Nacht vom 14. auf den 15. Juli 2021 kam es infolge lang anhaltenden Starkregens im nördlichen Rheinland-Pfalz und Teilen von NRW zu einem Hochwasser katastrophalen Ausmaßes.[3] Zahlreiche kleinere Flüsse überschwemmten ganze Dörfer und Stadtteile und rissen Brücken und Straßen mit sich. Die Bewohner:innen der Ortschaften traf die extrem schnell steigende Flut unvorbereitet; vielen gelang es nicht mehr, sich rechtzeitig in Sicherheit zu bringen. Polizei und Rettungsdienste erreichten in der Nacht zahllose Hilferufe, deren Masse schon aufgrund der begrenzten personellen Kräfte in keinster Weise zu bewältigen war; hinzu kam, dass Einsatzorte nicht mehr erreichbar waren, Telefonnetz (einschließlich Notrufnummern) und Funk zusammenbrachen. Wer als Einsatzkraft vor Ort war, erlebte – oft unter eigener Lebensgefahr – schreckliche Szenen.
Die Tage und Wochen nach dem Ereignis waren geprägt von der Suche nach Vermissten und dem Bergen und Identifizieren Verstorbener. 181 Menschen kamen bei der Flutkatastrophe ums Leben. Die Zahl derer, die obdachlos wurden oder Hab und Gut verloren, die in ihren Grundfesten erschüttert und aus der Bahn geworfen wurden, ist kaum zu beziffern. Auch unter ihnen gab es viele betroffene Polizeibedienstete.

19.3 „Unfassbar! Nicht nur hier – überall! Und es geht immer noch weiter!“ Eine eigene Haltung finden[4]

Zu den Besonderheiten dieser Großschadenslage gehörte, dass sie sich über einen gewaltigen Raum erstreckte. Von Hagen in Westfalen über große Teile der nordrhein-westfälischen Eifel bis zum Großraum Bonn und dem besonders betroffenen Gebiet der Ahr in Rheinland-Pfalz kämpften Betroffene mit den Fluten. Alle Polizeidienststellen in diesem riesigen Gebiet waren involviert. Zudem handelte es sich ja nicht um ein zeitlich markantes Ereignis (wie es etwa bei Bahn- oder Flugzeugunglücken der Fall ist), sondern um eine fortdauernde Lage, bei der weitere Erdrutsche zu befürchten waren, eine Talsperre zu brechen drohte und elementare Güter wie sauberes Trinkwasser und Stromversorgung nicht mehr gegeben waren. Was genau an welchem Ort eigentlich geschehen war und wie sich die

[3] Vgl. Bundesministerium des Inneren und für Heimat et al., Bericht zur Hochwasserkatastrophe 2021.

[4] Die in den Überschriften zitierten Aussprüche sind typische, zum Teil oft gehörte Kommentare der am Geschehen Beteiligten, die keinen einzelnen Personen zugeordnet werden können.

Situation aktuell darstellte, war gerade in der ersten Phase nach der Flut schwer zu überblicken.
In dieser Situation war meine erste Aufgabe als Polizeiseelsorgerin, mir Klarheit über meine eigene Rolle und Möglichkeiten zu verschaffen. Mir war schnell deutlich, dass alle Beteiligten sich eher „in der Katastrophe" als „nach der Katastrophe" befanden und dass dies Auswirkungen auf die Angebote der Polizeiseelsorge haben musste: es würde zunächst eher um ein Begleiten in der Lage als um ein zurückblickendes Aufarbeiten gehen. Außerdem war eine Priorisierung nötig: als einzelne Person konnte ich unmöglich in allen fünf Polizeibehörden meines Zuständigkeitsbereiches tätig werden, auch wenn alle fünf von der Flut betroffen waren. Wesentlich war auch das Sich-Einbinden in die polizeilichen Strukturen, die zur Unterstützung der eigenen Kräfte aufgebaut wurden. Und schließlich war es nun besonders nötig, angesichts der eigenen Beziehungen zu betroffenen Menschen und Orten innerlich gewappnet und möglichst „sortiert" in den Einsatz zu gehen.
Im Rückblick lassen sich diese Elemente der eigenen Haltung leicht beschreiben – in der Situation selbst jedoch brauchte ich einige Zeit, um mich zu orientieren und auf das nun zu Tuende einzustellen. Die Informationen kamen erst nach und nach und fügten sich nur zögerlich zu einem Gesamtbild; sie lösten zunächst eine Art ungläubigen Schock aus, den ich später bei vielen persönlich Betroffenen wiedererkannt habe. Auch die polizeilichen Strukturen brauchten offenbar ihre Zeit: erst in der folgenden Nacht erreichte mich die Alarmierung durch die BAO[5] der meiner Region übergeordneten Behörde.

19.4 „Bloß nicht irgendwie und irgendwas!" Einbindung in Strukturen und Schaffung von Strukturen

Was im kirchlichen Bereich eher unüblich ist, ist in der Polizei eine Selbstverständlichkeit: dass nämlich anstehende Aufgaben mit einer detailliert ausgearbeiteten Zuständigkeits- und Befehlsstruktur angegangen werden. Polizeiseelsorger:innen wissen das und werden im Einzelfall entscheiden, ob sie sich – wenn sie angefragt werden – als Nicht-polizist:innen dieser Organisation ein- und unterordnen oder ob sie ihre Handlungsmöglichkeiten besser jenseits davon einbringen können.

5 BAO ist die Abkürzung für „besondere Aufbauorganisation". Mithilfe dieser Organisationsstruktur werden in der Polizei Aufgaben bewältigt, die über die fortlaufende, alltägliche Polizeiarbeit hinausgehen.

Angesichts von Großschadenslagen scheint mir an der Eingliederung in polizeiliche Strukturen jedoch kaum ein Weg vorbeizugehen.[6]
Ich selbst habe mich in der Flutkatastrophe in zwei Hilfssysteme eingebunden. Zum einen in die eben genannte BAO, die unter anderem einen (Unter-)Einsatzabschnitt „Betreuung eigener Kräfte“ für die Kreispolizeibehörde Euskirchen führte, zum anderen in das Unterstützungssystem im Polizeipräsidium Bonn, das der Personalrat unter dem Titel „Kollegen helfen Kollegen“ koordinierte. Ich hatte entschieden, meine Aktivitäten zumindest in der Anfangsphase auf diese beiden wohnortnahen und stark betroffenen Behörden zu beschränken.
In Euskirchen habe ich mit polizeilichen PSU-Peers[7] zusammengearbeitet. Wir waren insbesondere in der ersten Woche regelmäßig vor Ort: an den beiden Wachstandorten gab es so täglich ganz niederschwellige Gesprächsangebote für alle, die im Haus ein- und ausgingen. Wir nahmen Kontakt zu den verschiedenen Dienstgruppen auf (auch aus dem Bereich der Kriminalpolizei und involvierter Regierungsbeschäftigter). Zugleich konnte der Wachdienst beider Standorte (der in dieser ersten Phase ja noch häufig Leichen bergen oder Todesnachrichten überbringen musste) unkompliziert auf uns zurückgreifen. Am Rande dieses offenen Angebotes konnte auch eine Reihe von Gesprächen mit Führungskräften verschiedener Ebenen geführt werden und aktiv Kontakt zu Personen aufgenommen werden, von deren extremen Belastungen uns berichtet wurde.[8]

[6] Wenn Polizeiseelsorger:innen nicht durch die BAO-Strukturen gebunden sind, können sie sich jedoch freier im Einsatzraum bewegen, sie können auch auf Anfragen reagieren, die sie von anderer Seite erreichen und sie können eigene Angebote (natürlich in Absprache mit den Verantwortlichen) zur Verfügung stellen. Daher ist es hilfreich, Vereinbarungen zu treffen, inwieweit die strenge Einbindung in die BAO begrenzt oder zeitlich befristet werden kann.

[7] Polizeiliche PSU-Peers sind Polizist:innen, die sich zur Unterstützung von Kolleg:innen in belastenden Situationen haben fortbilden lassen; sie arbeiten im PSU-Team mit oder sind – wie in diesem Fall – auf Behördenebene organisiert. Zur besonderen Bedeutung der Peers vgl. Handbuch Einsatznachsorge S.72f.

[8] Die Eindrücke der Katastrophe überstiegen auch bei sehr erfahrenen Polizeibediensteten alles bisher Erlebte. Schlaglichtartig seien folgende Szenen benannt. Beamt:innen versuchten in der Nacht Menschen aus den Fluten zu ziehen und mussten mitansehen, wie diese, als sie sie nicht mehr halten konnten, davongespült wurden. Auf den Leitstellen riefen panische Menschen in Lebensgefahr an, mit denen man umgehen musste, obwohl deutlich war, dass es keine Möglichkeit gab, ihnen Hilfe zukommen zu lassen. In den Tagen nach der Flut bargen Polizist:innen zahlreiche Leichen in ihrem engsten, persönlichen Umfeld – und wussten aufgrund der Vermisstenzahlen noch lange Zeit, dass sie immer noch mit weiteren, schrecklichen Funden rechnen mussten.

Im Polizeipräsidium Bonn entwickelte sich ein ganz anders strukturiertes Hilfssystem. Hier koordinierte der Personalrat Maßnahmen für in ihrem privaten Umfeld betroffene Kolleg:innen, die vom Schlammwegschaufeln über Wohnungsvermittlung bis zur Einzelfallberatung in rechtlichen und finanziellen Fragen reichte. In diesem umfangreichen Angebot war mein Part und der meines Kollegen das Besuchen von besonders Betroffenen (soweit das angesichts der zusammengebrochenen Infrastruktur überhaupt möglich war) bzw. die telefonische Kontaktaufnahme (ebenfalls nur unter Schwierigkeiten möglich), um die individuelle Situation zu klären, Anteilnahme zu zeigen und Unterstützung auf den Weg zu bringen.

Ohne die Einbindung in diese beiden Strukturen wäre ein sinnvolles polizeiseelsorgliches Handeln in der Anfangsphase gar nicht möglich gewesen. Wären da nicht die Wegerechte der Polizei gewesen, ihre Fahrzeuge mit Allradantrieb und ihre Fahrtüchtigkeit im Schlamm abrutschender Hänge, wäre ich an mancher Stelle rein physisch wohl gar nicht bei den Betroffenen angekommen. Unabhängig davon muss man aber auch feststellen, dass ein noch so gut gemeintes einzelnes Agieren in einer so großen Lage wirkungslos verpufft, wenn es nicht Teil eines größeren Zusammenhangs ist. So gab es etwa aus Euskirchen sehr positive Rückmeldungen darauf, dass in der ersten Zeit „immer jemand da war, wenn man jemand zum Reden brauchte“. Eine solche Verlässlichkeit, die gerade in der von Verunsicherung geprägten chaotischen Anfangsphase wichtig ist, erreicht man nur im Team.

Strukturen bleiben auch im weiteren Verlauf von großer Bedeutung. Wenn mit der fortschreitenden zeitlichen Entfernung zum Ereignis die polizeilichen Organisationselemente nach und nach zurückgefahren werden, wird es wichtig, eigene Strukturen zu entwickeln und sich mit den verbleibenden Akteur:innen zu vernetzen.[9] In den Wochen und Monaten nach dem Hochwasser konnte so der Blick über den Bereich des „ersten Angriffs“ hinaus geweitet werden und das Gesamtfeld der betroffenen Standorte bedacht werden. Zusammen mit dem PSU-Team wurde dann auch beraten, welche Angebote in der nun fortgeschrittenen Verarbeitungsphase sinnvoll und leistbar waren.

[9] Die Vernetzung geschah unter anderem auch durch regelmäßige Online-Treffen, an denen außer der Polizeiseelsorge und dem PSU-Team auch Vertreter:innen des Innenministeriums und des Landesamtes für Ausbildung, Fortbildung und Personalangelegenheiten der Polizei NRW teilnahmen.

19.5 „Gut, dass ihr hier seid!“ Verlässliche Präsenz vor Ort

Von Anfang an kam es zu bewegenden seelsorglichen Gesprächen. Das Bedürfnis, über das Erlebte zu sprechen, war sehr groß, sowohl bei den in der Nacht und seitdem immer wieder eingesetzten Einsatzkräften als auch bei den von der Flut persönlich betroffenen Polizeibediensteten. Auch Polizeibeamt:innen aus der Region, deren eigenes Zuhause verhältnismäßig wenig oder sogar gar nicht geschädigt worden war, suchten in ihrem Entsetzen über die Verwüstung ihrer Heimat und die Situation von Freund:innen und Bekannten das Gespräch. Nicht selten triggerte das aktuelle Erleben auch dienstliche Belastungserlebnisse der Vergangenheit und führte zu dem Bedürfnis, diese tief eingesunkenen Erfahrungen von damaligem Schrecken und Überforderung noch einmal zur Sprache zu bringen.

Auffällig ist, dass diese Gespräche fast ausnahmslos da entstanden, wo eine persönliche Beziehung bestand oder eine verlässliche Präsenz vor Ort möglich war. Der Weg der PSU-Alarmierung, d.h. die Anforderung von Seelsorge oder PSU-Team durch die Leitstellen bzw. die Landesleitstelle, wurde so gut wie nicht genutzt. Auch die Betroffenen selbst oder ihre Führungskräfte baten in aller Regel nicht von sich aus um Unterstützung – so dankbar sie sich auf der anderen Seite oft zeigten, wenn sie ihnen ungefragt angeboten wurde.

Einen Grund, der die Betroffenen daran gehindert hat, Begleitung anzufragen, vermute ich in der gewaltigen Ausdehnung der Katastrophe: „Es geht doch allen so schlecht wie mir, manchen sogar noch schlechter. Da könnte ja jetzt jeder kommen …“ Und so kam eben fast keine:r von sich aus. Zumal die Einsatzkräfte sich in aller Regel nach wie vor eher auf der Seite der „Helfer und Retter“ sahen als auf der Seite der „Belasteten und Opfer“, so massiv die Situation sie zum Teil auch getroffen hatte.[10]

Diese Erfahrung unterstreicht meiner Meinung nach die Wichtigkeit, niederschwellige Möglichkeiten vor Ort zu schaffen: einen in der Behörde bekannten und verlässlich besetzten PSU-Raum direkt neben der Polizeiwache, Seelsorger:innen, die regelmäßig vorbeikommen, ein längerfristiges telefonisches In-Kontakt-Bleiben mit Betroffenen und ein wiederholtes, unaufdringlich-aufmerksames Nachfragen bei den Führungskräften. Auf der anderen Seite zeigt sich hier ein strukturelles Problem. Die wenigen Polizeiseelsorger:innen (aktuell neun evangelische und vierzehn katholische Hauptamtliche in NRW) können in so großen Lagen jeweils nur ein kleines Gebiet in dieser wünschenswerten Weise versorgen; darüber hinaus sind sie

[10] Ganz ähnliche Erfahrungen machte man auch im Polizeipräsidium Aachen mit einer telefonischen Hotline für Betroffene, die so gut wie gar nicht genutzt wurde.

auf Alarmierungen oder Anfragen angewiesen. Erfolgen diese nicht, dann ist auch das (landesweit aufgestellte) PSU-Team keine Alternative, da es ja noch stärker als die Polizeiseelsorge über den offiziellen Benachrichtigungsweg zum Einsatz kommt.[11]

19.6 „Nach Lehrbuch war das ja nicht …" Die passenden Begleitungsformen entwickeln

Erst im Nachhinein wurde mir bewusst, dass ich die klassischen Kriseninterventionsmaßnahmen in der Bearbeitung besonders belastender Einsätze nicht angewendet habe. Eine Umfrage im Kolleg:innenkreis ergab das gleiche Bild: fast niemand hatte mit Dienstgruppen Einsatzabschlüsse (Defusings) oder Einsatznachgespräche (Debriefings) nach den CISM-/SbE-Standards durchgeführt.[12] Auch das PSU-Team der Polizei war dazu äußerst selten angefordert worden. Wiederum könnte es die schiere Masse gleichermaßen betroffener Einsatzkräfte gewesen sein, die ein Herausgreifen weniger Dienstgruppen aus zig anderen am gleichen Standort und Hunderten in der Region hätte seltsam erscheinen lassen. Ein anderer Grund mag in der andauernden Lage gelegen haben, die sich über Monate hin nur ganz langsam entspannte, sodass ein stimmiger Zeitpunkt z.B. für einen Einsatzabschluss schwer zu bestimmen war.
Offenbar passte das in unserer Ausbildung erlernte Verfahren nicht so recht zu der besonderen Situation. Die ihm zugrundeliegenden Ziele der Förderung der Erholung von traumatischem Stress, der Erhaltung von Gesundheit und Wohlbefinden der Einsatzkräfte und der Vorbeugung von traumatischen Belastungsstörungen[13] waren allerdings identisch mit den Zielen all derer, die sich nach der Flut um die Betroffenen bemühten. Und natürlich wurden in den Einzelgesprächen auf der Grundlage der Erkenntnisse der Traumatologie auch Hilfestellungen der Psychoedukation

---

[11] Die aktuellen Bemühungen des Landes, den Polizeibehörden dauerhaft vor Ort eine größere Zahl von PSU-Kräften zur Verfügung zu stellen, könnten hier für die Zukunft deutliche Verbesserungen bringen.

[12] Das Critical Incident Stress Management (CISM) bzw. die Stressbearbeitung nach belastenden Ereignissen (SbE) sind nah verwandte Methoden der Krisenintervention, die strukturierte Maßnahmen für verschiedene Belastungssituationen zur Verfügung stellen. Sie sind in der Polizei anerkannt und werden vom PSU-Team und der Polizeiseelsorge praktiziert. S. J. Müller-Lange, Handbuch Einsatznachsorge. Psychosoziale Unterstützung nach der Mitchell-Methode.

[13] Vgl. Handbuch Notfallseelsorge S. 332.

gegeben und Copingstrategien miteinander besprochen.[14] In den oft spontan zustande kommenden Kontakten musste hier allerdings häufig improvisiert und angepasst werden.[15]

Einige Wochen nach der Katastrophe verständigten sich die Polizeiseelsorge und das PSU-Team dann auf die Entwicklung von Veranstaltungen für Führungskräfte und führten sie in wechselnden Besetzungen in mehreren Behörden durch. Die Frage „Woran erkenne ich, dass ein:e Mitarbeiter:in psychische Probleme bekommt? Und wie reagiere ich dann?“ beschäftigte viele Vorgesetzte. In einer Mischung aus Information und Austausch konnten in diesen Runden Verständnishilfen gegeben werden, für Langzeitfolgen der Katastrophenerfahrungen sensibilisiert werden und über die Bedeutung des Geschehenen für den konkreten polizeilichen Alltag gesprochen werden.

Die Nachhaltigkeit der seelischen Erschütterungen prägte (und prägt) auch weiterhin die eigene seelsorgliche Arbeit. Mit der fortschreitenden Zeit durchlaufen die Betroffenen unterschiedliche Phasen der Verarbeitung und das eine Großereignis „Flut“ fächert sich in zahllose Einzelschicksale auf. Hatten die Menschen kurz nach der Katastrophe ähnliches erlebt und in ihrer Schicksalsgemeinschaft Halt gefunden, so befinden sie sich nun in sehr unterschiedlichen Lebensumständen und ringen mit deutlich unterschiedlichen persönlichen Bewältigungsressourcen noch zum Teil heftig um ein neues Gleichgewicht. Den Einzelnen hier auch dann noch treu zur Seite zu stehen, wenn alle anderen im schnelllebigen Polizeidienst schon längst wieder mit anderen Dinge beschäftigt sind, ist mir persönlich ein wichtiges Anliegen und scheint mir auch ein Unterstützungsangebot der Polizeiseelsorge zu sein, das in dieser Form von anderen nicht zu leisten ist.[16]

---

[14] Als Psychoedukation bezeichnet man die Information zu möglicherweise auftretenden Belastungsreaktionen und vermeidbaren Stressverstärkern (vgl. Handbuch Einsatznachsorge S. 73). Unter Coping versteht man die Stressbewältigungsstrategie einer Person nach einem belastenden Ereignis.

[15] Das gilt auch für die an einigen Stellen angebotenen Gruppenveranstaltungen, die von einer Reflexionsrunde für Polizist:innen verschiedener Dienstgruppen und einem Tag zum Austausch für die Interessierten einer besonders betroffenen Wachdienstgruppe nach einigen Wochen bis hin zu einer Auszeit im Kloster nach einigen Monaten reichte.

[16] Zur Langfristigkeit und starken Verbreitung psychischer Folgeerscheinungen vgl. J. Reiter et al., Das Hochwasser 2013 im Elbe-Havel-Land aus Sicht der Bevölkerung. Forschungsbericht zur quantitativen Datenerhebung, S. 14 und 20.

19.7 *„Das tat so gut …" Gemeinschaft und Zusammenhalt organisieren*

Zu den Dingen, die Menschen in Krisensituationen den stärksten Halt geben, gehört die Erfahrung, in der Not nicht allein zu sein, Hilfe zu bekommen und mit anderen Menschen innerlich verbunden zu bleiben. Die Polizeiseelsorge kann diesem Bedürfnis nach Gemeinschaft immer wieder Ausdrucksmöglichkeit geben.

So wurde im Polizeipräsidium Bonn auf Anregung meines Kollegen von der Behörde ein Helfer:innenfest organisiert. In lockerer Atmosphäre stand man hier – im doppelten Wortsinn – zusammen, Geschichten wurden erzählt, schockierende Bilder und heftige Erlebnisse geteilt, kleine Erfolge gefeiert, Dank ausgesprochen. Es war eine gelungene Stärkung insbesondere für all die, die durch ihr Engagement zu (Mit-)Betroffenen geworden waren.

Eine andere Ebene des Zusammenhalts entstand dadurch, dass beim traditionellen Gedenkgottesdienst der Behörde für ihre Verstorbenen des zurückliegenden Jahres die Flutopfer mit in das Ritual einbezogen wurden: vom Entzünden einer eigenen Kerze für die Verstorbenen bis zum Gebet für all die, deren Leben sich auf so tiefgreifende Weise schlagartig verändert hatte.

Schließlich bietet auch der Jahrestag der Katastrophe die Möglichkeit, einen Rahmen zu gestalten, in dem Gemeinschaft spürbar wird und trägt. Zum Zeitpunkt der Verfassung dieses Artikels befinden wir (Polizeipräsident, Öffentlichkeitsarbeit, Personalrat und Polizeiseelsorge) uns im Polizeipräsidium Bonn gerade in der Planung dieser Zusammenkunft. Andere Anlässe wären denkbar und sind von den jeweiligen Gegebenheiten vor Ort abhängig. So ist – um nur ein Beispiel zu nennen – in Polizeibehörden, die einen Raum der Stille eingerichtet haben, eine ganze Bandbreite von niederschwelligen Angeboten möglich: ein ausgelegtes Buch der Trauer und des Mitgefühls, in die Einzelne ihre Gedanken zum Ausdruck bringen können und in dem erfahrungsgemäß von vielen gern geblättert wird; in der ersten Zeit ein regelmäßiges, offenes, kleines Angebot „zum Durchschnaufen" zum Dienstende für die involvierten Einsatzkräfte; das Auslegen eines auf die aktuelle Situation bezogenen, schlichten Gebetes, das von denen, die das möchten, innerlich mitvollzogen werden kann; eine Möglichkeit, ein Symbol der Anteilnahme an einer definierten Stelle abzulegen, usw. Auch Menschen, die ansonsten nicht unbedingt einen engen Kirchenbezug haben, nehmen solche Möglichkeiten der Beteiligung gerne an, wie etwa die Tatsache zeigt, dass der Raum der Stille des Polizeipräsidiums Düsseldorf nach der Katastrophe des Airbus-Absturzes 2015 von den Einsatzkräften selbst eingefordert und in der Folge auch realisiert wurde.

19.8 „Wie kommst du eigentlich mit all dem klar?“ Der eigene Halt

Mir selbst ging es angesichts der Hochwasserkatastrophe nicht anders als anderen auch: ich brauchte die emotionale Nähe und Verbundenheit mit anderen Menschen, privat und in meinen dienstlichen Bezügen. Da, wo in seelsorglichen Kontakten ein gemeinsames (Er-)Tragen der Situation gelang, tat mir selbst das auch gut, und das Bewusstsein, mit vielen Menschen in der Polizei (und natürlich auch darüber hinaus) jetzt gemeinsam daran zu arbeiten, Probleme zu bewältigen und nach Wegen in die Zukunft zu suchen, gab Kraft. Wenn ich in die Einsatzgebiete fuhr, ging mir zudem oft eine Strophe aus einem alten Kirchenlied durch den Kopf. „Sing, bet und geh auf Gottes Wegen, verricht das Deine nur getreu und trau des Himmels reichem Segen, so wird er bei dir werden neu. Denn welcher seine Zuversicht auf Gott setzt, den verläßt er nicht.“[17] Auch wenn zum Singen – außer dem Anstimmen von Klageliedern – wenig Anlass bestand, so hielt ich diese kleine Melodie fest. Ihre Worte stärkten in mir eine Vertrauenshaltung, die von den dramatischen Ereignissen nicht weggespült worden war, oder richtiger: die gerade in dieser Situation ihre eigentliche Kraft entfalten konnte. Das Vertrauen: ich bin nicht allein in diesem ganzen Chaos. Wir sind nicht allein in diesem ganzen Chaos. Mein, unser so hilflos anmutendes Tun in dieser schier endlosen Katastrophe ist nicht aussichtslos, sondern der uns zugedachte, überschaubare Teil, auf dem mit Gottes Hilfe Segen liegt. Weit weg davon, hier irgendetwas schönreden zu wollen, empfand ich die Hoffnung, dass es mit göttlicher Hilfe trotz allem eine Zukunft geben würde für die Menschen hier und für diese ganze Region.

19.9 Literatur

Bundesministerium des Inneren und für Heimat, Bundesministerium der Finanzen, Bericht zur Hochwasserkatastrophe 2021: Katastrophenhilfe, Wiederaufbau und Evaluierungsprozesse, https://www.bmi.bund.de/SharedDocs/downloads/DE/veroeffentlichungen/2022/abschlussbericht-hochwasserkatastrophe.pdf

J. Müller-Lange (Hrsg.), Critical Incident Stress Management. Handbuch Einsatznachsorge. Psychosoziale Unterstützung nach der Mitchell-Methode, 2. Aufl. Edewecht 2005.

J. Müller-Lange (Hrsg.), Handbuch Notfallseelsorge, 2. Aufl. Edewecht 2006.

J. Reiter, B. Wenzel, C. Dittmer, D. F. Lorenz, M. Voss, Das Hochwasser 2013 im Elbe-Havel-Land aus Sicht der Bevölkerung.

[17] Evangelisches Gesangbuch, Lied Nr. 369, 7. Strophe.

Forschungsbericht zur quantitativen Datenerhebung; Katastrophenforschungsstelle (KFS) Working Paper Nr. 04, Berlin 2017: KFS. Online verfügbar unter http://www.polsoz.fu-berlin.de/ethnologie/forschung/arbeitsstellen/katastrophenforschung/publikationen/index.html.

20 Ethik als Problem, Tun und Thema der Polizeiseelsorgenden

Tobias Trappe

20.1 Persönliche Vorbemerkung

Die Ethiklehre im Rahmen der polizeilichen Ausbildung ist für die Seelsorgenden keine leichte Aufgabe. Die kleine Reflexion dieser Aufgabe, die mit dem vorliegenden Beitrag versucht wird, stellt den Verfasser allerdings auch seinerseits vor ein Problem, dem er sich nur sehr bedingt gewachsen fühlt. Er lehrt zwar auch seinerseits Ethik an einer Polizeihochschule, tut dies aber eben nicht aus einem ausdrücklich christlichen Horizont heraus. Das Folgende hat also nicht den Charakter einer Selbstreflexion der seelsorglichen Ethiklehre, sondern mehr einer distanziert-äußerlichen Überlegung, bei der damit zwangsläufig auch die Gefahr groß ist, dass sie hinter dem bereits erreichten professionellen, wissenschaftlich diskutierten Selbstverständnis der Seelsorge zurückbleibt. Der Verfasser hätte die Einladung zu diesem Beitrag daher fachlich eigentlich ablehnen sollen, zumal mehr als genug Expertise auf Seiten der Seelsorge existiert, um Grundlegendes und Weiterführendes zur Ethiklehre in der Polizeiausbildung zur Diskussion zu stellen. Dass er diese Einladung nicht abgeschlagen hat, resultiert aus einer bestimmten Unruhe heraus, der er sich stellen wollte, durch die der vorliegende Beitrag allerdings auch einen deutlich persönlicheren Einschlag und damit eine nicht abzuweisende Subjektivität hat. Diese Unruhe hat zunächst sehr handfeste, nämlich „institutionelle Gründe“. Denn die Befürchtung ist nicht ganz unbegründet, dass die Seelsorge schrittweise – insbesondere von Seiten der Kirchen wegen Personalmangel – aus der Ethiklehre „emigriert“. Die Unruhe des Verfassers hat aber noch einen anderen, vielleicht tieferen Grund. Denn er hat den Eindruck, dass das Potenzial der Seelsorge *in der Ethik* noch nicht voll ausgeschöpft ist oder vielleicht besser: dass in einer Ethik(lehre), die nicht mehr in der Hand der Seelsorge liegt, vielleicht etwas aus dem Blick verschwindet, das gerade für die Polizei und für die Menschen in der Polizei wichtig sein könnte. In viel grundsätzlicherer Form hat Jürgen Habermas eine Vermutung geäußert, die in eine vergleichbare Richtung geht: „Solange die religiöse Sprache inspirierende, ja unaufgebbare semantische Gehalte mit sich führt, die sich der Ausdruckskraft einer philosophischen Sprache (vorerst?) entziehen und der Übersetzung in begründende Diskurse noch harren, wird Philosophie auch in ihrer nachmetaphysischen Gestalt Religion weder ersetzen noch verdrängen können“ (Habermas 1988, S. 60). Der Zugriff der Polizei auf die Seelsorge – nicht nur im Rahmen der Ethiklehre, sondern sogar in institutionalisierter Form durch ein eigenes „Teildezernat“ am LAFP NRW (unter dem Titel „ZeBuS“) – ermöglicht dieser zwar unbestreitbar einen (aktuell sogar wachsenden) Einfluss, birgt aber vielleicht auch die Gefahr einer *Entmutigung*, was genau diese, ihr doch eigenen und eigentümlichen „inspirierenden semantischen Gehalte“ angeht. Gibt es nicht etwas, was der Seelsorger der Ethik und als Ethik mitgeben kann, was diese von sich aus nicht oder nicht ohne Weiteres zu artikulieren vermag? Gilt das nicht gerade mit Blick auf einen Beruf, der doch unweigerlich und unausweichlich mit religiösen Kernerfahrungen konfrontiert ist: Die Erfahrung der *Gewalt,* der *Angst*, der *Verlassenheit*, der *Schuld*, des *Leidens*, der *Todbedrohtheit*, der zum Himmel schreienden *Ungerechtigkeit* und des *Machtmissbrauchs*? Können wir ehrlich und ernsthaft über diese Erfahrungen sprechen, können wir diesen (und letztlich: allen) „natürlichen“ Erfahrungen gerecht werden, ohne dass in ihnen etwas „Religiöses“ aufscheint? Gibt es umgekehrt nicht einen „Mehrwert“ der religiösen Wahrnehmung und der religiösen Sprache, der von einer „säkularen“, (wirklich oder vermeintlich:) rein weltlichen Ethik eben nicht (vollständig) eingeholt, übersetzt, transformiert, „aufgehoben“ werden kann – und der uns fehlen wird und vielleicht sogar jetzt schon fehlt? „Als sich Sünde in Schuld, das Vergehen gegen göttliche Gebote in den Verstoß gegen menschliche Gesetze verwandelte, ging etwas verloren. Denn mit dem Wunsch nach Verzeihung verbindet sich immer noch der unsentimentale Wunsch, das anderen zugefügte Leid ungeschehen zu machen. Erst recht beunruhigt uns die Irreversibilität vergangenen Leidens – jenes Unrecht an den unschuldig Misshandelten, Entwürdigten und Ermordeten, das über jedes Maß menschenmöglicher Wiedergutmachung hinausgeht. Die verlorene Hoffnung auf Resurrektion hinterlässt eine spürbare Leere“ (Habermas 2001, S. 24). Es ist diese Leere, die den Verfasser unruhig macht, auf die er allerdings in diesem Beitrag angemessen nicht reagieren, die er aber eben auch nicht verschweigen kann.

20.2 Ethik als Problem für die Polizeiseelsorgenden

Das Christentum ist in seiner innersten, eigentlichen und einzigen Mitte das Bekenntnis und die Botschaft von der Zusage und Garantie der göttlichen Selbstmitteilung an den Menschen, ist das Bekenntnis und die Botschaft von der vorbehaltlosen Ankunft des unendlichen Gottes in seiner Herrlichkeit, Heiligkeit, Freiheit und Liebe in der Mitte unserer kreatürlichen Wirklichkeit (vgl. Rahner 1994). Wenn sich daher auch das kirchliche Angebot der Nähe, Sorge und Zuwendung unterschiedslos an jeden Menschen in jeder Situation und zu jeder Zeit richtet, so gibt es doch lebensgeschichtliche Erfahrungen, in denen die *Verlorenheit des Menschen* in verdichteter und bisweilen sogar auswegloser Weise gegenwärtig und greifbar wird. Der Weg der Seelsorge zum Menschen ist darum selbst mit einer gewissen Dringlichkeit ein Weg zu den Witwen und Waisen, zu den Einsamen, Armen und Gefangenen, ein Weg zu den Ausgebeuteten und den Ausgestoßenen, den Arbeitslosen, Hoffnungslosen, Rechtlosen, den Unterdrückten und Verfolgten, den Fliehenden und den Flehenden, den Kleinen, den Kindern, den Kranken, Schwachen, Hungernden, den Gebrechlichen und Gebrochenen, den Verlierern und den Verlorenen, den Alten, den Sterbenden, den Toten.

Bei dieser Annäherung an und bei dieser Zuwendung zum Menschen steht die Seelsorge der Polizei und den Polizeibeamtinnen zunächst einmal nicht eigentlich „gegenüber". Beide – Seelsorge und Polizei – „bearbeiten" vielmehr über weite Strecken die gleichen Nöte und Notlagen, in denen sich Menschen finden und befinden. Von daher kann man vielleicht sagen, dass der Seelsorger im Polizeibeamten doch immer auch einer Seite an *sich selbst begegnet*. Denn zur Arbeit der Seelsorge wie zur Arbeit der Polizei gehört eben auch die Enttäuschung und gehört manches Mal wohl auch: das Erschrecken über den Menschen und die Menschheit: Beide – der Seelsorger wie der Polizeibeamte – sind ja oft die, die den vielen Verwahrlosungen und Verwüstungen, den vielen Deformationen und Degenerationen des Menschlichen ins Auge blicken, sind die, die der Gewalt in ihrer hässlichen und dem Leiden in seiner abstoßenden Wirklichkeit begegnen, sind die oft so Ohnmächtigen, Ratlosen, Hilflosen, sind die, deren Mühe, Sorge, Arbeit, Geduld, vielleicht sogar: deren Liebe vergeblich waren, sind die oft Belogenen und die oft Betrogenen, sind die Dummen, die mit Undank Belohnten, diejenigen, deren Dienst immer wieder abgelehnt, diejenigen, die für ihr Tun immer wieder missachtet und die für die Institution, der sie angehören, bisweilen sogar angefeindet werden.

Aber: In einer unheilen, nicht erlösten Welt sind sich Polizei und Seelsorge nicht nur eigenartig vertraut, sondern eben auch und zweitens eigenartig *fremd*. Sie sind Partner, aber eben auch Konkurrenten, vielleicht sogar Kontrahenten bei der Definition wie Lösung individueller, sozialer wie gesellschaftlicher Probleme gleichermaßen. In diesem schillernd-schwierigen Verhältnis von Nähe wie Ferne sind beide: Seelsorge und Polizei auf merkwürdige Weise ineinander *verstrickt* – oder können es zumindest sein: Denn beide begegnen im jeweils anderen unausgeschöpften, versagten, vielleicht auch verdrängten eigenen Möglichkeiten zur Lösung von Gefahren- und Konfliktlagen, begegnen im jeweils anderen unausgeschöpften, versagten, vielleicht auch verdrängten eigenen Formen des Spürens, Wahrnehmens und Verstehens von Menschen in ihren Lebens-, Leidens-, Sterbens- und Schulderfahrungen, begegnen im jeweils anderen unausgeschöpften, versagten, vielleicht auch verdrängten eigenen Weisen und Wegen im Umgang mit der „handgreiflichen" Wirklichkeit von Destruktion, Gewalt, Zerstörung.

Die mit diesem Ineinander von Polizei und Seelsorge verbundenen, schon im staats-(kirchen-)rechtlichen Konzept der *res mixtae* (Uhle 2019) sich andeutenden Irritationen, Spannungen und Widersprüche verkomplizieren, vielleicht auch: verschärfen sich noch einmal mit dem Auftrag einer ethischen Schulung von angehenden Polizeibeamtinnen und -beamten durch Polizeiseelsorgerinnen und -sorgern (zum sowieso schon komplexen Verhältnis von Ethik und Seelsorge vgl. Lasogga/Roth 2016).

20.2.1 Selbstverleugnung in der Ethik?

Polizeibeamtinnen und -beamte haben – ähnlich wie Angehörige des Militärs – einerseits ein *Recht auf das Angebot seelsorgerlicher Begleitung*, andererseits muss deren Inanspruchnahme jedoch im weltanschaulich neutralen Staat stets *freiwillig* bleiben. Insofern nun aber die Ethik einen fest verankerten und damit *verpflichtenden* Bestandteil der Ausbildung bzw. des Studiums für die Polizei darstellt, steht zwar nicht die Polizeiseelsorge, wohl aber die jeweilige Seelsorgerin bzw. der jeweilige Seelsorger als Person mit einer (räumlichen wie zeitlichen) *Unausweichlichkeit* den künftigen Polizeibeamtinnen und -beamten gegenüber. Rechtlich wird dieser Widerspruch durch den Hinweis gelöst, dass die Ethik als Fach bzw. Teilmodul keine originäre Seelsorge- oder gar Verkündigungssituation darstellt: „Fragen, die das religiös-kirchliche Leben betreffen, sind nicht im berufsethischen Unterricht, sondern in der Polizeiseelsorge zu behandeln" (Innenministerium NRW (1962) Ziff. 3). Bezogen auf den einzelnen Seelsorger bzw. die einzelne Seelsorgerin aber heißt das: Um Ethik lehren zu können und damit in der Ausbildung *relevant* zu werden, müssen sie in eben dieser Funktion: also in dem, *was* sie lehren (und vielleicht auch: *wie* sie es lehren), von ihrem spezifischen Amt und Auftrag, von ihrem Beruf und ihrer Berufung *abstrahieren* – so sehr sich auch diese saubere Trennung im konkreten Alltag de facto wohl nicht immer durchhalten lässt. Was sie als Seelsorgende „verkörpern", was ihre Identität ausmacht, darf also in der konkreten Lehre nicht sichtbar sein. Die von ihnen vermittelten moralischen Standards polizeilicher Arbeit müssen sich im Rahmen einer säkular-humanistischen Ethik bewegen: *etsi deus non daretur* (vgl. etwa Wagener 2019).

20.2.2 Ununterscheidbarkeit der Ethik?

Die damit verbundene Verunsicherung über die eigene Identität kann sich (zweitens) durch die Tatsache verschärfen, dass gerade von Seiten der Seelsorge alternative bzw. parallele Angebote innerhalb der Ausbildung „besetzt" (so vor allem im Training sozialer Kompetenzen (TSK)) und/oder überhaupt erst entwickelt wurden. Letzteres gilt insbesondere für die Ausbildungssupervision, die in NRW unter dem Stichwort „Berufsrollenreflexion" (BRR) ganz maßgeblich von Vertreterinnen und Vertretern der

Polizeiseelsorge konzipiert und in die Ausbildung implementiert wurde (Freitag/Schophaus 2017). Diese Entwicklung führt jedoch dazu, dass Ethik, TSK und BRR (oder vergleichbare Angebote) aus Sicht der Auszubildenden wie der für die Gestaltung des Studiums Verantwortlichen regelmäßig bis zur Ununterscheidbarkeit ineinander verschwimmen, zumal sie nicht selten in Personalunion und das heißt eben auch: durch meist multiprofessionell arbeitende Seelsorgende gelehrt werden.

Die damit nicht auszuschließende Gefahr einer Diffusion der eigenen Kontur als Seelsorgende hat nicht nur institutionelle, sondern auch inhaltliche Gründe. Abgesehen davon, dass es in Deutschland bislang nur Ansätze einer „(Berufs-)Ethik der Polizei" gibt, ist oftmals gar nicht klar, worin denn nun genau das „Ethische" liegt, was da im Rahmen der Ausbildung tatsächlich vermittelt wird. Besonders spürbar ist diese Unsicherheit bei einem Thema, das zum Kernbestand der Ethiklehre in der Ausbildung gehört: der *Traumatisierung von Menschen,* und zwar sowohl außerhalb wie innerhalb der Polizei (einschließlich spezifisch moralischer Traumatisierungen (moral injury); vgl. Zimmermann 2022). Kaum ein Auszubildender, der nicht das Gefühl kennt, dass er in Psychologie und Ethik bei diesem Thema eigentlich das Gleiche gehört, gelesen, gelernt hat (was natürlich nicht schaden muss). Und tatsächlich ist ja vieles, was z.B. im Rahmen des Opferschutzes oder der psychosozialen Unterstützung *fachlich* gefordert ist, auch (zumindest prima facie) *moralisch* geboten – sodass die Ethik im besten Fall nur die nochmalige Betonung und Akzentuierung dessen darstellt, was zu einem professionellen polizeilichen Tun sowieso schon gehört.

20.2.3 Entfremdung zur Ethik?

Dazu kommt ein Drittes: Mit der seit einigen Jahren einsetzenden und langsam intensiver werdenden Ausdifferenzierung und Ausarbeitung einer „Ethik der Polizei" wird der Bestand an ethischen Lehr- und Lerninhalten – etwa zum hochsensiblen Problem polizeilicher Loyalität (Maiwald 2020) – kontinuierlich größer, pluraler, unübersichtlich. Für die Seelsorgerin und den Seelsorger an einer Polizei(hoch)schule heißt das in ihrem alltäglichen Geschäft: Sie stehen vor immer mehr Fragen, immer mehr Sicht- und Herangehensweisen, immer mehr Reflexions- und Orientierungsangeboten von Seiten der Ethik, denen gegenüber sie sich tendenziell eher fremd, für die sie sich nicht wirklich ausgebildet und vielleicht auch nicht wirklich zuständig fühlen. Insbesondere in NRW, wo mit den extrem hohen Einstellungszahlen in der Polizei in den letzten Jahren auch die Zahl der Lehrenden in der Ethik (und natürlich nicht nur dort) rapide gestiegen ist, tritt zu dieser „thematischen Entfremdung" vielleicht auch das Gefühl einer gewissen Distanz zu den Fachkolleginnen und -kollegen hinzu, die als promovierte und u.U. auch habilitierte „Ethikexpertinnen und -experten" nicht selten aus einem anderen Selbstverständnis und aus einem anderen wissenschaftlichen Horizont heraus ihr Fach in der Lehre, im kollegialen Austausch untereinander sowie in der (hochschulinternen wie -externen) Öffentlichkeit vertreten.

20.2.4 Ohnmacht der Ethik?

Damit hängt ein vierter Punkt zusammen, der zwar mehr die „Realität" der Ethik im Rahmen der Polizeiausbildung betrifft, jedoch (gerade) für die Seelsorgerin und den Seelsorger eine zusätzliche Herausforderung darstellt. Denn es gibt einen erheblichen Widerspruch zwischen den berechtigten oder zumindest nachvollziehbaren Erwartungen an die Ethik auf der einen, ihrer faktischen Leistung bzw. Leistungsfähigkeit auf der anderen Seite: Gerade in einem Beruf, der einerseits an sensiblen („Schnitt-")Stellen menschlichen Lebens „eingreift", der andererseits aber auch für die Durchsetzung staatlicher Herrschaft sowie (mehrheits-)gesellschaftlicher Ordnungsvorstellungen von zentraler Bedeutung ist, soll eine ethische Schulung *orientieren*, d.h. normative Maßstäbe vorbildlicher Arbeit vermitteln, zu deren Internalisierung beitragen sowie die Praxis ihrer Umsetzung anleiten. Die Wirklichkeit der Ethik im Rahmen der Ausbildung dürfte diesen (doch wohl recht hoch gesteckten) Erwartungen jedoch nur sehr eingeschränkt gerecht werden: Neben dem zumeist sehr begrenzten zeitlichen Umfang entsprechender Lehrangebote, neben der zusehends größer und heterogener werdenden Zusammensetzung der einzelnen Kurse, neben der eher steigenden Prüfungsbelastung der Studierenden durch sog. Haupt-, d.h. klausurrelevante, Fächer gehört es zu den „ethischen Selbsterfahrungen" jedes Lehrenden, das ihm oder ihr mit jedem Reflexionsschritt solche Maßstäbe und Orientierungen selber fraglich werden und zwischen den Fingern zerrinnen. Selbst oder besser: Gerade ein so grundlegendes Konzept wie das der menschlichen Würde enthüllt sich im Wirbel der ethischen Reflexion nicht nur als schwer fassbarer und hochkontroverser Begriff, sondern – vielleicht – sogar als „Illusion". Niemandem, der sich ehrlich und ernsthaft mit der Ethik auseinandersetzt, bleibt diese Erfahrung erspart (besonders eindrücklich zu beobachten bei Weischedel 1976). Der Bedarf an Ethik ist einerseits Reflex, Ausdruck, Folge verlorener moralischer Selbstverständlichkeiten, andererseits ist die Ethik selbst kaum fähig, einen solchen Verlust zu kompensieren.

Vielleicht erlebt gerade der Seelsorger, der um die vielen Irritationen der polizeilichen Arbeit weiß, der den jungen Menschen auf diese Arbeit vorbereiten, der ihn für diese Arbeit ermächtigen und bisweilen wohl sogar: der ihn vor dieser Arbeit schützen will, vielleicht also erlebt gerade er die Ethik besonders intensiv als Aufgabenfeld, bei dem er an vielen Stellen zum Scheitern verurteilt ist. Am Ende ist er vielleicht schon froh und dankbar, wenn es ihm mithilfe der Ethik gelingt, *falsche* moralische Selbstverständlichkeiten, Erwartungen, Ansprüche, Zwänge (von denen die Polizei voll ist) als solche zu entlarven, gewissermaßen zu „überführen" und damit ein Stück weit einzuhegen – ob er jedoch die Anwärterinnen und Anwärter durch das theoretische Instrumentarium seiner Ethik wirklich orientieren, ob er ihnen wirklich *helfen*, ob er ihnen wirklich etwas auf ihrem Weg in die Polizei und in der Polizei etwas Positives mitgeben, ob er ihre Arbeit wirklich bereichern, ob er nicht vielleicht sogar mit seiner Arbeit mehr Schaden anrichten als Nutzen bringen kann, all diese Fragen einer „Ethik der Ethik" (Dietrich 2007) sind gerade für ihn Grund genug für Zweifel an dem, was er da tut.

20.2.5 Werte als Ausdruck einer ethischen Gegenaufklärung?

Der (Selbst-)Zweifel der Seelsorgerin an der Ethik, ihre Unsicherheit, ob sie mit ihrem Fach den an sie gerichteten Erwartungen entspricht, ob sie den jungen Menschen für ihre künftige Arbeit wirklich einen „Kompass" in die Hand geben kann, dieser Zweifel ist kein rein „didaktisches" Problem, kein Problem also, das sich einfach durch eine quantitative Ausweitung (z.B. durch „mehr Stunden") oder qualitative Verbesserungen der Ethik (z.B. durch „mehr Praxisnähe") ohne Weiteres beheben lässt. Der Seelsorger spürt vielleicht stärker als andere ein immanentes Problem und ein immanentes Ungenügen der Ethik. Sicher: Er sieht die Bedeutung und den Sinn der *kritischen Dimension der Ethik*, also z.B. ihre Kraft, vermeintlich moralische Ansprüche als kaschierte Formen der Unterdrückung oder als Ausdruck von Ressentiment zu entlarven, diskriminierende Routinen, Traditionen, Institutionen als solche offenzulegen, Praktiken des Machtmissbrauchs in Frage zu stellen, unberechtigte Herrschaftsansprüche zu delegitimieren, Strukturen des Unrechts zu markieren und in all dem der Emanzipation des Menschen und, wenn nicht dem Frieden, so doch zumindest der „Entfeindung" der Menschen zu dienen – auch und gerade in der Polizei. Aber so sehr die *Reflexion* fähig ist zur Analyse und Kritik, so wenig scheint sie doch über *affirmative* Kraft zu verfügen, so wenig scheint sie den Menschen *stabilisieren* und ihm *Halt geben* zu können.

Weil die Ethik das an sie herangetragene Bedürfnis nach Positivität, Stabilität, nach Resistenz und Resilienz, nach Wahrheit, Klarheit, Sicherheit, nach Haltung und Halt nicht oder doch nur sehr eingeschränkt stillen kann, werden Religion und die Seelsorge für die Polizei wieder neu interessant, und zwar als „Kraftraum" und Kraftreserve angesichts von beruflichen Belastungen wie von äußeren Anfeindungen etwa durch den demokratiegefährdenden Rechtspopulismus. Der Seelsorger, der also in seiner *Ethiklehre* spürt, dass und wie er hinter den in ihn gesetzten Erwartungen zurückbleibt, erfährt plötzlich in seiner ursprünglichen Rolle als *Seelsorger* eine neue und vielleicht lang vermisste Wertschätzung. Aber dieses neue Renommee, das gestiegene Prestige der Seelsorge in der Polizei, ihr plötzlicher politischer Einfluss – all das muss der Seelsorgerin und muss dem

Seelsorger doch auch wieder verdächtig sein, denn diese Wertschätzung ist nicht oder vorsichtiger: ist nur vereinzelt am religiösen Gehalt interessiert, nicht an der abgründigen Erfahrung der totalen Unumfassbarkeit, der bleibenden Unbegreifbarkeit, der absoluten Geheimnishaftigkeit Gottes, nicht an der Botschaft seiner radikalen Nähe, seiner Gnade, seiner Selbstmitteilung an den Menschen, sondern sieht Religion und das heißt: sieht die Seelsorge, sieht die Seelsorgerin und sieht den Seelsorger als Person streng *instrumentell* als Form der („seelischen") Eigensicherung, als Schutz vor anomischen Phänomenen innerhalb wie außerhalb der Polizei, also in ihrer lebensdienlichen, kontingenzkompensierenden, normerhaltenden und in weiterer Folge auch herrschaftsstabilisierenden Funktion. Von der Seelsorgerin und dem Seelsorger wird in der Ethik erwartet, angesichts von beruflichen Belastungen, aber auch von unangemessenem Betragen, von Fehlverhalten, von mangelnder charakterlicher Eignung *normative Gewissheiten* zu vermitteln, die stark sind und stark machen, aus denen heraus sich Kraft schöpfen und Kraft ausüben lässt; unmittelbare Gewissheiten also, die frei sind von jenem Zweifel und jener Skepsis, die doch gerade auch zur Ethik und zur ethischen Reflexion gehören. Es scheint diese Erwartung zu sein, die sich hinter der aktuellen Diskussion um *Werte, Werteorientierungen, Wertehaltungen* in der Polizei verbirgt (kritisch Schiewek 2021; Trappe 2022a; 2022b). Werte sollen leisten, was (vielleicht) die Religion, wohl aber nicht die Ethik leisten kann. Werte werden daher in der Polizei tendenziell zivilreligiös aufgeladen: Von der Religion sollen sie die *Gewissheitsgarantie, die Orientierungs-* sowie die *Stabilisierungsfunktion* übernehmen, durch das „Ethiklabel" allgemeine *Akzeptanz* unter säkularen, weltanschaulich neutralen Bedingungen gewinnen. Nicht nur, dass Werte oft den Charakter begrifflicher Kathedralen an sich haben und eine Atmosphäre der Erhabenheit verbreiten, denen man sich einerseits schlecht entziehen kann, deren Inhalt jedoch andererseits wenig klar, deren konkrete Situationsrelevanz wenig gesichert und bei denen durchaus fraglich ist, ob sie der Komplexität menschlichen Handelns gerecht werden (können). Insofern die ethische Reflexion tendenziell zurückgestellt wird, taucht im Horizont der Wertediskussion darüber hinaus auf, was immer schon zur Dialektik der Aufklärung gehört: die Gefahr der *Gegenaufklärung* (Hösle 1992) mit ihrer Ideologie der starken Institutionen und der daraus resultierenden Wertschätzung sekundärer Tugenden wie Disziplin, Konsequenz, Mut, Vertrauen, Respekt, Gemeinschaft (vgl. etwa IM NRW 2020). So gerät „die Berufung auf Werte … schnell überschießend und im Ergebnis freiheitsfeindlich" (Möllers 2019, S. 123).

20.3 Ethik als Tun der Polizeiseelsorgenden

20.3.1 Der unaufgebbare Personalismus der Seelsorgenden in der Ethiklehre

Die Ethik in der Ausbildung ist – vielleicht – eine säkular-humanistische Ethik, eine Ethik einer radikal weltlichen, diskursiven, rational argumentierenden und nach intersubjektiver Akzeptanz suchenden Vernunft. Für die Seelsorgerin und den Seelsorger, die dieses Fach bzw. dieses Teilmodul in der Ausbildung unterrichten sollen, ist diese Ethik aber nicht nur ein Lehrbestand und ein Lehrgegenstand, sondern etwas, das er oder sie lehrend, leitend, lenkend *tut*. Was immer daher die Ethik als Lehr- und Lerninhalt ist und sein mag, für die Seelsorgenden handelt es sich zunächst einmal um eine *Beziehung* zwischen Menschen. Und in dieser Beziehung sehen die Seelsorgenden in ihrem „didaktischen Gegenüber" zuerst und zuletzt immer die *Person*, also denjenigen, der sich nicht restlos als Produkt und Funktion seiner natürlichen oder geschichtlich-gesellschaftlichen Welt erklären, nicht aus all dem ableiten und nicht auf all das reduzieren lässt. Diese Perspektive ist im Kontext der Polizeiausbildung von nicht zu überschätzender Bedeutung. Denn es gibt (nicht nur, aber doch wohl nicht zufällig) in der Polizei ein ausgesprochen technisch-instrumentelles, beinahe *mechanistisches Verständnis von Ausbildung*, bei dem die Personalität und Subjektstellung der Anwärterinnen und Anwärter im Grunde nicht wirklich vorkommen (können). Im Betrieb etwa einer Polizeihochschule ebenso wie aus der Sicht der politischen Führung spielt der künftige Polizeibeamte primär die Rolle eines Rohstoffs, der irgendwie (Hauptsache: effektiv und effizient) arbeitsfähig gemacht und für den „Nachersatz" verwendbar werden soll: Erst wird der Anwärter geworben, dann geprüft, dann ausgewählt, dann in einen mehr oder weniger gut abgestimmten Ausbildungsprozess (samt „Verzahnung" der einzelnen Bildungsträger) eingespeist, den er möglichst reibungslos zu durchlaufen hat oder aus dem er möglichst frühzeitig (etwa bei fehlerhaften Charaktermaterial) als „Ausschuss" entfernt werden muss. So sehr in dieser technisch-instrumentellen Sicht auf die (inzwischen: Massen-)Ausbildung eine gewisse organisationsbedingte Notwendigkeit liegen mag und so sehr diese Sicht letztlich auch eine sehr desillusionierende Wahrheit über die dinglich-objektive Seite von uns Menschen zum Ausdruck bringt – zur Tätigkeit der Seelsorgenden im Kontext der Ausbildung jedoch gehört die unbequeme, vielleicht sogar gefährliche Erinnerung daran, dass der Mensch in all seiner biochemischen, genetischen, sozialen, kulturellen … Herkünftigkeit eben doch das Wesen ist, das um eben dieses Gewordensein weiß, das nach sich selbst fragt und sich selbst sucht, das sich selber gegeben und aufgegeben ist, das sich von sich selbst distanzieren und zu sich selbst verhalten kann und das in all dem vor dem unaussprechlichen Geheimnis steht, das wir Gott nennen. Kurz: Für die Seelsorgerin und für den Seelsorger ist der Mensch zuerst und zuletzt Subjekt und Person. Vielleicht gibt es für den Seelsorgenden so etwas wie eine Ethik *etsi deus non daretur*, sicher aber keine Ethik *etsi homo non daretur*. Und es dürfte mit zu seinen institutionellen Verpflichtungen gehören, diesen für ihn unaufgebbaren Personalismus in den vielen oft subjektlosen Verfahren und Strukturen einer modernen, durchorganisierten Ausbildung der Polizei (und nicht nur dort) zur Geltung zu bringen.

20.3.2 Der befreiende Egalitarismus der Seelsorgenden in der Ethiklehre

Für den Seelsorger und die Seelsorgerin hat die Ethiklehre aber nicht nur den Charakter einer Beziehung zwischen Menschen, sie dürfen diese Relation vielmehr und ebenso unaufgebbar als *dreidimensionales* Geschehen verstehen, als ein Geschehen also, in dem – auf eine auch für sie selbst letztlich undurchschaubare Weise – die Beziehung zum geheimnishaften Grund und Abgrund unseres Daseins schweigend gegenwärtig ist. Auch diese Perspektive ist im Kontext der Polizeiausbildung von nicht leicht zu überschätzender Bedeutung. Denn „normalerweise" stehen sich Dozent und Student im Kontext der Lehre in einer Form der Beziehung gegenüber, die durch eine klare *Asymmetrie von Wissen wie Macht* ausgezeichnet ist. Durch diese „klassische" Rollenstruktur handelt es sich stets um die Aus-Bildung des Einen durch den Anderen: Jener wird durch diesen informiert und instruiert, unterrichtet und unterwiesen, belehrt und beschult, angeleitet, aufgeklärt, vielleicht sogar erzogen. Dieses asymmetrische, zweiseitige, dyadische Verhältnis ändert sich jedoch in dem Moment, in dem es um einen (realen oder imaginierten) „Dritten" erweitert wird (generell zu diesem Phänomen vgl. Simmel 1992). Das gilt auch und erst recht dann, sofern der Seelsorger diese Beziehung *im Lichte des menschlichen Gottesbezugs* sieht. Denn in diesem Moment verschwindet das Gefälle zwischen ihm und seinen Studierenden hinter der totalen und absoluten Differenz zwischen Mensch und Gott: An die Stelle der Asymmetrie zwischen Dozent und Student tritt für ihn eine viel tiefere Form der Gleichheit zwischen den Menschen, die alle gleichermaßen vor dem unsagbaren, schweigenden, alles durchwaltenden Geheimnis stehen, die alle gleichermaßen in den Tod hinein leben, die alle gleichermaßen in Schuld verstrickt und die alle gleichermaßen auf Vergebung, Befreiung, Erlösung angewiesen sind. Inmitten der vielen Hierarchien, Unterschiede und Ungleichheiten der Polizei, inmitten einer Ausbildung, die weitgehend auf das mimetische Erlernen und damit auf das Nachahmen vorgegebener, etablierter, kaum hinterfragbarer Praktiken und Routinen hinausläuft, einer Ausbildung, die von den Anwärterinnen und Anwärtern vor allem die Identifizierung mit bzw. die Assimilierung an vorgegebene Rollen und Ränge erwartet, inmitten der damit verbundenen Zwänge, Repressionen, Sanktionen, Kontrollen, Prüfungen, aber auch der vielen menschlich-allzumenschlichen Eitelkeiten, der Anmaßungen und der Abwertungen – in all dem also ist die Ethik des Seelsorgers und der Seelsorgerin *als Lehrtätigkeit* eine zutiefst *egalitäre* und gerade darin von den bisweilen erdrückenden Härten und Hierarchien der Polizei *befreiende Praxis*. Dieses Bewusstsein einer fundamentalen Gleichheit ist nicht nur allgemein für die Ausbildung zentral, sondern in besonderer Weise auch für die Ethik(-lehre). Denn gerade die *Praxis des Normierens* oder „sympathischer" formuliert: die Praxis des „Orientierens" kann sehr leicht von der (womöglich nur geheimen) Unterstellung begleitet sein, dass die Zuhörer, dass also die Auszubildenden solche Normen entweder nicht kennen oder aber ihnen zuwiderhandeln. Orientieren, Normieren, Gebieten und Verbieten – das alles erzeugt nicht nur leicht „sittlichen Trotz", darin liegt zumindest auch die Gefahr einer Abwertung und „Beleidigung" eines anderen Menschen, zumindest dann, wenn sich bei ihm nicht *erkennbar* eine „Widerstrebenstendenz" gegen eine Norm, ein Gut, einen Wert, ein „ideal Seinsollendes" zeigt (Scheler 1966, S. 220ff.).

20.4 Ethik als Thema der Polizeiseelsorgenden

Gibt es „inspirierende semantische Gehalte" der Seelsorge für eine Ethiklehre im Rahmen der Polizei und ihrer Ausbildung? Diese Frage beunruhigt den Verfasser, zu dieser Frage hat er keine Antwort, sondern nur widersprüchliche, unabgeschlossene Gedanken. Er will zwei, zusammenhanglose, sehr punktuell bleibende Überlegungen formulieren, von denen insbesondere die zweite nicht leicht zu akzeptieren sein dürfte.

20.4.1 Ethik als befreiende Pädagogik: Nüchterner Realismus, Entmythologisierung der Polizei, Ethik der Alltagsorganisation

Insofern die Ethiklehre ein Relationsphänomen ist, also etwas, das eingebettet ist in die konkrete, lebensgeschichtlich situierte Beziehung zwischen Menschen, gilt für die Ethik in der Ausbildung der Polizei: Diese ist eine Ethik, die das Gespräch sucht mit (in der Regel) doch noch recht jungen Menschen im lebensgeschichtlich sensiblen Übergang vom Staatsbürger zum Staatsdiener, von der Grundrechtsberechtigung zur Grundrechtsverpflichtung. Die Ethik kann die polizeiliche Praxis während der Ausbildung für einige Momente begleiten, vielleicht auch ein Stück weit auf sie vorbereiten. Diese ethische Begleitung und Vorbereitung durch die Seelsorgenden kann sich verstehen als *Praxis der Befreiung* Schon für Platon gehört zur politischen Ethik und hier speziell zur Erziehung der „Wächter" – also der für die Sicherung des Gemeinwesens zuständige Funktionselite – die sog. Mythen- und Dichterkritik (Politeia II 376ff.). Im Kontext einer Ethik als Praxis der Befreiung kann eine solche *Mythenkritik* das Angebot an die Polizeianwärterinnen und Polizeianwärter beinhalten, ihre Berufsentscheidung für sich selbst zu klären und durch eine solche Klärung zur Entschiedenheit zu führen.

Dieser Befreiungs- und Klärungsprozess wird – erstens – getragen von jenem nüchternen Realismus, der zum Christentum gehört und der das menschliche Dasein insgesamt eben nicht mythisch (religiös, utopisch oder ideologisch) überhöht oder – vielleicht unheimlicher noch – mit achselzuckender Gleichgültigkeit einfach hinnimmt, der das menschliche Dasein in seiner Endlichkeit, Kontingenz, Zerstreutheit („Pluralismus"), in seiner Gefährdetheit, in seinen vielen unbegreiflichen und unbegreiflich vielen Abstrusitäten und Absurditäten, in seinen Widersprüchlichkeiten und Widersinnigkeiten, in seinen Antagonismen, seinen Kämpfen, Konflikten und Kriegen nicht beschönigt, verschleiert oder verdrängt, der es stattdessen vorbehaltlos wahrnimmt und vorbehaltlos annimmt als das, was es ist: Dasein, das unweigerlich und unausweichlich untergeht und hindurchgeht durch die Finsternis des Todes, Dasein, zu dem daher auch eine bleibende Ausweglosigkeit gehört, eine „existentielle Aporetik", die innerhalb der menschlichen Geschichte niemals – nicht „polizeilich", aber auch nicht politisch, nicht wissenschaftlich, nicht „genetisch", nicht technisch und auch nicht „sozialtechnologisch" … – aufgelöst, überwunden, ja nicht einmal vollständig durchschaut werden kann. Dieser christliche Realismus oder vielleicht sogar: dieser christliche Pessimismus (Rahner 1984) steht der Polizei und der polizeilichen Arbeitserfahrung näher als vielleicht beiden immer bewusst (und vielleicht auch: lieb) ist. Denn zur Arbeit der Polizei gehört die bittere und oft wohl auch verbitternde Erfahrung, wie polizeiliche Ratschläge, Hilfeleistungen, Platzverweise, Rückkehrverbote, Ingewahrsamnahmen, Gefährderansprachen, Strafanzeigen ins Leere laufen, gehört die oft „haarsträubende" Erfahrung menschlicher Dummheiten, Borniertheiten, Eitelkeiten, gehört die kaum auszuhaltende Erfahrung, wie während laufender Ermittlungen die Streitigkeiten, die Übergriffe, das Leiden weitergehen (Trabant 2014), gehört die ernüchternde Erfahrung von fehlender Zeit, fehlendem Personal, fehlenden Einsatzmitteln, fehlender Kraft, gehört schließlich die Grenzerfahrung des Zu-spät-Kommens, des Sterbens, des Todes. Diese Erfahrung ehrlich und sachlich zu benennen, auf diese Erfahrung vorzubereiten und über diese Erfahrung als bleibende, unaufhebbare „Belastung" der polizeilichen Arbeit aufzuklären, gehört zur Mythenkritik der Ethik, zu einer Ethik also, die desillusionieren und gerade darin eine bewusste, klare, freie und verlässliche Berufsentscheidung ermöglichen will.

Dieser desillusionierende Befreiungs- und Klärungsprozess richtet sich aber auch und zweitens auf die Polizei als solche. Im Horizont der Seelsorge und damit im Horizont des menschlichen Gottesbezugs gehört zur Ethik notwendig auch eine Kritik der vielen Bilder und Einbildungen, der vielen Märchen und *Mythen, die zur Polizei selbst gehören.* Hier, wo es auch um die Gefahren der moralischen Überhöhung (Behr 2020) oder gar *Selbstsakralisierung der Polizei* geht, verfügen gerade die Seelsorgerin und der Seelsorger über eine besondere Sensibilität und einen besonderen Auftrag. Die Polizei hat eine quasi-religiöse, eine „gierige" (Coser 1967) Seite, mit der sie die Beamtinnen und Beamten an sich binden, von ihnen mental, emotional, sozial Besitz ergreifen und sie gerade darin unfrei werden lassen kann. So gibt es etwa einen Unschuldswahn nicht nur in unserer Gesellschaft, sondern eben auch in der Polizei, einen *Mythos der Reinheit*, der es der Polizei verbietet (oder zumindest sehr, sehr schwer macht), die vielen Widersprüchlichkeiten und Widersinnigkeiten, die vielen Übertretungen und Übergriffe, die vielen Zweifel und die vielen Verzweiflungen in sich selbst wahrzunehmen und in sich selbst anzuerkennen. Gerade bei den zahlreichen Aktivitäten zur „demokratischen Resilienz" sowie zur „Werteorientierung" schwingen doch wohl auch Bilder und Mythen einer solchen rechtlich, demokratisch, moralisch „sauberen", über jeden Zweifel erhabenen Polizei mit. Zur Ethik in der Ausbildung (und nicht nur dort) gehört daher auch die *Entzauberung und Entmythologisierung der Polizei*, gehört die Vorbereitung auf und das Wissen um die Verführbarkeit, Brüchigkeit, Schuldbedrohtheit polizeilichen Handelns, gehört also das Wissen um die historischen Verstrickungen der Polizei in staatliches Unrecht, gehört die Vorbereitung auf unklare, widersprüchliche, kontraintuitive, unpraktikable rechtliche Vorgaben, Vorschriften, Dienstanweisungen, Vorgesetztenerwartungen (Zum-Bruch 2019), gehört das Wissen um die zutiefst ambivalente Funktion der Polizei zur Stabilisierung und Produktion einer Ordnung, die eben auch zu sozialen, politischen, ökonomischen … Unfreiheiten, Ungleichheiten, Ungerechtigkeiten führt, gehört schließlich die Reflexion von polizeilichen Nickeligkeiten, Nachlässigkeiten, Fahrlässigkeiten, von Fehlverhalten, von unverhältnismäßiger Gewalt, von einseitigen Ermittlungen, von Ungleichbehandlungen und Diskriminierungen durch die Polizei (und auch in der Polizei). Eine solche sachlich-nüchterne Begleitung und Vorbereitung schützt vor dem Mythos, der Illusion und vielleicht auch der Ideologie nicht nur der Unverwundbarkeit, sondern auch der moralischen Unschuld und „Güte" der Polizei wie des einzelnen Polizeibeamten und der einzelnen Polizeibeamtin. Dort, wo Institutionen und Professionen ein explizites moralisches Bekenntnis formulieren und ein dezidiert moralisches Selbstverständnis propagieren („Wir sind die Guten!"), wo sie sogar, wie im Fall der Polizei, gewissermaßen gezwungen sind, immer „Recht zu haben" und „Recht zu behalten", ist die Gefahr groß, die Ambivalenzen und Schattenseiten des eigenen Tuns zu ignorieren und moralisch wie rechtlich problematisches Verhalten zu tolerieren, u.U. sogar zu legitimieren („moral licensing") (Merritt, Effron & Monin 2010).

Es gibt vielleicht noch eine weitere „mythische“ Gefahr, von der sich die Polizei (und vielleicht auch: die Ethik der Polizei) nicht ganz freisprechen kann, auf die aber der Seelsorger und die Seelsorgerin besonders aufmerksam sein könnten. Die Polizei: Sie hat eine Leidenschaft fürs Außerordentliche, fürs Große und Enorme. Die Faszination der Polizei hat viel zu tun mit den – normativen wie körperlichen – Grenzüberschreitungen, die zu diesem Beruf gehören, mit dem Erleben und vielleicht auch mit dem Genießen von Kontrolle, Überlegenheit, Dominanz, Macht; diese Faszination hat etwas zu tun mit dem Spektakulären, der Pose und vielleicht auch ein wenig mit der großen Show, mit dem Überwinden von Widerständen, mit dem Wagnis und der Bewährung, mit dem Erleben von Gemeinschaft und kollektiver Einheit. Diese Bilder der Polizei und ihrer Arbeit täuschen aber leicht und schnell über das hinweg, was unser Leben und unsere Arbeit generell ausmachen, was also auch und gerade zur Polizei gehört: der nüchterne, der sachliche, der graue, der unspektakuläre, der emotionslose, der ermüdende und zermürbende *Alltag*. Dieser Alltag wird verfehlt und dieser Alltag wird missachtet, wo sich die Ethik primär oder gar ausschließlich auf die Grenzsituationen der Polizei (die es gibt!) richtet: auf Amok- und Geisellagen, auf Einsätze bei Terrorismus und Extremismus, auf Folter, auf den Tod und die Todesnachricht, auf den „finalen Rettungsschuss“. Nichts davon ist irrelevant und nichts davon darf ausgeblendet werden. Aber solche Situationen, in denen Polizeibeamtinnen und -beamte fundamentale Freiheitsentscheidungen treffen, in denen sie also z.B. bis zum Opfer des eigenen Lebens gehen (Trappe 2019) oder in denen sie in das Leben anderer Menschen radikal eingreifen, solche Situationen mögen Gegenstand von (medialen) Berichten und (polizeiinternen) Geschichten sein, aber sie sind eben doch nur extrem, sind doch nur ein Äußerstes und darum ein Äußerliches, etwas, das am Rande und an den Rändern unseres Lebens und unseres Arbeitens geschieht, aber eben nicht in deren Mitte. Diese Mitte aber ist das, was wir den Alltag nennen: den Alltag mit seinen vielen Belanglosigkeiten und Bagatellen, seinen Launen und seiner Langeweile, mit seinen immer gleichen Fällen und Vorfällen, Einsätzen, Abläufen: den Streitereien, Schreiereien, Scherereien, den Ruhestörungen, der Klein- und der Massenkriminalität, den Kontrollen, Durchsuchungen, der Unfallaufnahme, der Spurensicherung, dem Streifefahren, den vielen Regeln und Routinen, der Bürokratie, den Berichten, den Akten, den Verfahren, den Vorgängen, den technischen Problemen, den organisatorischen Störungen und den hierarchiebedingten Dysfunktionalitäten. Nichts davon ist interessant, spannend, aufregend. Aber gerade die Seelsorgerin und gerade der Seelsorger wissen, dass es dieser Alltag ist, auf den sie die Anwärterin und den Anwärter vorbereiten müssen. Eine mythenkritische, desillusionierende und gerade dadurch befreiende Ethik der

Polizei ist daher vor allem eines: eine Ethik nicht so sehr der Grenzsituation, wohl aber eine „Ethik des Alltags und der Alltagsorganisation“.

20.4.2 Liebe als humaner Grundakt: Ethos der Distanz, Gefahr der Menschenfeindlichkeit und Abwehr menschlicher Verletzlichkeit

Das Amt wird anvertraut und beruht auf Vertrauen. Im Eid wird solche Vertrauenswürdigkeit, werden Verlässlichkeit und Integrität öffentlich versprochen, durch zahlreiche Vorschriften zur Befangenheit abgesichert, in verfahrensrechtlichen Bestimmungen zu Begründungspflichten oder Akteneinsichtsrechten für die alltägliche Arbeit ausbuchstabiert, durch vielfältige Institutionen der Rechts- und Fachaufsicht kontrolliert und schließlich durch gerichtlichen Rechtschutz (Art. 19 Abs. 4 GG) geschützt. Bei all diesen Regelungen handelt es sich auch um Konkretisierungen der allgemeinen „republikanischen“ Pflicht zu Wahrung und Förderung des Gemeinwohls durch den Staat und seine Organe. Deren personale Voraussetzung bildet ein besonderes Ethos, das den „vornehmen“ Menschen auszeichnet (Hartmann 1962, S. 478f.) und das sich in einer Haltung der Distanz ausdrückt. Ohne dieses *Ethos der Distanz* (Depenheuer 2005, S. 126f. [RN 85]) – zu anderen wie auch zu sich selbst – gibt es keine Objektivität, Sachlichkeit, Gerechtigkeit. Eine solche Haltung ist nicht nur existenziell hochanspruchsvoll, sondern verleiht der Verwaltung und verleiht insbesondere der Polizei oft ein kühles und bisweilen abweisendes, vielleicht sogar „unmenschliches“ Gesicht. Diese distanzierte Sachlichkeit macht es ihr oft schwer, den vielen Erwartungen zu entsprechen, die auch im Namen einer lebensweltlichen, etwa an sozialen Nahbeziehungen oder reziproken Kooperationen orientierten Moral an sie gerichtet werden. Es gibt ein „moralisches Berufsleiden“ der Polizei, die immer auch damit zu „kämpfen“ hat, dass die Moral des Rechts und der Gerechtigkeit an vielen Stellen alltäglichen, (mehrheits-)gesellschaftlichen und oftmals sehr handgreiflichen Vorstellungen von dem, was „richtig“ und was „falsch“ ist, gerade nicht entspricht. Nicht jede Kritik an der Polizei und ihren zu „laschen“ oder zu „harten“ Einsätzen argumentiert zwingend auf einem moralisch hochentwickelten Niveau, das z.B. ausreichend Verständnis für die Gewährleistung von Beschuldigten- oder Verfahrensrechten aufbringt.

Allerdings kann unter den besonderen Bedingungen der polizeilichen Arbeitserfahrungen diese nüchtern-sachliche, an Objektivität und Gerechtigkeit orientierte Distanz schnell und leicht eine andere, eine problematische, u.U. extreme und sogar extrem gefährliche Gestalt annehmen. Denn wenn sie die sonst so sorgsam gehüteten Haus- oder Wohnungstüren des Privaten öffnen, wenn sie auf den Wegen und Irrwegen unseres Lebens Streife fahren, dann stehen Polizistinnen und Polizisten regelmäßig vor dem dunklen Geheimnis menschlicher Verlogenheiten, Boshaftigkeiten, Grausamkeiten. Das Reich der Polizei ist das Reich der

Geschlagenen und der Schläger, der Zu-kurz-Gekommenen und Gestrauchelten, der Arroganten und der Aufschneider, der Betrüger und der Betrogenen, der „Erniedrigten und Beleidigten“, der Armen und Überflüssigen, der Alten, Kranken, der Trauernden und Traumatisierten, der faulen Säcke und der armen Socken, der Verwahrlosten, der Süchtigen und haltlos Rückfälligen, der Prostituierten und Perversen, der schuldlos Schuldigen, der umherirrend Hilflosen, der Einsamen, Verlassenen und der für immer Heimatlosen. Zur Arbeit der Polizei gehört vielleicht mit einer gewissen Zwangsläufigkeit der Verlust eines natürlichen Vertrauens zur Welt und eines natürlichen Vertrauens in die Menschen, auch wenn dieser Prozess für die einzelne Beamtin und den einzelnen Beamten sicher ebenso unterschiedlich ausgeprägt ist wie in den vielen heterogenen Arbeitsfeldern der Polizei. Aus diesem Ethos der Distanz aber kann sich eben schnell und leicht eine *Moral der Bürgerferne* entwickeln: eine Moral der Abgrenzung und Abschottung, der Wachsamkeit, des Argwohns, des Verdachts und des Misstrauens nach außen, eine Moral, deren Berechtigung sich in der alltäglichen polizeilichen Praxis des Kontrollierens, Überprüfens, Abfragens, Aufklärens, Vernehmens, der Ermittlung und der Strafverfolgung immer wieder neu selbst (wirklich oder bloß vermeintlich) bestätigt, bekräftigt, verhärtet. *Menschenverachtung* und *Menschenfeindlichkeit* sind keine zufälligen, sondern der polizeilichen Arbeits- und Einsatzwirklichkeit inhärenten Versuchungen.

Nicht zuletzt auch vor diesem Hintergrund wurde von Seiten der Polizeiseelsorgenden die Bearbeitung gerade solcher Themen vorangetrieben, die einerseits zur genuinen Kompetenz der Seelsorge gehören, andererseits jedoch in der Polizei, ihrer gelebten, von den Idealen, Ideologien, Illusionen einer unangreifbaren (womöglich: toxischen) Männlichkeit geprägten Kultur und damit auch in ihrer Aus- und Fortbildung lange (und vielleicht bis heute) keinen echten Ort hatten. Das gilt insbesondere für das Überbringen von Todesnachrichten, das wie kein anderes Thema mit der Ethik wie Seelsorge in der Polizei gleichermaßen assoziiert oder sogar identifiziert wird. In einer solchen Ethik geht es im Kern darum, verletzlichkeitssensible Haltungen („Empathie“) sowie fürsorgende Kompetenzen zu vermitteln, also gerade den (bisweilen verschütteten) Charakter und das (bisweilen verschüttete) Selbstverständnis der Polizei als Schutz und Schonung von Menschen zu sichern, zu wahren und zu stärken. Es gehört dabei zu den unbestreitbaren Leistungen gerade der Polizeiseelsorge, dass sie hier nicht nur den Blick auf das „polizeiliche Gegenüber“ (*Opferschutz*) gerichtet hat, sondern ebenso sehr (und damit unauflösbar verbunden) ein besseres Verständnis und eine größere Akzeptanz für Erfahrungen auch der jeweils *eigenen Ohnmacht* der Polizisten und Polizistinnen selbst schaffen konnte. Ein Beitrag der Seelsorge in der Ausbildung besteht hier auch in einer *Entmoralisierung der*

Ethik. Denn erst indem sie dem Menschen gerade nicht in einer „moralischen“, sondern in einer bild- und erwartungslosen, in einer zulassenden und bewertungsfreien Haltung begegnet, kann die Ethiklehre die vielen „pathischen“ Erfahrungen der Polizei: die Erfahrungen von Hilflosigkeit, Schwäche, Begrenztheit, von Scheitern, Schuld, von Trauer und Angst artikulierbar, diskutierbar, im besten Fall auch verarbeitbar, aber vielleicht auch – je nach „didaktischem Setting“ – überhaupt erst spürbar werden lassen.

Zur Polizei gehört also die Distanz, gehört die Bürgerferne, gehört zumindest die Versuchung der Menschenverachtung und der Menschenfeindlichkeit, gehört die Verdrängung der vielen pathischen Dimensionen des Menschen, gehört die Abwehr eigener wie fremder Verletzlichkeit, gehört die (womöglich nur uneingestandene) Angst, von den eigenen Gefühlen der Ohnmacht „übermannt“ zu werden. In all dem und unter all dem aber liegt doch als zentrale, als grundlegende Gefahr für die Polizeibeamtin und für den Polizeibeamten, dass sie nicht mehr „affiziert“, nicht mehr „angetan“ werden können vom Menschen und vom Menschlichen. Nicht zufällig wird daher im Horizont einer christlichen, nicht zuletzt durch die feministische Theologie inspirierten Polizeiseelsorge die Aufnahme und Reflexion pathischer Erfahrungen und „Widerfahrnisse“ innerhalb der polizeilichen Ethik begleitet von einem gewandelten Verständnis eben dieser, für den Menschen konstitutiven Vulnerabilität. Denn Verwundbarkeit wird hier gerade nicht mehr (nur) als Defekt, Mangel, als Kennzeichen des *ens finitum*, des Menschen in seiner Unvollkommenheit gesehen, nicht mehr (nur) als Aufgabe von „Eigensicherung“, Kontrolle, Beherrschung, sondern als Möglichkeit der Beziehung, der Offenheit, der Transzendenz, als „Fenster“ zum anderen Menschen (Sölle 1988). In der Sprache der abendländischen philosophischen wie theologischen Tradition aber heißt die Fähigkeit, sich für den Menschen und letztlich für die Welt insgesamt zu öffnen und offen zu halten – *Liebe.* So sehr dieses Wort missverständlich ist und missverstanden wird, so sehr es etwa romantisch verkürzt, erotisch zugespitzt oder sentimental aufgeladen wird, so sehr es in wahlloser Beliebigkeit gebraucht und bis zur Unkenntlichkeit verbraucht wird, so sehr es sich auf den ersten Blick bestenfalls auf caritative Berufe, auf Berufe der sozialen Arbeit anwenden lässt und so sehr es in einer „Organisation mit Gewaltlizenz“ wie ein Fremdkörper wirken muss, so sehr bleibt doch für den Seelsorger und für die Seelsorgerin wahr: Liebe ist der „Ur-Akt des Wollens“ (Pieper 1987) und damit auch der „Grundakt des Menschen“ überhaupt (Rahner 1968). Denn in der Liebe erfasst und *bejaht* der Mensch eine andere Wirklichkeit und letztlich die Wirklichkeit im Ganzen, und zwar als etwas im Kern „Gutes“. Die Tradition hat diesen Gedanken in radikaler Abstraktheit durch den Satz von der „Konvertibilität“, der Austauschbarkeit des Seins und der Gutheit zum Ausdruck gebracht: *omne ens est bonum*, alles, was ist, ist gut, bejahbar, erstrebens- und insofern liebenswert (*appetibile*). In dieser (unzweifelhaft) metaphysischen Zumutung und in weiterer Folge auch: in diesem schöpfungstheologischen Grund-Satz liegt eine für die Ethik fundamentale Einsicht. Denn der Akt der grundlegenden Bejahung, Billigung, Bestätigung eines Anderen, insbesondere natürlich eines anderen Menschen, dieser Akt seiner „Gutheißung" ist gerade nicht zu verwechseln mit einer positiven Bewertung aufgrund bestimmter Vorzüge, Eigenschaften, Fähigkeiten, hat nichts zu tun mit so etwas wie „Sympathie", meint keine überschwängliche „Allverbrüderung"; die hier gemeinte Liebe richtet sich stattdessen zuerst und zuletzt auf das *Dasein* des Anderen: „gut, dass du da bist". Gerade dort, wo Menschen befähigt, ermächtigt, gezwungen sind, Gewalt zu üben und auszuüben, brauchen sie eine vitale Kraft, „niemandes Feind zu sein"[1].

20.5 Vorläufiger Abschluss

Die Ethiklehre im Rahmen der polizeilichen Ausbildung ist für die Seelsorgenden keine leichte Aufgabe: Sie stellt sie vor zahlreiche Herausforderungen, Irritationen, Verunsicherungen (Kap. 20.2), ist getragen von einem radikalen Freiheits- und Gleichheitsinteresse (Kap. 20.3), destruiert die vielen Mythen, die sich um die Polizei ranken, und formuliert schließlich mit dem Gedanken einer grundlegenden liebenden Bejahung des Menschen eine (vielleicht) irreale (wirklich?) Erwartung an die Polizeibeamtin und den Polizeibeamten (Kap. 20.4). Mit diesen beiden abschließenden Überlegungen, denen evidenterweise das „theologische Axiom" (Barth 1933) aus Ex. 20,3 („Du sollst keine anderen Götter neben mir haben") sowie das Gebot „Liebe deinen Nächsten: er ist wie du" (Lev. 19,3) entsprechen, hat sich der Verfasser nur einen ersten, sicher holprigen – wenn überhaupt – Zugang zum Weisungs- und Weisheitsreichtum der jüdisch-christlichen Religion gesucht, der für eine „Ethik im Gewaltmonopol" (Trappe 2021) – vielleicht – gewinnbringend sein könnte. Was er nicht geschafft hat, was also in der vorliegenden Reflexion gänzlich fehlt, ist zumindest eine Skizze, in welchen *Formen* eine religiös „inspirierte" Ethik sich an den Menschen in der Polizei wendet. Mit dem „Grenzgang" hat die Polizeiseelsorge hier bereits einen für die Ethik sicher neuen und vorbildlichen Schritt getan. Damit verbunden, aber in diesem Beitrag ebenfalls nicht weiter skizziert, ist

---

[1] Pieper 1987, S. 88. Im Konzept der Menschenwürde, in der Verpflichtung zu ihrer Achtung und zu ihrem Schutz ist diese Kraft zwar gesellschaftlich präsent, politisch durchsetzungsstark und menschenrechtlich verbindlich, aber die metaphysische Tradition, der sich dieses Konzept verdankt, hat vielleicht klarer als wir gesehen, dass die Idee vom „absoluten Wert" (Kant) der Person abhängig ist von einem bestimmten, in der nachhegelschen Philosophie formulierten Verständnis menschlicher Freiheit, das im Begriff der Liebe seinen Kulminationspunkt findet (Kobusch 1997).

die Frage, ob eine von Seiten der Seelsorge getragene Ethik nicht einen viel breiteren, einen „ganzheitlichen" Zugang zum Menschen sucht, einen Zugang, der ihn auch und gerade in den Dimensionen seiner *Leiblichkeit* oder auch seiner *Emotionalität* anspricht. Beides scheint ihm aktuell so gut wie nicht bearbeitet, beides scheint ihm aber für die Ethik in der Ausbildung schlechterdings zentral zu sein. Denn – so viel soll zumindest abschließend noch angedeutet werden – die Arbeit der Polizei ist gerade in der „Erstverwendung", also im Wach- und Wechseldienst und damit im Rahmen der Gefahrenabwehr mit intensiven, motivierenden, oft von starken physiologischen Reaktionen begleiteten Emotionen verbunden: mit Unsicherheit und Angst, mit „Gewissensbissen", Reue oder Schuld, mit Betroffenheit oder Mitleid, aber auch mit Gefühlen von Ungerechtigkeit (Zorn oder Empörung), mit Ärger und Wut, Abscheu, Ekel bis hin zur Verachtung … Gerade angesichts von affektiv aufgeladenen Situationen, die zum Alltag der Polizei gehören, braucht die Ethik zweifellos die *Reflexion*, braucht sie den Schritt zurück, die Distanz, vielleicht sogar den Blick aus dem Nirgendwo (*view from nowhere*), sie braucht das „Ruhe bewahren", braucht die Gelassenheit, das Zurück- und Innehalten, braucht das Nachdenken und braucht daher schlicht – *Zeit*. Sich nicht unter Druck setzen zu lassen, sich diese Zeit und diesen Raum bewusst zu nehmen, ist selbst schon eine ethische Haltung, eine ethische Kompetenz allerersten Ranges. Aber: Die polizeiliche Gefahrenabwehr ist eben immer auch eine Aufgabe, die oft schnelle Reaktionen und schnelle Aktionen erfordert, also (zunächst, im ersten Angriff) nicht die Reflexion, sondern die *Intuition*. Das „Bauchgefühl" ist eine Handlungsquelle von regelmäßig unterschätzter Bedeutung. Für die polizeiliche Arbeit und hier besonders im Bereich der Gefahrenabwehr aber ist dieses „schnelle Denken" schlechterdings zentral – mit ein Grund für den latenten Konflikt zwischen Polizei und Justiz: Jene hat anders als diese oft keine Möglichkeit (konkret: keine Zeit) für eine freie Beweiswürdigung und Überzeugungsbildung (§ 108 VwGO, § 261 StPO), empfindet daher richterliche Urteile häufig als ihr gegenüber unfair. Auch mit Blick auf unser *moralisches* Entscheiden und Handeln sind Intuitionen im Sinne vortheoretischer Annahmen, Überzeugungen, Vermutungen in ihrer Bedeutung immer stärker in den Vordergrund der Analysen getreten (Burgbacher 2018). Je tiefer diese Studien etwa die evolutionäre Vorgeschichte unserer moralischen Emotionen aufhellen, desto stärker zeigt sich, dass sich solche Intuitionen für den sozialen Nah- und Vertrautheitsbereich, also für das Zusammen(über-)leben von Menschen in kleineren Gemeinschaften und Gruppen, ausgebildet haben, während universalistische Dimensionen, wie z.B. die für unser Verständnis von Gerechtigkeit entscheidende Idee der Gleichheit und Unparteilichkeit zunächst einmal ausgesprochen „unnatürlich" sind. Moralische Intuitionen sind fraglos eine Quelle moralischer Einsicht und moralischen Handelns, ob und inwieweit sie aber eine wirklich verlässliche Quelle sind, das ist vor allem in affektiv hoch intensiven und sozial hoch bedeutsamen Lagen – zu denen neben Gefahrenlagen natürlich auch solche Situationen gehören, in denen Straf- und Vergeltungsbedürfnisse eine dominante Rolle spielen (Bublitz 2020) – eben alles andere als sicher. Zur Ethik in der polizeilichen Ausbildung gehört daher auch und gerade die Schulung, gehört die Bildung unseres Gefühlsvermögens, unserer Emotionalität, unseres „Herzens". Und auch hier, wo es um einen ganzheitlichen Weg und Zugang zu Menschen geht, verfügt die Seelsorge über „inspirierende", aber vielleicht noch nicht genügend ausgeschöpfte Potenziale für die Ethik in der Ausbildung. Auch deswegen gibt es für die Seelsorgerin und den Seelsorger eine „institutionelle" Verpflichtung jenseits der „einfachen" Ethiklehre: eine Verpflichtung, in die Gestaltung und Entwicklung der Ausbildung „einzugreifen".

20.6 Literatur

Barth, K. (1933). Das erste Gebot als theologisches Axiom. In ders.: Theologische Fragen und Antworten. Gesammelte Vorträge Bd. 3 (S. 127-143). Zollikon/Zürich.

Behr, R. (2020). Dominanzkultur und Gewalt: Das strukturelle Problem der Polizei. In: Blätter für deutsche und internationale Politik, h.10, S. 13-16.

Bublitz, J.C. (2020). Die Genealogie der Vergeltung, oder warum wir retributiven Intuitionen nicht trauen sollten, in: ders./J. Bung/A. Grünewald/D. Magnus/H. Putzke/J. Scheinfeld (Hrsg.): Recht – Philosophie – Literatur. Festschrift für R. Merkel (S. 459-492). Berlin: Duncker & Humblot.

Burgbacher, A. (2018). Moralische Intuition: Eine Annäherung an einen mentalen Zustand. Paderborn: mentis.

Depenheuer, O. (2005). Das öffentliche Amt. In J. Isensee/P. Kirchhof (Hrsg.): Handbuch des Staatsrechts. Bd. III (S. 87-130). Heidelberg: C.F. Müller.

Dietrich, J. (2007). Grundzüge einer Ethik der Ethik. In J. Berendes (Hrsg.): Autonomie durch Verantwortung. Impulse für die Ethik in den Wissenschaften (S. 111-146). Paderborn: Mentis.

Freitag, M./Schophaus, M. (Hrsg.) (2017). Vermittlung von Reflexionskompetenz im Hochschulstudium. Frankfurt: Verlag für Polizeiwissenschaft.

Habermas, J. (1988). Motive nachmetaphysischen Denkens. In ders.: Nachmetaphysisches Denken. Philosophische Aufsätze (S. 35-60). Frankfurt: Suhrkamp.

Habermas, J. (1999). Ein Gespräch über Gott und die Welt. Ein Interview. In ders.: Zeit der Übergänge (S.173-196). Frankfurt/M.: Suhrkamp.

Habermas, J. (2001): Glauben und Wissen. Friedenspreisrede Frankfurt: Suhrkamp.

Hartmann, N. (1962). Ethik. 4., unveränd. Aufl. Berlin: Walter de Gruyter

Hösle, V. (1992). Moralische Reflexion und Institutionenzerfall. Zur Dialektik von Aufklärung und Gegenaufklärung (1986/87). In ders.: Praktische Philosophie in der modernen Welt (S. 46-58). München: C.H.Beck München.

Innenministerium NRW (1962). Berufsethischer Unterricht in der Polizei. Runderlass des Innenministers vom 18.07.1962 (IV E l – 450).

Kobusch, T. (1997). Die *Entdeckung der Person.* Metaphysik der Freiheit und modernes Menschenbild. 2., durchges. und erw. Aufl. Darmstadt: Wissenschaftliche Buchgesellschaft.

Lasogga, M./Roth, M. (Hrsg.): Die Seelsorge als Herausforderung für die Ethik. Texte aus der VELKD Nr. 177. Hannover: VELKD.

Maiwald, M. (2020): Loyalität unter Polizeibeamten: Haben Polizeibeamte eine moralische Verpflichtung, das Fehlverhalten von Kollegen zu verschweigen? In M. Borowski (Hrsg.): Ethik für die Polizei (S. 43-50). Frankfurt/M.: Verlag für Polizeiwissenschaft.

Merritt, A.C./Effron, D.A./Monin, B. (2010). Moral self-licensing: When being good frees us to be bad. In: Social and personality psychology compass, 4 (5), S. 344-357.

Möllers, Chr. (2019). Das Grundgesetz. Geschichte und Inhalt. 4., akt. und durchges. Aufl. Bonn: bpb.

Pieper, J. (1987). Über die Liebe (1972). München: Kösel.

Rahner, K. (1968). Über die Einheit von Nächsten- und Gottesliebe (1965). In ders.: Schriften zur Theologie Bd. VI (S. 277-298). Zürich/Köln: Einsiedeln/Benzinger.

Rahner, K. (1984). Christlicher Pessimismus (1983), in: Schriften zur Theologie Bd. XVI (S. 206-2014). Zürich/Köln: Einsiedeln/Benzinger.

Rahner, K. (1994). Erfahrungen eines katholischen Theologen (1984), in A. Raffelt (Hg.): Karl Rahner in Erinnerung (S. 134-148). Düsseldorf: Patmos.

Scheler, M. (1966). Der Formalismus in der Ethik und die materiale Wertethik (1913/16). 5., durchges. Aufl. [Ges. Werke Bd. 2]. Bern: Francke Verlag.

Schiewek, W. (2021). Kann man Werten trauen? Anmerkungen zum Wertediskurs in der Polizei. In T. Trappe (Hrsg.): Verwaltung – Ethik – Menschenrechte (Ethik der Polizei und öffentlichen Verwaltung, Bd. 2) (S. 191-210). Wiesbaden: Springer.

Simmel, G. (1992). Soziologie. Untersuchungen über die Formen der Vergesellschaftung (1908). Gesamtausgabe Bd. 11. Frankfurt: Suhrkamp.

Sölle, D. (1988). Das Fenster der Verwundbarkeit. Theologisch-politische Texte (2. Aufl.). Stuttgart: Kreuz Verlag.

Trabant, U. (2014). Scheitern in der Polizei. In T. Trappe (Hrsg.): Ausgewählte Probleme der Verwaltungsethik. Bd. II (S. 271-277). Frankfurt: Verlag für Polizeiwissenschaft.

Trappe, T. (2019). Das Opfer des eigenen Lebens. In: Polizei. Wissen. 3/1, S. 11-17.

Trappe, T. (2021). Ethik „im" Gewaltmonopol. In ders. (Hrsg.): Verwaltung – Ethik – Menschenrechte (Ethik der Polizei und öffentlichen Verwaltung, Bd. 2) (S. 1-37). Frankfurt: Springer.

Trappe, T. (2022a). Die Ambivalenz von Werten für die Polizei. In: Deutsches Polizeiblatt 40, h.5 [im Erscheinen].

Trappe, T. (2022b). Werben für Verfassungswerte. In: Deutsches Polizeiblatt 40, h.5 [im Erscheinen]

Uhle, A. (2019). Art. Anstaltsseelsorge, Version 22.10.2019. In: Staatslexikon online, URL: https://www.staatslexikon-online.de/Lexikon/Anstaltsseelsorge (abgerufen: 08.05.2022).

Wagener, U.: Polizeiliche Berufsethik. Ein Studienbuch. Unter Mitarbeit von W. Schiewek (2., überarb. Auf.). Hilden: VdP.

Weischedel, W. (1976). Skeptische Ethik. Frankfurt: Suhrkamp.

Zimmermann, P. (2022). Trauma und moralische Konflikte. Einführung und Manual für die präventive und therapeutische Arbeit mit Einsatzkräften. Unter Mitarbeit von Christian Fischer und Thomas Thiel. Stuttgart: Klett-Cotta.

Zum-Bruch, E. (2019). Polizeiliche pro-organisationale Devianz. Eine Typologie. Wiesbaden: Springer VS.

21 Einsatz der Polizei bei Szenarien mit sofortigem polizeilichen Interventionserfordernis: Amok-TE

Rainer Dürscheid / Monika Weinmann

21.1 Einleitung

Am 7. Januar 2015 überfielen Terroristen die Redaktion des Satire-Magazins „Charlie Hebdo" – der Anfang eines beispiellosen Terrorjahrs in Paris.
Am 13. November 2015 erschütterte eine Attentatsserie erneut die französische Hauptstadt: 130 Menschen ließen ihr Leben, 352 wurden verletzt, davon 97 schwer; die Welt blickte entsetzt auf Paris, als Terroristen Anschläge auf das Fußballstadion von Saint-Denis, Pariser Café-Terrassen und die Konzerthalle „Bataclan" verübten – Bilder, die sich tief ins kollektive Gedächtnis eingegraben haben. Der Terrorismus war auf brutalste Weise nah und real an Deutschland herangerückt.
Die deutschen Länderpolizeien standen vor der Herausforderung, Einsatzkonzepte und -trainings zur Bewältigung möglicher terroristischer Anschläge zu entwickeln.
Seit 2016 trainiert die Polizei NRW nach der Fortbildungskonzeption Amok-TE (Amok-Terrorismus/Extremismus) mit dem Ziel, Polizist:innen auf Szenarien mit sofortigem polizeilichen Interventionserfordernis vorzubereiten und ihnen so ein (möglichst) handlungssicheres Vorgehen zu ermöglichen.
Das bereits bestehende Konzept Amok, das als Reaktion auf den Amoklauf von Erfurt 2002 entwickelt worden war, wurde hierfür um die Erfordernisse des Vorgehens im urbanen Gelände erweitert.

21.2 Annäherung an die Einsatzlage Amok-TE

Die Analyse bisheriger terroristischer Anschläge zeigte eine Vielzahl von Gemeinsamkeiten, auf die Polizist:innen als Erstinterventionskräfte vorbereitet werden müssen: ein großes Informationsdefizit, das die Lageeinschätzung erschwert, eine hohe Dynamik und ein immenser Handlungsdruck unter Inkaufnahme eines hohen Eigenrisikos bis hin zum Verlust des eigenen Lebens, die Konfrontation mit maximaler Gewalt- und Tötungsbereitschaft der Täter, die professionelle und rechtlich abgesicherte Bereitschaft zum Töten, die Konfrontation mit verletzen und toten Unbeteiligten sowie Kolleg:innen und damit einhergehend eine außergewöhnliche physische wie psychische Belastung der eingesetzten Polizist:innen.

Man könnte von einem Paradigmenwechsel sprechen: weg von der zivilen Bürgerpolizei mit ihrer bislang stärksten Waffe des Wortes hin zur quasi militärisch geschulten Terrorbekämpfungspolizei, die sich auf Worst-Case-Szenarien einstellen muss.
Die Asymmetrien solcher Einsatzlagen wären weit ausgespannt: Terroristen fühlen sich im Krieg und handeln dementsprechend; das polizeiliche Handeln ist demgegenüber durch rechtsstaatliche Bedingungen limitiert. Professionelles polizeiliches Handeln heißt hohe Tötungshemmung, also geringe Bereitschaft zum Töten und minimale Bereitschaft zum persönlichen Lebensopfer. Demgegenüber ist terroristisches Handeln von einer Minimierung der Tötungshemmung, einer maximalen Bereitschaft zum Töten und einer maximalen Bereitschaft zum Selbstopfer geprägt.
Das hieße für Polizei in einer solchen Lage, gegen militärisch ausgebildete, zum Letzten entschlossene Selbstmordattentäter kämpfen zu müssen.
Taktisches Ziel polizeilichen Handelns in der Einsatzlage Amok-TE ist die vollständige Handlungsunfähigkeit der Täter im Sinne der Verhinderung der Einwirkungsmöglichkeit auf andere Personen bzw. – falls dieses Ziel nicht erreicht werden kann – zumindest die Handlungseinschränkung und örtliche Bindung der Täter.
In dieser Extremlage könnte die Evakuierung von Unbeteiligten und die Rettung von Verletzten, auch von verletzten Kolleg:innen, erst nachrangig erfolgen.
Nach dieser ersten Einsatzphase würden Spezialeinheiten die Erstinterventionskräfte des Streifendienstes und der Bereitschaftspolizei herauslösen und die Lage bewältigen.

21.3 Ethische Herausforderungen der Einsatzlage Amok-TE

Wer als Polizist:in in die Einsatzlage Amok-TE gerät, findet sich in einem massiven Spannungsfeld einsatztaktischer, rechtlicher und moralisch-ethischer Herausforderungen wieder.
Die Grundkonstellation aus den drei Polen 1. Täter bekämpfen, gegebenenfalls auf Kosten von 2. Opfer retten/schützen, gegebenenfalls auf Kosten von 3. sich selbst und Kolleg:innen schützen führt zu unlösbaren Dilemmata: Gleich was ich als Polizist:in tue, ob ich handele oder zögere oder nicht handele, endet in letzter Konsequenz in der Verletzung elementarer Grundrechte anderer.
Zur Verdeutlichung ein Beispiel: Eine Polizeibeamtin hat kein sicheres Schussfeld auf den Täter, weil immer wieder Passanten durch die Schusslinie laufen. Entscheidet sie sich, dennoch auf den Täter zu schießen, und trifft dabei einen Passanten, wird sie sich später vermutlich fragen, ob sie nicht besser gewartet hätte. Entscheidet sie sich hingegen zu warten, wirft sie sich

möglicherweise später vor, dass der Täter danach noch mehrere Passanten getötet hat.
Ohne die Bereitschaft zur (moralischen) Schuld, ist Handeln in dieser Extremlage nicht möglich.
Die ethischen Herausforderungen im Einzelnen können hier nur skizziert werden.

21.3.1 Ethische Herausforderungen im Blick auf den/die Täter

- Was heißt vollständige Handlungsunfähigkeit des Täters? (kein Tötungsbefehl!)
- Entscheidung im Bruchteil von Sekunden: Nicht-Schießen – Schießen auf die Extremitäten – finale Bekämpfung (Kopfschuss), gegebenenfalls auch von hinten oder wenn der Täter bereits am Boden liegt
- Sprengstoff am Körper? (der selbst oder fern gezündet werden kann)
- Sprengradius einhalten?
- Kinder als Täter

21.3.2 Ethische Herausforderungen im Blick auf Unbeteiligte

- Darf ich Unbeteiligte gefährden, um auf den Täter einwirken zu können? Dürfen/müssen also Kollateralschäden in Kauf genommen werden?
- Polizeirecht contra Kriegsrecht – Terror fühlt sich an wie Krieg, ist aber nicht Krieg, sondern eine exzessive Form von Kriminalität samt maximaler Bereitschaft zum Töten.
- Bergung/Versorgung nachrangig

21.3.3 Ethische Herausforderungen im Blick auf Kolleginnen und Kollegen

- Kann/darf/muss ich an verletzten Kolleg:innen vorbeigehen, um weiter gegen die Täter vorzugehen, oder helfe ich den Kolleg:innen?
- Bergung/Versorgung nachrangig
- Ändert sich etwas an meiner Einschätzung, wenn ich Kolleg:innen persönlich kenne?

21.3.4 Ethische Herausforderungen im Blick auf mich selbst

- Konfrontation mit maximaler Bereitschaft zum Selbstopfer. Eigensicherung und/oder Risikobereitschaft („wer, wenn nicht wir!“) bis hin zum (falschen?) Heldenmut?
- Muss es neben Eigensicherung auch so was wie „Eigenentsicherung“ geben?

- Gibt es eine Pflicht, ein deutlich erhöhtes Risiko einer Lebensgefährdung auf sich zu nehmen, sich also sehenden Auges einer konkreten Gefahr auszusetzen (Wagnis des eigenen Lebens)?
- Gibt es sogar eine (moralische!) Pflicht, den nach menschlichen Maßstäben sicheren Tod auf sich zu nehmen (Opfer des eigenen Lebens)?
- § 34 Beamtenstatusgesetz: Pflicht zum vollen persönlichen Einsatz – was heißt das konkret?

Jede Entscheidung in dieser Lage ist eine persönlich zu verantwortende Entscheidung – zum Beispiel für die gezielte Tötung eines Täters als einziges taugliches Mittel „zur Abwehr einer gegenwärtigen Lebensgefahr oder der gegenwärtigen Gefahr einer schwerwiegenden Verletzung der körperlichen Unversehrtheit" (§ 63 PolG NRW) nach Prüfung aller Alternativen im Bruchteil von Sekunden.
Und eine solche Entscheidung zieht (wie immer) eine rechtliche Überprüfung nach sich, die auch bei Feststellung der Rechtmäßigkeit der getroffenen Maßnahme nicht unbedingt vor der moralischen Qual des Gewissens feit.

21.4 Polizeiseelsorge in der berufsethischen Fortbildung zur Einsatzlage Amok-TE

Amok-TE ist zweifelsfrei eine polizeiliche Extremsituation. Um im Sinne der Fortbildungskonzeption Amok-TE des LAFP der Polizei NRW ein handlungssicheres Vorgehen der Polizeivollzugsbeamt:innen zu gewährleisten, bedarf es neben dem Einsatztraining einer intensiven mentalen Vorbereitung im Sinne einer gedanklichen Auseinandersetzung mit möglichen Szenarien im Vorfeld – und das im Bestfall gleichzeitig bzw. aufeinander abgestimmt.
Im Juni 2018 wurde im Polizeipräsidium Köln eine Koordinierungsstelle Amok-Terrorismus/Extremismus (KoSt Amok-TE) eingerichtet, welche rund um die Thematik Amok-TE als direktionsübergreifender „Single Point of Contact" fungiert und in diesem Themenfeld koordinierend, beratend und unterstützend tätig ist.
Durch den persönlichen Kontakt zwischen den beiden Polizeivollzugsbeamten der KoSt Amok-TE und der Polizeiseelsorge entstand die Idee, für die Kölner Behörde ein Schulungsformat für Führungskräfte zu entwickeln. Angestoßen wurde das Vorhaben durch eine Veranstaltungsreihe des Zentrums für ethische Bildung und Seelsorge der Polizei NRW (ZeBuS), das unter dem Titel „Führungsethische Herausforderungen im Handlungsfeld Amok-TE" 2018 alle Führungskräfte des Höheren Dienstes der §4-Behörden zur ethischen Reflexion dieser polizeilichen Extremlage eingeladen hatte.

Analog dazu erschien es uns zielführend, die Führungskräfte des gehobenen Dienstes des Polizeipräsidiums Köln zu einer solchen Veranstaltungsreihe einzuladen, um Raum zur persönlichen Auseinandersetzung zu bieten, mögliche Dilemmata vorab durchzuspielen zu können und mental vor die Lage zu kommen.

Mit Unterstützung des Polizeipräsidenten und auf Beschluss der Leitungskonferenz wurde die Seminarreihe „Amok-TE: Eine führungsethische Herausforderung“ für die Zielgruppe Führungsebene DGL/WDF, ETL/ ETL/V[1], Zug- und stellvertretende Zugführer, Gruppenführer sowie Führungskräfte der K-Wache[2], des KK 42 und KK 44[3] verpflichtend gesetzt. KoSt Amok-TE und Polizeiseelsorge erhielten den Auftrag, die Reihe inhaltlich zu konzipieren und ab Februar 2019 in einer Reihe von Tagesveranstaltungen mit rund 250 operativen Führungskräften durchzuführen.

Der Schwerpunkt der Seminare lag darauf, sich mit der Einsatzlage Amok-TE im Spannungsfeld ethischer, führungsethischer, rechtlicher und einsatztaktischer Fragestellungen zu beschäftigen und eigene Antworten zu finden.

Die Teilnehmenden antizipierten die Einsatzlage und wurden in mögliche Einsatzszenarien versetzt, in denen sie schnelle Entscheidungen treffen mussten: Täterbekämpfung und/oder Rettung von Kolleg:innen, Gefährdung von Unbeteiligten, Gefahrenabwehr und/oder Strafverfolgung, Rettung von Älteren und/oder von Jüngeren, Täter trägt evtl. einen Sprengstoffgürtel, Kinder als Täter. Anschließend gab es Raum, die schnell in der Lage getroffenen Entscheidungen im Zusammenspiel ethischer, rechtlicher und einsatztaktischer Aspekte zu diskutieren und zu persönlich verantwortbaren Entscheidungen zu gelangen.

Auch wurden die ethisch gebotene Führungsverantwortung und die als Führungskraft zu treffenden Entscheidungen reflektiert.

Zudem wurden die Führungskräfte in die Lage versetzt, ihrerseits als Multiplikator:innen die Seminarinhalte an ihre Mitarbeiterinnen und Mitarbeiter weiterzugeben.

Das Feedback der Teilnehmenden, die mit unterschiedlichen Erwartungshaltungen in die Veranstaltungen gestartet waren, fiel durchgängig positiv aus. Die Führungskräfte waren von der Wichtigkeit des Themas und der gedanklichen Auseinandersetzung – auch in und mit ihren Organisationseinheiten – überzeugt.

Polizeiseelsorge in Köln wurde in ihrer Expertise im Bereich polizeilicher Berufsethik wahrgenommen und als unterstützend erlebt.

---

1 Dienstgruppenleiter:in/Wachdienstführer:in, Einsatztruppleiter:in/stellvertretende:r Einsatztruppleiter:in

2 Kriminalwache

3 Kriminalkommissariat 42 und Kriminalkommissariat 44

21.5 Literatur

Aus- und Fortbildung der Polizei zu Szenarien mit sofortigem polizeilichen Interventionserfordernis. https://www.landtag.nrw.de/portal/WWW/dokumentenarchiv/Dokument/MMV16-3967.pdf

Hober, Samuel Maria: Menschenwürde als ethisches Beurteilungsprinzip. Trierer Theologische Studien Bd. 79. hrsg. v. der Theologischen Fakultät Trier. Paulinus Verlag 2014.

Klöcker, Katharina: Freiheit im Fadenkreuz. Terrorbekämpfung als christlich-ethische Herausforderung. Freiburg im Breisgau 2017.

Schlink, Bernhard: An der Grenze des Rechts. in: Der Spiegel 3/2005. http://magazin.spiegel.de/EpubDelivery/spiegel/pdf/38998436

Sprenger, Reinhard K.: Radikal führen. 2. Aufl. Campus Verlag 2022.

Tabke, Clemens: Moral als Entscheidungsressource in Einsatzlagen mit sofortigem Interventionsbedarf. Überlegungen zu ethischen Problemstellungen und unterstützenden Reflexions- und Entscheidungsinstrumenten. 2016. VS-NfD.

Thesen zur Verantwortung der Polizei angesichts terroristischer Anschläge (Amok TE). hrsg. v. Landesfacharbeitskreis Ethik der Fachhochschule für öffentliche Verwaltung NRW und der Ökumenischen Konferenz Polizeiseelsorge NRW. Worms 2018.

Von der Pfordten, Dietmar: Rechtsethik. 2. Aufl. München 2011.

22 Polizeiliches Handeln bedenken – als Grenzgang. Idee und Entwicklung neuer Modelle ethischer Bildung für die Polizei NRW Raum geben

Michael Arnemann

22.1 Praxis ist, was funktioniert

Was heute vielfach akzeptiert erscheint und mitunter sogar mit einem gewissen Stolz benannt wird, nämlich einen berufsethischen Lehr- und Lernraum in der Polizei NRW vorzufinden – noch dazu baulich verwirklicht als umfassende „Ethik-Ausstellungen" an drei Orten in verschiedenen Landesteilen –, war Ende der neunziger Jahre noch kaum denkbar und kam erst in den sogenannten Nullerjahren mehr und mehr als Idee in Bewegung. Ebenso futuristisch wäre zuvor wohl auch die Vorstellung gewesen, „andere" Polizeien würden diese Plattform eines Bildungsangebotes für ihre Ausbildungsziele nutzen. Oder sogar selbst entsprechende Projekte verwirklichen – noch dazu als Beitrag internationaler Zusammenarbeit.

22.1.1 Wozu berufsethische Bildung?

Wer sich die Ausgangslage ab Aufbau der Polizeiausbildungsinstitute (PAI) in Nordrhein-Westfalen 1996 in Erinnerung ruft, kann das Thema Berufsethik in der Polizei u.a. mit der „Erteilung des Berufsethischen Unterrichts" in Verbindung bringen. In der Regel standen pro Woche und Ausbildungskurs eine Stunde für ein entsprechendes Lehrangebot zur Verfügung. Die Praxis war über Jahrzehnte in den Ausbildungsabteilungen der Bereitschaftspolizei eingeführt und erprobt. Die benötigten Rollen schienen eindeutig verteilt: Der bzw. die vor Ort mit seiner bzw. ihrer Dienststelle ansässige Polizeiseelsorgende war als Dozent:in für die Durchführung des Unterrichts zuständig, die Ausbildungsleitung beaufsichtigte das von staatlicher Seite zu verantwortende Fach und unterstützte die Maßnahmen. Im Allgemeinen konnte ein klassisches Schüler-Lehrer-Setting als Angebot an junge Leute zu Beginn ihrer Berufslaufbahn verwirklicht werden.
Im Kreis der Lehrenden war das Ziel, Beiträge zur Werteorientierung zu leisten, mehr oder weniger anerkannt. Zum einen, weil das Bild vorherrschte, dass in allen Fächern Themen, mindestens Aspekte, die man auch dem ethischen Diskurs zuordnen kann, angesprochen werden – somit „Berufsethik" auf unterschiedlichen Ebenen die Unterrichtspraxis betrifft.

Zum anderen, weil der systematische berufsethische Unterricht eine besondere Herausforderung darzustellen schien: Gegenüber manch anderem Fach einer praxisorientierten Ausbildung war er – zumindest in der Wahrnehmung junger Menschen – häufiger eher theorielastig angelegt, wurde nicht selten als (irritierende) Unterbrechung im Ablauf des Bildungsgeschehens wahrgenommen, konnte bei den Auszubildenden aber auch die Frage hervorrufen, wie wichtig die hier vorgestellten Thematiken und Ziele für die künftige Berufsausübung waren. Ein umfassendes und allgemein anerkanntes Curriculum wurde zudem (zumindest Mitte der neunziger Jahre) dem Lehrenden nicht zur Verfügung gestellt.

Was grundsätzlich für alle Fächer gilt, im „BEU" kumulierten Anfragen an Konzeption, Didaktik und Zielsetzung sowie der übergeordneten berechtigten Erwartung, ein Mehr an Handlungssicherheit für die zukünftig im Bereich des Gewaltmonopols Verantwortung Übernehmenden zu fördern. Und noch viel grundsätzlicher war die Anfrage zumindest einiger Beteiligter: Braucht es überhaupt einen *Ort – auch im Sinne eines Unterrichtsfachs –* , der den Wunsch nach Werteorientierung repräsentiert bzw. sich zu eigen macht, wenn doch die Adressaten entsprechender Bemühungen auf der Grundlage ihrer Eidesleistung zentrale Werte ihres Berufes und noch weiterreichender, der Verfassung, der sie dienten, öffentlich bejaht hatten? Kurzum: Warum über etwas sprechen, was doch sowieso klipp und klar für jede einzelne Einsatzkraft sein muss?

Eben nicht! Oder vielmehr: So einfach lässt sich diese vermeintlich eindeutige Rechnung nicht aufmachen. Zumindest war dies die Auffassung von vielen fachlich interessierten Personen, insbesondere – quasi als Nukleus der Bewegung – im Fachbereich 7 (Sprachen / Verhalten / Seminare mit der Fachgruppe Berufsethik) des PAI Selm. Und die Überlegungen, die sich mit der zuvor benannten Frage nach einem *„Ort"* andeuten, wurden bereits Ende der neunziger Jahre in diesem Praktiker- und Expertenkreis verstärkt mit der Perspektive verbunden, einer berufsethisch fundierten Werteorientierung zumindest in der Polizeiausbildung *„mehr Raum"* zu geben.[1] Die eine Stunde pro Woche erschien jedenfalls als ein überschaubares Maß – wenn auch im Vergleich mit ähnlichen Bemühungen

[1] Entsprechende Initiativen sind in den neunziger Jahren insbesondere durch die Fachorganisationen der Polizeiseelsorge der katholischen und evangelischen Kirche begleitet worden. So bestanden auf Landesebene NRW Arbeitskreise kirchlicher Dozenten in der Polizei; die Bundesarbeitsgemeinschaft für kath. Polizeiseelsorge und die Konferenz ev. Polizeipfarrerinnen und -pfarrer unterhielten weitere Fachgremien auf Bundesebene. Mit dem „Schwenninger Signal" (2006) sind die dabei gewonnenen Erfahrungen und Erkenntnisse für die Ausbildung der Polizeien in Deutschland gesichert worden.

in den Polizeien anderer Bundesländer nicht einmal schlecht dastehend.[2] Die Feststellung schließlich, dass berufsethischer Unterricht wesentlich im Bereich der Ausbildung stattfand und in Fortbildungsveranstaltungen für einen Großteil der Bediensteten kaum bzw. gar nicht mehr Thema war, konnte ebenfalls nur mäßig überzeugen: Das naheliegende Bild, ein Berufsleben lang aus dem einst gepackten Tornister zu schöpfen, verband sich mit der kritischen Anfrage, ob man nicht doch sehr darauf vertraue, das Wesentliche würde sich schon irgendwie bzw. im Dienst als „training on the job“ sinnvoll einstellen.

22.1.2 Erweiterte Praxis

Günstige Startbedingungen zur Beantwortung oder doch zumindest zur teilweisen Klärung solcher Fragen waren neben dem erwähnten Fachpersonal auch und insbesondere in der Administration vorhanden. Lange vor der Aufnahme konzeptioneller Arbeiten zum Grenzgang konnten in den Polizeiausbildungsinstituten wichtige Schritte zur Fortentwicklung der berufsethischen Lehre unternommen werden. Hierzu gehört zum einen die zeitweise Gestellung von bis zu vier Polizeiseelsorgenden (allein am Standort Selm-Bork!), die als Team die Lehrveranstaltungen zur Berufsethik verantworteten und zudem durch die Fachbereichsleitung umfassend beraten wurden. Bereits zu Beginn der Nullerjahre unterstützte die Bildungseinrichtung der Polizei mit dem Aufbau eines eigenen, schließlich fest zugeordneten *Fachraums Berufsethik*, der neben der Ausstattung mit besonderen, inhaltlich zielführenden Einrichtungs- und Gestaltungselementen eine erste Verwirklichung der Idee eines „spezifischen Ortes“ darstellte.

Nicht mehr die überkommene eine Stunde pro Woche, sondern Halbtages- und Tagesseminare zu berufsethischen Themen – nicht selten verbunden mit Exkursionen, um bedeutende Netzwerke in Verbindung mit der polizeilichen „Praxis vor Ort“ kennenzulernen und zu reflektieren – konnten verwirklicht werden. Die notwendige logistische Unterstützung erfolgte ebenso umfassend durch die Dienststellen wie die bereitwillige Förderung durch weitere Kooperationspartner. Das sich hiermit dokumentierende gemeinsame Anliegen ganz unterschiedlicher „Player“, zivilgesellschaftlich Maßnahmen zur Werteorientierung für (junge) Mitarbeitende der Polizei zu fördern, wurde schließlich begleitet von weiteren Veranstaltungen auf Institutsebene, die sich berufsethischen Themen widmeten und damit einen

[2] Vgl. Erhebung Berufsethischer Unterricht in der Aus- und Fortbildung der Polizeien der Länder (2001), in: Arnemann, Michael: Kirche und Polizei: Zwischen Gleichschaltung und Selbstbehauptung. Historische Grundlagen und aktuelle Perspektiven für kirchliches Handeln in staatlichen Institutionen, Münster 2005, 315ff.

umfassenden Kreis Interessierter erreichten.[3] Alles in allem wichtige Elemente einer sich konsolidierenden Praxis, die bei späteren Planungen zum umfassenderen Projekt Grenzgang einfließen konnten.

22.1.3 Konzeption als hauseigenes Projekt

Mit der Fortentwicklung der dezentral-eigenständigen Polizeiausbildungsinstitute zum Institut für Aus- und Fortbildung (IAF) und der Beendigung der Ausbildung zum mittleren Dienst in der Polizei im Land NRW (2004) veränderte sich (auch) das Profil von Polizeiseelsorge in der Bildungseinrichtung. Die Personalausstattung am Standort wurde de facto stark zurückgenommen. Die Praxis berufsethischer Lehre verlagerte sich zum Großteil in die Zuständigkeit der Fachhochschule für öffentliche Verwaltung und damit an einen anderen Ort. Insgesamt Änderungen, die die Diskussion und damit die Frage nach der Bedeutung berufsethischer Bildungsmaßnahmen für die Polizei neu belebten.[4] Zugleich konnte die Forderung nach „mehr Raum geben" trotz zeitweise bestehender Befürchtungen angesichts anderweitiger Entwicklungen wiederum in den Behördenalltag und die strategische Ausrichtung der Organisation eingebracht werden.[5] Mit der Begründung des Landesamtes (LAFP NRW) schließlich ist auch die Zusammenarbeit von Staat und Kirchen für die Polizei erweitert thematisiert worden.[6] Rückblickend lässt sich eine Veranstaltung auf Einladung der Behördenleitung Mitte der Nullerjahre zum Thema Entwicklung der Polizeiseelsorge und der staatlich-kirchlichen Zusammenarbeit seit Neuaufstellung der modernen Polizei in der Weimarer Republik als Geburtsstunde der Idee einer „Ausstellung in neuem Format" identifizieren. Was ca. fünf Jahre später als „Grenzgang" eröffnet werden sollte, war zunächst ohne Beispiel oder vielmehr mit der vagen Erwartung verbunden,

---

[3] So z.B. Veranstaltungen zum Tag der Menschenrechte (zu denen u.a. J. M. Friedman referierte) oder die Teilnahme an Maßnahmen zur Förderung von Zivilcourage im Rahmen der Vergabe von Medienpreisen wie dem CIVIS, die insbesondere auf einen jungen Adressatenkreis ausgerichtet sind.

[4] Vgl. Arnemann, Michael, Klempt, Annette, Werwer, Reinhold: Quo vadis Werteorientierung? Anmerkungen zu Wertelandschaften und Berufsethik in der Polizei., in: Polizei & Wissenschaft 4/2010, 12-15.

[5] Vgl. Werwer, Reinhold, Arnemann, Michael: Der Grenzgang., in: Unsere Seelsorge (Bistum Münster) 2012, 10-13, 12 : „Auf diese Weise wurden in einem sehr konkreten Sinne Räume für ein zentrales Anliegen der polizeilichen Personalentwicklung geschaffen, das im normalen polizeilichen Bildungsbetrieb nahezu keinen Raum mehr hatte."

[6] So z.B. durch die Einrichtung von „Räumen der Stille" in öffentlichen Gebäuden – 2007 realisiert am LAFP Standort Selm-Bork.

dass man die reichlich zur Verfügung stehenden Erfahrungen bündeln und in einen sinnvollen Prozess integrieren könne.
Die anfängliche Suche nach geeigneten Projektwilligen und die Form der Zusammenarbeit bestimmten maßgeblich die konkrete Aufbauarbeit über drei Jahre. Statt fertig abrufbarer oder möglicherweise nur zu modifizierender Pläne musste fast alles in Eigenleistung neu erdacht und mit den hauseigenen Mitteln umgesetzt werden. Anders als bei nachfolgenden Konzeptentwürfen standen auch noch keine externen beratenden Fachorganisationen oder Kontakte, geschweige denn belastbare Arbeitsverbindungen z.B. zu Hochschulen für Design zur Verfügung. Letztere sollten sich zukünftig wiederholt als sehr praktisch erweisen, da so die eigene Idee unter dem Blick weiterer fachlicher Expertise mehr und mehr den Adressaten in den Mittelpunkt der Arbeiten rückt. Allerdings: Mit einer behördenweiten Umfrage unter mehr als tausend Studierenden und Bediensteten zum Start der Projektphase konnte das Ziel von Adressatenorientierung in gewissem Umfang bereits zu einem frühen Zeitpunkt verwirklicht werden. Statt Themen oder Inhalte für ein Bildungsvorhaben klassisch aus einem vermeintlich zur Verfügung stehenden Curriculum zu entnehmen, wurde zunächst gefragt, was zukünftige potenzielle Besucherinnen und Besucher einer Ethik-Ausstellung für die Polizei in den zugehörigen Räumen zu sehen, erfahren, reflektieren wünschten.

22.2 Berufsethische Diskurse neu denken

22.2.1 Grundlagen

Dass es (wieder) einen „festen Ort“ geben sollte, der das Ziel eines neuen Modells berufsethischer Lehre in der Polizei eindeutig repräsentiert, war somit zu einem frühen Zeitpunkt wesentliche Konzeptionsgrundlage. Es konnte zudem auf profundes Er- und Bedachtes in dieser Hinsicht aus den zurückliegenden gut zehn Jahren zurückgegriffen werden. Mitunter ein Grund dafür, dass vergleichsweise sehr repräsentative Räume in der Liegenschaft ausgewählt und ertüchtigt wurden – statt ein „irgendwie“ zu verwirklichen, ein früher Hinweis auf die erkannte Bedeutung des Anliegens! Weitere Ziele ließen sich ebenso an bereits früher erprobte Praxis anbinden: Was in der Ausstellung verwirklicht und damit sichtbar werden sollte, musste nicht zuletzt auch emotional ansprechen. Dazu war die Alltagsrealität polizeilicher Arbeit so gut wie möglich abzubilden: Statt (wie zuvor) z.B. Exkursionen an die Handlungsorte durchzuführen, wollte man Erfahrungen der sich einfindenden bzw. teilnehmenden Praktiker abrufen und möglichst vergegenwärtigen. Alle eingebrachten Gestaltungselemente sollten zudem geeignet sein, Kommunikation in Gruppen zu fördern. Und mit Blick auf das zentrale Anliegen, eben den ethischen Diskurs anhand von

Reflexion der Alltagsgegebenheiten zu initiieren bzw. zu fördern, wollte man vor allem darauf achten, keine vorschnelle moralische Weisung dem Grenzgänger zuzumuten oder sich selbst gar der Kritik auszusetzen, den Belastungen eines „moralischen Zeigefingers“ Vorschub zu leisten.
Mit und unter diesen Prämissen ließen sich vier der zehn rückgemeldeten Themenwünsche anhand eines durchgeführten Rankings auswählen und von vier Arbeitsgruppen bearbeiten. Vor allem die Kolleginnen und Kollegen der LAFP-Standorte Selm und Münster beteiligten sich mit viel Engagement am Pilotprojekt. Unterstützt durch die Polizeiseelsorgenden der katholischen (Bistum Münster) und der evangelischen Kirche (in Westfalen) mit ihren Dienststellen in den Liegenschaften in Selm-Bork und Stukenbrock konnte ein gegenseitiger Beratungsprozess umgesetzt werden, der viel polizeiliches sowie persönliches Erfahrungswissen mit Umsetzungsideen und Erkenntnissen aus berufsethischen Lehrveranstaltungen zusammenbrachte. Das bereits viele Jahre zuvor praktizierte Teamteaching polizeilicher und kirchlicher Kräfte, nicht selten unter dem Druck der Alltagsabläufe in einer Bildungseinrichtung eher spontan verwirklicht, konnte jetzt in gewisser Weise als Modell dienen für eine Zusammenarbeit, mit der deutlich mehr Raum gegeben wurde für fundamentale Einsichten und Überlegungen zur Gestaltung von Bildungszielen.
Wenn auch manches, was nunmehr erdacht, beschafft, geprüft, verworfen und neu erstellt wurde, in seiner dann endgültigen Form als Erstlingswerk sich von späteren Nutzern die Kritik von „erlebe ich als Old School“ oder „sehr textlastig“ gefallen lassen musste: Allein der Prozess der inhaltlichen Konstruktion machte deutlich, von wie viel Individualität und zugleich professionell orientierter Auffassung die Sicht auf die einzelnen Themen geprägt und mit wie viel persönlicher Leidenschaft an der Verwirklichung eines Kommunikationsraumes gearbeitet wurde. Vermutlich war bereits dieses Raum-Geben für Arbeits- und Projektgruppen mit ihren monatelangen Such- und Findungsstrategien, nicht selten on-top zur Alltagsarbeit geleistet, ein erheblicher Zugewinn für die Polizeiorganisation – mindestens im Hinblick auf ihren berufsethischen Diskurs ein bemerkenswertes Potenzial!

22.2.2 Zielgruppen

Neben den vereinbarten inhaltlichen Vorgaben, allesamt dokumentiert in methodisch-didaktischen Konzepten und umfassenden Planungstabellen, mussten die abweichenden Bedarfe der jeweiligen Zielgruppen identifiziert werden: Lehrende in der Qualifizierung, Teilnehmer von Aus- und Fortbildungsveranstaltungen und weitere Besuchergruppen waren zunächst im Sinne eines recht umfassenden Nutzerkreises im Blick bzw. in der angeordneten Aufgabenstellung sowie den Aufgabenpaketen gelistet, um ihnen „ein Annähern an berufsethische Fragestellungen zu ermöglichen. Sie sollen sich konfrontiert sehen mit berufsethischen Komponenten polizeilicher Arbeit und sich aktiv damit auseinandersetzen."[7] Wenn auch grundsätzlich im Rahmen der Unterrichtsplanung nicht neu, gerade hiermit erklären sich die aufwendigen Recherchen von Bild-, Ton- und Textmaterial, Interviews und Filmsequenzen, um möglichst vielen einen ihnen gemäßen Zugang zu vermitteln.[8] Der Aufwand sollte sich lohnen, um einen „Unterrichtsraum ganz besonderer Art"[9] zu erstellen. Und er war zudem angeraten, da die Planer und Umsetzer besondere Herausforderungen erkannten. Gehörten sie nämlich mit Blick auf sozialwissenschaftliche Analysemodelle der Babyboomer-Generation an, so waren sie im direkten Vergleich mit der Personenkohorte der aktuell Studierenden-Generation X bzw. Y nicht nur „lebensälter", sondern vermutlich auch grundsätzlich mit anderen Wertvorstellungen und Wertediskursen „konfrontiert". Jedenfalls wurde damit gerechnet, „dass vornehmlich junge Polizeibeamtinnen und Polizeibeamte einer berufsethischen Betrachtung ihrer dienstlichen Aufgaben oftmals kritisch und distanziert gegenüberstehen".[10]

Mit der Fertigstellung der Ausstellung und Benennung des Ensembles von Raum 1 – Sind wir in der Gesellschaft wirklich alle gleich?, Raum 2 – Polizei und Gewalt, Raum 3 – Polizei in Extremsituationen, Raum 4 – Umgang mit Sterbenden und Toten erreichte das Projekt Grenzgang 2010 einen vorläufigen Abschluss, letztlich aber, wie sich bald zeigte, eher einen wichtigen Zwischenschritt. Das Ergebnis der aufgewendeten Ressourcen und bereitgestellten Mittel, mit denen Führungsentscheidungen verbunden waren, die natürlich organisationsintern nicht ohne die Begleitung kritischer Stimmen und Einwände blieben, sollten sich nunmehr dem Praxistest unterziehen. Viele Projektbeteiligte und vor allem Besucherinnen und Besucher kamen bereits nach wenigen Wochen zu dem Ergebnis: Was in der Aufbauphase immer wieder Anfragen und auch Unverständnis der nicht direkt am Konzeptionsprozess Beteiligten hervorgerufen hatte, mit der Möglichkeit der Begehung und Erfahrung der Ethik-Ausstellung legten sich diese Stimmen relativ schnell. Vielmehr: Mit dem nunmehr erfolgreich umgesetzten Versuch, zu einem neuen Modell berufsethischer Lehre zu gelangen, verband sich für viele ein neues Markenkennzeichen für eine Aus-

[7] Gödecke, Franz: Berufsethischer Raum im LAFP NRW. Die Einrichtung schreitet voran., Bericht zur Veröffentlichung Intranet LAFP 2010.

[8] Siehe hierzu auch das zeitgleich aufgebaute, konzeptionell ähnlich ansetzende Projekt eines Didaktik-Portals beim Zentrum für ethische Bildung in den Streitkräften (ZeBiS), Hamburg. (Informationen abrufbar unter: https://www.zebis.eu/didaktik-portal/ Zugriff am 25.05.2022).

[9] Gosebruch, Rainer: Rede zur Eröffnung des Grenzgangs, unveröffentlichtes Manuskript, 1-2, S. 1.

[10] Ebd.

und Fortbildungseinrichtung des Landes NRW. Mit der jetzt auch denkbaren Möglichkeit von „Ethik boomt“[11] konnten sehr bald weitere Projekte dieser Art begründet und veranlasst werden.

22.2.3 Polizeikultur, Menschenbild, Grenzgang

Es gehört wohl zu den wichtigsten Erfahrungen des mit dem Pilotprojekt verbundenen organisationsinternen (ethischen) Diskurses, dass eine der Wirkungen der sich einstellenden „Praxis Grenzgang“ der Wunsch nach Fortführung der mit der Leitidee entstandenen Zusammenarbeit von Interessierten war. Sowohl am LAFP Standort Stukenbrock als auch am Standort Brühl bildeten sich Arbeitsgruppen, die im Behördenauftrag eigene Projekte zu verwirklichen suchten. Mit den Erkenntnissen aus dem Piloten wurden nunmehr weitere Kooperationspartner gewonnen. Insbesondere die Beauftragung der zuvor genannten Hochschulen für Design mit dem hier vorhandenen Potenzial an Abschlussarbeiten junger Studierender brachte neue Ideen und Entwürfe. Hiermit ließen sich sowohl den Planungen zur Architektur der ausgewählten Gebäude als auch den damit korrespondierenden Raumkonzeptionen ein Mehr an Bedeutung widmen und letztlich wohl auch ein Mehr an Adressatenorientierung erreichen. Unter den je eigenen Voraussetzungen der Bildungszentren in Ostwestfalen und im Rheinland konnte mit den Arbeitstiteln „PolizeikulturRaum“ und „MenschenBilder“ für weitere Themen ein Ort geschaffen werden – allerdings in gewisser Hinsicht nur im Sinne umfassender Konzeptionsarbeiten monatelang tätiger Arbeitsgruppen: wiederum zusammengesetzt für Stukenbrock aus Kolleginnen und Kollegen der Bildungseinrichtung und unterstützt durch die bereits zuvor für den Aufbau des Grenzgangs tätigen Polizeiseelsorgenden und weiterer Kräfte der Polizeiseelsorge des Bistums Paderborn, für Brühl unterstützt durch die dort tätige Polizeiseelsorge.

Die Projektarbeiten wurden für das Bildungszentrum in Stukenbrock bis zur Ertüchtigung der Gebäude und der Fertigstellung eines inhaltlichen Konzeptes, das u.a. die Auseinandersetzung mit der Tätigkeit des Namensgebers des Standortes, Erich Klausener, für die Polizei der Weimarer Republik umfasste, fortgeführt. Auch für Brühl liegen umfassende Planungen vor, die ein modernes Konzept berufsethischer Bildung mit Schwerpunkt der Auseinandersetzung mit den Menschenrechten verfolgen.[12]

---

[11] Vgl. Block, Dieter: Ethik boomt., in: Deutsche Polizei 3/2014, S. 18-20.

[12] Beide Projekte und die zugehörigen Planungen sind umfassend dokumentiert. U.a. konnten Masterarbeiten, die in der Fachstelle Ethik / Berufsethik der DHPol betreut wurden, zur Sicherung der Konzeptentwürfe angefertigt werden. Siehe: Born, Florian: Zur Relevanz von Wertvorstellungen und Menschenbildern auf Führungsverhalten und -erfolg in der Polizei. Das Projekt Menschenbilder beim LAFP der Polizei NRW (2019); Seck, Carsten: Ethische Aspekte einer modernen Polizeikultur. Untersuchungen zu

Veränderte Nutzungsbedingungen in den Liegenschaften und eine angepasste Neuausrichtung der Bildungsarbeit führten schließlich zur Beendigung der zuvor benannten Arbeiten und zur Installation eines neu aufgelegten bzw. aktualisierten Konzepts Grenzgang auch an den weiteren Standorten des LAFP. Im Ergebnis sind damit drei vergleichbar ausgestattete Ethikausstellungen in drei Landesteilen verwirklicht, die gemeinsame Standards für Aus- und Fortbildung repräsentieren.

22.2.4 Ein Projekt macht Schule

Mit den Räumen des Grenzgangs, den dort eingebrachten Exponaten, Bildern, Texten und interaktiven Arbeitsmöglichkeiten sind vielfältige Anknüpfungspunkte an den alltäglichen polizeilichen Dienst vorhanden, die in der Praxis ein weitreichendes Spektrum unterschiedlicher ethischer Themen und Fragestellungen bedienen. So können z.B. Diskurse zur Menschenwürde und sich daraus ergebende Überlegungen zu Leitlinien für die Begegnung mit Gruppen am „Rande der Gesellschaft“ initiiert oder unterschiedlichste Aspekte zur Wahrnehmung und Anwendung von Gewalt gegen und durch Kräfte der Polizei im Rahmen des übertragenen Gewaltmonopols thematisiert werden. Die mit besonderen Einsatzsituationen wie z.B. Amok- oder Terrorlagen verbundenen erheblichen Belastungen und Zumutungen für alle Beteiligten erhalten ebenso ihren (kommunikativen) Raum wie auch das regelmäßige Konfrontiertsein mit Tod und Sterben in vielen polizeilichen Arbeitsfeldern. All dies lässt sich mit grundsätzlichen Anfragen zum Beispiel zu Vergeblichkeit, Trauer, Schmerz, Hoffnung und eigenem Bewältigen in Form von Aushalten, Zustimmen, Zu-eigen-Machen, Helfen, Durchsetzen usw. in Verbindung bringen. Die in den ersten zehn Jahren Grenzgang durch die Besucherinnen und Besucher erörterten Perspektiven haben zusätzlich wichtige Hinweise zur Fortentwicklung einer bereits mit der Konzeption beabsichtigten „niemals ganz vollendeten und immer wieder zu aktualisierenden“ Ausstellung erbracht.

Über Teilnehmergruppen bei Fachtagungen der Polizeiseelsorge – insbesondere bei Veranstaltungen der Bundesarbeitsgemeinschaft für kath. Polizeiseelsorge in Bund und Ländern und der Konferenz ev. Polizeipfarrerinnen und -pfarrer – konnte zu einem frühen Zeitpunkt dieses Beispiel eines neuen Modells ethischer Lehre in weiteren Bundesländern Aufmerksamkeit erlangen. Ebenso durch regelmäßig den Grenzgang aufsuchende Gruppen von Studierenden des Masterstudiengangs der Deutschen Hochschule der Polizei als Veranstaltungen der dort ansässigen Fachstelle Ethik / Berufsethik und durch weitere Delegationen der Polizeien

Begriff und Praxis unter Berücksichtigung eines Bildungsprojektes der Polizei NRW (2020).

in Deutschland wie auch von Polizeien aus dem benachbarten Ausland sind vielfältige Kontakte entstanden. Der Grenzgang wird sowohl von Ausbildungskursen als auch Dienstgruppen anderer Polizeien – nicht selten in Begleitung von Vertretern der regionalen Polizeiseelsorge – genutzt. Mit dem „MENSenWERK“ hat die Polizei der Niederlande als Ergebnis langjähriger intensiver Kontakte am Standort Apeldoorn ein ähnliches Projekt verwirklichen können. Nach Neukonzeption bzw. Erneuerung der Ausstellung am Standort Selm-Bork sind die bisher dort verwendeten Exponate der Polizei Thüringen überlassen worden, um ein eigenes Format zu verwirklichen. Weitere Anfragen und Absichtserklärungen zeigen, dass die Idee einer berufsethischen Ausstellung als Kommunikationsraum in weiteren Regionen und damit in weiteren polizeilichen Organisationen bzw. Bundesländern zur Verwirklichung ansteht.

22.2.5 Kooperationen für die Polizei

Die Partnerschaft von Kirche und Staat für die Polizei kann mit der grundsätzlichen Förderung ethischer Bildung für Einsatzkräfte sowie der beschriebenen Weiterentwicklung im Sinne eines besonderen Raum-Gebens für eben dieses Ziel im Rahmen von Persönlichkeits- und Organisationsentwicklung als wichtiger Praxisnachweis einer durchaus lebendigen Verbindung beschrieben werden. Ähnlich wie das Zentrum für ethische Bildung in den Streitkräften (ZeBiS Hamburg) mit seinem aufwendig gestalteten Didaktik-Portal u.a. Aufgaben der Militärseelsorge repräsentiert, können mit dem Zentrum für ethische Bildung und Seelsorge in der Polizei NRW (ZeBuS) seit 2014 Idee und Modell des Grenzgangs weiter gefördert und für die Zukunft gesichert werden: Die Polizeiseelsorge beteiligt sich mit eigenem Kräfteeinsatz auf der Grundlage besonderer Vereinbarung an dieser Aufgabenstellung.[13]

Die Unterstützung und Förderung der Aus- und Fortbildung und damit der Berufsethik in der Polizei bleibt (somit) auch weiterhin ein wichtiges Betätigungsfeld der Polizeiseelsorge in NRW – neben ihren genuinen Aufgaben eines kirchlichen Handelns als Seelsorge in staatlicher Anstalt, die sich in einem weiten Spektrum ausdifferenzieren. Diesem Anliegen umfassender Bildungs-, Begleitungs- und Beratungsarbeit auch zukünftig Raum zu geben, wird nicht ohne Herausforderung sein: Veränderte Personalressourcen und gesteigerte Bedarfe angesichts gestiegener Ausbildungszahlen lassen den kirchlichen Anbieter bzw. die Seelsorgenden als Lehrende in der Polizei vermehrt die Rolle *eines* Unterstützers in einem Netzwerk von Kräften, die sich am „Auftrag Berufsethik“ beteiligen,

---

[13] Siehe hierzu die Vereinbarungen zwischen dem Land Nordrhein-Westfalen und den Kirchen für die Polizei zum Unterhalt des ZeBuS aus den Jahren 2014 und 2022 – weitere Hinweise in Kap. 3.

annehmen und entsprechend weiterentwickeln. Wie genau sich dieser veränderte Beitrag in der staatlichen Organisation gestalten wird, wie unter der Maßgabe gesellschaftlichen Wandels kirchliches Handeln neu zu bewerten ist, was die bald einhundertjährige Kooperation der Partner auf der Grundlage gegenseitiger Wertschätzung auch weiterhin für die Menschen in der Polizei zu leisten vermag, bleibt zuversichtlich und tatkräftig anzugehen und aktiv zu gestalten. Jedenfalls konnte das vielfältige Engagement Einzelner bzw. vieler für das Projekt Grenzgang in den zurückliegenden fünfzehn Jahren Wirkungen erzielen, die sowohl in Richtung Polizei als auch in Richtung Kirchen längst nicht abgeschlossen sind. Potenzial ist reichlich vorhanden – die Forderung nach Raum-Geben bleibt aktuell.[14] Zugriff bei günstiger Gelegenheit ist angeraten!

22.3 Literatur

Arnemann, Michael: Kirche und Polizei: Zwischen Gleichschaltung und Selbstbehauptung. Historische Grundlagen und aktuelle Perspektiven für kirchliches Handeln in staatlichen Institutionen., Münster 2005

Arnemann, Michael, Klempt, Annette, Werwer, Reinhold: Quo vadis Werteorientierung? Anmerkungen zu Wertelandschaften und Berufsethik in der Polizei., in: Polizei & Wissenschaft 4/2010, 12-15

Block, Dieter: Ethik boomt., in: Deutsche Polizei 3/2014, 18-20

Born, Florian: Zur Relevanz von Wertvorstellungen und Menschenbildern auf Führungsverhalten und -erfolg in der Polizei. Das Projekt Menschenbilder beim LAFP der Polizei NRW (Masterarbeit Fachstelle Ethik / Berufsethik der Deutschen Hochschule der Polizei 2019)

Didaktik-Portal beim Zentrum für ethische Bildung in den Streitkräften (ZeBiS), Hamburg. (Informationen abrufbar unter: https://www.zebis.eu/didaktik-portal)

Gödecke, Franz: Berufsethischer Raum im LAFP NRW. Die Einrichtung schreitet voran., Bericht zur Veröffentlichung Intranet LAFP 2010

Gosebruch, Rainer: Rede zur Eröffnung des Grenzgangs, unveröffentlichtes Manuskript, 1-2 (LAFP / dem Autor vorliegend)

„Haltung.Macht.Sinn" (nähere Informationen unter: https://muenster.polizei.nrw/haltung-macht-sinn)

Seck, Carsten: Ethische Aspekte einer modernen Polizeikultur. Untersuchungen zu Begriff und Praxis unter Berücksichtigung eines Bildungsprojektes der Polizei NRW (Masterarbeit Fachstelle Ethik / Berufsethik der Deutschen Hochschule der Polizei 2020)

---

14 Und dokumentiert sich z.B. im ab 2019/2020 entwickelten Projekt des Polizeipräsidiums Münster „Haltung.Macht.Sinn" (nähere Informationen unter: https://muenster.polizei.nrw/haltung-macht-sinn / Zugriff am 25.05.2022).

Werwer, Reinhold, Arnemann, Michael: Der Grenzgang., in: Bischöfliches Generalvikariat Münster (Hrsg.), Unsere Seelsorge. Das Themenheft der Hauptabteilung Seelsorge, Münster 2012, 10-13

23 Das Zentrum für ethische Bildung und Seelsorge der Polizei NRW (ZeBuS)

Johannes Gospos

23.1 Entstehung und Geschichte

Nachdem das Zentrum für ethische Bildung und Seelsorge am 26. November 2014 unter hochrangiger Beteiligung gewissermaßen aus der Taufe gehoben worden war[1], wurde im Folgenden bis August 2015 eine „Startmannschaft" gewonnen, die aus einem Leiter (Laufbahngruppe 2.2. – h.D.), einem Polizeibeamten (Laufbahngruppe 2.1 – g.D.), einem wissenschaftlichen Mitarbeiter und drei Kirchenvertretern / Polizeiseelsorger:innen bestand, die zusammen eine volle Stelle besetzten. Aus diesen Anfängen hat sich das ZeBuS mittlerweile groß entwickelt: Heute haben wir im ZeBuS einen Teildezernatsleiter (h.D.), drei Polizeibeamt:innen (g.D.), fünf zivile wissenschaftliche Mitarbeiter:innen und zwei Polizeiseelsorger:innen als Vertreter der evangelischen Kirchen und katholischen Bistümer. Neun Kolleg:innen sind im BZ Selm stationiert und zwei Kolleg:innen im BZ Brühl, um dort den Grenzgang und Kraftraum zu betreuen.
Im Laufe der Zeit hat die Arbeit des ZeBuS richtig Fahrt aufgenommen: Die Zahl der Grenzgangführungen wuchs ständig, bis uns die Corona-Pandemie eine Zwangspause bei den Live-Führungen aufzwang. Doch zum Glück hatten wir vom Grenzgang eine virtuelle Version, die uns in Corona-Zeiten gute Dienste geleistet hat. Auch die anderen Ethikprojekte wurden geplant und aufgebaut.
Nun möchte ich gern die Aktivitäten in historischer Reihenfolge darstellen, bevor ich zu den vier ständigen Projekten des ZeBuS komme.

23.2 Einzelne Themen des ZeBuS

23.2.1 Lebensbedrohliche Einsatzlagen

Nachdem es im November 2015 in Paris zu den islamistisch motivierten Attentaten mit weit über 100 Toten gekommen war, hat die Polizei NRW das mittlerweile fest etablierte Handlungskonzept bei Amokläufen ausgeweitet in das neue Trainingskonzept Amok TE, heute LebEL (= Lebensbedrohliche Einsatzlagen). Dieses Handlungskonzept verlangt unseren Polizeibeamt:innen sehr viel ab: nicht nur, dass sie sich selbst bei einem solchen Einsatz in äußerste Gefahr bringen, sondern auch, dass sie hier etwas tun müssen, was sie im normalen Dienst nur im alleräußersten Notfall tun: auf

[1] Siehe dazu Kap. 3.

andere Menschen schießen, andere Menschen *er*schießen. Auch wenn diese Menschen Terroristen, Attentäter und Mörder sind, sie sind und bleiben Menschen, die in solch einer Lage von Angesicht zu Angesicht bekämpft und bleibend kampfunfähig gemacht werden müssen:

> *„Die größte Herausforderung für das Selbstverständnis der Polizistinnen und Polizisten ist hierbei der Paradigmenwechsel von ‚Ich will Leben retten – und nicht töten' hin zur bewussten Auseinandersetzung mit der gezielten Tötung von um sich schießenden Terroristen. Hinzu kommt die Belastung, die die Konfrontation mit Schwerverletzten, Sterbenden und Toten, möglicherweise auch Kolleginnen und Kollegen, mit sich bringt. Auch ist die Konfrontation mit dem eigenen Versagen angesichts der enormen Gefahr im Einsatz mit einzubeziehen. All dies wirft – auch bei Führungskräften – viele berechtigte Fragen auf. Wir müssen zudem damit umgehen, dass es dabei nicht auf alle abschließende Antworten gibt.*
>
> *Die frühzeitige Auseinandersetzung mit berufsethischen Fragen bei der Polizei ist also zwingende Voraussetzung für eine professionelle Aufgabenwahrnehmung. Es ist daher unverzichtbar, ethische Gesichtspunkte als integralen Bestandteil der Aus- und Fortbildung aufzunehmen. Genau das tun wir mit dem ZeBuS. Durch Gespräche, Denkanstöße, einen offenen Austausch und auch ein klares Problembewusstsein führt der Weg hin zu einem inneren Wertekompass bei jedem Einzelnen. Dieser bildet die Grundlage für die so wichtige ‚seelische Eigensicherung'. Die Maxime unseres Handelns ist kein Selbstverständnis, sie muss thematisiert, erlernt, verinnerlicht, gelebt und reflektiert werden. Das ZeBuS und der Grenzgang tragen dazu bei, ein ausgeglichenes und tragfähiges Fundament dafür zu schaffen und zu kommunizieren.“*[2]

Wichtig war es hier also nicht nur, normale PVB des Wach- und Wechseldienstes weiter fortzubilden, diese Maßnahmen durchzuführen, denn sie sind die Einzigen, die schnell genug vor Ort sein können, um ein größeres Blutbad zu verhindern, sondern auch deren Vorgesetzte im höheren Dienst auf solche Einsatzlagen vorzubereiten, denn sie müssen vor allem im Nachhinein sich im Rahmen ihrer Fürsorgepflicht um die Kolleg:innen kümmern und dafür sorgen, dass ihnen geholfen wird, weil so ein Einsatz nicht ohne Folgen für die eingesetzten Kräfte sein wird. Diese Fortbildungsveranstaltungen für die Beamt:innen des höheren Dienstes werden seitdem kontinuierlich vom ZeBuS durchgeführt.

---

[2] Frücht, Michael: ZeBuS – Jahresbericht 2018. Vorwort des Behördenleiters, S. 3f.

23.2.2 Umgang mit dem Grundgesetz

Aber auch zu vielen anderen Themen hat das ZeBuS Veranstaltungen durchgeführt: So gab es zum 70-jährigen Jubiläum des Grundgesetzes, das ja die rechtliche und moralische Grundnorm der Polizei darstellt, Veranstaltungen. Zum einen gab es zwei Ausstellungen, die sich mit dem Thema „Menschenwürde" befassten: Die eine war eine Fotoausstellung mit Porträts von Menschen verschiedener Kulturen und Herkunft, die andere war eine Ausstellung des paritätischen Wohlfahrtsverbandes unter dem Titel „Mensch, Du hast Recht!", die sich mit den Grundrechten des Grundgesetzes befasste und den Problemen, die sich aus deren Umsetzung ergeben. Dann fand eine großartige Veranstaltung statt zu dem Thema „Menschenwürde und der Umgang mit Scham", die sehr eindrucksvoll darstellte, dass die Menschenwürde zwar laut Art.1 GG unantastbar sein soll, aber sehr schnell und leicht mit ganz subtilen Mitteln angetastet werden kann und wird.

23.2.3 Der tödlich wirkende Schuss

Eine weitere sehr wichtige Veranstaltung war „Der tödlich wirkende Schuss und seine Folgen". Polizeibeamt:innen greifen nicht leichtfertig zur Waffe. Im Gegenteil: Sie treten alle unter der Maßgabe und mit dem festen Willen an, Menschenleben zu retten und zu schützen. Aber sie können in Situationen geraten, in denen sie von der Schusswaffe Gebrauch machen und u.U. Menschen töten müssen, gerade weil sie Menschenleben retten wollen – nämlich die der Opfer. Was geschieht dann? Welche Folgen hat das für den Schützen / die Schützin? Strafrechtlich, disziplinarrechtlich, aber auch psychisch? Mit diesen Fragen beschäftigte sich die oben genannte Veranstaltung, die das Thema aus der Sicht eines Betroffenen, der Vorgesetzten, der ermittelnden Beamten der Ermittlungskommission, des Staatsanwalts und der PSU-Kräfte behandelte. Seine Fortsetzung hat dieses wichtige Thema in der Führungsfortbildung des gehobenen Dienstes gefunden.

23.2.4 Durchsetzung des Humanitären Völkerrechts – eine Aufgabe für die Polizei NRW?

Eine weitere temporäre Ausstellung widmete sich dem Thema der Durchsetzung des Humanitären Völkerrechts (Völkerstrafrecht) und welche Rolle auch die Polizei NRW darin spielt. Die Ausstellung zeigte die Entwicklung des Völkerstrafrechts von den Nürnberger und Tokioer Kriegsverbrecherprozessen nach dem 2. Weltkrieg bis hin zu der Errichtung des Internationalen Strafgerichtshofes in Den Haag, dessen Grundlage das Rome Statute ist, das wiederum Teil unseres Strafgesetzbuchs geworden ist. Bei der Ahndung der völkerrechtlichen Verbrechen wie Kriegsverbrechen, Völkermord und Verbrechen gegen die Menschheit sind auch die Länderpolizeien gefragt, die häufig als Erste damit in Berührung kommen, wenn sich hier Opfer melden und u.U. auf Täter hinweisen, die sich ebenfalls in der Bundesrepublik aufhalten.

23.2.5 Lernen aus der Geschichte

Ein weiteres Themenfeld, mit dem sich das ZeBuS beschäftigt, ist unsere Geschichte, hier besonders die Geschichte der Polizei in den Jahren zwischen 1933 und 1945 und ihre Rolle in den Menschheitsverbrechen der Nazi-Zeit. Hier ist natürlich zum einen die Bildungs- und Informationsreise Yad Vashem zu erwähnen, die das ZeBuS seit Jahren betreibt, aber auch eine temporäre Ausstellung „Jahrhundertzeugen", die auf den Interviews des Autors Tim Pröse beruht, die er mit den Überlebenden des Widerstands gegen Hitler geführt hat. Noch stärker greift dieses Thema das Ethik-Projekt „*Un*Recht & Ordnung" auf, doch davon später mehr.

23.2.6 Nationale und internationale Zusammenarbeit

Ein zentraler Bereich der Arbeit im ZeBuS ist die nationale und internationale Zusammenarbeit. Seitdem unsere Ethikprojekte, besonders der Grenzgang, existieren, haben uns viele Polizeien anderer Bundesländer und die Bundespolizei besucht. Unsere Ethikprojekte scheinen national wie auch international einzigartig zu sein. Auch aus dem Ausland kamen Anfragen und die Polizei der Niederlande hat sich beim ZeBuS Anregungen geholt, um ihr eigenes Ethikprojekt „Mensenwerk" aufzubauen. Auch aus Skandinavien waren Delegationen hier. Auch haben z.B. den Grenzgang Polizeiangehörige aus über 16 Nationen im Rahmen von IPA-Freundschaftstreffen besucht. Daneben haben zahlreiche andere gesellschaftliche Gruppen, die nicht zur Polizei gehören, einen tieferen Einblick in die Arbeit der Polizei erhalten, von ihren Belastungen erfahren, aber auch erstaunt festgestellt, dass Polizei nicht nur Recht und Gesetz durchsetzt, sondern ihr eigenes Handeln immer wieder an ethischen Werten orientiert.
So haben gerade in den letzten Jahren zahlreiche Veranstaltungen zum Thema „Wertekanon" in der Polizei und auch zu dem Bereich „Demokratische Resilienz" stattgefunden. In diesem Bereich ist das ZeBuS akut eingebunden.

23.3 Die Ethikprojekte des ZeBuS

23.3.1 Der Kraftraum

Im Laufe der Jahre stellten wir fest, dass so manche(r) Besucher:in des Grenzganges[3] diesen ziemlich bedrückt verließ angesichts der vielen Belastungen im Beruf, die dort vor Augen geführt werden. So kam die Idee auf, gewissermaßen einen Gegenpart oder besser eine Ergänzung zu

[3] Zur Entstehung und Gestaltung des Grenzganges vgl. Kap. 22.

schaffen, in dem Polizeibeamt:innen ihre eigenen Ressourcen entdecken und stärken können, die ihnen helfen, den Belastungen standzuhalten:

> *„Der gelenkte Reflexionsprozess im ›Grenzgang‹ erzeugt bei vielen Polizeibeschäftigten eine starke emotionale Beteiligung. Häufig wird bei ihnen ein ausgeprägtes Maß an Betroffenheit bis hin zur Bedrücktheit sichtbar. Viele verlassen die Räumlichkeiten gedankenversunken mit ›gesenktem Haupt‹ und dem subjektiven Gefühl, sehr viel aushalten zu müssen.*
>
> *Polizeibeschäftigte – wie auch Regierungsbeschäftigte der Polizei – sollten gerade bei der Ausübung ihres erlebten ‚Polizeialltags‘ eine weitere notwendige, persönliche Stärkung erfahren. Diesen Gedanken der individuellen Stärkung verfolgt der moderierte Gedankenaustausch im ›Kraftraum‹. Hier soll ein Perspektivwechsel von den kraftzehrenden, belastenden Situationen zu den kraftspendenden, entlastenden Aspekten des polizeilichen Alltags und darüber hinaus durchgeführt werden. Dies kann vor dem Hintergrund eines Grenzgangbesuchs, aber auch losgelöst davon mit z.B. Gruppen erfolgen, die in besonders belasteten Arbeitsbereichen eingesetzt sind.*
>
> *Ressourcenaktivierung heißt das Ziel! Der ›Kraftraum‹ ist keine ›Muckibude‹ im herkömmlichen Sinne mit Hanteln und Geräten. Es handelt sich hierbei eher um eine ›Muckibude für den Kopf und die Seele‹. Kraft schöpfen und ›seelische Eigensicherung‹ stehen im Zentrum des gelenkten Gruppenprozesses. Durch den moderierten Austausch werden positive Haltungen und Einstellungen auf der Suche nach neuen Kraftquellen ausgetauscht. ›Stärken durch (mit-) teilen‹ lautet die Maxime.“*[4]

Der Kraftraum ist seit seiner Eröffnung von vielen Gruppen besucht und genutzt worden mit vielen positiven Rückmeldungen.

23.3.2 Der Grenzgang

Pünktlich zum „10. Geburtstag“ sollte unser Grenzgang aufgefrischt werden, denn er war mittlerweile etwas „in die Jahre gekommen“ – überhaupt nicht von seinem Grundanliegen und seinen Inhalten. Aber die Fotos und Exponate zeigten noch die grün-beigen Uniformen und auch aktuelle Themen waren natürlich vor 10 Jahren noch nicht eingebaut worden. So entschied sich das ZeBuS, den Grenzgang von Grund auf zu renovieren, damit er seinem alten hervorragenden Zweck weiterhin dienen kann:

---

[4] ZeBuS (Hg.): Kraftraum. Wer dem Bösen begegnet, läuft Gefahr, den Blick für das Gute zu verlieren; Flyer.

„Alle Polizeibeschäftigten erhalten die Gelegenheit, in moderierten Führungen ihre Gedanken und Haltungen zu reflektieren und miteinander auszutauschen. Hier findet eine Form der Ethik statt, die sich sehr eng an den Herausforderungen der polizeilichen Praxis orientiert. […]

Polizeibeschäftigte üben einen verantwortungsvollen Beruf aus. Als Träger des Gewaltmonopols wenden sie Macht an, indem sie in die Rechte anderer Menschen eingreifen. Das Grundgesetz verpflichtet sie dabei, die Menschenwürde aller zu achten und zu schützen. Diese Verpflichtung gilt gegenüber allen Menschen, egal wer sie sind, woher sie kommen und was sie getan haben. Aus menschlicher Sicht ist das kein leichtes Unterfangen, weil auch Polizeibeschäftigte normale Emotionen wie Wut, Angst, Ekel etc. spüren. Solche Emotionen können die moralische Integrität von Polizeibeschäftigten ins Wanken geraten lassen. Wie gelingt es den einzelnen Polizeibeschäftigten in diesen Situationen moralisch stabil zu bleiben? Der Grenzgang bietet Raum für einen thematischen Austausch. […]

Die immer wiederkehrenden Begegnungen mit Sterbenden, Toten, Gefahren- und Bedrohungsszenarien können als starke psychische und physische Belastungen empfunden werden. Polizeibeschäftigte müssen stark sein, weil sie viel aushalten müssen. Wie schaffen sie es, ohne dass die Seele Schaden nimmt? Auch darüber wird im Grenzgang gesprochen. Es gibt viele verschiedene Antworten. Welche die richtigen sind, entscheidet die/der Einzelne.“[5]

Die vier Themenräume im Grenzgang sind geblieben, wurden aber medial und inhaltlich ergänzt. So kamen im 1. Raum „Sind in der Gesellschaft wirklich alle gleich?“ noch die Themen Umgang mit Flüchtlingen, Umgang mit psychisch Auffälligen, jugendliche Intensivtäter, Clan-Kriminalität, „White Collar“-Kriminalität und das Thema „Diversität in der Polizei“ hinzu. Im 2. Raum „Polizei und Gewalt“ kamen vor allem viele neue Aspekte aus dem Bereich „K“ (Kriminalitätsbekämpfung) hinzu, denn auch diese Beamt:innen werden Opfer von Gewalt, nicht weil sie direkt angegangen werden, sondern Zeuge von z.T. schwerster Gewalt werden. Nicht zuletzt der ganze Bereich von Kinderpornografie und Kindesmissbrauch hatte dazu geführt, dass dies unbedingt thematisiert werden musste. Im 3. Raum „Polizei in Extremsituationen“ wurden auch neue Bereiche hinzugefügt, wie etwa die terroristischen Anschläge des IS in Paris, Nizza, Berlin und anderen Orten. Aber auch Naturkatastrophen wie im Ahrtal oder schwere Unglücke

5 ZeBuS (Hg.): Der Grenzgang. Wer sich für das Gute einsetzt, wird dem Bösen begegnen; Flyer.

wurden mit aufgenommen. Wichtig war aber auch, dass der tödliche Schusswaffengebrauch nicht zwangsläufig die Polizeidienstunfähigkeit aufgrund von PTBS zur Folge hat, sondern auch dargestellt wird, wie Polizeibeamte dieses Ereignis verarbeitet haben. Im 4. Raum „Umgang mit Sterbenden und Toten" kommt jetzt vor allem der „Drahtseilakt" zwischen professionellem Handeln bei der Ermittlung auf der einen Seite und den eigenen Gefühlen und Emotionen auf der anderen Seite zur Sprache. Hier ist auch ein ganz wichtiger Bereich hinzugekommen: „Der Tod in den eigenen Reihen" – ein Thema, das auch für Polizeibeamt:innen sehr belastend ist.

In fast allen Räumen sind zusätzlich zu den statischen Bildern und Textfahnen auch Interviews auf Monitoren zu sehen und zu hören, in denen sich Fachleute zu den entsprechenden Themen unseren Fragen gestellt haben. Auch gibt es vom Grenzgang mittlerweile eine sehr gute virtuelle Version, die zwar den realen und haptischen Grenzgang nicht ersetzt, aber trotzdem informativ und vor allem flexibel an allen Orten einsetzbar ist. Der Grenzgang wie auch der Kraftraum sind mittlerweile dupliziert worden und ebenfalls im LAFP NRW, BZ Brühl, verfügbar. Am dritten Ausbildungsstandort im BZ Schloss Holte-Stukenbrock ist zunächst „nur" der virtuelle Grenzgang verfügbar.

23.3.3 Die Ausstellung „UnRecht & Ordnung"

Ein weiteres sehr wichtiges Projekt des ZeBuS ist die Ausstellung „*Un*Recht & Ordnung", die mittlerweile im BZ Selm und im BZ Münster existiert und auch im BZ Brühl aufgebaut werden soll:

> *„Demokratische Resilienz stärken – Ethische Ableitungen für den Polizeiberuf vornehmen*
>
> *An Polizeibeschäftigte werden enorme Anforderungen gestellt. Als Träger des Gewaltmonopols mit großer Macht ausgestattet, müssen sie stets Rechenschaft über ihr Handeln ablegen. Zentral ist dabei die im Grundgesetz verankerte Pflicht zu Achtung und Schutz der Menschenwürde. Die Gräuel der Nationalsozialisten zeigen, wohin die Entmenschlichung von Bevölkerungsteilen eine Gesellschaft führen kann. Gerade heute erfährt die Beschäftigung mit dem ›Dritten Reich‹ neue Dringlichkeit. Mit dem Sterben der letzten Zeitzeugen mehren sich Rufe, die Vergangenheit nun ruhen zu lassen. Dass ganz im Gegenteil aktive Erinnerung der lohnenswerte Weg ist, zeigt die Ausstellung."*[6]

6 ZeBuS (Hg.): UnRecht & Ordnung. Über polizeiliche Macht und persönliche Verantwortung im Nationalsozialismus; Flyer.

„Aus Geschichte lernen?! – Was uns die Vergangenheit heute zu sagen hat

Kern der Ausstellung sind die zehn biographischen Porträttafeln. Sie bilden die individuellen Lebenswege, Konflikte und Verbrechen von Polizeibeamten im ›Führerstaat‹ ab. So steht das Porträt eines nationalsozialistischen Fanatikers und Mörders neben dem eines couragierten jüdischen Polizeipräsidenten, der nach Jahren im Untergrund den institutionellen Wiederaufbau vorantrieb.

Die Beschäftigung mit der Ausstellung vermittelt vor allem eines: Hinter jeder Tat und jeder Statistik verbergen sich Menschen – Opfer, Täter, Mitläufer, Widerständler. Ihren Geschichten Gesichter zu geben, bietet Anlass zur Reflexion über die eigene Werteorientierung und die Rolle in unserer Demokratie:

- *Geht uns die Zeit des NS heute noch etwas an?*
- *Lässt sich aus der Vergangenheit für heute lernen?*
- *Welche Verantwortung trägt der/die Einzelne als Teil eines uniformierten Ganzen?*
- *Wie geht Gesellschaft, wie geht Polizei mit extremistischen Einstellungen um?*
- *Was kann jeder/jede Einzelne tun, um unsere Demokratie zu schützen?“*[7]

Interessant bei der Beschäftigung mit der Geschichte der Polizei in der jüngeren Vergangenheit ist vor allem: Es war kein ehernes Naturgesetz, dass Polizeibeamte zu Verbrechern werden *mussten*. Die dargestellten Personen zeigen sehr eindrücklich, dass sie erstens keine abnormen Bestien waren, sondern ganz normale Männer, die aber trotzdem zu bestialischen Verbrechen fähig waren. Und sie zeigen gerade auch an den anderen Personen, dass es durchaus Polizeibeamte gegeben hat, die bei den Verbrechen nicht mitmachten, sondern sich weigerten oder sogar versuchten, Menschen zu helfen. Was also führte bei den einen dazu, dass sie aus ganz normalen Menschen zu Tätern wurden, und was führte bei den anderen dazu, dass sie dem Druck standhielten und sich ihre Menschlichkeit bewahrten? Die Antworten auf diese Fragen sind auch heute noch von allergrößter Relevanz für die demokratische Resilienz der Polizei als Organisation und jedes einzelnen PVB.

[7] Ebd.

23.3.4 Der Raum der Stille

Ein weiteres sehr gewinnbringendes Projekt des ZeBuS, das gerade für die Seelsorge – also der Sorge für die Seele – wichtig ist, ist der Raum der Stille:

> *„Der Beruf des Polizisten/der Polizistin fordert ein hohes Maß an emotionaler, psychischer und seelischer Belastbarkeit. In der Routine des Alltags wird Belastendes nicht unbedingt bewusst, weil die Arbeitsdichte alle Kraft braucht.*
>
> *Werden dann aber Dinge thematisiert – wie hier im LAFP NRW bei der Führungsfortbildung, bei Fortbildungen im Bereich ... oder einfach beim Austausch mit Kollegen und Kolleginnen, steigt manches aus den Tiefen der Seele auf, was Aufmerksamkeit und Verarbeitung fordert.*
>
> *Der Raum der Stille im LAFP NRW bietet an, zur Ruhe zu kommen, sich zu besinnen, zu meditieren, einen neuen Zugang zu sich selbst zu finden und – wer mag – auch zu beten.*
>
> *Der Raum der Stille ist nicht konfessionell oder religiös gebunden und steht allen rund um die Uhr offen.“*[8]

Dieser Raum steht in starkem Gegensatz zu den anderen Ethikprojekten des ZeBuS und ist dennoch – oder besser deshalb – eine wichtige, notwendige und wertvolle Ergänzung zu den anderen Projekten. Denn während in all den anderen Projekten die Besucher:innen und Teilnehmer:innen der Seminare sehr gefordert und mit vielen Themen und Fragen konfrontiert werden, bietet gerade dieser Raum einen Ort, an den man sich zurückziehen kann, um in Stille nachzudenken, zur Ruhe zu kommen, wenn man aufgewühlt ist, oder einfach bei allem beruflichen Stress „die Seele baumeln zu lassen“. Auch das ist zur seelischen und körperlichen Gesunderhaltung unglaublich wichtig.

23.3.5 Die Teaser-Ausstellung

Das letzte Ethikprojekt ist die *Teaser-Ausstellung:*

> *„Die mobile Ausstellung mit Teasercharakter ermöglicht sowohl der internen als auch externen Öffentlichkeit Einblicke in die werteorientierte Arbeit der Polizei NRW und das Angebotsportfolio des ZeBuS. Sie steht allen zur Verfügung und kann in dienstlichen Räumlichkeiten – insbesondere in Verbindung mit themenbezogenen Veranstaltungen – aufgebaut werden. […]*
>
> *Das Kernelement der Teaser-Ausstellung besteht aus einer dreieckigen Stahlkonstruktion mit neun drehbaren Grafikwürfeln.*

[8] ZeBuS (Hg.): Der Raum der Stille im LAFP NRW; Flyer.

Durch Drehen der Würfel erhalten Sie einen visuellen Eindruck der vielfältigen Themenbereiche und Aktivitäten des ZeBuS. Auch die besonderen Räumlichkeiten des ZeBuS sind hier dargestellt:

- *Grenzgang*
- *Kraftraum*
- *Raum der Stille*
- *Die Ausstellung UnRecht & Ordnung.“*[9]

Mit dieser Wanderausstellung, die von allen Polizeibehörden des Landes NRW ausgeliehen werden kann, will das ZeBuS auf seine Arbeit und seine Ethikprojekte aufmerksam machen, da alle anderen Projekte bis auf ihre virtuelle Version ja stationär sind, d.h., nicht vor Ort gezeigt werden können.

[9] ZeBuS (Hg.): Ausstellung zum Zentrum für ethische Bildung und Seelsorge in der Polizei NRW (ZeBuS); Flyer.

24 Von „Schaden kann's nicht" bis zum ZeBuS als „das ethische Rückgrat unserer Polizei"

Stefanie Alkier-Karweick

24.1 Vorbemerkung

An dieser Stelle sollen als Fortführung des Beitrags meines katholischen Kollegen am *Zentrum ethische Bildung und Seelsorge* (*ZeBuS*) Johannes Gospos einige aktuelle Beobachtungen und Gedanken zum *ZeBuS* und seiner Aufgabenfelder Raum finden.

24.2 „Schaden kann's nicht"

Der in Hinblick auf ethische Bildung in der Polizei häufiger fallende Satz „Schaden kann's nicht" spiegelt ein kritisch wohlwollendes Für-möglich-Halten wie gleichzeitig eine abwartende Zaungastperspektive wider. Diese Perspektive scheint in weiten Teilen der Polizei doch mittlerweile passé zu sein. Denn ohne jeden Zweifel kann man sagen, dass in der Polizei NRW in den letzten Jahren eine Neubewertung der Sinnhaftigkeit von ethischer Reflexion und Bildung stattgefunden hat. Davon zeugt auch der Weg von der Gestaltung des Grenzganges über die Gründung des *ZeBuS* hin zur Verortung des *ZeBuS* als Teildezernat mit personeller Aufstockung und räumlichen Ausdehnungen. Die Entwicklung zeugt sicherlich auch davon, dass das Verständnis von Professionalität weitergedacht wurde, wenn sie nicht sogar einem Paradigmenwechsel unterliegt.

24.3 „Das ethische Rückgrat der Polizei NRW" und zukünftige Herausforderungen

Die in der Überschrift zitierte Formulierung aus der neuen Vereinbarung zwischen dem Land und den Kirchen zum *ZeBuS*, die es als „ethisches Rückgrat" der Polizei NRW beschreibt, ist gleichermaßen Würdigung des Geleisteten wie auch Hinweis auf seine gegenwärtige Bedeutung. Diese wird sich an der Bewältigung zukünftiger inhaltlicher Herausforderungen zu bemessen haben. Welche diese sein könnten, lässt sich partiell erahnen:

24.3.1 Gesellschaftliche Herausforderungen

Gesellschaftliche Zerrissenheiten und Belastungen werden wohl zunehmend auch für die Polizei zur dienstalltäglichen Herausforderung. Zu den Auslösern gehören sehr wahrscheinlich die Klimakrise mit all ihren Folgen und die geopolitischen Konflikte, die derzeit virulent sind. Der Polizei als

Teil der kritischen Infrastruktur kommt hier eine besondere Verantwortung zu, die zu Recht bereits jetzt zum Thema in den Behörden gemacht wird. Gesellschaftlich werden gerade in NRW soziale Spannungen aufgrund von Ungleichheit der Lebensbedingungen und zunehmender Armut zu Verwerfungen und Konfliktlagen führen. Der Widerstandsfähigkeit gegenüber äußeren wie inneren Feind:innen der Demokratie wird ein noch größeres Augenmerk zukommen. Die notwendige soziale und ökologische Transformation zwischen den Koordinaten (mehr) Nachhaltigkeit und (mehr) Gerechtigkeit ist die auch für die Mehrheit der Polizei ermutigende Zielvorgabe.

Was bedeutet all dies für die Arbeit des ZeBuS? Da uns allen kein Blick in die Glaskugel gewährt wird, nenne ich einige wenige Arbeitsfelder exemplarisch, die aus meiner Perspektive mit hoher Wahrscheinlichkeit zielführend sein könnten.

24.3.2 Herausforderung: Sensibilisierung für Individualisierung und Diversität

Auch ohne konkrete Szenarien zu antizipieren, wird die *Sensibilisierung für Individualisierung und Diversität* künftig wichtiger werden. Es wird nötig sein, sowohl deren Wert als auch deren Grenzen noch stärker wahrzunehmen und konstruktiv in die berufsethische Bildung einzutragen, damit grenzwertige Erfahrungen miteinander sorgsam zur Sprache gebracht werden können. Hieraus können Befriedungen, im besten Fall sogar Klärungen entstehen. Diskreditierungen und Polarisierungen sind in einer Organisation, die davon lebt, sehr schnell Lagen einzuordnen und zu bewerten, ein Risikofaktor, der ernst genommen werden muss. Hierbei geht es um Professionalität im Handeln nach außen sowie um den innerpolizeilichen Umgang.

24.3.3 Herausforderung: Förderung kreativer und konstruktiver Fehler-, Kritik- und Binnenkulturen

Daran schließt unmittelbar die Notwendigkeit einer Förderung von *kreativen und konstruktiven Fehler-, Kritik- und Binnenkulturen* an. Eine angespannte Personaldecke und herausfordernde Einsatzlagen begünstigen im Wechselspiel mit einer massiven Verdichtung der Arbeit einerseits und einem zunehmenden Druck durch die öffentliche Wahrnehmung und Bewertung von Polizeiarbeit andererseits eine wachsende Gefährdung durch die Abnahme von Frustrationstoleranz, aus der Fehlentscheidungen und -handlungen resultieren können. Es ist eine einfache Rechnung, dass hier nur eine permanente Arbeit am konstruktiven Umgang mit Fehlern, am pragmatischen Umgang mit Kritik und an einer möglichst auf verschiedenen Ebenen andockenden Binnenkultur hilfreich ist.

24.3.4 Herausforderung: Kontinuierliche Arbeit an der Sinnhaftigkeit und Haltung

Mangelnde Erfahrungen von Selbstwirksamkeit und psychische Belastungen durch Einsatzerfahrungen werden regelmäßig als bedeutsame *Stressoren im Polizeidienst* benannt. Sie machen es nötig, zwischen den Anteilen, die dem Dienstherrn in der Prävention obliegen, und der je eigenen Verantwortlichkeit und Initiative zu differenzieren. Im Sinne der seelischen Eigensicherung ist es notwendig, sowohl im Rahmen ethischer Reflexion und Bildung wie auch in der psychosozialen Unterstützung die fortwährend notwendige Arbeit an *Sinnhaftigkeit* und innerer *Haltung* zu unterstützen. Sinnhaftigkeit auch in den manchmal äußerst begrenzten Möglichkeiten wahrnehmen zu können und das Reflektieren der eigenen inneren Haltung zu den häufig existenziellen Situationen, in denen Polizei agieren muss, ist keine einmal im Ethikunterricht in der Ausbildung abgehandelte Sache. Sie sollte ein *fortwährender Prozess* sein, dem es sich zu stellen gilt. Arbeitszufriedenheit und eine gute Lebensqualität sind sicherlich der Mühe wert.

24.3.5 Herausforderung: Förderung demokratischer Resilienz

Die Verwendung der Formulierung *demokratische Resilienz* eignet sich nicht als sich selbst erfüllende Prophezeiung. Wenn es hierbei darum gehen soll, dass gerade Polizei in der Bejahung der Gesellschaftsform Demokratie nicht nachlässt und sich als widerstandsfähig erweist, wenn eine Krise der Demokratie von manchen Teilen der Gesellschaft provoziert wird, hilft es nur, die Gefährdungen, denen polizeiliche Arbeit innerlich wie äußerlich unterliegt, ernst zu nehmen und nicht zu bagatellisieren. Dies könnte sich beispielsweise darin Ausdruck verschaffen, dass das Erleben von Polizistinnen und Polizisten „auf der Straße" stärker in ihrer gesellschaftspolitischen Relevanz betrachtet wird. Polizei kann so in einem reflektierten Diskurs ein wichtiger Seismograf für Entwicklungen und Tendenzen sein – gerade angesichts der derzeitigen Fragilität von gesellschaftlichen Übereinkünften. Es versteht sich von selbst, dass dies äußerst hilfreich in Hinblick auf notwendige Erfahrungen von Selbstwirksamkeit und Prävention von Stigmatisierungen sein kann.

24.3.6 Herausforderung: Vernetzung

Das *ZeBuS* wird zukünftig einer der zahlreichen Gestalter in der Polizei bleiben, die immer wieder Angebote unterbreiten und Anregungen aufnehmen – auch im Wissen um die eigene Begrenztheit. In der oben angesprochenen neuen Vereinbarung wurde daher umsichtig das Arbeitsfeld neu strukturiert. Der dort aufgenommene Aspekt der *Vernetzung* kann umfassend gefüllt werden. Denn es zeichnet sich derzeit ein außerordentlicher Ausbau des psycho-sozialen Netzwerkes ab. Die gemeinsame und gegenseitige Fortbildung und Unterstützung werden Pfeiler der Zusammenarbeit sein. Gleichzeitig wird auch im Bereich der Ethik die Kooperation mit der Hochschule für Polizei und öffentliche Verwaltung (HSPV) wie auch anderen Hochschulen und Bildungsträgern weiter an Boden gewinnen. Eine Vernetzung, die das *ZeBuS* anstoßen bzw. intensivieren sollte, ist die mit den anderen Länderpolizeien, in denen dem *Grenzgang* vergleichbare Ethik-Räume entstehen. Dazu zählt auch die bereits lebendige Vernetzung mit dem niederländischen Pendant zum *Grenzgang: Mensenwerk*. Ein Ertrag dieser ohnehin bedeutsamen Vernetzungen könnten wertvolle Synergieeffekte für die kontinuierliche Weiterentwicklung und Aktualisierung von Exponaten und weitergehender Angebotsformate sein.

24.3.7 Herausforderung: Personal und Personalentwicklung

Nicht zuletzt müsste, könnte und sollte das *ZeBuS* weiteren personellen Zuwachs erhalten – von Seiten der Polizei, aber auch gerade von den Kirchen sind hier kreative Planungen erwünscht. Polizeiseelsorge kann wegen ihrer ethischen und seelsorglichen/psychologischen Expertise und ihrer polizeilichen Feldkompetenz ein wichtiges Bindeglied zwischen dem Helfer:innennetzwerk NRW und der ethischen Aus- und Fortbildung bleiben, auch wenn sie zahlenmäßig marginal erscheint.

24.4 Ein Wunsch zum Schluss

Die treffliche Bezeichnung „Grenzgang" für die Ethik-Räume gilt auch für die Arbeit des *ZeBuS*, denn die explodierende Zahl der Inanspruchnahmen kollidiert manchmal doch mit der zahlenmäßig geringen Ausstattung der Dienststelle. Eine gute Lösung wäre es sicherlich, auch für das *ZeBuS* personelle „Satelliten" in den Behörden zu haben. Und: Wäre dem *ethischen Rückgrat der Polizei NRW* in der Organisationslogik nicht sogar ein Dezernatstitel einzuräumen?

25 Wechselwirkungen: Nachdenken über Supervision und Seelsorge in der Polizei

Marcus Freitag

25.1 Vorüberlegungen

25.1.1 Die Polizei als System

Die Polizei als Ganze und ganz sicher auch die mit rund 56000 Bediensteten insgesamt und mehr als 40000 Polizeibeamt:innen größte Länderpolizei in NRW ist ein eigentümliches System: eine Organisation in klarer, hierarchisch-organisierter Behördenstruktur mit ministerieller Aufsicht – und doch zugleich eine lebendige, familiär-strukturierte Großgruppe mit unterschiedlichsten Teil- und Kleingruppen, gruppendynamischen Prozessen, differenten Strukturen und Kulturen[1] und auffällig hervortretenden „Geschwisterkonstellations-Logiken".

Aufgrund der Vielzahl der Tätigkeitsbereiche und der oft unabsehbaren, alarm-bedingten Ad-hoc-Szenarien gibt es in der Polizei auch (mindestens) zwei unterschiedliche Aufbaulogiken mit eigenen Kommunikationsstrukturen, rechtlichen Bestimmungen und Rollenaufgaben: die *Allgemeine Aufbauorganisation* (AAO) für den Alltagsablauf mit Arbeitsgruppen, Teambesprechungen, Führungsfeedback und „geschwisterlichem" Miteinander sowie die *Besondere Aufbauorganisation* (BAO) für alle „besonderen Lagen" von der Verfolgungsfahrt bis zur Geiselnahme – schnelle, hierarchische Befehlskommunikation mit nur einer Richtung.

Hierin einen Rollenwechsel bewusst vornehmen zu können, zwischen Beratung des Vorgesetzten und Akzeptanz von Entscheidungen, Führungsfeedback und Auftragsbefolgung, Remonstrations-, also Widerspruchspflicht und „Diskussionsvertagung" bewusst, schnell und angemessen wechseln zu können, setzt reflektiertes, autonomes Selbstsein voraus; oder, um es theologischer auszudrücken: „Wer aufrecht steht, kann auch freiwillig knien" (Metz/Sölle).

25.1.2 Handlungsdruck und Haltungsreflexion bei der Polizei

„Reflexion und Organisation stehen in einem Spannungsverhältnis zueinander, das sich aus dem Gegensatz von *Betrachtung und Handlung*

[1] Dazu vor allem Behr, Rafael (2008), Cop Culture – der Alltag des Gewaltmonopols: Männlichkeit, Handlungsmuster und Kultur in der Polizei. 2. Auflage, Wiesbaden; ders. (2006), Polizeikultur: Routinen – Rituale – Reflexionen; Bausteine zu einer Theorie der Praxis der Polizei, Wiesbaden. Eine gute Einführung findet sich bei Wickert, Christian, https.//soztheo.de/cop-culture-polizei-vs-polizistenkultur.

ableitet“[2]. In vielen Ansätzen wird Supervision bei der Polizei, wird Reflexion insgesamt oftmals (nur) auf die Bewältigung von Grenzerfahrung zur Wiedererlangung von Handlungssicherheit reduziert und in *Reflexionsrefugien* abgedrängt[3].

Wenn aber – wie in jedem Beruf – auch bei der Polizei neben dem Erlernen des Handwerks bereits die begleitende und begleitete Reflexion einer „angemessenen Haltung zum Beruf“[4] am Anfang des Polizeiseins steht, dann sollte man dem Prozess der Selbstreflexion auch größere Systemwirkung zubilligen.

„Ausgangspunkt ist die unumstößliche Tatsache, dass das Erlernen einer neuen Aufgabe, das Hineinfinden in eine neue Rolle, die Bewältigung gestellter Aufgaben und die Weiterentwicklung der eigenen Kompetenzen zu jedem Berufseinstieg gehört. Das Gelingen hängt davon ab, ob und inwieweit die verschiedenen Einflussfaktoren auf diese Aufgabe und Rolle mit gedacht werden und welche innere Haltung sich zu der geforderten Aufgabe entwickelt.“[5]

25.1.3 Entscheidungsbefugnis und Entscheiderpflicht: Autonomes Polizeisein

Ein weiterer, nicht zu vernachlässigender Begriff ist die Verpflichtung zur Entscheidung (decision making). Es ist – insbesondere auch, aber nicht nur bei der Polizei – anzuerkennen, dass *Handelnde* Entscheidungen treffen und treffen müssen, für ihre und in ihren Entscheidungen Orientierung brauchen und diese in unserer abendländischen Tradition, „so sehr sie zu bestimmten Zeiten auch zum ängstlichen Beharren auf Gesetze neigte und neigt, […] im

---

2 Behr, Rafael (2004), Wir haben nie gelernt über Gefühle zu sprechen, In FoRuM Supervision, Uni Bielefeld (Hrsg.), online-Zeitschrift für Beratungswissenschaften und Supervision, Heft 24 oder Behr, Rafael, http://www.hamburg.de/contentblob/2261142/data/gefuehle-der-polizei.pdf.

3 So lassen sich aktuelle Veröffentlichungen zum Thema zusammenfassen: Lehmann, M. / Erkelenz, F., Supervision. Kritische Veränderungen im Berufsalltag, in: Deutsche Polizei. Landesjournal Hamburg, 4/2013; Waldauf-Kreiner, C., Supervision im Bereich der Polizei in Tirol, in: Kriminalistik 6/2009. Eine eher therapeutische Perspektive von Supervision bei der Polizei findet sich z.B. https://www.kriminalpolizei.de/themen/polizei/detailansicht-polizei/artikel/polizisten-in-der-krise.html.

4 Freitag-Becker, Edeltrud (2017), Rollenanalyse zwischen persönlichen Wunschbildern, organisationalen Anforderungen und gesellschaftlichen Herausforderungen, in: Freitag, Marcus / Schophaus, Malte, Reflexive Polizei, 61-72, 63.

5 Ebd.

Gewissen als Quelle menschlicher Verantwortung und als letzter Instanz“[6] ihres Handelns finden. Dass dabei „die Begründung der eigenen Haltung zur Orientierung für eigene Gewissensentscheidungen“ wird, habe ich selbst an anderer Stelle zu begründen versucht[7].

Der Einzelne kann sich zum Kollektiv entscheiden, Teil eines Ganzen werden; die Organisation kann ihm aber weder Individualität verordnen noch sie ihm dauerhaft und nachdrücklich absprechen: zumindest dann nicht, wenn sie auf Entscheider und Entscheidungskompetenz setzt. Folglich muss die Organisation Polizei mit der Entscheidungsbefugnis auch die Kompetenz des Entscheidens, die Begründungsfähigkeit zur Entscheidung und die Fähigkeit der Selbstregulation durch Selbstreflexion des (potenziellen) Entscheiders stützen, schützen und in erster Linie zu entwickeln versuchen. Und dies am besten schon präventiv und mögliche spätere Entscheidungen antizipierend im Rahmen der Ausbildung.

25.1.4 Selbstreflexion und Orientierung: Reflexive Polizei

Schon zu Beginn der 2000er Jahre wurde vor allem durch Rafael Behr deutlich auf die Notwendigkeit der Begleitung von Veränderungsprozessen bei der Polizei durch Supervision hingewiesen, andere Autor:innen fragen nach Psychohygiene, seelischer Eigensicherung oder der Relevanz von Reflexionskompetenz[8] für das Gesundheitsmanagement der Polizei[9].

Wir, hier zunächst einmal verstanden als das „Wir“ der Polizeiseelsorge, versuchen, einige der angesprochenen Frage- und Problemstellungen durch begleitete, moderierte und supervidierte Gesprächsgruppen als flankierende Ausbildungsbestandteile für die Polizei in NRW zu etablieren, und können erste Etappenerfolge vorweisen. Die Möglichkeiten, aber auch die Grenzen supervisorischen Handelns bei der Polizei sind damit definitiv noch nicht vollumfänglich ausgelotet – aber ein Schritt ist ein Schritt.

---

[6] Giersch, Christoph / Freitag, Marcus (2015), Ernstfall Gewissen – Eine Art Einführung, in: dies. (Hrsg.), Das Gewissen – moralischer Kompass mit unbedingtem Verbindlichkeitsanspruch?, Frankfurt, 11.

[7] Freitag, Marcus (2015), Mein Gewissen ist rein – ich benutze es nie!, in: Giersch / Freitag, Gewissen, 119-144, 135.

[8] Z. B. Baumann, K. (2012), Supervision im Polizeiberuf als Instrument professioneller Selbstreflexion, DHPol Münster; Uhlmann, A. (2014), Chancen und Risiken von Supervision im Polizeiberuf, DHPol Münster; Temath, A. (2014), Supervision in der Polizei: ein Plädoyer für ein Stärken-stärkendes Beratungskonzept, Gelsenkirchen.

[9] Wächterowitz, Heike (2017), Berufsrollenreflexion nach der Ausbildung? Implementierung primärpräventiver Supervision im Gesundheitsmanagement der Polizei NRW, in: Freitag, Marcus / Schophaus, Malte, Reflexive Polizei, 169-190.

25.1.5 Sinn und Zweck

Jeder – oder doch fast jeder – weiß um Erfahrungen oder ahnt auch schon im Vorbereitungsdienst der Polizei Situationen, die so tief in das Gefühl einschneiden, dass sie mit erlernten, selbst-schützenden Strategien nicht mehr alleine zu bewältigen sind. Doch anstatt die extremen Situationen zu verarbeiten, sie in Gesprächen zu reflektieren, ist es noch immer gang und gäbe, diese Ereignisse zu verdrängen; dies ist jedenfalls auch nach 20 Jahren in der Polizeiseelsorge meine Sicht. Irgendwie passt Selbstreflexion nicht in das vorgegebene oder sich sogar wieder „rückwärts" wandelnde Rollenbild[10]. Die Vertreter der Staatsautorität sollen (müssen?) Stärke signalisieren – für Ängste, Wut, Ekel und Überforderung ist kein Platz. Im Falle der Grenzüberschreitung der eigenen Bewältigungsmöglichkeit ist die Scham dann oft groß und hindert eher am Rückgriff auf die notwendigen Unterstützungsprozesse. Verdrängungsmechanismen entlasten für den Moment. Frustration, Aggression und Furcht bleiben und wachsen. Die körperlichen und die seelischen Reaktionen (Vermeidung, Schlaflosigkeit, Unruhe, Aggressivität und und und) wiederholen sich – mit unabsehbaren Folgen. Prävention und Information sind erste Schritte, um Schädigungen vorzubeugen. Reflexionen konkreter alltäglicher und besonderer Einsatzsituationen erscheinen zusätzlich als probates Mittel zur Sensibilisierung für Problemstellungen, persönliche Herausforderungen, gestaltbare Einflussfaktoren und mögliche Konsequenzen für den Einzelnen und für die Organisation: „irgendwann werden wir dann dazu kommen, dass das Suchen und Annehmen von [Reflexions- und] Betreuungsangeboten als Qualitätsmerkmal angesehen wird"[11] – so eine Prognose vor rund 10 Jahren.

25.2 Begriffe

In unserem Kontext ist die Abgrenzung von Begriffen allein deshalb notwendig, weil sich institutionelle Grenzen zeigen, Zuständigkeiten geklärt sein müssen und in manchen Fällen der Begriff auf den Rechtsstatus der Handelnden verweist. Kirchliche Seelsorge hat im Rahmen der Strafprozessordnung eine in Grenzfällen polizeilichen Handelns wichtige Absicherung des Zeugnisverweigerungsrechts (§53 StPO) – hierauf wird ja in diesem Band insgesamt häufig hingewiesen. Dieses bezieht sich aber explizit auf „seelsorgliche" Gespräche. Für diesen Beitrag aber wesentlicher ist, dass die folgenden Begriffe auch für unterschiedliche Arbeitsansätze und folglich

[10] Behr, Rafael, Sound of da Police, Freie Assoziation – Zeitschrift für psychoanalytische Sozialpsychologie: Heft 1 2017, 13-32.

[11] Freitag, Marcus/Pientka, Monika, Einsatzanlass Suizid. Polizisten begegnen dem Tod, in: Suizid.AusWegLos, Leidfaden Fachmagazin für Krisen, Leid, Trauer, 4/2014, 91.

(wenn auch nicht immer trennscharf beschreibbare) andere Rahmenbedingungen, Inhalte und Methoden stehen.

25.2.1 Beratung & Supervision

Der Begriff „Beratung“ wird dabei noch ein sehr allgemeiner im Sinne von „Rat geben“ oder „Ratschläge erteilen“ verstanden. Ein/e Ratsuchende/r wendet sich mit ihrem/seinem Anliegen an eine für sie/ihn kompetente Person, um eine Lösung für ein Problem oder einen nächsten Schritt in einer verzwickten Situation zu erhalten. In unserem Verständnis von Beratung im seelsorglichen und psychosozialen Bereich gibt es noch einen weiteren Ansatz. Hier meine ich damit vor allem prozessorientierte Beratung von Einzelpersonen und Gruppen. Speziell Supervision wird als Beratungsformat „im beruflichen Kontext“ bezeichnet. Die hier Beratenden haben eine hohe Fach- und Prozesskompetenz. Von dem individuellen Arbeitsfeld oder der Lebenssituation *müssen* sie jedoch kein Expertenwissen haben – aber eine Vorstellung von den Besonderheiten der Rolle und Aufgabe. Supervisor:innen sind in allererster Linie Projektionsflächen, Spiegel, Resonatoren. Sie bieten Perspektivwechsel, Interventionsmöglichkeiten an – und werden auf diese Weise zu „Hebammen“: Supervision als Maieutik (Hebammenkunst). Hier steht also nicht die Beratung im Sinne des „Rat-gebens“, sondern die Ermöglichung im Vordergrund. Mit Hilfe der Supervision wird die „Geburt“ (als ein schmerzlicher Prozess) neuen Lebens ermöglicht – mit Hilfe eines Beraters kann für eine schwierige Situation eine Lösung gefunden werden. „Supervision umschreibt ein sehr komplexes Feld von Lernen und Lehren. Ziel dieses Lernens und Lehrens ist persönliches und auf die Aufgabe bezogenes Wachstum. Es geht um die Wahrnehmung seiner selbst, der eigenen Person, der Gefühle, der Affekte, der Interessen und Wünsche, der Bewusstwerdung und des Verstehens. Genauso geht es auch um die Wahrnehmung der anderen Person in allen diesen Aspekten.“ Es geht um die Reflexion der Impulse, der eigenen Handlungsweisen – der eigenen Grenzen, letztlich um Reflexion des eigenen Selbst.[12]

25.2.2 Seelsorge[13]

Seelsorge verbinde ich zunächst mit einem religiösen Hintergrund: „Seel-Sorge sorgt nicht nur von Mensch zu Mensch, sondern bezieht sich, während sie von Mensch zu Mensch sorgt, auf eine Dimension, die über die menschliche Beziehung hinausgeht – in der religiösen Sprache mit ‚Gott‘,

[12] Die ethische Dimension dieser Reflexion habe ich an anderer Stelle in den Blick zu nehmen versucht: Freitag, Marcus (2019), Individuelle Freiheit als Konstitutionsbedingung für Freiheit-schützendes Polizeisein, in: Borowski, Michael (Hrsg.), Ethik für die Polizei, Frankfurt, 19-24.

[13] Siehe oben die Beiträge von Werner Schiewek (Kap. 2) und Judith Palm (Kap. 5).

‚Heiliger Geist' oder mit andern Namen bezeichnet."[14] Die evangelische und die katholische Kirche haben jeweils ein unterschiedliches Verständnis vom Begriff Seelsorge. Diese tiefer darzustellen, würde hier den Rahmen dieser Arbeit sprengen – es finden sich aber in diesem Band verschiedene Zugänge dazu. Ich beschränke mich zunächst auf eine meiner Meinung nach für Polizeiseelsorge sehr praxisnahe Beschreibung des Begriffes bei Helmut Weiß: Den Begriff „Seelsorge" kann man „sehr weit fassen und all das, was der Seele gut tut und für Menschen heilsam ist, mit diesem Wort bezeichnen".[15] Die Beziehungsarbeit bezeichnet Helmut Weiß als das Mittel der Seelsorge. Nur wenn uns ein Zugang zum anderen Menschen gelingt, kann dies auch dessen Zugang zu sich selbst ermöglichen. Der jüdische Religionsphilosoph Martin Buber sagte einmal: „Der Mensch wird am Du zum Ich."

25.2.3 Supervisorisches Handeln in hierarchischen Systemen

Die Polizei ist, so sagte ich oben, ein spezieller Bereich der (öffentlichen) Verwaltung, wenn auch mit zunächst vergleichbaren Problemanzeigen: überfordernde Arbeitsstrukturen, Arbeitsverdichtung durch sachfremde Aufgaben, Mehrfachbelastungen, gestiegene Anforderungen und und und. Aber es gibt auch polizeiliche Spezifika: neue Arbeitsbereiche und -methoden (Ermittlungsarbeit „Kinderpornografie", Clankriminalität, Cybercrime), die eigene Helfersyndromatik, der ständige Strukturumbau, die starke Hierarchisierung – oder (vielleicht als Spitze von all diesem) die angesprochene Problematik der „Eierlegenden Wollmilchsau"[16]. Alles für alle sein zu wollen – das ist der Standardweg in die Überforderung bei gleichzeitigem Sprachverbot über Emotionales und Überforderndes[17], zum Teil aus Unvermögen, zum Teil aus Angst vor Auswirkungen im Rahmen der Beurteilungs- und Beförderungsmodelle; überdies eine „organisationskulturelle Infrastruktur"[18], die Supervision in der Polizei mindestens erschwert(e); und ein verbreitetes Selbstbild, welches dem Eingeständnis von Überforderung grundsätzlich widerspricht.

---

[14] Fiedler, Adelheid (2013), Gott im Coaching?, Zur Annäherung von religiöser Seelsorge und säkularer Beratung, 15.

[15] Weiß, Helmut (2011), Seelsorge, Supervision, Pastoralpsychologie, 24.

[16] Freitag, Marcus, Die Eierlegende Wollmilchsau, oder: Wie konstruiere ich mich in einer konstruierten Wirklichkeit?, Wege zur Selbst- und Berufsrollenreflexion, Manuskript, Köln 2014, http://seelsorge-beratung-supervision.com/supervision-beratung/.

[17] In den genannten Arbeiten von Lehmann, M. / Erkelenz, F., Supervision und/oder Waldauf-Kreiner, C., Supervision im Bereich der Polizei.

[18] Behr, Rafael u.a., http://www.hamburg.de/contentblob/2261142/data/gefuehle-der-polizei.pdf.

Was ich nach 20-jähriger Tätigkeit als Polizeiseelsorger sehe, sind Polizeibeamtinnen und -beamte in der ständigen Rollenauseinandersetzung: Opferschützer:in und Ermittler:in, Gesprächspartner:in und Aufklärende/r, Sterbebegleiter:in und Kriminalist:in, objektiv Handelnde/r und immer auch subjektiv betroffener Mensch in einem Moment.[19] Ich sehe (junge) Polizeibeamtinnen und -beamte, die sich sehr stark mit den Zielen der Polizei und dem Polizeiberuf identifizieren – und dies z.T. in Differenz erleben zu dem, wie ihre Kolleg:innen vor Ort agieren. Und ich sehe Polizistinnen und Polizisten mit existenziellen Themen konfrontiert: Tod, schwerste Verletzungen z.B. bei Unfallopfern, (Lebens-)Bedrohung, Gewalt vom Gegenüber, Entdeckung des eigenen Gewaltpotenzials, eigene Begrenzt- und Hilflosigkeit.

Während nun die Polizeiseelsorge in diesem Feld ein „alter Player" ist, entstanden und entstehen in den vergangenen Jahren an vielen Stellen polizeilicher Qualifikation Thesis- und Masterarbeiten zum Thema Supervision[20]; die Polizei NRW setzt seit der Neukonzeption des Bachelorstudiengangs auf „Berufsrollenreflexion"[21], die „Stabstelle Rechtsextremismus" empfiehlt „Alltagsreflexion" in den Polizeibehörden[22].

Gemeinsamer Schwerpunkt der supervisorischen Angebote ist der Aspekt der Reflexion der eigenen Rolle – in Verbindung mit neuen Konzepten des Gesundheitsmanagements[23].

In den folgenden Kapiteln (Kap. 26 „Alltagsreflexion" und Kap. 27 „Berufrollenreflexion") werden wir diese Entwicklungen beschreibend und erfahrungsbezogen-nacherzählend darstellen.

---

19 Freitag, M., Grenzgang und Ausblick, in: Trappe, T., Die Polizei und der Tod, Frankfurt 2012, 105.

20 Siehe oben, Anm. 9.

21 Freitag, M. / Schophaus, M. (Hrsg.), Reflexive Polizei. Vermittlung von Reflexionskompetenz im Hochschulstudium, Frankfurt 2017.

22https://www.im.nrw/stabsstelle-rechtsextremistische-tendenzen-der-polizei-nrw-stellt-abschlussbericht-im-landtag-vor.

23 Stichwort: Gesundheitsförderliches Führen; so im Angebot „Moderierte Gruppenberatung für Dienstgruppenleiter" der Kölner Supervisions- und Polizeiseelsorgekollegen. http://www.erzbistum-koeln.de/seelsorge_und_glaube/krankheit_und_pflege/polizeiseelsorge/ihre_ansprechpartner/ Aber z.B. auch: Wächterowitz, H., Berufsrollenreflexion nach der Ausbildung? Implementierung primärpräventiver Supervision im Gesundheitsmanagement der Polizei NRW, in: Freitag / Schophaus, Reflexive Polizei, 169-190.

25.3 Abschlussgedanke: Seelsorgende als Supervisor:innen?

Wenn Seelsorge das ist, was der Seele guttut und für Menschen heilsam ist, dann ist dies zunächst im Auftrag der Polizeiseelsorge das Wohl der Menschen in der Polizei. Während aber seelsorgliches Tun in meinem Verständnis eher das beratende, helfende, stärkende und begleitende Handeln ist, verstehe ich Supervision immer in der Trias zwischen Person, Rolle und Institution. Die Auseinandersetzung mit der Rolle in der Institution öffnet aber weitere, z.T. sicher auch kritische Dimensionen. Grundsätzlich können mit Blick auf die Besonderheiten der Polizei und dem damit häufig verbundenen Blick auf Verschwiegenheit und Zeugnisverweigerungsrecht also auch Seelsorgende als Supervisior:innen tätig sein. Sinnvoll ist dies aus meiner Sicht aber nur dann, wenn sie genau das tun, was sie von Supervisand:innen kontinuierlich einfordern: Rollenklarheit und die Betonungen von Unterschieden (hier z.B. des Unterschieds zwischen den beruflichen Rollen eines Polizeiseelsorgers bzw. einer Polizeiseelsorgerin und eines Supervisors bzw. einer Supervisorin). Als Polizeiseelsorger fühle ich mich oft parteiisch – als Supervisior sind mir Abgrenzung, Konfrontation, manchmal auch das Subversive wichtig. Auf jeden Fall aber die Offenheit, bewusst „gegen den Stachel zu löcken". Folglich muss es zu den Kernkompetenzen von Seelsorgenden in der Supervision gehören, sich reflexiv Klarheit über die eigene Rolle zu verschaffen und vielleicht sogar auf diese Weise eine interessante Projektionsfläche anzubieten.

Es gibt Bedarf für Supervison bei der Polizei[24], es gibt entsprechende Angebote – nur *heißen* tun sie oft noch anders!
Supervision, Coaching, Berufsrollen- und Alltagsreflexion *können* dabei Aufgabenfelder für entsprechend qualifizierte Polizeiseelsorger:innen sein. Allerdings aus meiner Sicht immer nur als Add-on – der genuine Auftrag bleibt aber die Polizeiseelsorge mit ihren vielfältigen Facetten und Aufgabenbereichen[25].

---

24 https://www.kriminalpolizei.de/ausgaben/2016/september/detailansicht-september/artikel/supervision-im-polizeiberuf-als-instrument-zur-professionellen-selbstreflexion.html und KiPo-Konzept: https://polizei.nrw/artikel/schuetzen-und-staerken.

25 Siehe dazu die Kapitel hier im Sammelband.

26 Alltagsreflexion

Stephan Draheim

26.1 Einführung

Die Ausbildung von Polizeibeamt:innen in Nordrhein-Westfalen erfolgt über ein duales Studium (Studium an der HSPV NRW und Ausbildung am LAFP sowie in den Praktika bei Tutor:innen in den Behörden), bei dem als Zugangsvoraussetzung mindestens ein (Fach-)Abitur notwendig ist. Eingestellt wird am Ende nach erfolgreich abgeschlossenem Studium im Eingangsamt als Kommissar:in. Diese Akademisierung der Polizei ist nicht folgenlos.[1] So kommen die meisten Polizeibeamt:innen aus den sogenannten „gutbürgerlichen", geordneten Verhältnissen mit all ihren Vorzügen und werden in den ersten Jahren ihrer Polizeiarbeit mit der oft so ganz anderen – bis dahin zumeist ganz unbekannten – Realität des polizeilichen Berufsalltags konfrontiert.[2] Diese deutliche Konfrontation mit Gewalt, mit Tod und Trauer, mit Lebensgefahr und auch mit Chaos und Ekel verändert bei den jungen Kommissar:innen die Wahrnehmung, eigene Einstellungen und auch Kommunikations- und Verhaltensstrukturen. Darüber hinaus sind Polizeibeamt:innen heute in ihrem Berufsalltag „... in besonderem Maße psychischen Belastungen und sozialem Druck ausgesetzt ..."[3]. Häufig sind sie in ihrer Rolle als Vertreter:innen der Staatsmacht gezwungen, ad hoc Entscheidungen zu treffen, die sie dann aber persönlich verantworten müssen, weil es keine eindeutigen Vorgaben und Handlungsanweisungen für die unterschiedlichen Situationen gibt, geben kann. Wenn Polizeibeamt:innen, vor allem Berufsanfänger:innen, dann mit diesen Erfahrungen und diesem Erleben allein gelassen werden, fällt eine spätere Reflexion der sich langsam einschleichenden Veränderungen schwer.

Aber auch bei dienstälteren Polizeibeamt:innen können Erfahrungen mit der immer wiederholten Exposition existenzieller Gefühle und dem damit verbundenen Erleben ohne die Möglichkeit der offenen Reflexion zu veränderten Wahrnehmungen, Einstellungen und Verhaltens- und Kommunikationsstrukturen führen. Das sind Erfahrungen, die die eigene Selbstwirksamkeit in Frage stellen, wenn zum Beispiel soeben in Gewahrsam genommene Straftäter:innen binnen Stunden wieder auf freiem Fuß sind, oder Erfahrungen mit häufig gleichen Personenkreisen als polizeilichem Gegenüber, die dann bereits im Voraus als „Erfahrungsschatz" negativ konnotiert sind.

---

[1] Vgl. Dübbers, Veränderung, S. 25-37 und Frevel/Groß, Bologna, Editorial.

[2] Vgl. Grützner/Kiehn, Polizeiseelsorge, S. 22-27 und Behr, Gewalt, S. 26f.

[3] Belardi, Supervision, S. 36.

Die im Zusammenhang der Dialogveranstaltungen zwischen dem Innenminister des Landes NRW, Herbert Reul, und Führungskräften der Polizei NRW zum Jahreswechsel 2020/2021, aus Anlass der 2020 aufgedeckten Chatgruppen in der Polizei Essen, initiierten Alltagsreflexionen tragen den o.g. Grunderfahrungen von Polizeibeamt:innen das erste Mal in Form breiter angelegter kommunikativer Unterstützungsangebote Rechnung.

26.2 (Alltags-)Rassismus und Polizeiarbeit

Ist die Grundidee der Alltagsreflexionen „... die Annahme, dass die Reflexion der Arbeitsbelastungen positive Aspekte auf die unterschiedlichsten Problemlagen von Polizistinnen und Polizisten im dienstlichen Alltag haben kann ...“[4], so ist die Genese dennoch in der Aufdeckung der Chatgruppe der Polizei Essen mit z.T. rechtsextremistischen Inhalten zu sehen. Das könnte den Eindruck entstehen lassen, hier werde eine Kommunikation mit „doppeltem Boden“ geführt. Dass also zum einen den Beamt:innen suggeriert werde, die Alltagsreflexionen seien ein Gesprächs- und Entlastungsangebot an sie, zum anderen aber ein – latent verdecktes – Ziel mit diesen Gesprächen angestrebt werde, nämlich rechte Tendenzen zu erkennen und aufzudecken oder aber zumindest ihnen entgegenzutreten.
Rechte Einstellungen sind dabei, weit entfernt von dem Klischee des gesellschaftlich abgehängten, in prekären Verhältnissen lebenden und vorzugsweise aus Ostdeutschland stammenden Rechten, durchgängig in allen Teilen der Gesellschaft vorhanden. Rechte Einstellungen sind ein gesamtgesellschaftliches Phänomen und Problem.[5] Das bedeutet, dass auch innerhalb der Organisation Polizei immer wieder Menschen auffallen (werden), die rechte Einstellungen und Haltungen an den Tag legen. Eine solche Einstellung ist mit der freiheitlich demokratischen Grundordnung unseres Landes, die die Polizei zu verteidigen hat, und der wichtigsten Aufgabe der Polizei, die Würde aller Menschen zu schützen, nicht vereinbar. Für eine solche Einstellung und Haltung kann in der Polizei kein Platz sein. Das ist die eine Seite.
Alltagsrassismus wiederum ist ein weiteres – auch gesamtgesellschaftliches Phänomen. Wichtig dabei ist zu verstehen, dass Alltagsrassismus nicht die *einzelne* böse Tat einer/s *einzelnen* bösen Täter:in ist. Es ist noch nicht einmal der individuelle und bewusste Fehltritt. Alltagsrassismus ist, wie der Begriff es schon suggeriert, alltäglich und gehört schon fast so sehr zu uns (allen!) wie das täglich Brot.[6] „(Alltags-)Rassismus ist ein systemisches,

[4] Ministerium des Inneren, Abschlussbericht, S. 46.

[5] Otto, Woher, S. 16-33.

[6] Ogette, Racism, S. 15-20; Hasters, Menschen, S. 11-20; Diangelo, Rassismus, S. 112-132.

gesellschaftliches, institutionelles, allgegenwärtiges und epistemologisch eingebettetes Phänomen, das jeden Teil unserer Wirklichkeit durchdringt.“[7] Wir können uns ihm fast nicht entziehen, wir können aber sehr wohl uns und unser Verhalten reflektieren und uns und unsere alltagsrassistischen Muster verstehen und langsam überwinden lernen. Das ist die andere Seite.
Diese beiden Seiten der „Medaille“ Rassismus schwingen mit, bei allen Gesprächen der Alltagsreflexionen. Dass dies so ist, war vor allem in der Pilotphase der Alltagsreflexionen auch allen Beteiligten – ob offen ausgesprochen oder auch nicht – selbstverständlich klar. Daraus ergibt sich für die Alltagsreflexionen in der Umsetzung m.E. die Notwendigkeit ganz klarer Prämissen, die auch in den jeweiligen Gesprächen offen zu kommunizieren sind. Es ist wichtig, darauf zu achten, dass niemand der am Gespräch Beteiligten das Gefühl bekommt, in irgendeiner Form einer Verdächtigung ausgesetzt zu sein, dass jede/r mit seinen/ihren Erfahrungen ernst genommen wird und Raum bekommen kann und dass niemand im Verlauf der Gespräche beschämt wird.[8]
Die Alltagsreflexionen sind also eine „Wanderung in steinigem Gelände“, die es zum einen mit einer befürchteten „doppelten Kommunikation“ zu tun hat, dabei aber auch ihre Genese nicht verleugnen kann und darf, und zum anderen mit dem Bedürfnis, dem Fürsorgegedanken für die Beamt:innen mit ihren jeweiligen Grunderfahrungen Rechnung zu tragen.

26.3 Alltagsreflexionen konkret

Unter diesen o.g. Rahmenbedingungen habe ich gemeinsam mit zwei Polizeibeamt:innen, die beide ebenfalls Lehrbeauftragte an der HSPV NRW am Studienort Münster sind[9], für die Alltagsreflexionen ein Konzept weiterentwickelt, das als interdisziplinärer Workshop für die HSPV am Studienort Münster in Teilen bereits entwickelt war. Ich habe dann dieses Konzept, das sich im Prozess der Alltagsreflexionen auch noch weiterentwickelt hat (und dies auch noch immer tut), mit unterschiedlichen Dienstgruppen im PP Gelsenkirchen und im PP Münster[10] umgesetzt.
Bei der Umsetzung war uns als Erkenntnisvoraussetzung wichtig, dass Kommunikation interpersonales Handeln ist. D.h., dass das Gelingen von

---

[7] Akintunde, White Racsim, zitiert nach Diangelo, Rassismus, S. 114.

[8] Vgl. Burba, Scham, S. 32-39; 48-69.

[9] An dieser Stelle gebührt mein Dank diesen beiden für die gemeinsame Arbeit an diesen Konzepten, Polizeikommissarin Hülya Duran aus der Kreispolizeibehörde Warendorf und dem Ersten Polizeihauptkommissar Klaus Laackman, Leiter des Verkehrsdienstes Stadt im Polizeipräsidium Münster.

[10] Im Polizeipräsidium Münster habe ich die Alltagsreflexionen im Moderatorenteam gemeinsam mit PK’in Hülya Duran umgesetzt.

Reflexion im Umfeld dieser Thematik elementar von den Interaktionen und der Kommunikation der Person/en abhängt, die den Handlungsraum für diese Reflexionen eröffnet/eröffnen. Bereits das, was wir an Kleidung tragen, wie wir uns bei der ersten Begegnung im Smalltalk mit in den Raum stellen (oder aber abgrenzen), wie unsere Mimik und Gestik wirkt, wie wir Beziehung zu den Teilnehmer:innen gestalten, all das hat Auswirkungen auf den Handlungsraum und das Gelingen der Reflexion.
Die von uns in der ersten Konzeption formulierten Ziele für die Alltagsreflexionen waren:

> 1) Die PVB:innen fühlen sich eingeladen und wahrgenommen. Sie haben nicht, bzw. verlieren, den Eindruck, es begegne ihnen ein Anfangsverdacht oder eine Unterstellung.
>
> 2) Die PVB:innen haben und nutzen den Raum, um über ihre dienstlichen Erfahrungen zu berichten und diese gemeinsam zu reflektieren.
>
> 3) Die PVB:innen werden sich ihrer eigenen Vorurteile bewusst. Sie erkennen, dass ihre eigene Sicht auf die Gesellschaft und die in ihr lebenden Menschen notwendig subjektiv ist und dass sie durch persönliche und dienstliche Erfahrungen geprägt ist.
>
> 4) Die PVB:innen erkennen, dass sie durch das Einüben eines Perspektivwechsels sich selbst in die Lage versetzen, einem reinen „Schubladendenken" bei sich vorzubeugen und Vor-Mutmaßungen zu revidieren.
>
> 5) Die PVB:innen wissen um die Notwendigkeit und den Wert kollegialen Vertrauens und kollegialer Loyalität in der Gefahrengemeinschaft der Polizei. Sie erkennen aber zugleich auch deren Grenzen, sobald sich jemand bewusst durch eigenes Fehlverhalten außerhalb dieser Gemeinschaft stellt und damit das Vertrauen und die Loyalität der Kolleg:innen verwirkt.
>
> In der konkreten Umsetzung haben wir versucht, diese Ziele mittels filmischer Kurzimpulse und im sich jeweils ereignenden erfahrungsbezogenen Gespräch zu erreichen.

Die Erfahrungen mit den Alltagsreflexionen waren dort, wo es zunächst gelungen ist, die ersten beiden Ziele zu erreichen, sehr positiv. Diese subjektive Wahrnehmung deckt sich mit der Dokumentation der anonymisierten Fragebögen aus den 14 Behörden, die an der Pilotphase teilgenommen haben, im Abschlussbericht des Innenministeriums. Hier ist eine im Nachgang nach den Veranstaltungen auf 89% gestiegene positive Bewertung der Alltagsreflexionen festgehalten.[11] Vor allem auch die Durchführung der Alltagsreflexionen im Moderatorenteam – und hier speziell in der Konstel-

[11] Ministerium des Inneren, Abschlussbericht, S. 48, 50.

lation Frau/Mann, jung/lebensälter und mit und ohne „lesbaren" Migrationshintergrund[12] – hat sich als sehr hilfreich erwiesen, da ein solches Team unterschiedliche Perspektiven und auch Identifikationsmöglichkeiten für das Gespräch bietet, was für den Erfahrungsaustausch fruchtbar ist.
Es ist für diese besondere Form supervisorischer Aufarbeitung des alltäglichen Erlebens im Dienst der PVB:innen darüber hinaus auch wertvoll, eine externe psychosoziale Fachkraft[13] zur Verfügung zu haben, da diese bereits in sich die andere Perspektive verkörpert, aber – solange sie über eine ausgewiesene Feldkompetenz verfügt – auch die Akzeptanz der Teilnehmer:innen hat. Zusätzlich tritt auch noch die Unabhängigkeit von den hierarchischen Strukturen der Organisation Polizei neben die andere Perspektive, die eine unbefangenere Intervention im Verlauf der Gespräche ermöglichen kann.

26.4 Fazit

Gerade vor dem Hintergrund der Belastungen im Dienstalltag der Polizei und der bisher fehlenden Gelegenheiten, diese in strukturierter Form mit der ganzen Dienstgruppe oder mit einer Gruppe von Kolleg:innen, die nicht aufgrund privater Beziehungen zusammenkommen, während der Dienstzeit in einem von Störungen „befreiten" Zeitraum reflektieren zu können, werden die Alltagsreflexionen von einer hohen Zahl (81%)[14] von Beamt:innen auch in wiederkehrender Form gewünscht. Dieser Wunsch ist natürlich vor allem Ausdruck des Erlebens von Entlastung im Umgang mit Problemlagen und Belastungen. Aber der Effekt, dass durch Reflexion des eigenen Erlebens und Handelns einer Verschiebung von Wahrnehmungen, Einstellungen und Verhaltens- und Kommunikationsstrukturen entgegengewirkt wird, ist vermutlich auch gegeben. Daher geht meine persönliche Empfehlung dahin, das Format der Alltagsreflexionen auf alle Fälle beizubehalten und gegebenenfalls auch auszuweiten, je nachdem, wie hoch der Bedarf auf freiwilliger Basis sich in Zukunft darstellen wird.

---

[12] Diese Konstellation war in der Durchführung der Alltagsreflexionen im Polizeipräsidium Münster durch die Zusammenarbeit zwischen Frau Duran und mir in der Umsetzung gegeben. Daneben habe ich in Gelsenkirchen die Erfahrung sammeln können, wie es ist, die Reflexionen alleine, ohne Teampartnerin, durchzuführen.

[13] Diese psychosoziale Fachkraft war ich – entweder alleine (im PP Gelsenkirchen) oder im Team mit einer/m Polizeibeamt:in (im PP Münster zusammen mit PK'in Duran).

[14] Ebd. S. 50.

26.5 Literatur

Behr, Rafael, Gewalt und Polizei. In: Aus Politik und Zeitgeschichte (Bundeszentrale für politische Bildung, Hrsg.) Heft 21-23, Bonn 2019.

Belardi, Nando, Supervision und Coaching, Grundlagen, Techniken, Perspektiven. 5. überarb. Aufl. München 2018.

Burba, Christoph, Scham und Glück in der Kommunikation. Baltmannsweiler 2019.

Diangelo, Robin, Wir müssen über Rassismus sprechen, Was es bedeutet, in unserer Gesellschaft weiß zu sein. Hamburg 2021.

Dübbers, Carsten, Veränderung der Kultur der Polizei durch den Akademisierungsprozess, Ergebnisse einer quantitativ empirischen Studie in der Kölner Polizei. In: Polizei und Wissenschaft Heft 2, Frankfurt/Main 2016.

Frevel, Bernhard; Groß, Hermann (Hrsg.), Bologna und die Folgen für die Polizeiausbildung. In: Empirische Polizeiforschung Bd. XIX, Frankfurt/Main 2016.

Hasters, Alice, Was weiße Menschen nicht über Rassismus hören wollen aber wissen sollten. München 2021.

Ministerium des Inneren des Landes Nordrhein-Westfalen (Hrsg.), Stabsstelle Rechtsextremistische Tendenzen in der Polizei NRW Abschlussbericht Band 1 – Auftrag, Lagebild, Datenerhebungen und Handlungsempfehlungen. Düsseldorf 2021.

Ogette, Tupoka, exit racism, rassismuskritisch denken lernen. Münster 2017.

Otto, Anne, Woher kommt der Hass? Die psychologischen Ursachen von Rechtsruck und Rassismus. München 2019.

27 Berufsrollenreflexion

Marcus Freitag / Bernd Malecki

27.1 Einführung

> *„Jeder Polizist kennt sie: Unverarbeitete Schreckenserlebnisse, die große Stress- und Belastungsreaktionen auslösen. Ob beim Einsatz mit der Schusswaffe, körperlichen Angriffen oder bei Einsätzen mit Sterbenden und Toten – Polizeibeamte stehen immer wieder neuen Herausforderungen gegenüber. Viele der belastenden Situationen können tiefe Spuren in der Erinnerung hinterlassen. Mögliche Folgen der seelischen Last sind u.a. Angststörungen, Überforderungsgefühle, Depressionen bis hin zu Suchterkrankungen.“*[1]

Zu erwarten sind dann im Anschluss normalerweise die Hinweise auf die Prävention durch bessere Aus- und Fortbildung, auf Betreuungsteams und Krisenintervention, im Zweifel auch auf die Gefahr einer PTSD und die Notwendigkeit therapeutischer Hilfe – und zunehmend der Ruf nach Supervision als Krisenintervention.
Grundsätzliches zum Thema Supervision bei der Polizei ist bereits oben gesagt[2]. Erkennbar wurde dabei, dass supervisorische Ansätze nicht per se bereits ausreichende psychohygienische Erstpräventionen oder seelische Eigensicherungsansätze sind – aber sicher hilfreich und flankierend.
Vor diesem Hintergrund entstand 2013 das Ausbildungsmodul „Berufsrollenreflexion“ der Polizei NRW an der Fachhochschule für öffentliche Verwaltung NW (heute Hochschule für Polizei und öffentliche Verwaltung NRW).

27.2 Selbstreflexion (hier als Berufsrollenreflexion[3]) als vorbeugende Maßnahme

Es gibt sie nun einmal – diese Erlebnisse, die so ein-schneidend sind, dass sie mit erlernten, selbst-schützenden Strategien nicht mehr alleine zu bewältigen sind. Im Berufsalltag kommen insbesondere Polizeibeamte zudem an die Grenzen der Gefährdung eigenen Lebens, werden konfrontiert

[1] http://www.kriminalpolizei.de/themen/polizei/detailansicht-polizei/artikel/polizisten-in-der-krise.html.

[2] Siehe Kap. 25 „Supervision“.

[3] Siehe Kap. 26 „Alltagsreflexion“.

mit den Abgründen der Gesellschaft und müssen persönliche Beschimpfungen und Angriffe aller Art hinnehmen.
Doch anstatt die extremen Situationen zu verarbeiten, sie in Gesprächen zu reflektieren, ist es noch immer gang und gäbe, diese Ereignisse zu verdrängen. Die Vertreter der Staatsautorität müssen Stärke signalisieren – für Ängste, Wut, Ekel und Überforderung ist kein Platz. Im Falle der Grenzüberschreitung der eigenen Bewältigungsmöglichkeit ist die Scham dann oft groß und hindert eher am Rückgriff auf die (notwendigen) vorhandenen Unterstützungsangebote. Verdrängungsmechanismen entlasten für den Moment; Frustration, Aggression und Furcht bleiben und wachsen. Die körperliche und die seelische Reaktion wiederholen sich – mit unabsehbaren Folgen.
Prävention und Information sind die ersten Schritte, um Schädigungen vorzubeugen. Die Reflexion der eigenen Berufswahl, der daraus erwachsenen notwendigen, aber eben auch nicht notwendigen und beeinflussbaren Konsequenzen etwa durch die Supervision/Berufsrollenreflexion erscheint als probates Mittel zur Sensibilisierung für den Unterschied, hier den zwischen beeinflussbaren und nicht beeinflussbaren Konsequenzen des Berufs.

27.3 Berufsrollenreflexion als Sensibilisierung für den Unterschied

Ausgangspunkte der Gedanken an ein Reflexionsmodul in der Ausbildung von Polizeibeamten gab es sehr unterschiedliche – hier schildern nun zwei Polizeiseelsorger und Supervisoren ihre persönliche Sicht nach einigen Jahren Erfahrung mit Berufsrollenreflexion im Ausbildungsalltag der Polizei NRW im Sinne eines Rückblicks, einer aktualisierten Standortbestimmung und einer Zukunftsperspektive.
Die Studierenden bringen eine hohe Bereitschaft mit, sich mit den Zielen der Polizei und dem Beruf Polizist:in zu identifizieren. Viele bezeichnen ihn als „Traumberuf", dem sie sich durch den Erhalt der Uniform ein ganzes Stück näher gekommen fühlen. Im Praktikum erleben sie jedoch häufig eine Differenz, einen Unterschied zwischen dem, was ihnen von diesem Beruf vermittelt wurde, und dem, wie ihre Kolleg:innen vor Ort agieren. Sie erleben dort neben engagierten Kolleg:innen Frustration, Überforderung und/oder Gleichgültigkeit. Da eine hohe Identifikation mit dem Beruf gefordert/gewünscht wird, ist hier ein erster innerer Konflikt angelegt, der das eigene Berufsverständnis prägen kann.
Die Sozialisation durch die Gruppe (Gemeinschaftsquartiere und Uniformpflicht in der Ausbildung, Bindung an den „Bärenführer" etc.), die – zu anderen Zeiten und mit sehr eigenen Problemstellungen – durch das jugendliche Alter der Einsteiger im mittleren Dienst gefördert worden war, ist heute

abgelöst worden durch einen individuellen und leider nicht immer hinreichend reflektierten Prozess, den allerdings jede/r Einzelne für sich selbst und i.d.R. noch allein leisten muss.

27.4 Ausbildung zum Polizisten / zur Polizistin

Das Selbstverständnis der Polizei und die vielfältigen Aufgaben im Polizeivollzugsdienst sowie die sich verändernden gesellschaftlichen Rahmenbedingungen verlangen von Polizeibeamt:innen also zunehmend die Fähigkeit, die eigene professionelle Grundhaltung zu entwickelr, d.h. sie zu reflektieren und zu stärken.
Die Ausbildung gilt als professionell, wenn sie
1. auf wissenschaftsbasierten Erkenntnissen aufbaut und an den entsprechenden Arbeitsweisen und Methoden ausgerichtet ist;
2. die notwendigen Kernkompetenzen polizeilichen Handelns vermittelt, die in Training und im Praktikum in reflektiertes polizeilich-professionelles Handeln überführt werden;
3. dieses professionelle Handeln ethisch fundiert und kontinuierlich reflektiert ist und so zur Ausbildung der o.g. professionellen Identität / Haltung führen kann.
Um dieser komplexen Aufgabe gerecht zu werden, muss die Ausbildung über die Vermittlung von fachspezifischen Inhalten hinausgehen. Ein erster Schritt dazu sind die seit Jahrzehnten durchgeführten Skill-Trainings („TrainingSozialerKompetenz“, TSK), in denen neben den Praxistrainings soziale Fähigkeiten vermittelt und eingeübt werden. Darüber wuchs aber die Erkenntnis – als zweitem Beweggrund für das Ausbildungsmodul Berufsrollenreflexion –, dass die Notwendigkeit besteht, die Entwicklung einer professionellen und tragfähigen Grundhaltung stärker zu fördern und sie zu einem verinnerlichten professionellen Selbstverständnis, einer beruflichen Identität bzw. der Übernahme einer professionellen Berufsrolle weiter zu entwickeln.
Genau das geschieht nicht automatisch als „Begleiterscheinung“ der Wissens- und Kompetenzaneignung, sondern stellt einen eigenen Prozess dar, der im aktuellen Studiengang Polizeivollzugsdienst curricular entsprechend unterstützt wird. Da innerhalb der Ausbildung einer professionellen Identität die berufspraktischen Anteile ein relevanter Ort sind, erscheint es grundsätzlich sinnvoll, den Studierenden jeweils nach den Praxiseinheiten eine entsprechende Reflexionsebene in Form von Gruppen- bzw. Fallsupervision/-coaching anzubieten (wie es ja auch im polizeilichen Gesundheitsmanagement angestrebt ist!).

27.5 Selbstreflexion als andauernde Aufgabe

Aus diesem Projekt ist inzwischen ein Studienmodul geworden: integriert, festgelegt, umgesetzt und evaluiert. Vieles davon erscheint hier noch immer berichtenswert, aktuelle Auseinandersetzungen (z.B. die Problematik menschenverachtender Inhalte in Chatgruppen der Polizei) haben dieses Projekt aber eingerahmt in andere Fragehorizonte.

Die Polizei ist, so kann man zusammenfassend sicher sagen, gekennzeichnet durch ihren Organisationsaufbau, eine noch immer sehr stark männlich geprägte Organisationskultur, die Komplexität ihrer Aufgaben und die daraus resultierenden Anforderungen an die einzelne Polizeibeamtin bzw. den einzelnen Polizeibeamten. Die Polizeivollzugsbeamt:innen befinden sich somit im ständigen Spannungsfeld zwischen hierarchischer Aufgabenzuweisung und der vollen persönlichen Verantwortung für das eigene Handeln.

Diese Erlebnisse und Belastungen müssen von jeder einzelnen Polizeibeamtin bzw. jedem einzelnen Polizeibeamten verarbeitet und bewältigt werden. Dabei genügt es wohl kaum, „wenn die Beamten in unstrukturierter Weise miteinander sprechen oder, wie es lange praktiziert wurde, gemeinsam auf ein Bier gehen, um entstandene Sorgen hinunterzuspülen".[4] Diese Verhaltensweisen sind jedoch in der Polizistenkultur verwurzelt. Durch die Sozialisation in der polizeilichen Praxis wird jungen Polizeibeamt:innen das Leben in einer Gefahrengemeinschaft vermittelt und gezeigt, „was richtige Schutzmänner alles aushalten müssen".[5]

Diese Verhaltens- und Bewältigungsformen stehen jedoch im Widerspruch zu einer modernen Personalführung in einer professionellen und bürgerfreundlichen Polizei, in der Verantwortungsbewusstsein für die Bedürfnisse der Polizist:innen gefragt ist. Gerade vor dem Hintergrund der Aufgabenkomplexität und des gesellschaftlichen Wandels „sind gesunde, qualifizierte, motivierte und zufriedene Beschäftigte zur Bewältigung der umfangreichen Aufgaben erforderlich".[6] Vor diesem Hintergrund gibt es zunehmend Versuche, Supervision als Instrument professionellen Personalmanagements in die Polizeien der Länder zu integrieren; allerdings befindet sich diese Entwicklung noch ziemlich am Anfang[7] .

---

[4] Vitek, Ernst (2009), Supervision. Ein Instrument zur positiven Gestaltung des beruflichen Handelns der Polizei, Wien, S. 505.

[5] Behr, Rafael (2008), Cop Culture – der Alltag des Gewaltmonopols: Männlichkeit, Handlungsmuster und Kultur in der Polizei, 2. Auflage, S. 215.

[6] Baumann, Katja (2012), Supervision im Polizeiberuf, als Instrument zur professionellen Selbstreflexion, Masterarbeit, Manuskript, DHPol Münster, S. 4.

[7] Vera, Antonio (2015), Supervision als Instrument der professionellen Unterstützung im Polizeiberuf in der Polizei des Landes Nordrhein-Westfalen (mit A. Uhlmann), in: Ritsert,

27.6 Reflexion als Voraussetzung zur Supervision

In den zuvor genannten Arbeiten finden sich, trotz divergierender Begriffsdefinitionen, große Übereinstimmungen hinsichtlich der innerhalb der Polizei als Voraussetzung für Supervision einzuführenden Reflexionskompetenz: Das Instrument der Supervision setzt ja auf Seiten des Supervisanden die Reflexion bestimmter Situationen ebenso voraus wie die Selbstreflexion der eigenen Empfindungen und Verhaltensweisen. Es ist daher Voraussetzung der Supervision oder, wie oben beschrieben, Aufgabe der Ausbildungssupervision, die Reflexionsfähigkeit der Supervisanden zu verbessern und somit das berufliche Handeln zu professionalisieren und damit die Handlungssicherheit zu erhöhen[8] . Durch die Förderung der Selbstreflexion im Rahmen der Ausbildungssupervision sollen mithin die Potenziale zukünftiger Polizeibeamtinnen und -beamten gestärkt werden, um so positive Impulse für die Ausgestaltung der Berufsrolle und damit auch auf die Qualität der Arbeit zu geben.
Reflexionsfähigkeit ist aber gleichzeitig auch eine wichtige Voraussetzung für die Durchführung einer erfolgreichen Supervisionsarbeit. Insbesondere in komplexen Situationen erhöht und stärkt die Reflexion dem Supervisanden im besten Fall seine Handlungs- und Entscheidungsfähigkeit durch die Förderung von Erkenntnissen, da eine Reflexion grundsätzlich neue Zugänge zu Aufgaben, Anliegen, Problemen und Konflikten eröffnet.
Insofern ist das Berufsrollenreflexionsmodul trotz des sperrigen Namens nichts anders als Ausbildungssupervision:

> *„Ausbildungssupervision […] ist Supervision im Rahmen berufsqualifizierender Aus-, Fort- und Weiterbildung zur Begleitung und Reflexion integrierter, berufspraktischer Tätigkeiten. In vielen beratenden, therapierenden, trainierenden, erziehenden und helfenden Berufen und Professionen ist sie obligatorischer Bestandteil der jeweiligen Qualifizierungsordnung. Ihr Zweck besteht darin, die Systemsteuerungskompetenz des Supervisanden zu unterstützen, zu vertiefen oder wiederherzustellen. Im Unterschied zur Supervision in der Arbeitswelt werden Rahmenbedingungen wie Dauer, Setting und Themenbereiche der Ausbildungssupervision im Wesentlichen von*

Rolf / Vera, Antonio (Hrsg.): Führungskräfte in Veränderungsprozessen: ausgewählte empirische Studien zur Reflektion der Führungsarbeit, Frankfurt a. M., S. 88-143.

[8] Vitek, Supervision, S. 28ff.

der Ausbildungsinstitution festgelegt [...] und nicht zwischen den Supervisanden und dem Supervisor ausgehandelt."[9]

So lässt sich festhalten, dass Ausbildungssupervision Elemente der Fachberatung, der Supervision und der Weiterbildung / des Trainings nutzt. Dabei bleibt das Problem bestehen, welches insbesondere die Rolle des Supervisors betrifft:

„Ausbildungsbegleitende Supervision kann je nach Kenntnis und Verständnis sehr unterschiedlich gestaltet werden. Wenn die Fachberatung überwiegt, bleibt der Ausbilder / Supervisor eher in der Rolle des Lehrers und Weiterbildners. Die Erhöhung der Komplexität durch angeleitete Reflexion zur Erkundung der verschiedenen Dimensionen von Person, Funktion, Rolle, Kontext u. a. wird vernachlässigt zu Gunsten der Instruktion. Wenn der reflexive Anteil erhöht werden soll (...) können andere Aspekte der berufsgleitenden Supervision anregend und hilfreich sein."[10]

Die Besonderheit von Ausbildungssupervision besteht darin, dass sie zwei verschiedenen Systemlogiken verpflichtet ist: Supervision als spezifisches Beratungsformat ist weitgehend durch eine psycho-sozial geprägte Theorie- und Methodenentwicklung bestimmt und durch Standards von Dachverbänden wie der Deutschen Gesellschaft für Supervision (DGSv) geprägt; Ausbildung als zielbestimmender Rahmen wird dagegen durch die unterschiedlichen fachbezogenen Ausbildungs- und Prüfungsordnungen der (Fach-)Hochschulen bestimmt.

27.7 Modulbeschreibung

In der Ausbildung der Polizei NRW sind nun vier ganze Tage Berufsrollenreflexion durchzuführen. Der erste Tag soll allerdings vor dem ersten Praktikum erfolgen, um theoretisch in das Thema Reflexion und in Reflexionsmethoden einzuführen. Inhalte der Vermittlung und des Gesprächs sind bzw. können sein:

- Rollenfragen (biografische Rollen / Berufsrollen / Organisationsrollen etc.)
- Theoretische Grundlagen (Wirklichkeitskonstruktion, Deutungsmuster, Systemtheorie, Hinweise zu Psycho-, Beziehungs- und

[9] Effinger, Herbert (2003), Willst du erkennen, so lerne Handeln – Zur Bedeutung berufsbezogenen Handelns in der Ausbildungssupervision, in: sozialmagazin – Die Zeitschrift für Soziale Arbeit, Heft 11/2003, S. 24.

[10] Van Kaldenkerken, Carla (2007), Ausbildungssupervision, in: Spektrum der Mediation, Fachzeitschrift des Bundesverbandes Mediation, Heft 27/2007, S. 30.

Gruppendynamik)
- Einführung in die Methode der Kollegialen Beratung, Vorstellung von Supervision und supervisorischem Handeln etc.
- Studienverlauf, Vertraulichkeit, weitere Beratungsangebote im Studium und bei der Polizei.

Die Modultage sind als Gruppensupervision konzipiert, die Teilnehmerzahl umfasst max. 7 Personen, der Zeitansatz beträgt jeweils 4 Std. Über eine selbst eingebrachte Fallvignette kann zudem zur Selbstvergewisserung jeder Studierende ein Studientagebuch, also eine methodische, schriftliche Reflexion, anfertigen im Sinne einer Protokollierung der eigenen Beratungssituation. Im Rahmen der Vertraulichkeit darf ausschließlich der/die eingesetzte Supervisor:in/Trainer:in das Studienjournal lesen. Die erste Einheit findet noch während der theoretischen Ausbildung im Grundstudium statt, bevor die Studierenden in ihre jeweilige Praktikumsbehörde gehen. Bei dieser Einheit ist der Kursverband in zwei Teilgruppen aufgeteilt, die von je einem Supervisor, einer Supervisorin moderiert und geleitet wird. Hierbei werden Grundlagen für die Selbstreflexion gelehrt und vermittelt. Formen und Methoden der Selbst- und Fremdwahrnehmung, aber auch Fragen des Rollenbildes der Polizei in der Gesellschaft, denen die Kommissaranwärter:innen im Praktikum und im späteren Berufsleben begegnen können. („der Polizeibeamte als Schutzmann", „Freund und Helfer", „Ordnungshüter" u.a.).

Bei der zweiten Einheit, die nach dem ersten Praktikumseinsatz in der Behörde angesetzt ist, geht es um die Einordnung der ersten Erfahrungen im Handeln am Bürger im Arbeitsfeld polizeilichen Handelns. Hier geht es aber auch um die Zusammenarbeit mit den Kolleg:innen im Team. Leitfragen können dabei sein:
- Wie bin ich in die Gruppe der Polizei aufgenommen worden?
- Wie waren meine ersten Berührungspunkte mit Bürgerinnen und Bürgern?
- Wie waren meine ersten Erfahrungen mit Gewalt, die ich ausüben musste oder der ich ausgesetzt war?
- Was ist mir leicht gefallen, was schwer?
- Gab es besondere Herausforderungen für mich? (Hier wird oft von den Erfahrungen mit der ersten Leiche berichtet.)

Möglicherweise gibt es aber auch konkrete Fragen, d.h. Fallvignetten, die die Kommisaranwärter:innen einbringen sollen.

Fragestellungen, die von einem Falleinbringer eingebracht werden, werden dann von den Kolleg:innen mit der Methode der „Kollegialen Beratung"[11] bearbeitet.

---

[11] Vgl. https://www.kollegiale-beratung.de/methodik-und-ablauf-von-kollegiale-beratung-in-sechs-phasen.html.

Das dritte Reflexionsmodul ist ähnlich konzipiert wie das zweite: es gibt Raum und Zeit für Erfahrungsaustusch und kollegiale Beratung.
Zwischen den Moduleinheiten 1, 2 und 3 liegen einige Monate, wodurch sich Erfahrungen und Sichtweisen häufig erheblich verändern. Die Kommissaranwärter:innen konnten sich entwickeln und bestenfalls Gehörtes und Geübtes in der Praxis anzuwenden. Das vierte Modul schließt sich hingegen direkt an Modul 3 an. So kann letztlich im vierten Modul der Blick auf einer Reflexion der gesamten Ausbildungszeit liegen und/oder eine Perspektive in die Zukunft gerichtet werden.

27.8 Fazit[12]

Wir machen die Erfahrung, dass die Kommissaranwärter:innen zu Beginn des Moduls häufig unsicher sind, da sie an die Herangehensweise erst einmal herangeführt werden müssen. Da ist Supervision bei vielen eher angstbesetzt. „Was geschieht da mit mir?“, „Was kann, muss, darf ich da sagen / erzählen?“ Da es die Grundregeln gibt, dass das Gesagte im Raum, d.h. in der Gruppe, bleibt, kann diese Angst genommen werden. Unser Hinweis auf unsere Rolle als Polizeiseelsorger erleichtert uns die Sicherung der Vertraulichkeit in den Augen der Studierenden.
Wenn die Arbeitsschritte vermittelt sind und ein erster „Durchlauf“ durchgeführt wurde, ist die weitere Arbeit mit dem Phasenmodell der kollegialen Beratung eher ein Selbstläufer. Beim 2. Reflexionsmodul sind oft die Zusammenarbeit mit den Kolleg:innen, der häufige Wechsel der Tutoren (durch Urlaub, Fortbildung, Krankheit, hier vor allem z. Zt. der Corona-Pandemie u.a.) Thema. Die Erwartungshaltung der Kolleg:innen in den Behörden ist nicht deckungsgleich mit dem Ausbildungsstand der Kommissaranwärter:innen, was zu Spannungen und letztlich zu Frustration auf beiden Seiten führt.
Auch der Umgang mit neuen Herausforderungen, wie der Umgang mit Gewalt, mit Verstorbenen und deren Angehörigen, wird oft thematisiert. Das gilt auch für den Umgang mit Kindern (hier scheint es ein Ausbildungsdefizit zu geben) oder mit Gleichaltrigen. Aber auch der Umgang mit Nähe und Distanz wird oft angesprochen. Es zeigt sich häufig, dass es für die Studierenden schon eine Hilfe darstellt, wenn sie erfahren, dass es nicht nur für sie eine Besonderheit oder eine Schwierigkeit darstellt, sondern es bei anderen ähnlich ist.
Ab dem 3. Reflexionsmodul sind die Kommissaranwärter:innen schon eher im Polizeimodus. Das heißt, sie haben mehr oder weniger ihre Rolle

---

[12] Eine ausführliche Evaluation findet sich bei: Schophaus, Evaluation des Studienmoduls „Berufsrollenreflexion“ an der FHöV NRW, in: Freitag/Schophaus, Reflexive Polizei, Frankfurt 2017, S. 25-42.

gefunden. Die Arbeit der Polizei ist ihnen nicht mehr fremd. Sie verstehen die verschiedenen Zusammenhänge und Abläufe des polizeilichen Handelns, die gerade durch die gemachten Erfahrungen in den Praxiseinsätzen gewonnen wurden und werden. Hier erscheint es uns eine gelungene Ergänzung und (nach ersten eigenen Erfahrungen) auch eine sinnvolle Perspektive, durch die „Alltagsreflexion" in den Behörden (vgl. Kap. 26) der „Berufsrollenreflexion" in der Ausbildung einen weiteren Sinnzusammenhang zu geben.
Für uns als Polizeiseelsorgende ist das Modul Berufsrollenreflexion (kurz BRR oder Ref) Chance und bleibende Herausforderung zugleich[13]. Aufgrund der Organisationsproblematiken an der HSPV mit aktuell 2700 und zukünftig 3000 Studierenden im Fachbereich PVD pro Jahr ist es nicht immer möglich, die vier Module in einem festen Team zu begleiten. Hier gehen Sicherheiten und Vertrauen verloren. Das uns Polizeiseelsorgenden eigene Verständnis des Zeugnisverweigerungsrechts (in der Regel verstanden als Aussageverweigerung und umfassender Vertrauensschutz) lässt sich in einer Gruppe von Polizeibeamten nicht garantieren – oder eben nur für uns. Hier liegt aber eben auch die direkte Chance, über die Möglichkeiten und Grenzen von Vertrauen, Kollegialität und Aufklärungspflicht zu sprechen und folglich eine Grundlage für spätere Gespräche zu legen. Letztendlich ist die Berufsrollenreflexion also kein polizeiseelsorglicher Auftrag – aber eine echte Chance für die Kontaktaufnahme mit angehenden Polizeibeamt:innen in der Hoffnung, Kontakte zu knüpfen, Netzwerke herzustellen und für Akzeptanz von Beratungsformaten in der Polizei zu werben.

[13] Zur kritischen Betrachtung dieser Rolle siehe Trappe, Tobias, Ethik als Problem, Tun und Thema der Polizeiseelsorgenden, in diesem Band Kap. 20. Ich teile die dort vorgestellte Kritik am Handeln der Polizeiseelsorger:innen explizit nicht, weil Tobias Trappe hier die Wirkung einer Handvoll Polizeiseelsorger:innen im Verhältnis zur Vielzahl der im BRR eingesetzten Lehrenden/Trainer:innen deutlich über- und gleichzeitig die professionelle Rollenklarheit unterschätzt.

III. Anhang

28 Die Texte der Vereinbarung über die Wahrnehmung der evangelischen bzw. katholischen Polizeiseelsorge im Lande Nordrhein-Westfalen aus dem Jahr 1962

28.1 Vereinbarung über die Wahrnehmung der evangelischen Polizeiseelsorge im Lande Nordrhein-Westfalen v. 19.7.1962

Das Land Nordrhein-Westfalen,
vertreten durch
den Herrn Ministerpräsidenten

einerseits,

und die Evangelische Kirche im Rheinland,
die Evangelische Kirche von Westfalen und
die Lippische Landeskirche,
vertreten durch ihre Kirchenleitungen

andererseits,

schließen folgende Vereinbarung:

Artikel 1

1
Das Land Nordrhein-Westfalen gewährleistet den Landeskirchen auch weiterhin die Ausübung ihrer Seelsorge bei der Polizei (Polizeiseelsorge).
2
Die Landeskirchen berufen für die evangelische Polizeiseelsorge Pfarrer im Haupt- und Nebenamt (Polizeiseelsorger). Diese üben ihr Amt im Auftrag und unter Aufsicht der Landeskirchen aus.

Artikel 2

1
Die Polizeiseelsorge dient als Teil der kirchlichen Arbeit allen evangelischen Polizeivollzugsbeamten.
2
Sie wendet sich vornehmlich an die in den Polizeischulen und der Bereitschaftspolizei geschlossen untergebrachten Polizeivollzugsbeamten; sie soll sich aber auch der Beamten des allgemeinen Polizeivollzugsdienstes annehmen, unbeschadet der Zuständigkeit des Ortspfarrers.

Artikel 3

1
Aufgabe der Polizeiseelsorger ist die Verkündigung und Lehre des Wortes Gottes, die Verwaltung der Sakramente und die seelsorgliche Betreuung der Polizeivollzugsbeamten.
2
Die freie Entscheidung des einzelnen Polizeivollzugsbeamten bleibt gewahrt.

Artikel 4

1
Die Polizeiseelsorger verwalten ein kirchliches Amt.
2
In Ausübung von Lehre und Seelsorge sind die Polizeiseelsorger an staatliche Weisungen nicht gebunden, sondern ausschließlich ihrer Kirchenleitung verantwortlich.

Artikel 5

Die Tätigkeit der Polizeiseelsorger wird vom Lande Nordrhein-Westfalen durch Bereitstellung der erforderlichen äußeren Hilfsmittel ermöglicht und auch sonst in jeder Weise unterstützt; insbesondere sind den Polizeiseelsorgern die zur Wahrnehmung ihrer Aufgaben erforderlichen Räume zur Verfügung zu stellen.

Artikel 6

Unter Einhaltung der für eine dienstliche Verwendung von Kraftfahrzeugen bestehenden Bestimmungen stellt das Land Nordrhein-Westfalen den Polizeiseelsorgern zur Ausübung ihrer Tätigkeit einen Dienstkraftwagen zur Verfügung.

Artikel 7

1
Für die geschlossen untergebrachten Polizeivollzugsbeamten ist in der Regel 14tägig, mindestens jedoch monatlich eine Stunde innerhalb der Dienstzeit für die Erörterung religiöser Lebensfragen mit dem Polizeiseelsorger zur Verfügung zu stellen
2
Außerdem ist den geschlossen untergebrachten Polizeivollzugsbeamten während der Dienstzeit Gelegenheit zu persönlichen Aussprachen mit dem Polizeiseelsorger sowie mindestens einmal im Monat zur Teilnahme am Gottesdienst zu geben.

Artikel 8

In den Polizeischulen und der Bereitschaftspolizei soll bei besonderen Anlässen, insbesondere vor kirchlichen Feiertagen, bei Beginn und Ende von Lehrgängen, Ausbildungsabschnitten u. ä. die Abhaltung eines Gottesdienstes für die evangelischen Polizeivollzugsbeamten innerhalb der Dienstzeit vorgesehen werden.

Artikel 9

1
Auch den Beamten des allgemeinen Polizeivollzugsdienstes ist während des Dienstes Gelegenheit zur Erörterung religiöser Lebensfragen mit den Polizeiseelsorgern zu gewähren.
2
Ort und Zeitpunkt der Aussprachestunden sind allen Polizeivollzugsbeamten rechtzeitig bekannt zu geben.

Artikel 10

Den Polizeivollzugsbeamten ist im Rahmen der dienstlichen Möglichkeiten Gelegenheit zu geben, an Sonn- und Feiertagen den Gottesdienst zu besuchen und sich auch sonst am kirchlichen Leben zu beteiligen.

Artikel 11

Für die Teilnahme an Rüsttagen, Rüstzeiten, Werkwochen und sonstigen kirchlichen Tagungen kann jedem Polizeivollzugsbeamten einmal im Jahr Dienstbefreiung bis zu sechs Tagen unter Fortzahlung der Bezüge gewährt werden.

Artikel 12

Das Land Nordrhein-Westfalen stellt den Landeskirchen für die Wahrnehmung der Polizeiseelsorge nach Maßgabe des Haushaltsplanes einen jährlichen Pauschalbetrag zur Verfügung.

Artikel 13

Diese Vereinbarung tritt mit dem Tage der Unterzeichnung in Kraft.

Düsseldorf, den 13. Juli 1962
für die Kirchenleitung der Evangelischen Kirche im Rheinland
gez. D. Dr. Beckmann

Düsseldorf, den 2. Juli 1962
gez. Dr. Meyers
Ministerpräsident des Landes Nordrhein-Westfalen

Bielefeld, den 16. Juli 1962
für die Kirchenleitung der Evangelischen Kirche von Westfalen

gez. D. Wilm

Detmold, den 19. Juli 1962
Für den Vorsitzenden und Landessuperintendent der Lippischen Landeskirche
In Vertretung:
gez. Blome
Präses u. stellvertretender Vorsitzender des Lippischen Landeskirchenrates

(MBl. NRW. 1962 S. 1353.)

28.2 Vereinbarung über die Wahrnehmung der katholischen Polizeiseelsorge im Lande Nordrhein-Westfalen v. 4.7.1962

Das Land Nordrhein-Westfalen,
vertreten durch
den Herrn Ministerpräsidenten

einerseits,

und die (Erz-) Diözesen Köln, Paderborn, Münster, Aachen und Essen,
vertreten durch die gemäß kanonischem Recht dazu befugten Ordinarien

andererseits,

schließen folgende Vereinbarung:

Artikel 1

1
Das Land Nordrhein-Westfalen gewährleistet den (Erz-) Diözesen auch weiterhin die Ausübung ihrer Seelsorge bei der Polizei (Polizeiseelsorge).
2
Die (Erz-) Diözesen berufen für die katholische Polizeiseelsorge Pfarrer im Haupt- und Nebenamt (Polizeiseelsorger). Diese üben ihr Amt im Auftrag und unter Aufsicht der (Erz-) Diözesen aus.

Artikel 2

1
Die Polizeiseelsorge dient als Teil der kirchlichen Arbeit allen katholischen Polizeivollzugsbeamten.
2
Sie wendet sich vornehmlich an die in den Polizeischulen und der Bereitschaftspolizei geschlossen untergebrachten Polizeivollzugsbeamten sie soll sich aber auch der Beamten des allgemeinen Polizeivollzugsdienstes annehmen, unbeschadet der Zuständigkeit des Ortspfarrers.

Artikel 3

Aufgabe der Polizeiseelsorge ist – bei Wahrung der freiwilligen Entscheidung des Einzelnen – die Verkündigung und Lehre des Wortes Gottes, die Sakramentenspendung und die seelsorgliche Betreuung der Polizeivollzugsbeamten.

Artikel 4

1
Die Polizeiseelsorger verwalten ein kirchliches Amt.
2
In Ausübung von Lehre und Seelsorge sind die Polizeiseelsorger an staatliche Weisungen nicht gebunden, sondern ausschließlich ihren kirchlichen Vorgesetzten verantwortlich.

Artikel 5

Die Tätigkeit der Polizeiseelsorger wird vom Lande Nordrhein-Westfalen durch Bereitstellung der erforderlichen äußeren Hilfsmittel ermöglicht und auch sonst in jeder Weise unterstützt; insbesondere sind den Polizeiseelsorgern die zur Wahrnehmung ihrer Aufgaben erforderlichen Räume zur Verfügung zu stellen.

Artikel 6

Unter Einhaltung der für eine dienstliche Verwendung von Kraftfahrzeugen bestehenden Bestimmungen stellt das Land Nordrhein-Westfalen den Polizeiseelsorgern zur Ausübung ihrer Tätigkeit Dienstkraftwagen zur Verfügung.

Artikel 7

1
Für die geschlossen untergebrachten Polizeivollzugsbeamten ist in der Regel 14tägig, mindestens jedoch monatlich eine Stunde innerhalb der Dienstzeit für die Erörterung religiöser Lebensfragen mit dem Polizeiseelsorger zur Verfügung zu stellen.
2
Außerdem ist den geschlossen untergebrachten Polizeivollzugsbeamten während der Dienstzeit Gelegenheit zu persönlichen Aussprachen mit dem Polizeiseelsorger sowie mindestens einmal im Monat zur Teilnahme am Gottesdienst zu geben.

Artikel 8

In den Polizeischulen und der Bereitschaftspolizei soll bei besonderen Anlässen, insbesondere vor kirchlichen Feiertagen, bei Beginn und Ende von

Lehrgängen, Ausbildungsabschnitten u.ä. die Abhaltung eines Gottesdienstes für die katholischen Polizeivollzugsbeamten innerhalb der Dienstzeit vorgesehen werden.

Artikel 9

1
Auch den Beamten des allgemeinen Polizeivollzugsdienstes ist während des Dienstes Gelegenheit zur Erörterung religiöser Lebensfragen mit den Polizeiseelsorgern zu gewähren.
2
Ort und Zeitpunkt der Aussprachestunden sind allen Polizeivollzugsbeamten rechtzeitig bekannt zu geben.

Artikel 10

Den Polizeivollzugsbeamten ist im Rahmen der dienstlichen Möglichkeiten Gelegenheit zu geben, an Sonn- und Feiertagen den Gottesdienst zu besuchen und sich auch sonst am kirchlichen Leben zu beteiligen.

Artikel 11

Für die Teilnahme an Exerzitien, Einkehrtagen, Werkwochen und sonstigen kirchlichen Tagungen kann jedem Polizeivollzugsbeamten einmal im Jahr Dienstbefreiung bis zu sechs Tagen unter Fortzahlung der Bezüge gewährt werden.

Artikel 12

Das Land Nordrhein-Westfalen stellt den (Erz-) Diözesen für die Wahrnehmung der Polizeiseelsorge nach Maßgabe des Haushaltsplanes einen jährlichen Pauschalbetrag zur Verfügung.

Artikel 13

Diese Vereinbarung tritt mit dem Tage der Unterzeichnung in Kraft.

Köln, den 4. Juli 1962
gez. + Jos. Kard. Frings
Erzbischof von Köln

Düsseldorf, den 2. Juli 1962
gez. Dr. Meyers
Ministerpräsident des Landes Nordrhein-Westfalen

Paderborn, den 3. Juli 1962
gez. Lorenz Jaeger
Erzbischof von Paderborn

Aachen, den 4. Juli 1962

gez. + Johannes Pohlschneider
Bischof von Aachen

Münster, den 3. Juli 1962
gez. Böggering
Kapitularvikar

Essen, den 3. Juli 1962
gez. + Franz Hengsbach
Bischof von Essen

(MBl. NRW. 1962 S. 1352.)

29 Autorinnen und Autoren

Alkier-Karweick, Stefanie, Landespfarrerin im Kirchlichen Dienst in der Polizei der Evangelischen Kirche von Westfalen, Vertreterin der evangelischen Kirche am ZeBuS, Selm/Bork

Arnemann, Michael, Dr. theol., Diözesanbeauftragter für die Polizeiseelsorge im Bistum Münster, Dipl.-Sozialarbeiter/Sozialpädagoge, Lehrbeauftragter für Ethik an der Deutschen Hochschule der Polizei (DHPol), Hiltrup

Bender, Wolfgang, Polizeidekan, Diözesanbeauftragter für Polizei-, Feuerwehr- und Notfallseelsorge im Erzbistum Paderborn

Bredt-Dehnen, Dietrich, Leitender Landespfarrer für Polizeiseelsorge der Evangelischen Kirche im Rheinland

Bröß, Lydia, Polizeiseelsorgerin im Bistum Essen

Dautzenberg, Martin, Polizeiseelsorger im Bistum Essen, Supervisor DGSV, Lehrbeauftragter für Training Soziale Kompetenz an der HSPV NRW, Abt. Hagen

Draheim, Stephan, Landespolizeipfarrer der Evangelischen Kirche von Westfalen, Pastoralpsychologe und Supervisor (DGfP), Lehrbeauftragter für Ethik an der HSPV NRW, Abt. Münster

Dürscheid, Rainer, Landespolizeiseelsorger NRW, Diözesanbeauftragter des Erzbistums Köln, Supervisor (DGSv), Fachberater für Psychotraumatologie (DIPT), Lehrbeauftragter für Berufsrollenreflexion an der HSPV, Abt. Köln

Freitag, Marcus, Diözesanbeauftragter für die Polizeiseelsorge im Bistum Essen, Supervisor (DGSv), Dozent für Ethik, Training Sozialer Kompetenz und Berufsrollenreflexion an der HSPV NRW, Abt. Duisburg

Gospos, Johannes, Polizeipfarrer im Bistum Münster, Vertreter der Katholischen Kirche am ZeBuS Selm/Bork und Lehrbeauftragter für Ethik an der HSPV, Abt. Münster

Heinemann, Claudia, Landespfarrerin für Polizeiseelsorge der Evangelischen Kirche im Rheinland, Coach (DGfC) und geistliche Begleiterin

Hülsdonk, Volker, Landespolizeipfarrer der Evangelischen Kirche im Rheinland, Supervisor (DGSv), Ehe-, Familien- und Lebensberater (DAJEB), Online-Berater (DGOB)

Jöxen, Astrid, Pastoralreferentin und Krankenhausseelsorgerin im Bistum Essen, bis 2021 Polizeiseelsorgerin

Malecki, Bernd, Diakon, Polizeiseelsorger im Bistum Essen, Supervisor DGSv, Fachberater für Psychotraumatologie (DIPT), Lehrbeauftragter für Ethik, Training Soziale Kompetenz und Berufsrollenreflexion an der HSPV NRW, Abt. Duisburg

Müller, Burkhard, Pfarrer, Polizeipfarrer im Nebenamt der Evangelischen Kirche von Westfalen

Palm, Judith, Pfarrerin der Evangelischen Kirche von Westfalen, Supervisorin (DGSv), Dozentin für Ethik, Training Soziale Kompetenz und Berufsrollenreflexion an der HSPV NRW, Studienort Dortmund

Schiewek, Werner, Landespfarrer der Ev. Kirche von Westfalen, Lehrbeauftragter des Rates der Evangelischen Kirche in Deutschenland (EKD) für Ethik im Polizeiberuf an der Deutschen Hochschule der Polizei (DHPol), Hiltrup

Schmitz, Norbert, Polizeiseelsorger im Erzbistum Köln, Systemischer Berater (SG), Supervisor (DGSv), Fachberater für Psychotraumatologie (DIPT)

Schulten, Markus, Dr. jur., Professor für Öffentliches Recht an der Hochschule des Bundes für öffentliche Verwaltung in Brühl

Schultheis, Dominik, Dr. theol., Polizeipfarrer im Erzbistum Köln, Supervisor/Coach M.A. (DGSv/DGSF), Fachberater für Psychotraumatologie (DIPT), Lehrbeauftragter für Ethik an der HSPV, Abt. Köln

Trappe, Tobias, Dr. phil., Professor für Ethik an der HSPV NRW, Abt. Duisburg, stellvertretender Sprecher des Fachbereichs Polizei

Weinmann, Monika, Landespolizeipfarrerin der Evangelischen Kirche im Rheinland, Psychotherapeutin, Fachberaterin für Psychotraumatologie (DIPT), Lehrbeauftragte für Ethik an der HSPV NRW, Abt. Köln